新 史 学

观 古 今 中 西 之 变

周健 著

# 维正之供

## 清代田赋与国家财政 (1730—1911)

北京师范大学出版集团
BEIJING NORMAL UNIVERSITY PUBLISHING GROUP
北京师范大学出版社

本研究获得国家社会科学基金项目（编号：13CZS031）资助

# 目　录

# 表　格

# 绪　论

## 一、清代的田赋

　　本书的研究对象是清代的田赋。田赋是根据土地所有而课征之税，按照田地面积与相应之科则计算税额，以户为单位进行征收。在包括清代在内的任何农业社会，田赋都是政府收入的重要来源，也是民众最主要的赋税负担。然须注意的是，在传统中国的语境下，完纳田赋是基于王朝国家对于编户齐民的人身支配，不同于近代西方赋税征收中的公法规范与同意原则，尽管这一色彩至清代已渐趋淡化。①

　　从赋役制度的演变来看，清代田赋制度的基本框架是从 16 世纪明嘉

----

　　① 中西不同语境下的赋税行为所依据的不同逻辑，确是在进行比附时需要注意的问题。王毓铨先生认为，与近代西方代议制国家中公民的税收不同，古代中国的税粮是"人身隶属于或依附于帝王的编户民服事其君父的封建义务"，田赋在本质上是一种役，"纳粮也是当差"。刘志伟在此基础上指出，自明代中后期至清代，在赋役制度演变与白银进入财政运作的背景下，王朝国家与编户齐民的关系从基于人身控制的"纳粮当差"，转变为民众根据不同的"户"向国家缴纳定额比例赋税的关系，即"完纳钱粮"的关系。岩井茂树也认为，财政学定义的租税是一个近代西方的概念，指在严格的公法规范下，在形式上获得纳税人的同意所构成的制度。因此，前近代中国对于土地的课征不同于近代国家的租税。这不仅是财政学的概念问题，也是有关土地所有权形态、国家支配的性质及其历史发展的问题。参见王毓铨：《〈中国历史上农民的身分〉写作提纲》《纳粮也是当差》，《王毓铨集》，290～307、363～383 页，北京，中国社会科学出版社，2006；刘志伟：《从"纳粮当差"到"完纳钱粮"——明清王朝国家转型之一大关键》，《史学月刊》2014 年第 7 期，14～19 页；岩井茂樹：《中国近世财政史の研究》，64～65 页，京都，京都大学学术出版会，2004。

靖、万历年间的"一条鞭法"改革开始形成的。① 明初朱元璋建立的里甲赋役制度，将人户按籍编入里甲，通过十年大造一次的黄册登记各户下的人口、财产，确定户等，作为编派赋役的依据，其本质是一种等级户役。在此制度下，政府的运作建立在严格的人身控制基础上，大量依靠劳役与实物征发。在该制度下，编户齐民完纳税粮，也属当差之一种。这不仅是因为民众纳赋是基于国家的人身控制，也因为他们不仅需要承担田赋正额，还需负责田赋的催征、经收与解交。田赋制度的运作呈现出"赋中有役"的特征。至明代中期，里甲制度的运作出现很大的问题，在国际、国内社会经济变动的大背景下，一条鞭法改革应运而生。

从明中后期的一条鞭法到清前期的摊丁入地，总体趋势是赋役的合并、税制的简单化，以及用银缴纳。其中的重要契机，是16世纪美洲、日本的白银大量流入中国，进入王朝的财政运作。这使得政府的收支可以用白银作为统一的价值标准来进行预算，并据此征收定额的赋税。编户的赋役负担，经历了由等级户役向定额化的土地税的演变过程。由明初依据户等(由人丁、土地等决定)纳粮当差，到"一条鞭法"后转变为按照土地(或粮额)与人丁缴纳地银与丁银，至"摊丁入地"后，更简化为只需按照土地所有缴纳地丁银。相应地，在征收层面，直接输纳与官征官解制度逐渐确立。康熙至雍正年间，自封投柜、三联串票等制度成为清代田赋征收的定章，反映出官民直接征纳、减少中间环节的基本设想。

明中后期至清前期赋役的银纳化、定额化与税制简单化，也使得财务行政方面高度集权于户部的管理体制成为可能。② 清初中央政府通过

---

① 本段及下段参考梁方仲：《一条鞭法》《释一条鞭法》《明代一条鞭法年表(后记)》，《梁方仲经济史论文集》，34～89、229～244、556～576页，北京，中华书局，1989；刘志伟：《在国家与社会之间——明清广东地区里甲赋役制度与乡村社会》，北京，中国人民大学出版社，2010；刘志伟：《从"纳粮当差"到"完纳钱粮"——明清王朝国家转型之一大关键》，《史学月刊》2014年第7期，14～19页。

② 本段参考彭雨新：《清代田赋起运存留制度的演进——读梁方仲先生〈田赋史上起运存留的划分与道路远近的关系〉一文书后》，《中国经济史研究》1992年第4期，124～133页；陈锋：《清代财政政策与货币政策研究》，529～561页，武汉，武汉大学出版社，2008；刘志伟：《略论清初税收管理中央集权体制的形成》，陈锋、张建民主编：《中国财政经济史论稿——彭雨新教授百年诞辰纪念文集》，210～220页，武汉，湖北人民出版社，2012。

《赋役全书》等册籍的编造、奏销与解协饷制度的建立，将地方各级政府的赋税收支纳入其直接管控之下。州县政府征收的田赋收入，除解送京师及协拨他省的起运部分，另有留充地方经费的存留部分，但两者并不等同于中央财政与地方财政。顺治、康熙年间，在强大的军费压力下，存留经费一再被大幅削减，提充军饷之急需。地方政府经费无着，遂造成亏空正项、私征火耗之泛滥。雍正年间推行耗羡归公，将额外私征之火耗裁减归公，固定充作养廉银与公费，由此为地方各级政府提供了相对充足的行政经费，也调整了中央、地方之间的分配格局。至18世纪前期的雍正年间，随着各类定章、经制的确立，清代田赋制度的基本框架已经搭建完毕。

在清代的官方文献中，田赋常被称为"维正之供"。"维正之供"原作"惟正之供"，典出《尚书·无逸》，宋蔡沈《书集传》以降多解作常贡正数。称田赋为"维正之供"，其内涵大致包括：田赋是国家财政中最重要的部分，其额数是固定的，征解俱有经制。因其为度支所系，关系匪浅，小民应竭力全完，官员应勉力催征，不可使其缺额，致影响国家俸饷之支放、王朝大政之运作。

作为维正之供，田赋在有清一代始终是中央政府的首要财源。在道光末年（1850）以前，田赋在各项税收中占有支配地位，占国家财政收入的70％以上。据王业键先生统计，乾隆十八年（1753）的田赋收入（包括地丁钱粮与米粮的正额、耗羡与浮收）为白银5421.4万两，占清朝财政收入的73.5％。汤象龙先生估计，在鸦片战争（1840）以前，每岁地丁钱粮（包括正额与耗羡）为3550万两，仅此一项即占货币岁入的73.2％，此外另有米粮800万石，则是全部的实物岁入。咸同以降，清朝的财政收支结构发生剧变，厘金、洋关税等新财源出现，田赋的增长速度不及其他税种，其重要性有所下降。但直至光绪三十四年（1908），据王业键先生估计，田赋岁入增至10 241.7万两，仍占清朝财政收入的35.1％，尚居收入栏之前列。[①] 而在整个清代，田赋也是地方各级政府的重要收入。

---

① 　Yeh-chien Wang, *An Estimate of the Land Tax Collection in China*, *1753 and 1908*, East Asian Research Center Harvard University, 1973, Table 2, 27. ［美］王业键：《清代田赋刍论（1750—1911）》，高风等译，87～108页，北京，人民出版社，2008；汤象龙：《鸦片战争前夕中国的财政制度》，《中国近代财政经济史论文选》，193～204页，成都，西南财经大学出版社，1987。

州县政府的公私经费主要取资于田赋附加税/盈余。其中的部分，又由州县官以"规礼""摊捐"等形式呈送各上司，故州县以上各级衙门(尤其是道、府、两司)也在相当程度上依赖于田赋盈余。即便在咸同以降，田赋盈余在州县等地方政府收入中的重要性，也较少因国家财政结构的变动而下降。因此，在清代任何一级政府的收支中，田赋(正项、附加税)的重要性都是不言而喻的。

本研究使用的田赋概念，与清代税目中的"田赋"一项略有不同。雍正年间摊丁入地改革后，田赋的主体是指以货币形式征收的地丁银。广义的田赋，也包括与地丁银一并征收的漕项、杂赋(各类租、课)、屯饷，以及以实物形式征收的米粮。清代文献中也称为"地丁钱粮""正项钱粮"。本研究所谓田赋，除以上概念外，也包括清代税目中的"漕粮"，即于江、浙等有漕八省征收的本色米、麦、豆，起解北京、通州，以供八旗兵丁口粮、官员俸米及皇室食用。作为"天庾正供"，漕粮对于京师的供应具有重大的意义。故围绕漕粮运京，形成了庞大的漕运官僚系统与复杂的漕运制度。

解运层面的巨大差异，造成地丁钱粮、漕粮在清代分属不同的税目。如民初贾士毅称："漕粮本包括于田赋之内，所以与地丁别为二者，以地丁向系征银，而漕粮则由地粮内派征本色、依水次之便而运输者也。"[1]也就是说，在征收层面，二者同为按亩征收之土地税，且在各有漕省份，漕粮与地丁钱粮中的米粮统征分解，并无区别，后者常称"南米"(以示并不北运，留支本省兵米)。对于有漕省份的地方官而言，地丁、漕粮皆系按额起解之正供，其盈余也同属本地的重要财源。正因如此，时人常将二者并称。"钱漕""丁漕""条漕"这些官私文献中的常见术语，说明了二者在时人眼中的共性。同治初年，冯桂芬与李鸿章论江苏减赋称，"田赋以米为主，而银次之，减银不减米，民不感也"，又称，"浮勒闹漕皆因米而不因银"。[2] 冯氏籍隶苏州吴县，是当日最具代表性的经世派士人，咸同年间数次筹划、推动江南的田赋改革。在他看来，"米"(漕粮)与

---

[1] 贾士毅：《民国财政史》，第二编，81页，上海，商务印书馆，1934。

[2] 冯桂芬：《显志堂稿》卷5《再启李宫保》，《续修四库全书》第1535册，565页，上海，上海古籍出版社，2002。

"银"（地丁）同属"田赋"。且在财赋重地江苏，漕粮之负担重于地丁，影响也较后者更大。

另一方面，在清代中后期，漕粮、地丁钱粮在实际征解中的差异也在不断缩小。自18世纪末，由于地方各级经费的结构性匮乏，漕粮、米粮的私行折征逐渐成为各地惯例，以银、钱征纳之比重越来越大。咸丰军兴后，漕粮河运制度趋于瓦解，湖南、湖北、江西、安徽、河南五省漕粮奏准以折色征解。光绪二十七年（1901）起，除江苏、浙江海运100万石外，其余漕粮一律以折色征解。同时，各省米粮也因旗、绿营的逐渐裁撤，改以折色征解。也就是说，19世纪后半期，漕粮、米粮的征解与地丁银渐趋一致，普遍改为货币形式。如晚清河南有漕州县，"多以地丁为上忙，漕粮为下忙"，足见二者在征纳中的合流。该省清理财政局员因此认为："（咸丰七年）漕粮改折以来，征收之名与实不符，故并漕粮与地丁统属于田赋可也。歧丁、漕而为二，徒滋名目耳。"①这很能反映清季之人的认识，他们多认为地丁、漕粮二者存在相当的共性，应合并征收，以符赋税简单之原则。清季各省编纂《财政说明书》之时，多将二者共同归入"田赋"项下。因此，本研究探讨的田赋也属广义概念，其主体是地丁银与漕粮。

以上对于田赋的界定是基于税目，至其构成，则包括正项及附加税。所谓正项，包括地丁正额与耗羡，漕粮、米粮之正米与耗米。雍乾年间，各类耗银、耗米经奏准定额后，其地位等同于正额。简言之，田赋正项属于额定的、经制的财政收入。但州县在钱漕征收中，普遍按照当地惯例私行加征，或在正项基础上加征，或按高于银、米市价的折价征收。自耗羡归公之后的18世纪后期起，借附加税获取钱漕盈余已成为普遍现象。但因田赋盈余在地方各级经费中的重要性，这些不合法却合乎地方惯例的附加税通常被官民所默许，它们并不被简单地视作"浮收"。基于惯例的附加税尚属隐性之加征，而四川自咸丰军兴后为筹措军饷随粮带征之"津贴""捐输"，则是清代显性的田赋附加税之开端。庚子以降，各省为筹措新案赔款、新政经费，普遍随粮加征"亩捐""粮捐"，显性之加

① 《河南全省财政说明书》，《岁入部·田赋》，77、60页，经济学会，1915。

赋扩展至各省。以上各种以地丁、漕粮正额(或地亩)为标准的附加征收，均在本书讨论之列。

## 二、田赋制度与财政结构

全面梳理有关清代田赋制度与国家治理的既有研究，是十分困难之事。粗略而言，既有研究主要在两个层面展开：一是国家与社会之间，主要关注县以下的基层社会，围绕田赋征收过程中形成的官民关系、基层社会的治理等问题来展开，相关研究或可定义为制度史、社会史取向；二是中央与地方(包括省及省以下的州县)之间，主要关注围绕田赋收入分配形成的中央—地方关系、财政管理中的集权与分散、财政结构中的不同体系等问题，相关研究可定义为财政史取向。

关于清代的田赋制度与田赋管理，最具代表性的著作当属王业键的 *Land Taxation in Imperial China*，*1750 - 1911*，以及作为该书副产品的 *An Estimate of the Land Tax Collection in China*，*1753 and 1908*。[①] 王氏的研究兼采"制度的探索"与"数量的分析"两种方法。关于制度的重建，他认为，清朝田赋管理的显著特征是存在双重结构：法定的或正式的制度(statutory or formal system)与非法定或非正式制度(nonstatutory or informal system)并存。关于后者，他开拓性地利用了清季各省《财政说明书》等资料，描述了其基本样貌，包括法定的、合乎传统惯例的与不合法的各种制度实践。王业键高度肯定非正式制度的意义，认为尽管田赋行政中大量的官方活动被置于正式法规控制之外，非正式制度在维护国家利益方面，却与法定制度同等重要，并且在社会传统习惯的影响下，进行得颇有条理。而清代田赋管理的最大缺点，便是国家不能随着经济的发展而获得更多的田赋收入，其症结在于财政管理上的分散性。与之相关的是，王业键结合物价水平、土地产量分析清末的田赋负担，得出

---

[①] Yeh-chien Wang, *Land Taxation in Imperial China*，*1750—1911*，Cambridge，Massachusetts：Harvard University Press，1973(中译：《清代田赋刍论(1750—1911)》)；Yeh-chien Wang，*An Estimate of the Land Tax Collection in China*，*1753 and 1908*，East Asian Research Center Harvard University，1973.

了迥异前人的结论：清朝最后的二十五年中，在多数省份，田赋占土地产值的 2%～4%，仅有苏州、上海地区占 8%～10%。田赋负担的绝对值虽然在清末明显增加，但由于通货膨胀的影响，民众的负担实际上是减轻了。他因此否定了田赋负担的不公平引发了清朝的灭亡这一常见的观点。①

陈支平也强调了清代赋役制度的多层体系及其问题所在。② 他指出，清代沿袭明代的黄册和鱼鳞图册制度，作为赋役制度的基石。但该制度无法应对频繁的土地买卖与人口流动，自明中期起便流于形式，实为一种"乌托邦式的制度设计"。为了应对这种脱离现实的定制，地方官征收赋役，则固守原额；民间则建立各种中间环节，借助乡族包税的方式，应对定额化的负担。因此，官府册籍中的赋役征收与民间的赋役协调应对，越来越变成两个具有一定相互关联而又各具运作特点的不同赋役运作体系。清代的赋役制度正是建立在这种多层而又名实不符的组织体系之上。陈支平认为，这反映出政府在与民间争夺人口与土地的过程中逐渐处于劣势，不得不采取维持原额这一保守的态度，这是清代国家对于赋役财政的失控。何平也指出，自摊丁入地改革后，保甲制成为基层社会组织的主流，但其职责仅在督催，作用有限。基层社会赋税征收的权力因此转移至宗族组织，而国家通过赋税征收所体现的社会控制能力削弱了。③

对于上述现象，郑振满、刘志伟则从地方社会的角度，做出了不同的解读。郑振满以福建为例，指出明代中叶以降，明初建立的里甲组织纷纷解体，里甲户籍趋于固定化、世系化，由此形成以家族为本位的赋役共同体。家族组织直接与里甲制度相结合，承担了户籍管理与赋役征

---

① 何汉威也以晚清四川的例子证明，尽管 19 世纪中期以降，川省田赋附加税在各省中增幅最大，但清末的赋税负担实不如文字记载的那么沉重，如与北洋时期相较，并未对民众生活构成严重的威胁。何汉威：《晚清四川财政状况的转变》，《新亚学报》第 14 卷，1984，198～348 页。

② 陈支平：《民间文书与明清赋役史研究》，合肥，黄山书社，2004；陈支平：《清代赋役制度演变新探》，120～160 页，厦门，厦门大学出版社，1988。

③ 何平：《清代赋税政策研究：1644—1840 年》，255～290 页，北京，中国社会科学出版社，1998。

派等职能，演变为基层政权组织。郑氏认为，这一"基层社会的自治化"的趋势，反映出明中叶以降政府将其部分职能"授权"于乡族的过程，其实质是明清国家统治体制由直接统治向间接统治演变。① 刘志伟的研究则以广东为例，从户籍赋役制度演变这一角度，解释了明中后期国家与社会的转型。他认为，经过以一条鞭法为中心的明中期到清初的一系列赋役改革，赋役负担由明初的等级户役演化为比例赋税，编户只需缴纳条鞭银、地丁银，其负担由"纳粮当差"转变为"完纳钱粮"。相应地，户籍登记的重点也随之变化，政府征收赋税，只需核定每户下的田产与税额，通过各种中介机制来征收，不再着力于控制每一户下的人口。也就是说，基于赋役征收的国家与百姓的关系，从直接的人身支配转变为依赖各种中介组织(宗族、绅士等)来实现控制。作者将其理解为国家与社会交往方式的转型，而非国家控制的加强或削弱。②

在郑振满、刘志伟的研究中，清代的田赋征收普遍借助宗族等中介机制来完成，基层社会由此呈现"自治"的色彩。黄宗智则依据晚清的县衙门档案，重建出直隶的基层赋税征收机制。在华北的场景中，发挥重要作用的中介组织是乡役。他发现，在清代的地方行政实践中，普遍依赖乡村自身提名的乡保等人物进行县以下的治理。乡保负责所辖村庄的赋税与诉讼、治安等事，很大程度上自行其是，县衙门仅在发生控诉或纠纷时才介入。黄氏将这一行政实践定义为"集权的简约治理"(Centralized Minimalism)，以此来理解高度中央集权而又保持简约的官僚机构这一看似矛盾的现象。在黄氏看来，这一治理传统是有意识的主

---

① 郑振满：《明清福建家族组织与社会变迁》，183～195、242～244 页，北京，中国人民大学出版社，2009；郑振满：《明清福建的里甲户籍与家族组织》，《乡族与国家：多元视野中的闽台传统社会》，北京，生活·读书·新知三联书店，117～131 页，2009。

② 刘志伟：《在国家与社会之间——明清广东地区里甲赋役制度与乡村社会》，186～215 页；刘志伟：《从"纳粮当差"到"完纳钱粮"——明清王朝国家转型之一大关键》，《史学月刊》2014 年第 7 期，14～19 页；刘志伟、孙歌：《在历史中寻找中国——关于区域社会史研究认识论的对话》，207～208 页，上海，东方出版中心，2016。

动设计，其较低的行政成本也与小农社会较低的税收水平相匹配。① 此外，杜赞奇定义的清末华北基层社会的经纪统治（brokering rural administration）与李怀印笔下晚清民国时期直隶获鹿县的实体治理模式（substantive government），也呈现出类似的特征。②

概言之，赋役制度史、社会史取向的研究聚焦于田赋役征纳所形成的国家—社会关系，并尝试解释其背后的王朝控制、国家治理机制及其转变。具体而言，经过明代中后期以一条鞭法为中心的赋役改革，王朝国家不再致力于控制每一具体的"户"，据此进行徭役与实物征发，而是借助于各种中介机制，通过征收货币或实物形式的定额赋税来联系基层社会。在此背景下，国家与社会之间的各种中介——宗族、士绅乃至胥吏、乡役——得到了发展的空间，基层社会呈现"自治化"的趋向。但这种看似"放任"的基层治理模式，未必是国家的"失控"，或者控制力的下降，而是政府的主动设计。将包括田赋征收在内的部分事务"授权"于各种中间组织，成为清代的治理传统。另一方面，从制度的内涵来看，尽管鱼鳞图册、实征册、三联串票、自封投柜构成征收之定章，然而宗族包税或者乡保、乡地制展现的民间应对，却是属于另一个系统的征收实践。当然，两者是相互联系的，后者是在前者的制约与规范下形成的应对策略与变通方式。两者共同构成了征收制度之内涵，从中可以窥见清代田赋制度之多重结构。

与赋役制度史不同的是，财政史取向的研究更多地关注田赋收入在政府内部的分配情况，及由此呈现的中央—省—州县之间的财政关系。岩井茂树曾对赋役制度史与财政史两种研究取向做了如下的区分。他认

---

① ［美］黄宗智：《华北的小农经济与社会变迁》，229～258 页，北京，中华书局，1986。［美］黄宗智：《集权的简约治理——中国以准官员和纠纷解决为主的半正式基层行政》，《经验与理论：中国社会、经济与法律的实践历史研究》，414～438 页，北京，中国人民大学出版社，2007。

② ［美］杜赞奇：《文化、权力与国家——1900—1942 年的华北乡村》，王福明译，37～51 页，南京，江苏人民出版社，1994；［美］李怀印：《华北村治——晚清民国时期的国家与乡村》，岁有生、王士皓译，北京，中华书局，2008。李怀印定义的"实体治理"，是指直至 20 世纪初仍在地方上流行的官民两便的非正式治理方式，以区别于近代西方侧重正式官僚制的"形式主义治理"。

为，赋役制度史的研究取向，是以展示制度曲折的演变这一赋法、役法上的问题为线索，把握各个时代的财政政策与制度的特征。但是，"赋役的征派只是财政运作的入口，如果将财政比作一座寺院，进入山门是必需的一步。为了能够'登堂入室'，首先应当从空中鸟瞰寺院，开辟出必由之路"。把赋役制度作为财政问题来处理，注重观察制度背后结构的研究方法，可以称作财政史的研究取向。①

王业键以财政管理中的非正规制度来理解清代的田赋附加税，颇具启发意义。他指出，清代的财政管理中存在双重结构：一方面，清前期政府制定了严格的制度来管理财政活动，对这些法定制度的违反或背离行为将受到驳斥或惩罚；另一方面，由于法定制度不完备及缺乏弹性，无法满足不断加增的经费需求，必然产生一种非正规管理体制。财政结构中的非正规制度使得公共经济管理变得零散和混乱，同时它的非正规和灵活性又维持了公共行政的运作。清代田赋附加税的发展，与田赋税制及财政管理的缺陷、18世纪人口增长与物价上涨导致的开支增加，以及20世纪初年庚子赔款、清末新政造成的巨额摊派等因素直接相关。②

岩井茂树关于明清至近代中国财政的结构性分析，同样有助于我们理解清代的田赋制度与财政管理。他在清代的解协饷制度、地方经费与附加税、晚清的外销经费及明代的徭役等专题研究基础上，提炼出"原额主义"这一关键词，以概括明清以来财政结构的特征：对于经济扩张毫无应对的僵硬的正额财政收入，与随着社会发展、国家机构职能扩大而增大的财政需求之间始终存在不整合，这必然导致正额外的附加性征收普遍存在。因此，僵化的正额财政与具有很强收缩性的额外财政形成互补关系。由于这样的财政结构的存在，无论是中央与各省，还是省与属下州县之间在财政上都呈现出相同的分散性。③

---

① 岩井茂樹：《中国近世财政史の研究》，26～27、252～254页。包伟民在总结宋代财政史研究时，也做了类似的区分，即"制度阐释"与"论题式研究"，前者的重心在于阐释各种财税制度的具体内容，后者则是"依据近代财政学理论，从论题出发来归纳、探讨宋代国家财政史的特征"，其数量明显较少。参见包伟民：《宋代地方财政史研究》，7～8页，上海，上海古籍出版社，2001。

② 参见王业键：《清代田赋刍论(1750—1911)》，63～86页。

③ 岩井茂樹：《中国近世财政史の研究》。

曾小萍(Madeleine, Zelin)在关于火耗归公的研究中，也提出了贯穿有清一代的"非正规经费体系"(the informal system of funding)的概念。通过亏空、挪移与浮征等方式，清代的地方政府演化出一种复杂的非正式经费体系，它并不是简单的、已经制度化的腐败，尽管参与其中的人无疑会从中牟利。从根本上说，该体系的存在，是对于帝制后期的法定财政无法提供官员开展政务的经费这一制度失败的回应。曾小萍认为，火耗归公是将非正规经费体系纳入法定财政的"财政合理化"改革，其主题在于保障地方政府的职能，这是 18 世纪中国的"现代"因素。火耗归公百年后的嘉道之际，火耗等同于正项，合理的财政管理已死，非正规经费体系再次成为清朝官僚体制的标志。曾氏对于 18、19 世纪之交地方财政状况的准确描述，成为本研究的重要背景。①

何平关于清前期赋税政策的研究，也得出了相似的结论。他认为，经过康熙五十一年(1712)的"滋生人丁永不加赋"与雍正年间的摊丁入地，清朝建立起定额化的赋税征收制度，由此导致财政分配制度普遍存在支出缺口。他把这一现象定义为"不完全财政"，即各级政府的经常性支出被排除在经制之外，只能谋求财政以外的途径来解决，主要表现为官吏薪俸的低微、地方公费的缺乏和军费开支的不足。雍正朝的耗羡归公与养廉银的设置在一定程度上弥补了支出缺口，但随耗羡管理的变化、物价的上涨，新的经费缺口再度出现。至乾嘉之际，浮收加派与亏空正项再度成为常态，赋税政策趋于失效。②

继耗羡归公之后，直至 19 世纪中期，长江流域及东南各省督抚推行了以裁减钱漕浮收、重订收支章程为中心的又一次财政合理化改革。日本学者较早从地方各级政府经费收支的角度，讨论这一晚清田赋与财政制度的重要变革。佐佐木正哉以咸丰二年浙江鄞县的抗粮暴动为切入点，将问题置于雍正以降的财政制度演进脉络中，以州县财政的结构性匮乏

---

①　Madeleine, Zelin, *The Magistrate's Tael*: *Rationalizing Fiscal Reform in Eighteenth-Century Ch'ing China*, Berkeley: University of California Press, 1984. 中译本：[美]曾小萍：《州县官的银两——18 世纪中国的合理化财政改革》，董建中译，北京，中国人民大学出版社，2005。

②　何平：《清代赋税政策研究：1644—1840 年》，72～140 页。

来解释道咸之际浙江的地丁浮收与同治初年的平余银改革，在相关讨论中具有开拓性意义。[①] 山本进则从商品经济发展的角度、省级财政的重建来考察同光年间各省的田赋与差徭改革。他指出，清代地方政府缺乏独立的财政，故借助于来自田赋的浮收、陋规等"地方征收"解决经费问题。他考察了同光年间各省的财政改革，认为在商品经济较为发达的省区，地方征收得以成功革除，以商业税收为核心的"省财政"建立起来，而经济上相对边缘的地区，其田赋、差徭改革则未能达到理想的效果。[②]

19 世纪末、20 世纪初，由于战争赔款与外债的影响，清朝的财政收支经历了剧烈的变动。何汉威关于清季甲午战争以降财政经济的系列研究，在史实、视野方面均有重要的启发意义。他指出，甲午、庚子战后，清朝的财政收支平衡被长期破坏，然在筹款维艰之际，清政府既无勇气也无动力对田赋税制做通盘清理，发掘潜在收入，只能采取阻力较少的方式，诸如盐斤加价，银铜币的滥铸，烟酒税、契税等杂税的课征，土药税的开征等，以开辟税源。这些措施在短期内固然可以带来可观的收入，但因种种因素掣肘，如强弩之末，难以为继。

透过对这些筹款方策的坚实考察，何氏更对清季中央与各省的财政关系这一老问题提出了深入的新思考。他指出，以往对于 19 世纪中期以降财政格局的讨论，多强调督抚主导下新生财政机构引发的离心、脱序，而对各方所做的整合努力则较为忽略。然此类财政上的整合举措，不仅发生在中央与省之间(如清季中央仍可借助强制摊派从各省提取相当的收入)，也见于省与州县之间，其成效则因主客观条件差异而高下有别。他提醒到，清末中央与各省间错综复杂的财政关系，不应以非此即彼的零和游戏视之。省级政府既无能力也无意愿专擅自主，并没有独立于中央之外，但似也未受中央政府有效的管控。与之相似的是，当日督抚也基本失去有效地监督管理省财政的能力，其财权大受属下州县、局所之制约。这些讨论，多维而又动态地呈现了清末财政结构与财政管理之变动，

---

① 佐々木正哉：《咸豐二年鄞県の抗糧暴動》，187～299 页，《近代中国研究》第 5 辑，東京，東京大学出版会，1963。

② 山本進：《清代財政史研究》，東京，汲古書院，2002；山本進：《明清時代の商人と国家》，東京，研文出版，2002。

也清厘了中央—省—州县财政的不同层次及其间错综复杂的关系。①

　　概言之，财政史取向的研究从财政结构、财政管理的角度，为理解田赋制度的运作，尤其是制度积弊的形成提供了更多的思路，避免仅仅以"封建制度""官僚腐败"来进行解释，落入"因为腐败，所以腐败"的陷阱之中。在这些研究中，赋税制度的运作也常与大一统国家的治理、中央与地方关系等问题相联系。地方的制度实践中的溢出、脱序与变异，可以从高度中央集权管理之下各级政府的变通与应对来理解。

## 三、本研究的侧重

　　赋役制度史与财政史两种取向并不是非此即彼的，只是各有侧重，而上述研究也普遍结合了两者。事实上，田赋的财政史分析需以制度阐释为基础，而对于制度的理解也离不开财政层面的结构性分析。本书试图结合两者，既呈现田赋制度的复杂性与多重性，勾勒其演进之脉络；也将制度放在各级政府的财政运作中来理解，由此讨论清代的财政管理与国家治理等问题。

　　从时段来看，在既有研究中，赋役制度基本上是一个明清史问题，极少与1840年以降的晚清史、近代史相联系。这显示出两个时段的研究者的关怀与问题意识相当不同。在晚清财政经济的相关研究中，论者多

---

　　①　何汉威：《晚清四川财政状况的转变》，《新亚学报》第14卷，1984，198～348页；《清末赋税基准的扩大及其局限——以杂税中的烟酒税和契税为例》，《"中央研究院"近代史研究所集刊》第17期下册，1988，69～98页；《从银贱钱荒到铜元泛滥——清末新货币的发行及其影响》，《"中央研究院"历史语言研究所集刊》第62本第3分，1993，389～494页；《清末最后十五年间政府的筹款方策：盐斤加价》，《中国史学》第6卷，1996，49～68页；《从清末刚毅、铁良南巡看中央和地方的财政关系》，《"中央研究院"历史语言研究所集刊》第68本第1分，1997，55～115页；《清季国产鸦片的统捐与统税》，《薪火集：传统与近代变迁中的中国经济：全汉昇教授九秩荣庆祝寿论文集》，545～589页，台北，稻乡出版社，2001；《清季中央与各省财政关系的反思》，《"中央研究院"历史语言研究所集刊》第72本第3分，2001，597～698页。值得一提的是，何汉威在以上研究中，除广泛利用清代档案、政书、文集、方志等中文史料外，还对同时期的西文史料多有引用，这几乎是相关研究中仅见的。

关注咸同以降的新式税种(如厘金、洋关税)，和洋务运动中兴起的近代工业、交通运输业，鲜有关于田赋这一传统税源的专门探讨。因此，既有研究给人的大体印象是，自雍正朝的摊丁入地、耗羡归公之后，清朝的田赋制度便不再有大的变动。但事实上，若从制度层面来看，作为田赋重要组成部分的漕粮，其征收、解运方式在太平天国战争前后发生剧变，由此导致明清以来漕务的整体性变革。而在财政层面，同样是在咸同年间，各省普遍对 19 世纪初已不合时宜的地丁、漕粮收支章程进行了合理化调整。至甲午、庚子以降，政治、外交失败导致清朝的财政收支平衡被打破，新增的赔款、外债、新政开支对于田赋收支的影响同样剧烈。因此，咸同以迄清季的 60 余年，实为田赋制度变革的重要阶段，其间的因革损益尚待细致的梳理。

从既有的论题来看，赋役制度史研究的主要工作，仍是利用政书、奏议等，考释全国性的田赋经制、规章，而对各地动态的制度实践，由于资料的分散与研究的难度，则明显关注不足。事实上，正如前文所述，制度的双重、多层构造或曰经制与实践之间的脱节，正是清代中后期田赋制度的显著特征。在既有研究中，除民间完纳与州县征收这一课题积累较为丰富外，其余的制度实践则鲜有深入的探讨。笔者认为，田赋制度的内涵并不仅限于征纳，从中央到地方各级的田赋管理便是重要的课题，其中最为关键的州县一级的收支管理尤其值得深入讨论，而这也是既有财政史研究的薄弱环节。①

迄今为止的绝大多数清代财政史研究，几乎等于国家财政史，或中央—省财政关系史。多数的相关研究只有一种"中央的视野"，而缺乏从省乃至州县政府的角度来观察整个财政格局的"地方的视野"。一个尚待回答的问题是，在理论上一切收支均属"中央财政"，不应存在"地方财政"的清代，地方各级政府如何解决经费问题，各级之间又存在怎样的财政关系。如果我们还不了解州县至省级政府如何获取并分配社会资源，

---

① 陈支平反思道："清代的赋役问题，至少应当包括以下方面的内容：制度本身的制定与实施、各级财政的运作与调整、民间的负担与应对，等等。"他认为，以上三者中，"关于制度设置与民间实际执行之间相互关系的问题"，尤其值得深入探讨。参见陈支平：《民间文书与明清赋役史研究》，83～84 页。

又以何种方式上与户部代表的中央、下与县以下各类业户打交道，那么既往研究中的一些重要结论很可能是不完整的，甚至是不准确的。试举一例，晚清督抚专权说至今仍是主流的观点，如就财政而言，督抚若能专擅所在省份之财权，前提自是掌握省以下州县之经费收支，然此实大有疑问。由本书第一章讨论的嘉庆二十五年（1820）清查陋规一事所见，当日地方政府大量依靠经制外的收支。因此，不仅户部无法控制外省的陋规、摊捐收入，督抚也不了解州县收入的"详细曲折"。清查的失败，正说明集中财权之不易，中央—省—州县各级之间的"包征包解"模式，才是财政管理之常态。

在清代的田赋管理中，州县政府的作用至为重要。当日的田赋管理以高度中央集权为原则，然实际运作中多呈现分散性。田赋正项完全属于中央财政，户部通过奏销、解协饷等制度，严格控制其征收与解支。这种远距离的控制又需通过地方政府来实现，其中州县承担着最重要的职能，拥有田赋征收、经管以及初次分配等重要事权。因此，州县官在名义上不过是中央财政在地方的代管人，实际上却拥有不小的操作空间。如钱漕虽有额定收数，但州县普遍按照地方惯例，以更高的价格征收，并在地方各级中分配田赋盈余。此外，州县以各种方式挪移、欠解和亏空田赋正项，也是当日之常态。因此，研究田赋制度的运作，需以州县一级田赋管理为先，重建其与省一级的督抚司道之间的财政关系。

另一方面，州县的钱漕征解又与国家的财政状况、中央—省级政府间的田赋分配紧密相连，前者实为后者之基础。关于此点，本书以大幅笔墨讨论的 19 世纪江苏的漕粮征运与交仓漕额问题便是典型的例子。自道光后期（1840—1850）起，江南的漕务浮费空前膨胀，极大提高了漕粮河运之成本，以致江苏州县历年捏报灾歉，减少起运的漕额，终于造成京师仓储告急。户部因此自上而下推动漕粮海运，要求江苏以海运节省之浮费筹补亏缺，将漕粮足额起运。道咸之交，漕粮海运一度实现了户部减费裕漕的设想。但咸丰三年（1853）起，海运便基本丧失了筹补仓储、库储之机能，漕粮亏短的趋势并未得到扭转。同治初年，江苏漕额虽经大幅核减，然直至 19 世纪末，该省起运漕额仍常年亏缺三成以上。这主要是由于，户部、督抚关注的只是中央与江苏之间的漕粮分配，他们无意从最基础的田亩清丈入手，彻底厘清州县一级的漕粮征解，而后者才是前者之基础。因此，本书试图从中央与省、省与州县这两组财政关系的相互关联中，讨论清代田赋制度的运作。

笔者在此处使用了"省"与"州县"来界定财政层级，但仍需厘清的关键问题是，在当日的财政结构中，何为"地方财政"。在明清史研究中，各先进勉强以田赋中的"起运""存留"来划分中央、地方财政，但同时又强调，存留并非严格意义上的地方财政。① 这一定义显然只针对经制财政，且忽视了耗羡归公等重要的制度变革。而在晚清史、近代史研究中，学者们普遍认为，清代的地方财政形成于咸同以降，此为督抚领兵筹饷、财权下移的产物，标志着中央集权财政体制的瓦解。所谓地方财政，以厘金为主要收入来源，由督抚及各类局所支配。② 该观点较多地强调咸同以降的变局，但忽视了前后的连续性。而且，这一定义同样无法回答，在财政上高度中央集权的清代，地方政府(尤其是州县)如何解决额定经费不足的问题。咸丰军兴以前，督抚至州县各级难道不存在可以自由支配的经费体系？

笔者认为，所谓"地方财政"应从当日的财政结构中来理解。在清代高度中央集权的管理模式下，理论上一切财源均属中央财政，地方不应有独立的经费收支。各级政府的所有收支均由户部通过奏销与解协饷制度来控制，这表现为每一笔开销均有其"例"，每一笔合于例的款项均有确定的"额"。从中央集权的理念来看，符合这样的例与额的财政便是清朝财政的全部，即后人所说的"中央财政"。但该部分财政较少随社会经

① 梁方仲：《田赋史上起运存留的划分与道路远近的关系》，《梁方仲经济史论文集》，201～218 页；彭雨新：《清末中央与各省财政关系》，《社会科学杂志》第 9 卷 1 期，1947 年 6 月；《清代田赋起运存留制度的演进——读梁方仲先生〈田赋史上起运存留的划分与道路远近的关系〉一文书后》，《中国经济史研究》1992 年第 4 期；陈锋：《清代中央财政与地方财政的调整》，《历史研究》1997 年第 5 期，100～106 页。

② 魏光奇：《清代后期中央集权财政体制的瓦解》，《清代民国县制和财政论集》，297～317 页，北京，社会科学文献出版社，2013；陈锋：《清代中央财政与地方财政的调整》，《历史研究》1997 年第 5 期，106～114 页；周育民：《晚清财政与社会变迁》，287～296 页，上海，上海人民出版社，2000；刘增合：《地方游离于中央：晚清"地方财政"形态与意识疏证——兼评陈锋教授〈清代财政政策与货币政策研究〉》，《中国社会经济史研究》2009 年第 1 期，104～113 页。

济条件的变动（如物价上涨、人口增长、银价波动）而调整，即有调整，也颇为缓慢、被动。因此，它呈现出固定化的倾向：并非绝对静止，但始终试图遵循某一"额"与"例"。笔者认为，"额"与"定"是最能代表这一财政体系特征的关键词，因此称其曰"额定财政"或"经制财政"。与之相对的经制外的、非法定的财政体系，便是"额外财政"。① 这一财政体系相对游离于户部控制之外，由地方各级官员进行支配，尽管必要时中央政府仍可干涉。在这一意义上，额外财政虽无地方财政之名，却有"地方财政"之实。

如何借助后出的"地方财政"概念，来理解清代财政高度集权管理之下地方政府的收支，仍是相关研究中的难题。正如论者所言，"地方财政"的概念，至少需放在明清以来赋役制度与社会经济的演变中动态地理解。② 时人对于这一问题的观察与反思，尤其值得研究者注意。

同治十一年（1872）刊刻的湖南《衡阳县志》之"赋役志"中，作者详细开列了地丁钱粮、漕粮、南米正耗额数，但此后笔锋一转："右所列皆律令也，官民所见行共知者，大异于此。"他写道，衡阳每岁额征地丁钱粮、漕折等银 42 500 余两、南米等米 12 969 石有奇，然此赋役全书所载者"徒具文耳"。官吏仍可于此外"违例浮收"，其额数"虽视官吏廉贪能懦为多寡，数有增损，不可胜纪"，"而积任承袭，亦自有授受，廉者恃以自给，贪者无厌，或别求聚敛"。③ 不同于同时期的绝大部分方志，作者直率地道出：额征代表的"律令"不过是具文，缘"州县之征收，久与律令悬绝"。实际征额视官吏个人而有增减，但亦有大体之惯例，廉吏足以维持

---

① 岩井茂树以"正额财政"与"非正额财政"/"正额外财政"界定明清时代的财政结构，颇具启发意义。然笔者认为，"正"在清代财政制度术语中似对应"杂"，故名之曰"额定财政"与"额外财政"。

② 赵思渊、申斌：《明清经济史中的"地方财政"》，《中山大学学报（社会科学版）》2018 年第 1 期，67～78 页。但笔者认为，不必如清季民初之人所言，至清末地方自治，始有国家税、地方税之划分，而此前仅有"地方经费"，并无"地方财政"。盖从 20 世纪初年以降的制度实践来看，地方财政并未真正获得独立的地位，尽管其在名义上获得了合法的地位。也就是说，从"地方经费"到"地方财政"，并未发生实质性的变化。

③ 同治《衡阳县志》卷 3《赋役》，9 页。

衙门运转，贪者则别求聚敛，中饱私囊。其中"律令"、《赋役全书》代表的即笔者定义的"额定财政"，而来自于浮收、可为州县公私之用者，则相当于"额外财政"。

在 19 世纪 70 年代的方志作者看来，两者悬绝久矣。笔者认为，此种悬绝大约始于耗羡归公后的 18 世纪后期。雍正朝将私征之火耗限以一定额数，提解藩库，用于地方官员的养廉银及公费开支，建立起一套相对合理的地方经费体系，或可视作法定的地方财政。然至 18、19 世纪之交，这一地方财政体制已名存实亡，地方各级的行政经费普遍依赖陋规、摊捐代表的额外财政体系。就全国范围而言，该体系以田赋盈余为最主要的收入来源。如咸丰八年(1858)湖南巡抚骆秉章所称：

> 州县廉俸无多，办公之需全赖钱漕陋规稍资津贴，缺分之优瘠，即视陋规之多寡为衡。此东南各省所同，不独湖南一省为然，湖南亦不独近日为然也。①

这意味着，整个清代中后期，由州县等级政府自行支配的田赋盈余，相当程度上发挥着地方财政的作用。② 因此，田赋制度实际上是在额定与额外、中央与地方两个财政体系内运作的。而且，后一体系对于理解田赋制度更为重要，因各地制度实践中区别于定章的部分，多与此相关。

由此，本研究将在中央、省、州县各级的财政运作中，理解田赋制度之多重构造，特别注意经制之外的地方实践。具体而言，各章将讨论以下一些主题：州县政府依靠何种群体、以何种方式征收田赋；地丁、漕粮以何种形式征收(银、钱或米石)，其征价如何确定，又受何种因素影响，长期的变动趋势如何；不同身份的业户的田赋负担存在何种差异；

---

① 骆秉章：《沥陈湖南筹饷情形折》，咸丰八年四月二十三日，《骆文忠公奏议》卷 12，光绪四年刻本，18 页。

② 19 世纪初年，州县陋规大体分为两类：一是正税的附加或盈余，如地丁、漕粮附加税、差徭、杂税盈余等；二是各类规礼、规费，如盐规、当规、行户陋规等。陋规代表的额外财政之结构与额定财政相匹配，故田赋盈余也成为最主要、最普遍的陋规。咸同以降，厘金、洋关税等新财源的登场无疑改变了省一级的财政结构，但这些变化主要发生在督抚—局所这一新的行政系统内，对于原有的布政使—道府—州县系统影响相对有限。

田赋的支出结构，州县政府如何起解正项、分配盈余；19世纪以降中央政府的田赋收入的变动趋势（正项的亏缺与附加税的加增）及其原因；户部对于漕粮、地丁收入的管控能力与方式。从以上角度来看，田赋制度在清代中后期经历了怎样的变革与延续。

## 四、基本思路与史料利用

与多数清代赋役制度史或晚清财政史研究不同的是，本书处理的时段是清前期的雍乾之际直至清末，大致对应于1730年至1911年。雍正一朝为清代田赋与财政制度的奠基期，而本研究讨论的时段，可谓是"后耗羡归公"时代。故首先试图回答的问题是：18世纪中期以降，清代的田赋制度与财政体制经历了怎样的演变。本书的第一、二两章直接围绕这一问题展开。第二章以雍正七年（1729）江苏巡抚尹继善的漕务改革为中心，讨论先行研究较少注意的雍乾之际有漕各省的"漕耗归公"。尹继善的改革一度成为各省之模版，然至乾隆三十年（1765）前后，由于社会经济变动与吏治风习转移的交互作用，漕耗归公渐趋失效。嘉庆四年（1799）清厘江南漕务的讨论，显示出尹继善改革后七十年，漕耗归公已有重来一次的必要。类似的趋势不仅限于漕粮，第一章讨论的嘉庆二十五年（1820）清查陋规事件反映出，雍正年间建立的财政体制已无法满足地方政府的经费需求，钱漕盈余代表的陋规收入在地方各级行政中扮演重要的角色。这不仅是19世纪初年的常态，相当程度上也是晚清地方行政与财政的一般背景。

类似嘉庆四年、二十五年的事件在19世纪前半期一再上演，中枢与疆吏顾忌"加赋"之名，多次否定了提升收支标准的可行性，放任钱漕浮收、浮费不断膨胀。再加以银贵钱贱、吏治窳败等因素的综合作用，田赋定章与实践之间出现巨大的鸿沟，19世纪前半期（尤其是道光中后期）因此成为清代田赋制度最为混乱、失序的时代。第三、四、五三章处理的问题，便是以上背景下漕粮、地丁制度的具体运作。第三章选取嘉道年间的江南，通过各种漕务积弊的考察，勾勒州县的漕粮收支结构，刻画漕务管理之细节。当日漕务浮费对于正项的空前侵蚀，显示出额外财政与额定财政间的相互关系。浮费的空前膨胀，大幅提升了漕运的成本，以致河运制度在道咸之际趋于解体。漕粮海运由此在额漕最重的江苏展开，取代河运成为道咸以降之常态。不过，当日之海运因京师仓储、库储之空虚而起，户部、督抚关注的只是短期内中央与省级政府间漕粮的分配格局，未及清厘州县一级的漕务收支，嘉道以来的漕弊也因此延续，这是第四章的主题。第五章是道咸之际湖北地丁银制度的个案分析。与第三章以弊政为切入点不同，该章处理的是一个常态下的制度横切面。该章主要利用州县钱漕征解"指导手册"，依据册中的征解惯例考释地丁银的收支细目，重建湖北通省 68 州县的地丁收支结构。

19 世纪中期以降，清朝的田赋收支结构经历了两次调整。咸同之际的太平天国战中及战后，长江流域及东南各省督抚出于筹措饷需、维持善后的考虑，普遍推行了裁减浮收、核减额赋为主题的钱漕改革。各省通过漕粮改征折色、钱漕收支章程的重订，对雍正年间确立的田赋定章进行了合理化改革，可谓是清朝田赋收支章程的重构。在这一意义上，笔者称其为"第二次耗羡归公"。本书第六章选取咸丰七年胡林翼的漕务改革，因湖北漕粮的改折定价在当日具有示范意义。同治初年的江苏，几乎同时推行了钱漕的改章与额赋的核减。作为赋额远超他省的财赋重地，江苏的改革对于清朝财政结构与田赋制度的影响力，非为他省可及。本书的第七、八两章，便试图在较长的时段中，观察同治年间江苏减赋与改章的成就与局限。

降至甲午战后以迄清末，骤增的赔款、外债压力打破了清朝的财政收支平衡，中央政府不得不从田赋及他种收入内筹款，以强制摊派责成各省解交相应的负担。田赋项下的筹款，主要来自于提解州县的田赋盈余，以及钱漕的随粮加捐。这是第九章讨论的问题，主要涉及田赋的支出层面，即中央政府迫于财政压力，开始参与田赋盈余的分配。以上各章大体以时间顺序排列，最后一章则属于贯穿清代中后期的概观式分析。从"能力"与"动力"的层面，分析何以颇为时人诟病的书差包征，却成为州县催科的合理选择。田赋征收制度中的"包征包解"逻辑，实贯穿清代财政管理的各个层面。

需要说明的是，清代的田赋绝非本书可以"解决"的问题，笔者也无意撰写一部耗羡归公后的清代田赋史。各章所涉，多半是前贤著力已深的旧课题。笔者试图在前人基础上，充分利用新旧史料，从时人的思考与关心出发，在更广阔的时空脉络中检讨相关史事与制度，以呈现先行研究相对忽视的重要面相，达致对于基本问题的重新认识。各篇以解决具体问题为原则，兼顾史料利用的"实用主义"，或不构成"结构完整"的统一整体。然其间亦有内在联系，即从财政收支与管理的角度，观察清代田赋制度的变革与延续。

另一个需要解释的问题，是所谓区域性与结构性。毫无疑问的是，清代的田赋制度存在不小的区域差异，甚至一州一县均有独特的制度实践。因此，赋役制度史研究的"标准操作"，是选取某省或地区为个案，考察该区域的制度实践。但另一方面，笔者在史料阅读过程中也深切感受到，由于实行统一的中央集权制管理，各地的田赋制度又具有相当大的一致性。无论是一致性抑或差异性，均取决于制度背后的逻辑，尤其是财政逻辑。在本书的多数篇章内，笔者以省为单位来考察制度的运作与变革，其中又多集中于江苏与湖北。之所以如此选择，是由问题本身决定的。从展现制度的基本面与变革的关键节点来看，两省的个案都具有相当重要的意义。此外，也部分出于史料利用的"实用主义"，两省的资料，或是相对丰富，或是难得一见。然笔者在梳理苏、鄂两省区域制度脉络之时，关注的仍是制度背后的结构与机理，这一定有助于我们理解其他省区的制度实践。此外，在第一、九、十三章中，笔者是以清朝的财政状况与田赋制度为分析对象的。在史料处理中，以搜集、排比各地的同类记载，进行结构性的归纳、分析为主。[①] 笔者认为，偏重结构性的研究方法固有其局限，但对于清代的田赋与财政这一课题而言，从更广阔的视野来分析，似乎更有意义。

本书的主体史料是清代的档案与文献，包括中央档案、官绅文集、政书、调查报告、方志、官箴书、报刊等。其中利用最多的，一是清代

---

① 清代各省的田赋额数相当不平衡，如乾隆十九年（1753），田赋实征额最高的江苏、浙江、山东三省分别达到 8 583 000、5 627 000、5 301 000 两，而征额最低的奉天、贵州、广西三省为 141 000、361 000、664 000 两，仅占前者的 6.17%。参见 Yeh-chien Wang, *An Estimate of the Land Tax Collection in China, 1753 and 1908*, Table 27. 故本书主要讨论田赋额数较重的东部、中部各省，尤其是江苏、浙江、湖北、湖南、安徽、江西、山东、河南等省，这些省份的情况可代表当日田赋制度的基本面。至于田赋额数较少的边远省区，则较少涉及。

中央档案，包括中国第一历史档案馆所藏"宫中朱批奏折""军机处录副奏折""户科题本""上谕档"，台北"故宫博物院"所藏"宫中档""军机处档折件"，将两地所藏互相拼合，基本可以涵盖现存的清代奏折、谕旨。此外，另有中国社会科学院经济研究所藏"清代钞档"，以资补充。由于赋税财政对于王朝统治的重要意义，相关档案的数量颇为庞大，且因各类奏销、奏报制度的存在，多有连续性、可资定量分析的文献存世。自20世纪30年代社会调查所、中央研究院社会科学研究所经济史组的年轻学人开启中国近代经济史研究之时起，系统地抄录、整理和利用明清档案（尤其是清代军机处档案中的财政经济史料），并在理解相关制度的基础上进行定量为主的分析，便是清代财政经济史研究的传统。① 近三十年来该领域的代表性论著，也多依据坚实的档案史料完成。②

　　笔者认为，在现有的档案整理与刊布条件下，有必要以更具批评性的眼光来思考档案史料的优劣，进一步提高解读的精度。比如与本研究相关的记载多为京内外官员的奏报及相关议覆、谕旨，这最可反映疆吏、京官对于地方政情的观察、制度利弊的分析，以及中枢的态度与决策。故据此在论述中展现这些层面，或能更多地挖掘史料的价值。此外，各省漕粮、地丁征收额数的三年比较清单（始自19世纪前期）、起运漕粮额数的相关题本等，均为田赋制度运行过程中形成的连续性记录，既可观察一定时期内田赋收入的变动，亦可据此分析中央、地方各级田赋管理之实态。这一极具价值的大宗史料，至今鲜有研究者系统利用，这与清代厘金、关税研究的现状反差明显。另一方面，档案资料也不乏"官样文章"，多有叙述的固定格式，仍需结合他种史料进行利用。如对于决策考量、运作过程的重建，或需辅以书信、日记等私密性文献。而考察改革、新政的落实情况和制度的地方实践，也离不开方志、公牍等地方性史料。

---

　　① 如罗玉东：《中国厘金史》，北京，商务印书馆，2010；汤象龙：《中国近代海关税收和分配统计》，北京，中华书局，1992。

　　② 如彭泽益：《十九世纪后半期的中国财政与经济》，北京，人民出版社，1983；李文治、江太新：《清代漕运》，北京，中华书局，1995；陈锋：《清代军费研究》，武汉，武汉大学出版社，1992；倪玉平：《清代漕粮海运与社会变迁》，上海，上海书店出版社，2005；史志宏：《清代户部银库收支和库存研究》，北京，社会科学文献出版社，2014。

还应注意的是，对于地方之积弊，言官与疆吏常有两歧的描述，利用时须谨慎分析甄别。

另一类本书使用较多的史料，是宣统年间成书的 22 省《财政说明书》，这是清季清理财政、实行预算的产物，由宣统元年(1909)各省成立的清理财政局根据财政调查所纂。该资料保存了关于有清一代省以下各级经费收支的详细记录。由于清季观念与制度的剧烈变革，编纂者对于赋税财政问题的顾忌明显较前减少。书内所载各省州县一级的田赋征解惯例，以及对清代田赋与财政制度的批判性反思(多含近代财政学的基本理念)，极少见于清代的他类史料，价值颇高。然此大宗史料，似仅有王业键、何汉威两位先进曾在相关研究中系统利用。

研究田赋制度，理应以记载相关规章的政书为主体史料，但本书所利用者多属时人对于制度的观察。这在很大程度上是由于，就清代中后期的田赋而言，纸面上的制度与实际运行的制度之间存在相当的差距，而通过重建后者来理解二者间的背离，正是笔者的关心所在。另一方面，清代的田赋管理实际上是不透明的，除中央政府所能控制的额定部分外，钱漕的收支实况不见于任何正式的"预决算报告"。尽管如此，地方政府在田赋征解过程中仍形成了各类账簿、私册、"指导手册"，类似的文献可能是最接近制度实态的文字记录。本书第一、三、五、十各章将利用此类记录，如道咸之际浙江乌程、江苏金匮之钱漕收支账簿，咸丰年间湖北各州县钱漕清册，光绪末年金匮钱漕实征册。此类文献均为未刊稿钞本，较少为相关研究所利用。其中透露的直接性信息不同于一般的间接性描述，在相关分析中具有关键的价值。当然，此类记载多属"脱离之断片"，对其形成过程及内容的严格考订，自是解读利用的前提。且笔者利用此类"新史料"，也是在广泛阅读各类"旧史料"(政书、文集、方志、笔记等)，并与之互相参照的基础上进行的。

# 第一章 陋规、摊捐与 19 世纪初期的地方财政

## ——以嘉庆二十五年清查陋规一事为线索

    雍正朝的耗羡归公与养廉银的创设，在清代财政史上的意义历来为史家所重视，多数研究者认为改革建立了一个合理的地方财政体制，并对吏治颇有改善。[1] 然而，既有研究的考察多限于雍正朝及乾隆初年，对此后的相关问题则多语焉不详。[2] 笔者认为，以养廉银制度为核心的地方财政体制的演变，实为关涉乾嘉以降财政与政治的关键问题。

    发生在耗羡归公约百年后的清查陋规一事，恰可为此提供一些线索。嘉庆二十五年（1820）秋，甫经嗣位的新帝旻宁，召见新入枢垣的吏部尚书英和，询以政治，后者面陈：各省府州县养廉不敷办公，莫不取给陋

---

[1]    相关研究甚夥，代表性论著如：[美]王业键：《清雍正时期（1723—1735）的财政改革》，《清代经济史论文集（一）》，303～339 页，台北，稻乡出版社，2003；佐伯富：《清代雍正朝における養廉銀の研究—地方財政の成立をめぐって—》，144～300 页，《中国史研究（第三）》，京都，同朋社，1977；曾小萍：《州县官的银两——18 世纪中国的合理化财政改革》；庄吉发：《清世宗与赋役制度的改革》，台北，台湾学生书局，1985；董建中：《耗羡归公的制度化进程》，《清史研究》2000 年第 4 期，50～58 页；陈锋：《论耗羡归公》，《清华大学学报（哲学社会科学版）》2009 年第 3 期，17～38 页。

[2]    部分学者简略地论述了乾嘉以降的相关问题。安部健夫：《耗羡提解の研究—〈雍正史〉の一章としてみた》，《清代史の研究》，707～713 页，東京，創文社，1971；佐伯富：《清代雍正朝における養廉銀の研究》，288～294 页；曾小萍：《州县官的银两——18 世纪中国的合理化财政改革》，279～282 页；郭成康：《18 世纪的中国与世界·政治卷》，282～286 页，沈阳，辽海出版社，1999。耗羡归公的相关研究之外，关于清中期国家财政的动向，以岩井茂树的研究最值得参考，参见氏著：《中国近世财政史の研究》，26～79 页。

规，科敛日益加增，应请清查定额，作为办公银两。① 根据英和的献策，道光帝在九月十一日明发上谕一道，内称：

> 直省大小官员，自雍正年间议设养廉，由督抚以至州县，借以为办公之资，迄今将届百年。督抚司道俸廉较厚者，尚敷公用；至府厅州县，养廉祇此定额，而差务之费、捐摊之款日益加增，往往有全行坐扣，禄入毫无者。虽在洁清自好之吏，一经履任，公事丛集，难为无米之炊，势不得不取给陋规，以资抵注。而不肖者则以为少取多取，均干吏议，转恣意征求。除办公之外，悉以肥其私囊。上司心知通省官吏，莫不皆然，岂能概行纠劾，遂阳禁而阴纵之。

因此，陋规"名为例禁，其实无人不取，无地不然"，民生困敝，吏治窳败，职此之由。道光帝认为，问题源于制度名实不符，必须"循名责实"，即将陋规"明定章程，立以限制"。由此，他谕令各督抚"将所属陋规逐一清查，应存者存，应革者革"，其尺度以"府厅州县足敷办公而止"，议定后严禁官员额外多取。五日后，道光帝再下上谕一道，强调清查陋规实为"爱民"，而兼以"恤吏"，绝非纵容不肖有司"头会箕敛，取赢于民"。②

九月十六日的上谕似为正名而作，可见清查之议一经提出便遭受质疑。此后数月中，先后有吏部右侍郎汤金钊、山西学政陈官俊、礼部尚书汪廷珍、江南道监察御史郑家麟、直隶总督方受畴、四川总督蒋攸铦、山西巡抚成格、两江总督孙玉庭等人就此事覆奏，他们或持慎重论调，或径言窒碍难行，几无一人赞同清查陋规。其中，孙玉庭等奏请停止清查一折，对于事件的结局尤为关键。在收到该折的十二月十三日，道光帝谕称：当日误信英和之议，清查一事"不但无益于民生，抑且有伤于国体"，令各督抚即停止查办，英和罢值军机。次日，又下朱谕将谏阻此事

---

① 中国第一历史档案馆编：《嘉庆道光两朝上谕档》第 25 册，嘉庆二十五年十二月十三日，568 页，桂林，广西师范大学出版社，2000；英和：《恩福堂笔记·诗钞·年谱》，386 页，北京，北京古籍出版社，1991。

② 《嘉庆道光两朝上谕档》第 25 册，嘉庆二十五年九月十一日、九月十六日，413、421～422 页。

的汪廷珍等五人交部议叙，立下首功的孙玉庭从优议叙。①

嘉庆二十五年清查陋规一事，实为百年后重演耗羡归公的失败尝试，该事件不仅是道光新政的重要篇章，情节也颇富戏剧性，很早就受到了史家的关注。宫崎市定、铃木中正、潘振平、冯尔康、韦庆远等先生利用《清实录》勾勒出事件始末，并从不同角度对其意义做了发挥。② 当然，以上先进的研究主要是从政治史的角度考察事件本身(很大程度上与史料利用的限制有关)，而对该事件所触及的"问题"——嘉道之际的"地方财政"，则多未从正面加以讨论。本章的学术目的，是以清查陋规一事为线索，观察耗羡归公之后地方财政体制的演变，展现 19 世纪初期地方财政的一般状况。此外，笔者也试图理解君臣在清查事件中的种种言论，并对其中所折射的清代财政理念、财政结构与财政管理模式等问题做出初步的分析。对于 19 世纪初年的州县官而言，陋规与摊捐很可能是日常收支中最重要的部分，本章的讨论也以此来展开。

## 一、陋规

道光帝所说的"陋规"，常见于清代文献，但其含义则因语境不同而

---

① 《嘉庆道光两朝上谕档》第 25 册，嘉庆二十五年十二月十三日、十四日，568～570 页；王钟翰点校：《清史列传》第 9 册，2628～2629、2650、2863 页，第 11 册，3205～3206 页，北京，中华书局，1987。

② 宫崎市定：《清朝の胥吏と幕友—特に雍正朝を中心として》，東洋史研究会編：《雍正時代の研究》，238～240 页，京都，同朋社，1986；鈴木中正：《清末の財政と官僚の性格》，《近代中国研究》第 2 辑，246～250 页，東京，東京大学出版会，1958；潘振平：《道光帝旻宁》，左步青主编：《清代皇帝传略》，269～271 页，北京，紫禁城出版社，1991；冯尔康：《论道光朝社会问题》，《顾真斋文丛》，695～696 页，北京，中华书局，2003；韦庆远：《论清代官场的陋规》，《明清史新析》，283～286 页，北京，中国社会科学出版社，1995，该文利用了宫中朱批奏折。此外，瞿同祖、何烈、曾小萍、山本进、柏桦也论及了该事件，参见瞿同祖：《清代地方政府》，49 页；何烈：《清咸、同时期的财政》，143 页，台北，"国立"编译馆中华丛书编审委员会，1981；曾小萍：《州县官的银两——18 世纪中国的合理化财政改革》，282 页；山本進：《清代後期直隷・山東における差徭と陋規》，《清代財政史研究》，143～145 页；柏桦：《明清州县衙门陋规的存留与裁革》，《史学集刊》2010 年第 3 期，56～57 页。

各异。时人对陋规就有多种定义，概言之，可分三层。最广义的陋规存在于清代官场的各个环节，官员于公私事务中的一切法外收支，都可视作陋规。狭义的陋规是指地方政府在各类行政事务中的惯例性征收，用以津贴衙门的公私经费。其中最主要的部分，是与百姓接触最多的州县官在钱谷事务中的陋规。这些"州县陋规"便是嘉庆二十五年清查的对象，本书的考察也以此为主。① 更为狭义的概念，则指"州县陋规"中的规费、规礼部分，与赋税附加、盈余相对应（详后）。

## （一）州县陋规

陋规之"陋"，在于"国家律令无文"②，"不够冠冕"③，且为时人所鄙。因此，陋规不见于任何一种官修政书，但其名目、数额，当日官场中人却十分清楚。嘉庆四年（1799），礼部主事尹壮图称：

> 百姓或于正供、杂税之外，略加羡余；或向来地方本有闲款，未报归公；或盐当富商倚其弹压匪类，愿各送规礼；至差务冲繁之区，凡车船夫马俱有各行户赔垫，与夫应用物件仅遵官价取值，名曰陋规。④

嘉庆帝在尹折上谕中也有类似的说明：

> 州县于经征地丁正项，以火耗为词，略加平余；或市集税课于正额交官之外，别有存剩；又或盐当富商借地方官势，出示弹压，年节致送规礼；其通都大邑，差务较繁，舟车夫马，颇资民力。⑤

---

① 相较而言，刑名事务中的陋规并无定数，且极易妨害诉讼的公正性，流弊甚多，故较少被认可，当日循吏甚以不收"牵涉讼案"的陋规为原则。谢金銮：《居官致用》，徐栋辑：《牧令书》卷 3，《官箴书集成》第 7 册，74～75 页，合肥，黄山书社，1997；刘衡：《蜀僚问答》，《官箴书集成》第 6 册，154 页。

② 章学诚：《章学诚遗书》卷 29，329 页，北京，文物出版社，1985。

③ 齐如山：《知县》，蔡申之等：《清代州县四种》，71 页，台北，文史哲出版社，1975。

④ 尹壮图奏，嘉庆四年四月初六日，中国第一历史档案馆藏，"军机处录副奏折"（以下简称"录副"）03-1476-035。本书引用的录副奏折均藏该馆，以下不再注明。

⑤ 《嘉庆道光两朝上谕档》第 4 册，嘉庆四年四月初七日，113 页。

在嘉庆二十五年的清查上谕中，道光帝也指出，各省州县相沿之陋规有舟车行户、火耗平余、杂税存剩、盐当规礼等项。山西学政陈官俊稍后覆奏称，州县陋规主要是平余、漕余、盐当、税契、杂税等项，此外"尚有取帮于富户者"。[1] 同年，御史张元模也称，州县陋规如盐当、烟酒规礼，杂税羡余，钱粮之火耗平余，官员到任及三节时斗称、牙行例出规费。[2]

　　以上诸人的定义大体一致。"舟车行户"指冲途州县遇有差务，将应需舟车费用，并及衙署日用、公私杂费等，或指定行户负担，或派诸民里，具体名目包括"行户陋规"（最显著者为"官价"）、"差徭"等。"火耗平余"泛指地丁钱粮的额外加征。"火耗"于雍正年间改归正项，此处是指耗外之耗。"平余"应作"枰余"，系指地方政府以平准砝码差异为由收取的赋税规费。自乾隆初年，平余成为耗羡以外新的加征名目。[3] 嘉道以降，平余几为钱漕等各税盈余的代名词。"杂税存剩"，系指田房契税、当税、牙税等项之盈余。杂税征收例有定额，且须尽征尽解，然官员普遍征多报少，由此获得大量盈余。"盐当规礼"是盐规、当规的合称。盐商、当商的经营活动与地方政府关系密切，且须官方的缉私、护卫，故对于所在省区各级文武官员，各商例有规礼之馈赠，是谓盐规、当规。这四种陋规大致可分两类，一是正税的附加或盈余，一是规礼或规费，毫无疑问，它们都出自于各类商民。

---

① 陈官俊奏，嘉庆二十五年十月十二日，中国第一历史档案馆藏，"宫中朱批奏折"（以下简称"朱批"）04-01-13-0217-001。本书引用的朱批奏折均藏该馆，以下不再注明。

② 张元模奏，嘉庆二十五年十月二十六日，朱批 04-01-01-0612-005。

③ "平余"（或"余平"）一词含义颇复杂。概言之，法定的平余银始自雍正初年，原指各省解部钱粮，每千两随解余平银25两、饭食银7两，俱于耗羡内动支。雍正八年减去一半，每千两止解减半余平银12.5两。自乾隆三年，减半平余银停止解部，存贮各省司库，用于赈恤等务。朱云锦：《户部平余案略》，《豫乘识小录》卷上，同治十二年刊本，15页。作为陋规的平余银，在雍乾之际即已出现，如乾隆初年，四川各州县于布政司解交正杂税课并耗羡之时，每百两须另解6钱，名为余平银，通省每岁计5000～6000两，作为督抚藩司衙门书吏饭食之用。此款司道取之州县，州县取之商民。故平余银实为耗羡以外的加征名目。同期，各省多有类似名目。杨秘奏，乾隆元年四月二十二日，朱批 04-01-35-0002-033；硕色奏，乾隆二年九月初六日，朱批 04-01-35-0883-017。

面对道光帝在上谕中对陋规名目的"提示"，各督抚多是含糊应奏，本省或有或无，各处不尽相同云云，仅有少数几份奏折细致描述了本省陋规详情（此点颇可玩味）。其中，直隶总督方受畴对于南北陋规有一较为准确的观察：

> 大概南省赋重而无差徭，北省赋轻而有差徭，南省无漕州县办公则借陋规，有漕州县办公则借漕粮。①

南省赋重，北省役重，是时人的普遍观念。所谓"役"即差徭，狭义的差徭是指州县因驿站车马不敷而加诸民里的科派，广义的则指州县行政经费不足而产生的一切摊派。如嘉道之际，直隶各属普遍承担着与帝王出行相关的"大差"，以及州县衙门的各类"杂差"科派。② 而在河南，民众所苦累者，也"不在赋而在差"，尤其是"杂派差钱"，其名目不仅包括驿站车马，甚至涵盖县署内外一切公私杂用。③ 差徭是当日华北、西北各省州县最重要的陋规。

在当日帝国的财政结构中，地丁钱粮与漕粮高居收入栏的前两位，其中地丁银（包括耗羡）占到货币财政收入的 70%，漕粮与米粮则几乎等于全部的实物财政收入。④ 相应的是，地丁、漕粮盈余成为各省州县最主要、最普遍的陋规。东南各省（特别是江南）赋额较重，钱漕陋规尤巨。⑤

光绪末年，上海知县汪懋琨曾详言嘉庆、道光、咸丰年间江苏州县钱漕陋规：

---

① 方受畴奏，嘉庆二十五年十二月初一日，朱批 04-01-30-0485-009。引文中的"陋规"为狭义概念，指州县陋规中的规礼、规费部分。

② 关于嘉道之际直隶的差徭问题，参见周健：《道光初年直隶差徭改革论争考析》，《明清论丛》第 8 辑，252～273 页，北京，紫禁城出版社，2008。本章引用的直隶差徭相关史料，均出自该文。

③ 张之万：《张文达公遗集》卷 2，光绪二十六年刻本，36～37 页。

④ 汤象龙：《鸦片战争前夕中国的财政制度》，193～204 页。

⑤ 参见周健：《嘉道年间江南的漕弊》，《中华文史论丛》2011 年第 1 期，269～271、274～275 页。以下两段所引史料出自该文。已收入本书第三章。

　　江苏赋额，甲于天下，每一州县，额征米自七八万至三四万石，银七八万至三四万两不等。从前……征收银漕，漫无限制，每米一石，折收钱七八千文，每银一两，收钱三四千文。年丰谷贱，民间情愿以米交仓，虽以两三石抵完一石，亦所不惜。……完户尚未及半，而仓中所收之米，已与原额短少无几，除起运外，所余仓米尚可变价入己。其完折色之价，则更全入官之私囊。……每办一漕，额多之州县官，立可富有数十万之巨资，其忙银之平余，为数亦有十数万、数万之多。以之抵作衙用，酬应开销，捐助地方各项公用，绰绰乎仍有多余。①

"米"即漕粮，"忙银"即地丁，二者合称"钱漕"。东南钱漕，州县或浮征本色（"以两三石抵完一石"），或强勒粮户以高于市价的折价完纳（谓之"勒折"，"每米一石，折收钱七八千文，每银一两，收钱三四千文"），可获盈余巨万，其中漕余又较地丁平余为重。通常情况下，钱漕盈余足敷地方官"抵作衙用""酬应开销"，及"捐助地方各项公用"。

　　道光初年，江苏巡抚陶澍称，"（州县）终年之用度"与"通省之摊捐"皆出自漕余。② 冯桂芬也相当直接地指出：

　　江苏州县自然之利甚少，非如他省有落地税等之入，如钱漕绝无盈余，实不足以赡公私之用，平征平解，断不能行。

　　江苏州县无地税、派徭之事，不能不于漕务中与以出路。

可见江苏州县公私之用多"于漕务中与以出路"。③ 不仅江苏，当日东南各省州县办公之需，"全赖钱漕陋规稍资津贴"。④ 此即方受畴所谓"（南省）有漕州县办公则借漕粮"。

　　在广东、福建等省，例充兵糈的米粮（"兵米""民米"）地方官多以折

　　① 民国《上海县续志》卷30《记事三·遗事》，7页。

　　② 陶澍：《附陈漕务情形严禁包漕陋规折片》，《陶云汀先生奏疏》卷17，《续修四库全书》第499册，5页。

　　③ 冯桂芬：《显志堂稿》卷5《与许抚部书》《与赵抚部书》，《续修四库全书》第1535册，578、581页。

　　④ 骆秉章：《沥陈湖南筹饷情形折》，《骆文忠公奏议》卷12，18页。

色征收，再买米解交，此中的盈余——"米羡"成为州县陋规之大宗。嘉庆二十五年，广东巡抚康绍镛奏称，"他省州县岁入多借地丁赢余，粤东州县岁入尤借兵米折价，向来屯米、民米每石正米连耗米收银二三四五两不等，间有六七两者"，州县以之采买解交，颇有盈余，约计每石可获米羡二三两不等。①

西南诸省地丁额数较轻，又无漕粮，州县陋规以杂税盈余为主。《四川全省财政说明书》载：

> 川中宰官岁入无漕余等陋规，即有平余，亦为数甚微，不足以供岁出之用。……其所恃者契税报解之赢余耳。②

田房契税实行定额包缴，除解司定额外，盈余悉归州县。川省契税定额在乾隆末年仅 78 000 两，至清季筹措甲午、庚子赔款，解额增至534 000余两，为乾隆末年数倍，然各邑契税仍有盈余，可知嘉道之交州县盈余之巨。③

北省差徭、东南漕余、粤东米羡、川省契税盈余等，不过是笔者择较具"代表性"者言之，实际情况是各省普遍存在多种陋规，地域间的差别仅在于各陋规所占比重不同，这与各地财政收入结构的差异有关。如道光初年的山东，州县多"倚钱漕羡余为生"，地丁普遍加耗，漕粮则"重者至两斗八升完一斗，轻者亦两斗四升完一斗"，每漕一石，州县可获漕余两许。额漕较少之州县，则取给于"卷零"（完漕规费），无漕州县，则有"集头规费"（行户陋规）及"落地税"。④《吴煦档案》中存有道光、咸丰年间浙江乌程、江苏金坛等县收支账簿，可展现 19 世纪前半期江南州县

---

① 康绍镛等奏，道光元年正月十二日，朱批 04-01-01-0623-040；《粤东省例》第 15 册《交代》，北京大学图书馆藏钞本，无页码。
② 《四川全省财政说明书》，26 页，经济学会，1915。
③ 周询：《蜀海丛谈》，8～9 页，成都，巴蜀书社，1986。
④ 包世臣：《山东西司事宜条略》，李星点校：《包世臣全集·中衢一勺》，113 页，合肥，黄山书社，1993；包世臣：《皇敕授文林郎山东馆陶县知县加五级张君墓表》，李星点校：《包世臣全集·齐民四术》，261 页，合肥，黄山书社，1997。

陋规收支之实态，极为难得。① 笔者将乌程县账簿中的收入部分整理为表 1-1：

表 1-1　道光年间(1843 年前后)浙江乌程县收入各款年额

| 名目 | 额数 | 实际征价 | 市价或法定征价 | 盈余 |
|------|------|---------|---------------|------|
| 地丁 | 112 769 两 | 每两征 1.682 两 | 每两额征 1.05 两（正银 1 两，耗银 0.05 两） | 0.632 两/两，共计 71 270 两 |
| 南米 | 1500 石 | 每石征 6120 文 | 每石市价 2275～2925 文 | 3195～3845 文/石，共计 3342 两 |
| 漕粮 | 84 651 石 | 每石征 5553 文 | 每石市价 2275～2925 文 | 2628～3278 文/石，共计 139 299 两 |
| 税契 | 不详 | 每两征 84 文 | 每两额征银 3 分 | 每两 36.6 文 |
| 产单 | 不详 | 无 | 无 | 产单每本 940 文 |
| 盐课 | 不详 | 课额以 8500 文/两折征 | 市价 1580 文/两 | 每两 6920 文 |
| 盐规 | 无 | 无 | 无 | 每年 680 两 |
| 当规 | 无 | 无 | 无 | 每年 2764 两 |

　　资料来源：《浙江乌程县收支账册(1843 年)》《浙江乌程县道光二十年漕用各费账册(1840 年)》，太平天国历史博物馆编：《吴煦档案选编》第 7 辑，14～17 页，南京，江苏人民出版社，1983；光绪《乌程县志》卷 25《田赋》，5 页；柯悟迟：《漏网喁鱼集》，5 页，北京，中华书局，1959。

　　说明：银钱比价据账册中反映的 1580 文/两、1200 文/元，糙米市价据柯悟迟：《漏网喁鱼集》，5 页。

　　乌程为财赋巨邑，其收入全部来源于赋税陋规，其中以漕粮、地丁盈余为大宗，或得自浮收(地丁、契税)、勒折(漕粮、南米、盐课)，或

---

　　①　乌程账册为道光年间吴煦父兄幕游该邑时留下，金坛账册则形成于咸丰初年吴煦任知县时。据清末小说，清代州县无论缺分大小，其开销惯例(特别是上司、同寅之规礼)均载于账房幕友秘册之中，此册历任相传，乌程、金坛二县收支账册似即此类秘册。因此虽然账册形成于道光二十三年、咸丰二年，记录的却是相沿旧规，可以反映嘉道之际的情况。李宝嘉：《官场现形记》，696～703 页，北京，人民文学出版社，1978。

得自与征收相关的规礼、规费（当规、盐规、产单）。较诸乌程，金坛可谓瘠缺，该县账簿"进款"项下载："盐当季规各五百元；寿、节、到任程仪各八十元；盐引每引十文；税杂契每两二十文。"①可知陋规主要来自盐当规礼（季规与节寿、程仪），每岁约 4480 元，另有盐引规费、契税盈余两款。

清代州县官被称为"亲民之官"，嘉道之际，他们负责征收除盐课、关税以外的各种赋税，其陋规也基本来源于此。在此过程中，州县官需与本署的胥吏、差役、幕友、长随等分享这些陋规。②更重要的是，他们又将其中一部分作为规礼送入各上级衙门。这正是清季西人马士（H. B. Morse）的直观感受："一个中国官吏好像仅仅是为了他自己，以及他的同僚、上司和僚属们的生计而存在的。"③

### （二）州县以上各级陋规

陈官俊曾形象地指出："州县之陋规取给于百姓，而道府之陋规则取给于州县，所谓节寿规、四季规是也。"④其实不仅道府，州县以上各级的陋规都或多或少来自州县，后者例在"三节两寿"（春节、端午、中秋三节，上司及其夫人的生辰）及上司到任、过境及谒见时赠送规礼。前引乌程县账册支出栏下有"各宪节寿"一款，引用如下：

> 藩节寿各礼，门包洋三十元，无干〔乾〕礼，小随三元，外开发共十一元。
>
> 臬节寿，杭文二百两，新参同，门包洋二十元，小随洋二元，号房洋四元，外开发四元。
>
> 本道节寿，杭文二百两，新参同，门包洋二十元，小随洋二元，

---

①　《吴煦知县任内金沙各项进出账（1852 年）》，《吴煦档案选编》第 7 辑，25 页。

②　多数情况下，州县官的陋规就得自胥吏、差役。清代州县催科多由书差主导，书差"包征包解"是当日财政制度下的常态，参见周健：《清代中后期田赋征收中的书差包征》，《中国社会历史评论》第 13 卷，天津，天津古籍出版社，2012，已收入本书第十章。

③　H. B. Morse, *The Trade and Administration of the Chinese Empire*, p. 81.

④　陈官俊奏，嘉庆二十五年十月十二日，朱批 04-01-13-0217-001。

号房外开房〔发〕共四元。

运节寿各礼，门包洋十元，小随洋一元，外开发洋二元。

粮节寿各礼，门包洋十元，小随洋一元，外开发钱二千四百文。

学节寿各礼，门包洋四元，小随钱四百文，外开发洋一元。

杭府节寿各礼，门包洋四元，小随钱四百文，外开发钱五百六十文。

本府节寿、新参，司平银三百六十两，门包杭元三十六两……小随杭元三两六钱……外开发钱八百四十文。新参另给执帖门洋六元，新参另给管厨洋四元，新参另给众跟班洋四元，新参各役叩寿钱五千六百文。

府署三节，各役每次钱四千文，又厨火夫等每次钱二千另十六文，又把门门号每次洋三元，又投文、挂号每次钱七百文。又接帖门上每次洋八元，又跟班每次洋八元，又管厨每次洋四元。

按当日各上司"节寿"为规礼之大数。大数之外，以小数与其长随，谓之"门包"，通常另附十分之一的"随银"。又以小数与其传禀之役，即此处"外开发""号房"之类。"乾礼"又称"乾修"，为州县馈送上司所荐挂名幕友之脩金。"杭文""杭元"即杭州市平所计之银。乌程县每逢布政使、按察使、杭嘉湖道、盐运使、粮道、学政，本府（湖州府）以及杭州府官员节寿或到任（"新参"）之时，均赠送"门包"，并附"小随""外开发"，其中按察使、杭嘉湖道、湖州府更馈以大额之规礼。湖州府因直辖该县，数额最多，除到任及三节两寿规礼较多外，各色长随（"把门门号""接帖门上""投文""挂号""管厨""跟班"等）、衙役另有赏钱。此外，账册中另有"在城文武节仪"一款，即逢节日馈赠驻本县及省城杭州的文武同寅之规礼，各洋数元至十数元不等。金坛的情况与之十分相似，该邑规礼清单上开列着本府（镇江府）、总督、巡抚、布政使、按察使、首府（苏州府）、本道（常镇通海道）、粮道、同寅（县学、捕厅、城守），每逢节寿、到任，各赠门包十余元至数十元不等，本府另送规礼，每次 400 余元。

节寿规礼之外，乌程县每月例送湖州府"月费"66.66 两，全年共 800 两，每次另有门随洋 10 元。知府因公上省，乌程、归安二县每次送银 50 两。年底知府赴县盘查库项，须赠银 400 两。又，湖州府署各发审幕友脩金、火食亦由府内七县公摊，乌程每岁负担脩金 240 两，火食 43 200 文，逢节日另赠各幕友节礼数元至十数元不等。不仅如此，府署内外一切琐细杂用，均由乌程、归安两首县负担。综计"各宪节寿""府署费用""在城文武节仪"各款，乌程县每岁至少馈赠各上司、同寅规礼银 6258 两。①

乌程的情况并非特例。清代自雍正朝创设养廉银，地方各级官员中，大抵督抚及藩臬两司事简而廉银较厚，道府以下，则事愈繁而廉银愈少。② 其中道府（尤其是府）为当日地方行政中承上接下之要职，其廉银虽较州县稍厚，但与州县不同的是，道府并不"亲民"，不能直接在赋税征收中获得盈余和规费。因此，其公私之用几乎无不仰给所属州县（尤其是府内首县）。道光十二年（1832），御史徐宝善就指出，"向来道府收受陋规，曰三节，曰两寿，相习成风"，因"每岁修脯之费、公事之用，多或万余金，少亦数千金，悉借节寿之名取之州县"，而"州县无所怨，以为此事相沿，几成通例"。③ 在嘉庆初年的江西，"知府每月薪米之费，多取之于州县"，大县每月一百余两，小县八九十两，一县每年总须千余两，名曰"月费"，此外，"知府进省一次，各县亦送盘费银七八十两不等"。据说该省府缺向来"以属县多而有漕者为美缺，以属县少而无漕者为苦缺"，可见知府陋规出自属县漕粮盈余。④ 嘉道之交，直隶各道府因"养廉摊捐殆尽"，"又别无应得之项，延友办公，养赡家口，不免竭蹶"，"惟借州县所送到任、节寿、季规等项规礼为办公之用"。⑤ 可见，道府陋规基本是州县陋规的再分配。事实上，道府、州县之间的这一关系存

---

① 《浙江乌程县收支账册（1843 年）》《吴煦知县任内金沙各项进出账（1852 年）》，《吴煦档案选编》第 7 辑，17～20、22～24 页。

② 蒋琦龄：《应诏上中兴十二策疏》，盛康辑：《皇朝经世文续编》卷 13，光绪二十三年刻本，42 页。同级官员的额设廉银数量存在较大的省际差异，大致而言，多数督抚的额设廉银为 10 000～15 000 两，布政使为 8000 两左右，按察使为 6000 两左右。多数道员的额设廉银在 2000～4000 两，知府则为 2000～3000 两。光绪《钦定大清会典事例》卷 261，《续修四库全书》第 802 册，179～186 页。

③ 徐宝善奏，道光十二年十二月十三日，录副 03-3342-082。

④ 吴烜奏，嘉庆五年四月十八日，朱批 04-01-35-0936-034。

⑤ 方受畴奏，嘉庆二十五年十二月初一日，朱批 04-01-35-1386-011。

在于各上下级之间，每一级官员都将得自属吏的部分陋规送入各上司的衙署。也就是说，州县以上各级陋规都或多或少地来源于州县。

对于督抚、布政使、粮道，以及少数道府而言，除去属吏的门包、规礼外，其陋规另有更重要的来源：因管理盐、漕、关、粮等事务，他们可以直接获得大量盈余、规礼，这是在更高级别上重复州县在赋税征解中的行为。如给事中黄中杰称："各省督抚司道俸廉而外另得之项，岁有常规，督抚之兼关者则有税余，司道之管库者则有平余，道府之辖漕者则有漕余，又凡营销引盐地方无不各有规项。"①部分官缺"出息"较多，成为当日著名的"肥缺"。如四川夔州，广东韶州、肇庆，广西浔州、梧州各府及江西赣南道兼管税关，每岁盈余以十万计。陕西粮道、浙江杭州府、福建福州府及各属同知、广东广州府办理兵糈，其陋规取资米羡，江南诸省及河南、山东二省粮道则可获大量漕规。各省藩司陋规取资平余、解费，督抚兼管盐务、关务，亦有巨万之规费。② 与之形成对照的是，按察使并不参与赋税管理，其廉银亦较督抚藩司为轻。因此，当日各省臬司多属"瘠缺"，其陋规与多数道府相同，主要来自州县的节寿规礼。③

## (三)陋规的额数

前引二县账册直观地说明，陋规之款额是有成规可循的。康熙年间任山东郯城知县的黄六鸿在著名的《福惠全书》中就指出："凡所云陋规者，乃地方历来之成例，而非自我创始者也。"④可见守令定义下的陋规

---

① 黄中杰奏，嘉庆二十五年十二月十七日，朱批 04-01-01-0596-048。

② 陈官俊奏，嘉庆二十五年十月十二日，朱批 04-01-13-0217-001；欧阳兆熊、金安清：《水窗春呓》，59～60 页，北京，中华书局，1984；周询：《蜀海丛谈》，22～23、55、64 页；金安清：《浙江南米截漕利害说》，盛康辑：《皇朝经世文续编》卷 36，91 页；张集馨：《道咸宦海见闻录》，80 页，北京，中华书局，1981。

③ 黄体芳：《请分别裁定陋规以肃吏治疏》，盛康辑：《皇朝经世文续编》卷 20，64 页；欧阳兆熊、金安清：《水窗春呓》，60 页；周询：《蜀海丛谈》，56、231 页。乌程县账册也显示，该县在三节两寿及到任时赠送大额规礼的上司仅有按察使及本管道府。

④ 黄六鸿：《福惠全书》卷 3，《官箴书集成》第 3 册，257 页。

最强调因袭"成例"。嘉道之际，官员也多奏称，相沿陋规俱有常额、定
数，廉吏"于陋规之外无所求"，而贪劣之员则苛敛"竟溢陋规之外"。①
这都提示出，陋规是由某种"惯例"或"旧规"来界定的，其数额相对"固
定"，逾此之外时人即视作"赃私"，不复为陋规。

官员按相沿惯例所得之陋规，常被称为"自然之出息"，优缺、瘠缺
之间，出息多寡相距甚远。关于其数额，由于官员讳言，极少有可靠的
记载。然各优缺的出息额，似又是当日官场中的"常识"。嘉庆二十五年，
某官员奏称：各省州县"缺分美瘠、费用繁简，各自不同"，如山西州县
陋规，"有千余金，有数千金，或万余金至二万金者"，而著名的美缺，
"如江南之上海等县、河南之祥符等县有多至十余万，山东之胶州、潍
县、章邱、恩县有多至数万者"。② 前文表 1-1 乌程县账簿可与之互证，
该县陋规之大宗——钱漕盈余、盐当规礼各项，就达 217 355 两。金安
清也指出，嘉道年间，上海、南汇、嘉定、宝山四县，仅漕余一项，每
年即有十余万两。③ 同期，湖南衡阳钱漕盈余可至六七万两，其数"视官
吏廉贪能懦为多寡"，"而积任承袭，亦自有授受，廉者恃以自给，贪者
无厌，或别求聚敛"。④ 而在湘潭，民间谓乾嘉年间殖官于此者，"不贪
不滥，一年三万"，嗜利者不知足，犹可以多取。⑤ 这些记载说明：陋规之
额数自有相沿惯例，足恃官员自给，然贪滥嗜利者尚可于此外"别求
聚敛"。

以上记载多出自优缺，就整体而言，如尹壮图所言，陋规不及 2000
两者，"本系历来苦缺"，多数州县在 2000 两至数万两之间，兼管税关之

---

① 陈官俊奏，嘉庆二十五年十月十二日，朱批 04-01-13-0217-001；尹壮图奏，
嘉庆四年四月初六日，录副 03-1476-035。
② 无具奏者，嘉庆二十五年十月初十日，录副 03-1839-076。
③ 欧阳兆熊、金安清：《水窗春呓》，75 页。
④ 同治《衡阳县志》卷 3《赋役》，9～10 页。
⑤ 光绪《湘潭县志》卷 6《赋役》，1 页。张仲礼先生根据包括该记载在内的三条
史料估计：19 世纪知县的平均收入是银 30 000 两，参见 Chung-li Chang, *The Income
of the Chinese Gentry* (Seattle: University of Washington Press, 1962), pp. 29-31。笔
者认为，该数据忽视了优缺、瘠缺间陋规收入的巨大差异，可能偏高。如直隶龙门
县为省内著名苦缺，据称每岁陋规仅止当规银 66 两。方受畴奏，嘉庆二十五年十二
月初一日，朱批 04-01-35-1386-011。

道府，出息多在 20 000 两以上。① 郑家麟也观察到，州县陋规，"多者巨万，少者亦不下数千"②。这些描述或不十分"精确"，但至少在时人看来，除去少数苦缺，多数州县的陋规在 2000 两以上，数千两犹为少者，多者可至数万两。按州县额设廉银多为 500～1400 两，这意味着，嘉道之际，州县于陋规所入已经普遍高于法定之廉俸。

嘉庆四年，章学诚就指出，官员公私之用，"未有徒恃区区廉俸可给足者"，"区区"二字正道出廉俸之无足轻重。③ 乾嘉之际历任福建各属教谕的谢金銮也建议，官员初到任时宜详察该缺每岁"入数"，即"钱粮出息""杂项出息"及廉俸。可知在地方官看来，出息在收入中的重要性大于廉俸。④ 嘉庆初年，洪亮吉在《守令篇》中有一段著名的描述：乾隆后期以来，里中任守令者之戚友为其所虑，唯在该缺"出息若干"，"一岁之可入己者若干"，而至守令赴任，"必先问一岁之陋规若何，属员之馈遗若何，钱粮税务之盈余若何"。亮吉所记为彼时日下之世风，然这一记载也透露出，乾嘉之际，守令们趋之若鹜的"出息"确是最主要的收入来源。⑤ 时人的这些观察亦得证于乌程县账册，知县 1645 两的法定廉俸甚至不足 217 355 两陋规收入的百分之一，而且廉俸一项根本未记入账册的收入栏中。⑥

## 二、摊捐

在九月十一日的清查陋规上谕中，道光帝明确指出，地方官员不得不取资陋规的背景，在于日益加增的"差务之费，捐摊之款"，以致府厅州县往往有廉银"全行坐扣，禄入毫无"者。⑦ 嘉庆年间，曾任江苏江都、

① 尹壮图奏，嘉庆四年四月初六日，录副 03-1476-035。
② 郑家麟奏，嘉庆二十五年十月三十日，朱批 04-01-01-0612-009。
③ 章学诚：《章学诚遗书》卷 29，329 页。
④ 谢金銮：《居官致用》，徐栋辑：《牧令书》卷 3，《官箴书集成》第 7 册，74 页。
⑤ 洪亮吉：《卷施阁文甲集》第一，《续修四库全书》第 1467 册，239～240 页。
⑥ 光绪《钦定大清会典事例》卷 261，《续修四库全书》第 802 册，182 页；《钦定户部则例》卷 73，同治十三年刻本，22 页。
⑦ 《嘉庆道光两朝上谕档》第 25 册，嘉庆二十五年九月十一日，413 页。

常熟等地知县的陈文述也观察到："自火耗归公以后，额设养廉不足以资捐款，而州县始不能不借钱漕盐当为自然之利，亦州县所无可如何也。"①道光初年，御史徐宝善论及陋规时亦称言："养廉摊扣无省无之，实可支领者已属无几"，地方官若不得受陋规，"断不能枵腹而谈公事"，故收受陋规外官"视为故然"，"恬不为怪"。② 二人均认为，由于"捐款""养廉摊扣"的存在，州县所领廉银"已属无几"，甚至"不足以资捐款"，收取陋规便成为"合理"之事。所谓"捐款""养廉摊扣"即清查上谕中的"捐摊之款"，是指地方政府以强制摊扣官员养廉银的方式，筹措无法"作正支销"的公务经费，本书中统称"摊捐"。③

嘉庆四年仁宗亲政之初，便明谕严禁摊扣官员养廉，称养廉银"原为大小官员办公日用之资"，而外省"遇有一切差使，及无著款项，往往议将通省官员养廉摊扣，以致用度未能宽裕"。④"用度未能宽裕"（嘉庆四年）与"往往有全行坐扣，禄入毫无者"（嘉庆二十五年）之间的差异是十分明显的，可见正是在嘉庆一朝，摊捐成为影响地方财政的关键问题。

嘉庆二十五年十一月，户部尚书英和等在献策清查陋规两月后，又奏请限制各省摊捐，称言：

> 近来各省州县亏缺正课，科敛民财，动以廉俸不敷办公为词，而最所借口者，尤在捐摊一款，按缺分大小，为银数等差，每岁每缺自数百两至千余两、二三千两不等，逐年递增，略无考稽。

① 陈文述：《颐道堂文钞》卷 6，《续修四库全书》第 1505 册，649 页。
② 徐宝善奏，道光十二年十二月十三日，录副 03-3342-082。
③ 当日又称"捐摊""捐/摊款""捐/摊廉""公捐""津贴""公帮"等。关于这一问题，仅有岩井茂树、郑振满做了专门的讨论。参见岩井茂树：《中国近世财政史的研究》，46～51 页；郑振满：《清代福建地方财政与政府职能的演变——〈福建省例〉研究》，《乡族与国家：多元视野中的闽台传统社会》，276～299 页。此外，以下研究对此也有涉及：铃木中正：《清末の财政と官僚の性格》，245～248 页；瞿同祖：《清代地方政府》，43～45 页；王业键：《清代田赋刍论（1750—1911）》，23～25、71 页；曾小萍：《州县官的银两——18 世纪中国的合理化财政改革》，280～281 页；陈锋：《清代军费研究》，276～277 页；茅海建：《鸦片战争清朝军费考》，《近代的尺度：两次鸦片战争军事与外交》，18～19、28～30 页，北京，生活·读书·新知三联书店，2011；郭成康：《18 世纪的中国与世界：政治卷》，310～312 页。
④ 《嘉庆道光两朝上谕档》第 4 册，嘉庆四年五月初二日，152 页。

可见州县廉俸不敷办公，与摊捐直接相关，其数量颇巨，且"逐年递增"。然而，户部对于这些摊捐并不知底细，遂奏请各省将必不可省的摊捐款目奏明，浮多之款概行删除，嗣后每岁汇奏所扣银数，以资考核。计臣们的意图很明显，对于不识底细的摊捐必须立定章程，加以限制，这与清查陋规的精神是一致的，该议于当日获准。① 以下笔者根据嘉庆二十五年至道光三年(1823)间各督抚就此事的相关奏报，对当日摊捐的额数、款目进行分析。

表 1-2　1820 年前后各省摊捐岁额与养廉银之比较　　　(单位：两)

| 省份 | 摊捐 | 摊捐/养廉银 | 省份 | 摊捐 | 摊捐/养廉银 |
|---|---|---|---|---|---|
| 直隶 | 114 000① | 道府厅摊扣殆尽，州县不敷摊扣 | 福建 | 39 300④ | 同通州县廉银不敷摊扣 |
| 山东 | 83 500② | 州县廉银不敷摊扣 | 浙江 | 233 772 | 162.7% |
| 山西 | 183 717 | 79.7% | 湖北 | 56 453 | 41.7% |
| 河南 | 108 500③ | 50%以上 | 湖南 | 59 856 | 59.1% |
| 江苏宁属 | 21 962 | 50.3% | 陕西 | 不详 | 约80% |
| 江苏苏属 | 46 215 | 113.0% | 广东 | 214 678 | 143.1% |
| 安徽 | 22 160 | 48.6% | 贵州 | 9900⑤ | 州县扣廉数成 |

资料来源：方受畴奏，嘉庆二十五年十二月初一日，朱批 04-01-35-0948-046；松筠奏，道光二年二月二十八日，朱批 04-01-35-0787-036(以上直隶，下同)；陈预奏，嘉庆二十一年十二月初二日，朱批 04-01-35-0778-014；贺长龄奏，道光七年六月十八日，朱批 04-01-35-0795-044(山东)；安颐纂：《晋政辑要》卷15，《续修四库全书》第 883 册，65～72 页；成格奏，嘉庆二十五年十二月十一日，朱批 04-01-35-0647-089(山西)；程祖洛奏，道光三年六月十八日，朱批 04-01-01-0645-021(河南)；孙玉庭奏，道光元年七月二十六日，朱批 04-01-35-0650-101；孙玉庭等奏，道光元年，录副 03-3333-037(江苏宁属、苏属)；孙尔准奏，道光二年闰三月二十六日，朱批 04-01-35-0651-105(安徽)；庆保奏，道光二年闰三月二十六日，朱批 04-01-35-0651-107；《福建省例》，368～369 页，台北，台湾大通书局，1997(福建)；王凤生：《越中从政录·浙省仓库清查节要》，道光四年刻本，40～44 页(浙江)；陈若霖奏，

_____

① 英和等奏，嘉庆二十五年十一月初五日，录副 03-1643-019；《嘉庆道光两朝上谕档》第 25 册，嘉庆二十五年十一月初五日，512～513 页。

道光元年十一月二十一日，朱批 04-01-01-0615-012；陈若霖奏，道光二年闰三月初六日，朱批 04-01-35-0651-093；清单，道光二年，录副 03-3210-105(湖北)；左辅奏，道光二年七月二十八日，朱批 04-01-35-0950-004；清单，道光二年，录副 03-3334-056；嵩孚奏，道光三年十一月十五日，朱批 04-01-01-0645-011(湖南)；朱勋奏，道光元年十月二十日，朱批 04-01-35-0651-023(陕西)；阮元奏，道光元年七月十六日，朱批 04-01-35-0650-094；黄恩彤等纂：《粤东省例新纂》卷 2～5、7，道光二十六年刻本；高崇基：《东粤藩储考》，北京大学图书馆藏写本(广东)；糜奇瑜奏，道光二年七月十六日，朱批 04-01-35-0950-003；庆保等奏，嘉庆二十五年十二月十九日，录副 03-4078-001(贵州)。

　　说明：上表中的摊捐额数为嘉道之际的最高值，此期各省摊款多有"豁免""删减"，数量有所下降。但多数省份"删减"摊款后，并未另筹经费弥补，摊捐形成的机制也依然存在。因此，在"豁免""删减"之后，摊款又不断再生。另一方面，督抚所奏报者也只是地方政府实际负担的一部分。如①仅含弥补亏空、军需摊捐，另有大差及常年摊捐数万两；②仅含河工、军需摊捐；③仅含军需摊捐；④仅含军需、常年摊捐；⑤仅含常年摊捐。

## (一)摊捐的额数

　　尽管督抚奏报者仅限省一级的"司摊"(提解藩臬两司的摊捐)，且多省的资料并不完整，但仍可发现，摊捐普遍占到通省额设廉银的 50％以上，浙江、广东、江苏苏属甚至不敷摊扣。更重要的是，各省的摊捐或者完全由州县承担(如江苏苏属、宁属，安徽、浙江等)，或者以州县负担为主①，而其额设廉银又远低于督抚司道，因此对于州县而言，摊捐与廉银之比要大于表中的百分比。以山西为例，该省摊捐仅有 10 款涉及通省各级官员，其余 23 款则完全由通省州县或相关州县承担，当日山西通省 103 州县额设廉银、繁费仅占全省的 52.8％，却承担着几乎全部的摊捐。② 可以肯定的是，其中必多养廉"全行坐扣，禄入毫无"者。

　　若从时人的观察来看，摊捐对于州县的影响似较以上奏报更为严重。嘉庆末年，包世臣就注意到："外省摊捐之款，日多一日，大州县有每年

---

　　① 关于州县负担的具体比例，如道光初年湖北摊捐共计 20 836.254 两，其中州县负担 18 000.097 两，占 86.4％，其余 2836.157 两由藩臬道府负担，占 13.6％。陈若霖奏，道光二年闰三月初六日，朱批 04-01-35-0651-093。

　　② 《晋政辑要》卷 15，《续修四库全书》第 883 册，65～72 页；成格奏，嘉庆二十五年十二月十一日，朱批 04-01-35-0647-089；海宁辑：《晋政辑要》卷 2，《官箴书集成》第 5 册，449～452、455～457 页。

摊至七八千金者，小州县亦不下千金，以廉抵捐，数常不敷。"①同期，御史吴椿也奏称，州县"捐款多者，由千两以上至数千两不等"。② 湖南湘潭为财赋巨邑，属于"大州县"，嘉道之际，该县负担摊捐至万两以上，据称湘省即中等县份，每年亦有摊款数千两。③ 陈官俊即指出，当日各省摊捐，"州县中有数百金，有千余金，有数千金，竟有至万金者"④。按知州额廉多为 500 至 1400 两，多数知县则在 500 至 1200 两之间⑤，若据以上观察，即便是摊捐最少的州县，廉银也所剩无几了。道光初年，直隶"州县所得养廉自数百两至一千二百两为止，而应解摊捐小缺岁需一千余两，大缺至二三千两不等，入不敷出"。⑥ 道光二年(1822)，浙江会稽知县禀称："年例捐摊及奉文特派，并在县应捐各款，几及七千金，核之岁入，并应得养廉之数，已不敷甚多。"该邑额廉 1200 两，核之每岁 7000 两的摊捐，的确远不敷摊扣。⑦ 道光四年(1824)，福建省各同知、通判、州县每年赴司领取廉银，核之应捐摊款，尚不敷银 2900 余两。⑧

先行研究多认为，由于摊捐等因素，养廉银制度在清末已经有名无实，无法继续发挥原有的作用。⑨ 然而以上考察似可说明，这一现象至迟出现于嘉道之际(1820 年前后)，当日州县的摊捐负担普遍超过了廉银。所谓廉银"全行坐扣，禄入毫无"，实际上意味着州县摊捐已不能出自廉银，而是来源于陋规(详后文)。

---

① 包世臣：《庚辰九月为秦侍读条例八事》，《包世臣全集·齐民四术》，370 页。

② 吴椿奏，嘉庆十五年四月初二日，录副 03-1732-038。

③ 光绪《湘潭县志》卷 2《建置》，12 页；左辅：《念宛斋官书》卷 8，道光刻本，7 页。

④ 陈官俊奏，嘉庆二十五年十月十二日，朱批 04-01-13-0217-001。

⑤ 瞿同祖：《清代地方政府》，41～42 页。

⑥ 松筠奏，道光二年二月二十八日，朱批 04-01-35-0787-036。

⑦ 《治浙成规》卷 4，《官箴书集成》第 6 册，461 页；光绪《钦定大清会典事例》卷 261，《续修四库全书》802 册，182 页。

⑧ 《福建省例》，368～369 页。

⑨ 佐伯富：《清代雍正朝における養廉銀の研究》，294 页；郑振满：《清代福建地方财政与政府职能的演变——〈福建省例〉研究》，《乡族与国家：多元视野中的闽台传统社会》，276～299 页；岩井茂树则认为，州县的养廉银制度大约在 19 世纪中期失去了意义，参见氏著：《中国近世财政史の研究》，46～51 页。

## (二)摊捐的款目

摊捐大致可分为常年/年例摊捐、遇事摊捐及另案/奏派摊捐三类。①
常年、遇事各款均与地方历年固定的行政事务有关,区别在于办理的频
次不同。各省普遍存在的常年、遇事摊捐主要款目有:

(1)解部贡物、本省铸币所需铜斤("滇铜")等的购买及运输费用,以
及京、协饷的运输经费。如江苏苏属、宁属均有"木植协贴""滇铜帮费"
"差员贴费"三款,系贴补采办解部木植、本省滇铜差员之脚价、盘费及
解部饭食不敷。②

(2)京城与各省城之间文报传递系统——提塘的办公费用("提塘报资
工墨"),以及本省刊刷誊黄、告示工本。

(3)督抚藩臬等衙门雇用额外书吏的饭食辛工。如广东"小书工食"一
款,缘该省督抚藩臬衙门因案牍繁多,每年雇用小书数十名帮办,至秋
审、奏销、大计、科场之际仍需额外增雇,其工食每年由各州县捐解,
共计 7450 余两。③

(4)三年一科的各省文武乡试(包括遇万寿、登极各庆典加试"恩科")
费用,以及省城书院的膏火束脩。

(5)省、府及首县各监狱囚犯口粮、药资、冬衣等项经费。

(6)公帮省内"繁缺"(如首府、首县)、"苦缺"行政经费,尤其是发
审、驿站、缉捕等项支出。

以上各款涉及地方行政的各方面,确系必不可省之项,其经费却存
在不小的缺口,只能"筹捐外办"。而且,这仅是部分"司摊",州县实际
上负担着来自各上级衙门的摊款。如嘉道年间,山东莘县应摊"年例捐
款",计有提解藩台衙门者 28 项、臬台衙门 33 项、粮道衙门 13 项、本

① 更广义的摊捐还包括"州县流摊",又称"详府摊捐",即州县修垫衙署等事
务经费,本任无力负担,遂详明本管知府,由后任分摊,并于交代时作抵。此种流
摊不同于来自上级的摊捐,此处不做讨论。

② 《捐摊款目》,南开大学图书馆藏钞本,2~3 页;孙玉庭等奏,道光元年,
录副 03-3333-037。

③ 《粤东省例新纂》卷 2,40~41 页。

道衙门 4 项、本府衙门 36 项。此外,每岁尚有数项临时奉派的摊款。更重要的是,自嘉庆中期,该县廉银的五成已经固定地被河工、军需、亏空等另案摊捐扣去。①

莘县的例子颇具普遍性,当日摊款之大宗并非常年、遇事摊捐,而是由军需、河工、亏空等引起的另案摊捐。笔者将表 1-2 中的相关部分抽出,结合其他史料,制成表 1-3:

**表 1-3　1820 年前后各省另案摊捐款额**

| 省份 | 名目 | 摊派金额、方式 |
|---|---|---|
| 直隶 | 嘉庆十八年天理教案军需 | 每年通省摊扣 60 000 余两 |
| | 嘉庆年间弥补亏空 | 每年通省摊扣 50 000 两 |
| | 乾嘉年间历次大差外销 | 2 413 900 两 |
| 山东 | 嘉庆二年曹汛坝河漫口后各工("曹工")帮价 | 1 850 921 两,嘉庆六年起,分三十七年扣清,每年府州县扣廉三成 |
| | 嘉庆十八年天理教案军需 | 797 421 两,嘉庆二十一年起,分十九年扣清,每年通省扣廉二成 |
| 山西 | 嘉庆十六年仁宗巡幸五台("台工")经费 | 750 000 余两,嘉庆十七年起,分九年扣清,每年通省扣廉三成、五成不等 |
| | 嘉庆十八年天理教案军需 | 64 000 余两,摊扣司道府州县养廉 |
| 河南 | 嘉庆初年川楚教案军需 | 5 264 786 两,嘉庆五年起,每年通省扣廉三成 |
| | 嘉庆十八年天理教案军需 | 720 378 两,嘉庆二十五年起,每年通省扣廉二成 |
| 江苏 | 嘉庆二年曹工挑挖帮价 | 477 241 两,嘉庆八年起,分三十年于通省摊扣 |
| 福建 | 乾隆五十一年林爽文案、六十年陈周全案、嘉庆十年蔡牵案军需 | 2 400 000 余两,乾隆五十八年起,分一百一十余年在道府州县养廉内扣清 |
| 浙江 | 嘉庆五年清查亏空 | 1 940 000 余两,嘉庆六年至二十二年扣完 |
| | 嘉庆二十四年官垫民欠 | 954 000 两,嘉庆二十五年起,分十六年扣完 |
| | 道光三年清查亏空 | 433 100 余两,道光三年起,分十三年扣完 |

① 《鲁政辑要》,北京大学图书馆藏钞本,"年例捐款""三监摊款""历年摊款",无页码。

续表

| 省份 | 名目 | 摊派金额、方式 |
|---|---|---|
| 湖北 | 嘉庆初年川楚教案军需 | 3 937 000 两零，嘉庆十三年起，每年通省扣廉三成 |
| | 嘉庆十六年承办江南拨船变价不敷 | 199 717 两零，嘉庆十九年起，每年通省扣廉三成 |
| 湖南 | 嘉庆初年平苗军需 | 953 800 余两，每年通省扣廉三成 |
| | 弥补亏空 | 145 000 余两 |
| 陕西 | 嘉庆初年川楚教案军需 | 1 400 000 余两，每年通省扣廉三成 |
| | 嘉庆十年灾赈案内拨运粮石运费 | 250 000 余两，每年通省扣廉二成 |
| 四川 | 乾隆末年廓尔喀军需 | 1 966 800 余两，嘉庆元年起，每年通省扣廉三成 |
| | 嘉庆十年连州教匪军需 | 447 000 余两，嘉庆十年起，每年通省扣廉二成 |
| 广东 | 乾隆五十九年至嘉庆十三年洋匪捕费 | 370 000 余两，嘉庆十六年起，分十三年扣清，每年通省扣廉二成 |
| | 嘉庆十三年以前及十四、十五年捕费，乾隆五十九年至嘉庆十七年因公垫支 | 425 500 余两，分九年扣清，每年通省扣廉三成 |
| | 嘉庆七、八年博罗、永安会匪军需 | 350 000 余两，每年通省扣廉三成 |
| | 津贴谷价 | 738 000 余两，嘉庆十九年起，分十五年扣清，每年州县扣廉三成 |
| | 官垫民欠兵米 | 489 600 余两，嘉庆二十四年起，分六年扣清，每年道府州县扣廉五成以上 |

资料来源：除表 1-2 的来源史料外，另见方受畴奏，嘉庆二十五年，朱批 04-01-35-1099-002；方受畴奏，嘉庆二十五年，朱批 04-01-35-0785-054（直隶）；惠龄奏，嘉庆五年九月十六日，朱批 04-01-01-0477-019；陈预奏，嘉庆二十年十二月初十日，朱批 04-01-01-0559-003（山东）；程祖洛奏，道光三年六月十八日，录副 03-3007-030（河南）；费淳等奏，嘉庆八年二月初十日，朱批 04-01-05-0095-019（江苏）；师承瀛奏，道光三年三月初十日，朱批 04-01-35-1201-024（浙江）；庆保等奏，嘉庆二十四年十月十八日，朱批 04-01-35-0948-031（湖北）；朱勋奏，嘉庆二十二年十一月二十一日，朱批 04-01-35-0779-038（陕西）；常明奏，嘉庆十六年九月三十日，朱批 04-01-35-0944-036（四川）。

可见另案摊捐是由乾嘉年间的兵事(乾隆末年台湾之役，廓尔喀之役，乾嘉之交三省苗之役，嘉庆初年川陕白莲教之役，东南海寇之役，嘉庆十八年天理教之役等)，河工(嘉庆二年山东曹工)，帝室出巡(山西"台工"、直隶"大差")，以及历届清查后的亏空所引起的。其数额常达百万之谱，动辄扣去通省官员廉银的三成(此为单款摊捐扣廉之上限)，持续十余年或数十年之久。对于地方政府(尤其是州县)而言，其负担远较常年、遇事各款沉重。

嘉庆四年，章学诚就观察到，当日州县困于"法外之累"，即"巨工大役、军需差务"用项中例不准销，坐派捐廉者。① 如乾嘉年间迭遭兵事的四川，自金川、廓尔喀、苗疆、教匪各案以来，军需无著之款"迭次奏明归入养廉项下公摊"。据说嘉庆初年该省"州县以上正印各官几至全无养廉"，陕甘总督松筠于赴任途中，接见四川冕宁知县雷应畅，谈悉因摊扣廓尔喀军需，"州县办公多形竭蹶"，该知县额廉仅 600 两，每年竟扣去 420 两。又据万县知县陈文鸿称，其廉银仅得十之一二，且四川"通省皆然"。② 嘉庆十六年(1811)，四川总督常明奏称，各州县仍有五成廉银为军需摊捐扣去。③ 道光二年，闽浙总督庆保亦奏称："闽省摊捐养廉，惟军需一款最为吃重。"④道光元年，阮元也称，常年摊捐不过是"零星捐项"，粤东州县扣解之数，"以另案弥补为大宗"。在他具奏之时，广东各道府州县正承担另案摊捐共计 160 800 两，已超过通省廉银总额。⑤ 浙江于嘉庆五年(1800)清查后共计亏缺 1 940 000 余两，此后 17 年中，各州县为此捐解 154.5% 的廉银，这意味着该省州县官的廉银远不敷弥补亏空之用。⑥

既有研究已经指出，摊捐产生的背景是 18 世纪社会经济发展带来行政事务的增加，以及银价相对下落、物价上升导致的财政窘迫，其泛滥

---

① 章学诚：《章学诚遗书》卷 29，328 页。
② 松筠奏，嘉庆四年四月初五日，朱批 04-01-02-0142-016。
③ 常明奏，嘉庆十六年九月三十日，朱批 04-01-35-0944-036。
④ 庆保奏，道光二年闰三月二十六日，朱批 04-01-35-0651-107。
⑤ 阮元奏，道光元年七月十六日，朱批 04-01-35-0650-094。
⑥ 王凤生：《越中从政录·浙省仓库清查节要》，40～44 页。

则源于僵化的财政经费定额管理与包干体制。① 这确实可以解释常年、遇事摊捐的产生(详后文)。然而笔者认为，摊捐(尤其是大宗的另案摊捐)的普遍出现，更需要从财政管理方面寻找答案。乾隆中后期至嘉庆年间，因军需、河工等"不时之用"的膨胀，朝廷的财政压力骤增，摊捐开始成为重要的筹款方式。户部由此将包袱甩给各省，而各省以摊捐筹款，又将压力层层下移至州县，从中可以明显地观察到逐级摊派的色彩。这一现象凸显出清代财政管理的特质：无论中央与地方政府之间，抑或地方各级政府之间，财权与职能均未作清晰的划分，也就是说，从支出方面来看，并不存在"国家之事"或"地方之事"的区别，各级政府遇有经费缺口，一律通过向下级摊派加以解决。在 18、19 世纪之交，叠床架屋的摊款成为州县养廉银制度解体之要因。②

## 三、陋规背后：财政结构与吏治

### (一)"无米为炊"

在道光帝看来，正是由于摊款的日益加增，即"洁清自好之吏"，公事也"不得不取给陋规，以资挹注"。在当日各种官箴书中，循吏们也不讳言陋规。③ 足见陋规并非完全出于官员的贪劣，而是一种结构性现象。因此，须将陋规置于清代的财政制度中进行分析。瞿同祖、王业键、岩井茂树、何平等先进已经从各种角度对陋规的结构性成因作了概观式的

---

① 郑振满：《清代福建地方财政与政府职能的演变——〈福建省例〉研究》，《乡族与国家：多元视野中的闽台传统社会》，285～286 页；岩井茂树：《中国近世财政史の研究》，48 页。

② 摊捐在乾隆前中期普遍出现，原为筹措必要的公务经费而设，属集腋成裘之事。然乾隆后期至嘉庆年间，其规模经历了前所未有的增长，摊款成为地方政府的沉重负担。参见周健：《清代财政中的摊捐——以嘉道之际为中心》，《中国经济史研究》2012 年第 3 期，146～155 页。

③ 如汪辉祖建议，州县宜将陋规记入"杂入簿"中，该簿"记银之平余、谷之斛面，及每岁额有之陋规等项，应入己者，可质鬼神，人所共知，不必讳也"。汪辉祖：《学治说赘》，《官箴书集成》第 5 册，309 页。

分析。① 在此基础上，笔者试图结合18世纪中后期社会经济的变动与州县的财政收支，描述19世纪初年地方官员"无米为炊"，不得不唯陋规是赖的行政状态。

清代并不存在真正意义上的"州县财政"。清初，地方政府可资动用的公务经费为田赋中的"存留"项，主要包括州县俸银（45～80两不等），额设吏役工食银，以及祭祀、廪膳、孤贫等费用。顺治、康熙年间，因军事征讨，约有三分之二的存留被裁改为"起运"。② 此后，地方的公私开支多依赖私征之火耗。为此，雍正帝推行耗羡归公，将非法的火耗限以定额，提解藩库，主要用于外官的养廉银以及地方公务开支。然自乾隆初年以降，中央政府先是酌减数省的耗羡额数，又通过制定耗羡章程，严格限定各省耗羡支出的款目与额数，并一再加强对于耗羡动支的管理。至嘉庆五年，各省动支耗羡，数在500两以上者，即须奏明请旨，不得擅自动用。本可由地方官灵活支配的耗羡，逐渐成为户部控制下的正项。③ 因此，迄乾嘉之际，养廉银（及公费）几乎是州县手中唯一可以自由支配的法定财源，它既是州县官的私人收入，也充当衙署的行政经费，或可视为法定的"地方财政"。大多数知州的养廉银从500到1400两不等，知县则为500至1200两，为数不少的署任官员仅可获得半额廉银。

州县的基本开支，除本人及家属日用之外，主要包括幕友脩金，长随、吏役饭食，上司、同僚之酬应馈赠，以及各项摊捐、差务花费。其中，幕友脩金是必不可少的行政开支，也有常价可循，时人常以该项衡量廉银之丰歉。乾隆元年（1736）的上谕称："自酌定（州县）养廉，各有定

---

① 瞿同祖：《清代地方政府》，47～49、55页；王业键：《清代田赋刍论（1750—1911）》，65～73页；岩井茂樹：《中国近世财政史の研究》，18～19、44～57、357页；何平：《清代赋税政策研究：1644—1840年》，108～118、124～140页。

② 佐々木正哉：《咸丰二年鄞县の抗糧暴動》，241～261页；陈锋：《清代中央财政与地方财政的调整》，《历史研究》1997年第5期，100～106页。

③ 曾小萍：《州县官的银两——18世纪中国的合理化财政改革》，260～270页；郭成康：《18世纪的中国与世界·政治卷》，193～199页；何平：《清代赋税政策研究：1644—1840年》，132～134页；郑永昌：《从"地方之公"到"国家之公"——论乾隆初期对地方耗羡收支管控体制的确立》，《故宫学术季刊》第20卷第3期，2003，103～132页。

数，多者千金，少者数百金，仅足以养赡家口，延致幕客之资。"①乾隆三年，御史陶正靖甚至认为州县廉银名不符实，"养廉者其名，而养不廉者其实也"：

> 州县之费，莫费于延幕宾，若江浙诸剧邑，非七八人不足办……统而计之，已至千金之外，养廉之资罄矣，其一切日用交际、舟车之费，何从出也。②

陶氏所言养廉罄于幕脩之事，未必具有普遍性，却可为前引上谕作一旁注：州县官之廉银于创设之初便不十分充裕，仅足日用、幕脩之需。乾隆十年，御史柴潮生也指出，地方官之养廉，"除分给幕客、家丁之修脯、工资，事上接下之应酬，舆马薪蔬之繁费，此外亦无余剩"③。

　　18 世纪中期以还，由于人口增长、美洲白银流入等因素的影响，物价经历了持续而温和的上涨，1750 至 1800 年间，物价增幅达到 50%。④乾隆中后期，汪辉祖曾游幕江浙三十余年，他在晚年回忆：乾隆十七年（1752）初入幕时，岁脩之数，刑名幕友不过 260 两，钱谷幕友不过 220 两，"已为极丰"，乾隆二十七年（1762）以后，"渐次加增"，迄乾隆五十年（1785）前后，岁脩有至 800 两者。⑤ 这段亲历者的记述说明幕脩在 18 世纪后期大幅上涨，这意味着州县因此须花费成倍甚至更多的银两，才敷雇募之用。且不仅脩金，工食、雇价乃至一切行政开支都随之上扬，州县却只能以固有的廉银维持开销，势必陷入困境。这一现象甚至被来华的西人所注意，乾隆五十八年（1793），马戛尔尼使团秘书斯当东（George Staunton）于杭州南下途中写道：

---

① 俞兆岳奏，乾隆二年正月十一日，朱批 04-01-01-0015-045。

② 陶正靖奏，乾隆三年四月，录副 03-0049-020。

③ 柴潮生奏，乾隆十年二月初四日，朱批 04-01-01-0127-026。

④ 参见彭信威：《中国货币史》，819～830、849～869 页，上海，上海人民出版社，1965；全汉昇：《美洲白银与十八世纪中国物价革命的关系》，《中国经济史论丛》，475～508 页，香港，新亚研究所，1972；Yen-Chien Wang, "The Secular Trend of Prices during the Ching Period (1644-1911)"，《香港中文大学中国文化研究所学报》第 5 卷第 2 期，1972，347～371 页。

⑤ 汪辉祖：《病榻梦痕录》卷上，《续修四库全书》第 555 册，635 页。

最近一个世纪（指 18 世纪）以来，大量白银从欧洲流入中国，因此中国物价显著提高。物价提高了，但官吏们的薪金仍然是固定的，这就使他们的收入同应有的开支比例失调。[①]

嘉庆四年，浙江知县周镐就记录下了这种"比例失调"：州县"廉俸多者千两，少者五六百两"，"以之延请幕友尚虑不敷"，加以"养父母、蓄妻子，仆役之工饩，差使之往来，上司之应酬，亲友同僚之赠答"各项，均不可免，此外各项公务，院司、知府各房书吏均有规费，以上诸项相加，"准之廉俸，不啻数倍"。[②] 嘉庆六年，包世臣也观察到，刑钱两席脩脯的行情是，"每人重者及千，轻者半之"，再加上各小席，"一县延友之费，约岁二千五百两，而大县之廉，不过千两"。[③] 由于物价上涨，至乾嘉之交，仅幕脩一项，便非廉银所能负担。

幕脩之外，州县更大宗的开支在于摊捐之款、差务之费。清代的财政管理具有固定化的倾向，唯有符合特定"例"与"额"的开支方可作正开销（"内销"），所谓"国家经费有常"。不合"例"的开支就只能以摊捐或生息等方式"外销"。按例核销又须符合相应的例价，由于例价多定于清前期且基本恒定不变，经历了 18 世纪中期以降的物价上扬，"例价不敷"就成为普遍情况。至 19 世纪初年，地方官员的公务账册上充斥着"例不准销"与"例价不敷"之款。在这些款目中，来自上级衙门的即摊捐之款，属于本州县者即差务之费。

嘉道之际，对于理财颇有识见的姚文田就观察到，由于"近年诸物昂贵"，州县廉俸"即尽支领，亦不敷延请幕友，况又多方减扣"。至署中公用，除延请幕宾之外，"无论大小公事，一到面前，即须出钱料理"。如办一徒罪之犯，"自初详至结案，约须费至百数十金，案愈大则费愈多"，

---

① ［英］斯当东：《英使谒见乾隆纪实》，叶笃义译，419 页，香港，三联书店，1994。

② 周镐：《犊山类稿》卷 4《禀复书制军条陈利弊议》，嘉庆二十二年刻本，3~4 页。

③ 李星、刘长桂点校：《包世臣全集·说储》，179 页，黄山书社，1991。

此外，复有递解人犯、运送饷鞘等事，无一不需钱应用。① 陈寿祺以福建为例称："大邑廉俸仅千金，而岁费当数万缗"，如"郡伯之例规"（知府规礼）、"幕宾之脩脯"、"驿传之供亿"、"贼囚之解送"诸项，"其用至繁浩，计安所出"。② 谢振定也指出，州县除署中修膳、日用应酬外，各上司有规礼，有摊捐项，有帮贴项，有一切解费、册费、考棚费，多者万余两，少亦不下五六千两，而州县廉俸不过千余两，经费无出。③ 据乌程县账册，仅各上司、同寅年例规礼一项便不下 6258 两，而知县额设廉俸仅 1645 两，可证谢氏所言不虚。由此可见，州县的大宗开支，在于递解人犯、支应驿站等差务之费，以及上司衙门之规礼、规费，并各类摊捐之款，诸项相加，其数远过于廉俸。由于存在巨大的经费缺口，州县"钱漕不能不额外加增，差徭不能不民间摊派"，"借用民力"之事，断不可免。④

道光年间，武昌知府裕谦即明言："州县之俸廉有数，捐赔款项去其大半，公事费用浩繁，繁冲之缺，差务尤众"，若无陋规，"则州县几不可作"。⑤ 广东巡抚康绍镛也称，粤东州县公用，以缉匪为大宗，"平时则巡缉需费，临事则悬赏需费，获犯则解审需费，皆须各厅州县出资捐办"，各大县"往往有一案而获犯至数百人，一要犯而悬赏至千余金者"。缉匪以外，则有"捐摊赔补""办公杂项"等支出，皆恃米羡等陋规挹注。⑥ 道光六年（1826），江苏巡抚陶澍则对该省漕余之用有如下解释：

> 其在州县，则终年之用度在此，通省之摊捐在此，兼有奏明弥补旧亏，酌提羡余，接运铜铅，木料船只，岁挑徒阳运河，均须协

---

① 姚文田奏，道光元年五月十四日，朱批 04-01-01-0618-016；姚文田奏，嘉庆十八年九月二十八日，录副 03-1552-042。清代运解饷银，例将纹银铸成银锭后，装入柱状的木鞘内运输，故称"饷鞘"。

② 陈寿祺：《左海文集》卷 3，《续修四库全书》第 1496 册，105 页。

③ 谢振定：《饬吏八则》，徐栋辑：《牧令书》卷 23，《官箴书集成》第 7 册，561 页。

④ 姚文田奏，嘉庆十八年九月二十八日，录副 03-1552-042。

⑤ 裕谦：《勉益斋续存稿》卷 5，光绪二年刻本，54 页。

⑥ 康绍镛等奏，道光元年正月二十日，朱批 04-01-01-0623-040。

贴，历有成案。在国家经费有常，不能不借资津贴。①

此前，两江总督孙玉庭也有几乎相同的言论。②"接运铜铅""木料船只""岁挑徒阳运河"③均为苏省遇事摊捐款目，而州县"终年之用度"、通省之常年捐款、弥补亏空之"羡余"④，无一不借漕余津贴。与之相似的还有直隶的差徭，嘉道之交，深州知州张杰称言：

> 州县所得养廉，悉被摊捐扣去，其延请幕宾等费，已属无米之炊，况地当首善，差务殷繁，一切车马工料，止准报销例价，较之实用，须赔十倍。各牧令既有摊捐之累，又需办公之用，无术点金，从何赔垫，势不能不派之民里也。从此而大差之外销差费，与州县之各项杂差，于是乎起。⑤

这段话十分真实地道出了牧令们的困境：既有摊捐之累、办公之用，又

---

① 陶澍：《附陈漕务情形严禁包漕陋规折片》，《陶云汀先生奏疏》卷17，《续修四库全书》第499册，5页。

② 孙玉庭奏，嘉庆二十五年十一月二十四日，朱批04-01-35-0237-004。

③ "岁挑徒阳运河""木料船只"两款，分别指该省丹徒县每岁挑浚漕运要道徒阳运河，及各营属承办内河、外海快哨船只应需料物工匠花费，所领部价不敷甚多，例由各州县按缺分捐。《捐摊款目》，15页；孙玉庭等呈清单，道光元年，录副03-3333-037。

④ 江苏嘉庆初年、嘉庆十五年、道光三年三次清查后，均有数百万两之亏空。首次清查后，该省即议每岁酌提优缺漕余300 000两弥补积欠。二次清查后，该省奏准酌提羡余弥补亏款，每岁123 300两(苏属100 000两、宁属酌提23 300两)，分十年归补。三次清查后，该省又延续这一做法，每岁提银82 300两(苏属60 000两、宁属23 300两)，分八年归补。此即陶澍所谓"奏明弥补旧亏，酌提羡余"。可见州县每岁提解藩库之羡余实与另案摊捐并无二致，其数量甚至大于廉银(84 550两)与摊捐(68 177两)。按羡余出自州县钱漕盈余，故每岁酌提巨额羡余，势必导致州县陋规的扩张。除江苏外，类似现象也出现在嘉道年间亏空较为严重的安徽、山东等省。参见卫帮中奏，嘉庆七年，录副03-1813-023；韩文绮：《清查江苏仓库疏》《酌拟追补章程》，《韩大中丞奏议》卷7，《续修四库全书》第498册，273、283页；陶澍奏，道光八年六月二十九日，朱批04-01-35-0954-050；陶澍：《清查仓库亏缺酌议追补章程折子》，《陶云汀先生奏疏》卷4，《续修四库全书》第498册，578～579页；铁保奏，嘉庆八年八月十九日，朱批04-01-35-0762-020。

⑤ 张杰：《均役辩》，贺长龄、魏源等编：《清经世文编》上册，819页，北京，中华书局，1992。

需赔垫大差的例价不敷，州县点金无术，只能借差徭求诸民里。对此，直隶总督方受畴也称：

> 州县所办之事，多系无米之炊，若事事开销，不但格于成例，势有难行，且经费有常，亦难为继，故不得不取给陋规，以资用度。①

由于受"成例"与"常费"之限，州县公事经费多不能作正开销，所谓"无米为炊"即指此而言。此四字是当日官员论及陋规时最常见的解释，由于财政结构的缺陷以及物价上涨的影响，当日地方政府的行政经费"预算"严重不足，正是在这一结构性匮乏的背景下，陋规成为地方行政经费的主要来源。②

## (二)赔累与贪滥

当然，嘉道之际的陋规问题，并非仅有结构/制度方面的成因。既然陋规实际上是作为法定行政经费的"补助"而存在，无人不取，无地不然，那么，正如道光帝所指出的，不肖官吏"以为少取多取，均干吏议，转恣意征求，除办公之外，悉以肥其私橐"。他观察到，"外省地方官浮收勒折，科敛民财，日甚一日，而总以俸廉坐扣，不敷办公为词"。也就是说，由于廉俸不敷公务之需，州县私取陋规成为"合理"之事，不肖者遂以此为词，于公务需用之外"滥收滥取"，科敛民财，道光帝谓之"赃私"，以其绝不同于"陋规"。③　笔者称这一现象为陋规的"滥用"。

滥用陋规之例，以耗羡最为典型。耗羡之征，原为弥补银两倾镕之损耗，日后其额数、名目皆溢出这一范畴，逐渐演化为附加税的代名词。嘉道之际，官吏滥用陋规，以东南的漕粮浮收与北省的差徭科派滋弊最甚。当日各省钱漕控案几无虚日，多与此二者有关。东南州县征漕，实

---

① 方受畴奏，嘉庆二十五年十二月初一日，朱批 04-01-35-1386-011。
② 前文已指出，陋规既是地方官员的主要收入，也是衙署行政经费的主要来源，其支项既有公务之费，也包含私人开销，二者实难区分，此为当日常态。
③ 《嘉庆道光两朝上谕档》第 25 册，嘉庆二十五年九月十一日、九月十六日、十月三十日，413、421～422、499 页。

有征收费用、旗丁帮费等必不可省的开支，如悉依正额，丝毫不浮，地方官势必赔累。嘉庆二十五年，孙玉庭等有漕各省督抚纷纷奏陈，漕粮若以"八折征收"（每石作八斗计，即加征 25％），漕务的必要开支可无虞匮绌。然而早在乾嘉之交，漕粮加倍浮征之事便屡见于史籍，以江南为例，自嘉庆中期起，小户普遍需以二石完额漕一石，州县浮收勒折，每岁所获漕余数以万计，远在公务开支之上。① 漕粮尚有定额，浮收仅为附加，北省差徭则名目纷繁，多无定数，浮滥之弊更甚。如派办车马差，胥吏用一派十，除实用外，概令折价，以肥私橐。张杰曾记其赴深州任后，自行捐雇差务所需车辆，每辆市价用钱 700 文，然此前派民间出差，每辆竟需 14 000 文，浮派至二十倍之多。此外，举凡衙门内外公私之用，悉以各种名目的杂差派诸民里，"票甫出而钱即至，止在州县一举手之劳，而盈千累百，已入私囊矣"②。

嘉庆四年，章学诚称言："相沿陋规"是指"加一二之平余、斛面，以及杂税盈余，盐当节规，冲要地方，闻有舟车贴费，行户官价之类"，民间相安已久，"不复觉其为陋规矣"。而"漕规之斗斛倍蓰，丁粮之银钱倍折，采买之短价抑勒，公事之借端横敛，印官上任，书役馈送，辄数万金，督抚过境，州县迎送，必数千金"，则谓之"极弊"，皆"日朘月削，间阎不可旦夕安者"。③ 在他看来，"极弊"与"相沿陋规"的区别在于是否累民，然而二者却包含着相同的内容。如钱漕浮勒，"加一二之平余、斛面"则为陋规，"斗斛倍蓰""银钱倍折"便属"极弊"，尚可以量衡。然"行户官价""舟车贴费"与"采买之短价抑勒，公事之借端横敛"或仅为称谓不同而已。在章学诚的认知中，"相沿陋规"与"极弊"是泾渭分明的，但在州县行政中，二者却极难以厉民与否划出清晰的界线，陋规每每被滥用而成"极弊"。

对此，郑家麟所论较章氏更为深入，他指出，陋规之源有二，"有始

---

① 参见周健：《嘉道年间江南的漕弊》，《中华文史论丛》2011 年第 1 期，256～261、269～271 页。已收入本书第三章。

② 贾允升：《请除外省积弊六事疏》，张杰：《论差徭书》，贺长龄、魏源等编：《清经世文编》上册，387、821～822 页；张元模奏，嘉庆二十五年十月二十六日，朱批 04-01-01-0612-005。

③ 章学诚：《章学诚遗书》卷 29，329 页。

于州县贪滥者"，"有始于赔累者"：

> 各省有枰余、杂税、盐当、漕规等项，其初原始于州县贪滥，其后上司瞰其丰盈，定为规礼，旗丁有所借口，视为成例。而究其实始而贪滥者并非此官，而现在之官不能不受赔累；始而瞰其丰盈者并非现在上司，而现在上司不敢不为馈送。……所谓始于贪滥，转成赔累者也。……
>
> 又如各省采买仓谷，置办铜铁、草豆，直省差使等项，始而定价本自无多，雇觅人夫车马本少经费，州县不免赔累，继而借名横取，多为勒索，借用木料银钱，种种巧取之法……究其实公事所费，不敌私囊之半，所谓名为赔累，实则借以贪滥者也。[①]

陋规有原出于公务赔累，后州县借名横取勒索，以饱私囊，即"名为赔累，实则贪滥"。其贪滥所得又极易为上司及相关群体(如兑运漕粮的旗丁)觊觎分肥，著为成例，贪滥便被固定乃至扩张，转成州县之赔累。也就是说，陋规的形成与扩张既有财政结构、社会经济层面的因素，又不乏吏治方面的"动力"，后者在结构性的陋规中植入了扩张的因子，使其不断膨胀。

关于乾嘉之际陋规的扩张，时人多有论及。嘉庆四年，尹壮图观察到，吏治风气在乾隆三十年(1765)前后发生了显著的变化，此前"风气淳朴"，州县之陋规，"尽足敷公私应酬之用"，而近年以来，"风气日趋浮华，人心习成狡诈，属员以夤缘为能，上司以逢迎为喜"，以致苛敛"竟溢陋规之外"。他认为，乾隆三十年前旧有陋规才是合理的，此后续增者源自官吏的贪婪浮华，悉应革除。[②]

汪辉祖曾记其亲历之事，江南漕务风气自甲申、乙酉(乾隆二十九、三十年)间顿改，此后旗丁勒索州县"米色钱"，逐岁加增，州县"因以为利，恣意浮收"。[③] 洪亮吉在嘉庆初年回忆，幼时里中有为守令者，"戚友慰勉之，必代为之虑曰：此缺繁，此缺简，此缺号不易治，未闻及其

---

① 郑家麟奏，嘉庆二十五年十月三十日，朱批 04-01-01-0612-009。
② 尹壮图奏，嘉庆四年四月初六日，录副 03-1476-035。
③ 汪辉祖：《病榻梦痕录》卷上，《续修四库全书》第 555 册，627 页。

他也"。"及弱冠之后，未入仕之前二三十年之中"(乾隆三十一年至五十六年，1766－1791)，"风俗趋向顿改"，戚友所虑者转为"此缺出息若干，此缺应酬若干，此缺一岁之可入己者若干，而所谓民生吏治者，不复挂之齿颊矣"，守令之心思也不复在民，到任后"必先问一岁之陋规若何，属员之馈遗若何，钱粮、税务之赢余若何"。① 亮吉的闻见传神地描绘出乾隆三十年以降世风丕变。道光元年，姚文田论漕弊称："乾隆三十年以前，并无所谓浮收之事。"②此句似应理解为，乾隆三十年以前的浮收，远远不及日后的水平，较之眼前的嘉道之际，彼时之浮收直可忽略不计。同治初年，金安清指出，外官自督抚至州县，皆恃陋规，"大抵此风始于乾隆中年以后"，"各官养尊处优，视为固有，能守此，即已名'操守廉洁'矣"。③ 可见外官收入仰仗陋规之风，始自乾隆中期以后，而嘉道之际，尽管陋规优厚，官员仍多求取于固有之外。民国初年，史家吴廷燮也认为，"乾隆中，官员各项陋规取之商民者，日以加多"④。

陋规的存在贯穿有清一代，但以上数人(尹、汪、洪、姚，四人均生活于乾嘉年间)较为一致的观察可以说明，耗羡归公之后，大约自乾隆中期(乾隆三十年左右)，陋规开始呈现明显的扩张趋势，至嘉道之交，已呈极弊之势。这一现象既有财政结构与社会经济的相互作用方面的原因，也与吏治世风之嬗替直接相关。

## 四、清查陋规所见之财政理念

嘉庆二十五年，道光帝面对的陋规问题，正是地方官以廉俸不敷办公为词，滥收滥取，日甚一日。他设想的清查立足于陋规问题的结构性解决，即将"必要"的陋规转化为合法的公费，使府厅州县办公有资，不再有私取陋规之借口。清查之议终因中外臣僚的普遍抵制而作罢，先行研究多以当日政风因循、政治力衰弱，以及官员的既得利益作解，俱有

---

① 洪亮吉：《卷施阁文甲集》第1，《续修四库全书》第1467册，239～240页。
② 姚文田奏，道光元年五月十四日，朱批04-01-01-0618-016。
③ 欧阳兆熊、金安清：《水窗春呓》，59页。
④ 吴廷燮：《清财政考略》，9页，1914。

所见。① 然而笔者更为关注的是，具体到陋规问题，究竟是何种理念引导他们做出了这一选择，这些理念又折射出当日地方财政的何种特质。

## (一)清查与定额

根据清查之谕，各省督抚应"督率藩司将所属陋规逐一清查"，即由督抚行文省内州县，令其据实详明陋规之名目、额数，再据此核定存革。郑家麟断言，此法必有不实不尽之处。其一，"州县陋规，上司虽心知通省皆有，而某州某县详细曲折，州县亦畏护，不令上司尽得其详"，因为站在州县的角度，如将"盈千累万之赃私，开列呈出"，无法不顾虑上司之借端勒索，"甚于照常之规礼"。其二，陋规中如上司规礼、使费等项，不但道府取之州县，藩臬两司亦通过钱粮火耗、解犯使费取之州县，他们绝不愿州县将此抑累情弊呈于督抚。因此，他认为与其行文州县，致其"设法回护，徒滋繁扰"，不若"密为延访"。孙玉庭也悲观地认为，利益的考虑使得清查难以真确："各处陋规实有若干，该地方官断不肯自行实报，而督抚藩司耳目不能遍及，即使委员往查，必有扶同徇饰，亦难信其真确。"②这些观点透露的事实是，州县陋规之"详细曲折"，唯有本邑官吏才了解，各级上司多所隔膜，难以详稽。据此可以认为，当日地方的财政管理具有较强的分散性，各级官员多不了解属吏陋规的细节，他们只是从中分得"照常之规礼"。但这种分散管理的状态究竟是被动为之，还是刻意设计，抑或二者兼而有之，仍有进一步探讨的空间。

除了清查无法真确，疆吏们更认为，陋规亦难著为定额。如方受畴称："(直隶)通省冲苦之缺，向借陋规稍丰之区量移调剂，以牧衰多益寡之效。"而"州县所得陋规，有一定者，亦有办差借用民力者，全赖年成丰稔"，无法限以定额。陈官俊也指出，州县陋规，除盈余、规费之外，

---

① 宫崎市定:《清朝の胥吏と幕友》，239 页；何烈:《清咸、同时期的财政》，143 页；潘振平:《道光帝旻宁》，270～271 页；韦庆远:《论清代官场的陋规》，284～285 页；山本进:《清代後期直隶·山東における差徭と陋规》，153 页。

② 郑家麟奏，嘉庆二十五年十月三十日，朱批 04-01-01-0612-009；孙玉庭奏，嘉庆二十五年十二月初一日，台北"故宫博物院"藏，宫中档奏折(以下简称"宫中档")404019848。本书利用的宫中档均藏该馆，以下不再注明。

"尚有取帮于富户者，帮费之多寡不齐，亦每岁之有无莫定"，难以著为定额。孙玉庭也称，就收入来看，"钱漕岁有丰歉，盐当因时开闭，固已不能定为常额"。至"地方官员用度，亦断难详查定数"，盖"用度丰约，视乎其人，而冲途繁剧、差使多寡，亦不能一律，又五行百产，贵贱亦无一定"。① 应当说，疆吏所言确系实情，但这些足证清查必要的事实反倒成为否定清查的理由，可见当日政风之因循。② 然而，"衰多益寡""无法限以定额"等提法，似也说明，较诸额定财政，陋规具有更大的运作空间。也就是说，地方官以陋规筹款办事，不似开支正项须受款目、额数的严格限制。③ 耗羡归公的一个负面作用是，此后地方财政的机动性逐渐降低，地方政府的职能亦因之萎缩。④ 而在嘉道之际的地方行政中，陋规以其因地制宜、灵活变通，弥补了额定财政的缺陷，正与其分散性密切相关。但另一方面，这又大大提高了上级衙门管理、监察的成本（清查陋规之难，即为明证），由此引发诸多弊端。

## （二）"陋规不宜轻裁"

清查与定额意味着裁革陋规中"不必要"的部分，疆吏对此多持疑义，这与当日慎言裁革陋规的理念颇为相关。他们普遍认为，陋规既为公务

① 方受畴奏，嘉庆二十五年十二月初一日，朱批 04-01-35-1386-011；陈官俊奏，嘉庆二十五年十月十二日，朱批 04-01-13-0217-001；孙玉庭奏，嘉庆二十五年十二月初一日，宫中档 404019848。

② 宫崎市定、冯尔康、韦庆远等先生均已注意及此。笔者认为，雍正、咸同年间，疆吏两次发起并主导了全国范围的财政改革，而在嘉道之际（新帝即位本是革除前朝弊政的良机），出自圣裁的清查陋规却遭到疆吏的集体抵制，可见政风差异之巨。其中最值得注意的细节是，当日督抚多认为，世宗的耗羡归公是典型的反面案例，当引为今日之鉴。在他们看来，耗羡归公之后，复有耗外之耗，可见清查、定额并不能限制陋规。

③ 道光年间，循吏段光清任浙江建德、慈溪知县时，因工程、大差赔累，当地绅衿富户提议加征、预征钱粮，为段氏拒绝，绅富遂以额外馈赠寿礼、程仪弥补了经费缺口。此事可见陋规在实践中的弹性。参见段光清：《镜湖自撰年谱》，22、32～36 页，北京，中华书局，1960。

④ 柴潮生奏，乾隆十年二月初四日，朱批 04-01-01-0127-026；汤成烈：《古藤书屋文甲集》卷 2，《天津图书馆孤本秘籍丛书》第 15 册，274 页，中华全国图书馆文献缩微复制中心，1999。

所必需，且历久相沿，官民相安，一经裁减势必窒碍难行。如康绍镛径言："办公既必不可省如彼，而陋规又日久相沿如此"，与其裁减限制，不若照常办理，官民相安。方受畴也指出：如将陋规一律裁定，因公亏累将无可弥补，亏缺日增，"且陋规裁减之后，丝毫不能再复，万一遇有紧要公事，未免难以办理"。①

"陋规不宜轻裁"的理念，多见于当日官箴。乾嘉之交，汪辉祖就提出陋规"不宜遽裁"："平余、津贴之类，可就各地方情形，斟酌调剂，去其太甚而已，不宜轻言革除。"骤然裁汰陋规，可获廉名于一时，但公事因此棘手，"迨用无所出，势复取给于民，且有变本而加厉者"，弊将滋甚。② 道光初年，巴县知县、循吏刘衡也持相同的看法，他认为居官一切用度，"款项繁多，势不能减省"，遽裁陋规，"必不敷用"，"倘将来窘迫时，又欲复之，则出于创而非由于因"，反致"民怨沸腾"。③ 嘉道之际任皖、粤等省守令的高廷瑶，归田后曾告诫里人之图仕者："不可博清名，擅裁陋规"，"盖地方相沿陋规，正以襄办公事，其益不小"，而"一旦裁之，至临事掣肘，转思他道以取盈，又不如留陋规之为愈矣"。④ 嘉庆末年，陈文述与友人论作令事，称言："漕务则各就地方情形、旧有章程，酌中而损益之。"⑤包世臣在道光初年山东馆陶知县张琦的墓志铭中写道："陋规可取者仍之，钱漕则规，前任十年内至轻者以为额。"⑥"旧有章程""钱漕则规"即相沿陋规，"可取者仍之""酌中而损益"则代表当日贤宦处置陋规的一般态度。

嘉道之际，陈其元之先伯官知州，"所到之处，裁革陋规"，任上一切公费用度，均由其父（任长芦盐运使）支给，时有"陈青天"之号。陈之祖父告诫其曰："若父为都转，若故能取给，后任官之父安得尽为都转

---

①　康绍镛等奏，道光元年正月二十日，朱批 04-01-01-0623-040；方受畴奏，嘉庆二十五年十二月初一日，朱批 04-01-35-1386-011。

②　汪辉祖：《学治续说》，《官箴书集成》第 5 册，296 页。

③　刘衡：《蜀僚问答》，《官箴书集成》第 6 册，155 页。

④　高廷瑶：《宦游纪略》卷下，《官箴书集成》第 6 册，39 页。

⑤　陈文述：《颐道堂文钞》卷 6，《续修四库全书》第 1505 册，649 页。

⑥　《皇敕授文林郎山东馆陶县知县加五级张君墓表》，《包世臣全集·齐民四术》，264 页。

耶？将来不给于用，势必仍复旧贯。居己以清名，陷人于不肖，非仁者之用心也。"迨其先伯去任，"后来者果尽复之"①。可见在同寅看来，裁革陋规实非仁者之举，此为当日官场中之共识。道光年间，武昌知府裕谦就告诫鄂省各州县："即我之力量有余，无所需此(陋规)，要当为继我者虑之"，若轻裁陋规，"我得一日之虚名，人受无穷之实害，甚非深心远虑者之所为也"。② 嘉道之际，浙省地方官王凤生也认为，辄裁陋规，"冀邀名誉，非累人以炫己，即有初而无终，固有识之所不为"③。山西学政陈官俊也明确指出，裁革陋规为"小人之行"，或裁自署任之官，其"在省候补年久，私债累累，偶署一缺，为日无几，即与书吏商裁陋规，可获数千金，或偿还私债，或留为回省候补之费"，此"小人之行也"。或裁自实任之官，"阳博清名，阴图厚利，每裁一陋规，非万金、数万金不可，并为立碑示后，百姓感其永裁，亦乐意贿买"，此又"小人之行之尤者也"。④ 山西巡抚成格就注意到，该省有"黠吏于卸任之时敛派钱文，刊碑卖革"，裁革陋规成为敛财之具。⑤

　　以上见解相当值得注意：其一，陋规不可轻言裁革，否则地方公用必致不敷，且裁而复设，弊将滋甚。其二，不少官员裁革陋规的动机，并非出于民生的考虑，而在于博取清名，甚至为牟利之具，故此举并不被提倡。熟谙治道的地方官吏对于裁革陋规多持慎重论调，在他们看来，比较明智的做法是因仍旧例，去其太甚。在这一背景下，我们便可理解督抚们对于陋规问题的解决方案：不必明定章程，但令督抚两司严行稽查，毋许州县于向有常额之外苛索厉民。⑥ 既然无法清查真确，定以新章，又不宜轻言裁减，不若固守常额，严禁苛索。当然，官员们在意的，

---

① 陈其元：《庸闲斋笔记》，93 页，北京，中华书局，1989。
② 裕谦：《勉益斋续存稿》卷 5，55 页。
③ 王凤生：《越中从政录·学治体行录》卷下，道光四年刻本，16 页。
④ 陈官俊奏，嘉庆二十五年十月十二日，朱批 04-01-13-0217-001。
⑤ 成格奏，嘉庆二十五年十二月十一日，朱批 04-01-35-1386-012。
⑥ 孙玉庭奏，嘉庆二十五年十二月初一日日，宫中档 404019848；陈官俊奏，嘉庆二十五年十月十二日，朱批 04-01-13-0217-001；方受畴奏，嘉庆二十五年十二月初一日，朱批 04-01-35-1386-011；康绍镛等奏，道光元年正月二十日，朱批 04-01-01-0623-040。

还有新章、常额背后"明"与"暗"的区别。

## (三)"不欲显居其名"

嘉道之际，相沿已久之陋规，官民均习以为常，但"以朝廷功令言之，则皆系不可有之事、不应存之名"①。尽管官员悉取陋规，然对此"不可有、不应存"之物，毕竟有所顾忌，不欲将其暴露在阳光下。道光初年，张杰曾以"阴有其实，而不欲显居其名"一语来刻画地方官对于陋规的心态，可谓入木。据称直隶办理大差，"从前大吏面奏并不借资民力，相沿不敢据实陈奏"，司道"因派差未经奏明"，凡派州县差银，"不敢印札直书，仅令差局委员潜通消息"。② 道光年间，浙江提督阅兵过境慈溪，城乡各典铺例有"帮贴"，库书请行文派办，知县段光清称："此等陋规，岂能行之公牍乎？……尔试商之，如必须公牍，即可不要彼帮。"③在段知县看来，即便得不到陋规，也须坚守"不可行之公牍"的程序正确，这最可表现地方官既依赖陋规，又不得不"缄默不语"的微妙态度。黄体芳亦观察到，对于"半明半暗，不公不私"的陋规，大吏通常是"登奏牍则力辩，而僚属相对，则昌言不讳也"。这一传神的描绘说明，官员们对于陋规，无论私下如何"昌言不讳"，在公牍中则以"力辩"其不可较为明智。④

清查陋规之谕下后，知州张杰的解读是："从前陋规未准明取……今则明奉谕旨，凡钱粮之平余、杂税之存剩、行户之津贴、盐当之规礼，悉准取用。"⑤可见行之明发上谕，即意味陋规获得了合法的地位，这正是"陋规不登公牍"的顾虑所在。更重要的是，在督抚们看来，先前明禁陋规，尚且"无人不取，无地不然"，今若订立章程，明以与之，贪劣之员必将视其为分内应得之项，复于此外设法巧取，所谓"作法于凉，其弊

---

① 成格奏，嘉庆二十五年十二月十一日，朱批 04-01-35-1386-012。

② 张杰：《均役辩》《论差徭书》，贺长龄、魏源等编：《清经世文编》上册，819、821 页。

③ 段光清：《镜湖自撰年谱》，32 页。

④ 黄体芳：《请分别裁定陋规以肃吏治疏》，盛康辑：《皇朝经世文续编》卷 20，64 页。

⑤ 张杰：《论差徭书》，贺长龄、魏源等编：《清经世文编》上册，822 页。

犹贪"①。可以说，清查陋规最令督抚们无法接受的一点，就在于"明取于民，垂为令甲"。他们不约而同地引用了"民可使由之，不可使知之"一语，汤金钊甚至明言："圣皇御世，固有不可明言者，非权术也，势不行也。"②由此可以窥见，督抚们力主不必明示科条，但谨守旧规，很大程度上是出于"阴有其实，而不欲显居其名"的心态。道光帝最终以"无益于民生""有伤于国体"为由停止清查，也正是顾忌"明取于民，垂为令甲"之流弊。谕停清查后，他还特下朱谕反省，称此事实因其"不慎不明之过"，未能"三思博访而后宣也"，更凸显出"宣"对于陋规的意义。③ 嘉庆二十五年冬天，陋规的名分成为决定清查结局的要害问题。

## 五、小结

18世纪中期以降，物价上涨、人口骤增等因素导致了地方各级政府的行政开支逐渐增大，然而，作为法定财源的养廉银、公费却维持定额，这实际上意味着行政经费的缩减。因此，至迟在嘉道之际(1820年前后)，雍正年间建立的地方财政体制已经无法满足地方政府的经费需求。嘉庆二十五年清查陋规一事的背景，正是州县一级的养廉银制度名存实亡，大量必要的公务经费无法作正支销，只能通过"外销"的形式来筹措：州县的行政经费主要取资陋规，州县以上各级也在相当程度上依靠属吏的规礼、摊款(均来源于州县陋规)解决经费问题，可以说，地方各级政府的主要财源便是各种陋规。至清查议起之时，陋规"相沿已久，名为例禁，其实无人不取，无地不然"，地方各级行政基本上依赖于额外财政体系展开。④ 清查陋规的基本意图，是从财政结构上革除陋规，即将"必

① 典出《左传·昭公四年》："作法于凉，其弊犹贪，作法于贪，弊将若之何？"
② 典出《论语·泰伯篇》。汤金钊奏，嘉庆二十五年九月，朱批 04-01-30-0477-056。原件无具奏者、日期，系笔者考订。
③ 《嘉庆道光两朝上谕档》第25册，嘉庆二十五年十二月十三日、十四日，568、570页。
④ 曾小萍已经指出，清查陋规事件标志着耗羡归公建立的合理的财政管理已经死亡，非正式经费体系又一次成为中国官僚体制的特点。笔者深为赞同，但其并未对此展开论证。参见氏著：《州县官的银两——18世纪中国的合理化财政改革》，282页。

要"者转化为合法的公费，俾府厅州县办公有资，不复有私取陋规之需。

　　站在京城的道光帝、户部的角度，清查一事的意义更在于财权的集中。清代的财政管理以高度的中央集权为原则，理论上一切财源均属于国家，各级政府的经费动支均由户部掌控。但嘉道之际，地方政府的主要财源来自陋规、摊捐代表的额外财政，各级政府间的财政管理也因此呈现出明显的"分权"色彩，不仅户部无法掌控外省的陋规、摊捐，地方各级政府也不了解下级收入的"详细曲折"。这一现象需要放在政府间的财政关系中来理解。当日无论中央与地方政府之间，抑或地方各级政府之间，财权与职能均未做清晰的划分。各级政府遇有经费缺口，辄以向下摊派加以解决，压力也因此集中在最基层的州县政府。除了征解载于《赋役全书》的赋税定额（事关"考成"），州县尚须负担户部及各上级衙门的规礼、摊款。然而，上司的这些摊派也意味着一种"承包"。作为唯一的"亲民之官"，州县被授予赋税经征的事权，这使其能够而且必须通过自筹经费完成财政负担，并维持自身的运转。因此，政府间的财政关系类似于一种"包征包解"的承包机制。[①] 也就是说，下级政府必须完成赋税之定额，摊捐、规礼之"常例"。此外，只要未滋物议或引发京控、民变，上级政府一般并不过多干预，下级可以相对自由地筹款，并处分盈余。[②] 包征包解机制下的财政管理无疑具有相当的分散性，但却是适应

---

　　① "包征包解"一语，多见于清代文献，其中光绪末年梁启超所论较为深入。任公认为，包征包解实当日"财政制度一贯之原则也"。各省地丁、漕粮，"多有由地方绅士土豪包征以解州县"，"各州县官包征其州县之钱粮，勒为一定额，以解于藩司。各藩司包征其省之钱粮，勒为一定额，以解于部"。钱漕之外，厘金、盐课、杂税，及各省所创新税，"莫不以此法行之"。行此制度，官吏最为省便，"可以安坐不事事，而每岁得一定之额"，上级"惟于所指定之额取盈而已，彼用何术以盈此额弗过问也"，而下级之包征者必"饱其欲壑焉，然后以前所余者贡诸上级"。故任公认为，包征包解"实财政上最拙之伎俩"，为当日财务行政所亟应改革者也。参见梁启超：《中国改革财政私案》，《饮冰室合集·文集之八》，49～50 页，北京，中华书局，1989。笔者认为，总体而言，清代财政管理的各重要层级之间，均存在摊派—承包关系。但这种关系是多线而非单线的，各层级间的表现形式也有差异。其中，具有赋税经征事权的州县与各上级衙门（尤其是布政司）之间的包征包解关系最为典型。

　　② 此承周育民教授指点，谨致谢忱！

当日政府规模及控制能力的低成本管理模式。① 正如道光帝所见，督抚对于属吏私取陋规"阳禁而阴纵之"，且唯有通过清查，才有可能了解下级陋规之详情。因此，清查一事又是针对地方财政分散性的集权尝试，即将州县的收支纳入藩司乃至户部的管理之内。

从以上两点来看，清查陋规与百年前的耗羡归公确有异曲同工之处。清查之议的夭折，无疑是多方面因素综合作用的结果。但值得注意的是，成为最终解决方案的"因仍旧例，去其太甚"，正是包征包解机制下的最佳控制手段。笔者认为，陋规等额外财政的普遍存在，以及包征包解的财政管理模式的长期存续，才是清代财政的常态与基调，嘉庆二十五年的清查陋规事件正为此提供了合理的注脚。

需要注意的是，陋规之所以为当日君臣所关注，在于它从来不是单纯的财政问题。陋规虽名为例禁，却无官不取，制度的名实不符引发的吏治不清、民生困弊，正是道光帝议兴清查的动因。陋规也因此颇遭时人诟病。州县极易以公用不敷为词，滥用陋规，横取勒索。对此，各上司本应黜革厘正，正己率属，奖廉斥贪，方可维持吏治之清。然而，由

---

① 近年，关于清季财政的代表性论著在反思中央与各省财政关系的同时，多注意到省以下各级政府(包括各类局所)对于财政运作的影响与制约。如何汉威指出，"和中央一样，当日的督抚也失去有效监督管理省财政的能力"，"其财权大受其属吏所制约"。岩井茂树认为，"中央—外省的(财政)关系，与省—州县官府的关系，完全是同型的"，各级政府的财政管理表现出"重层性"与"分散性"。刘增合也认为，府厅州县这一层面"对清廷和外省财政运作的影响更难以想象，其牵制的范围和力度更应该值得重视"。参见何汉威：《清季中央与各省财政关系的反思》，《"中央研究院"历史语言研究所集刊》第72本第3分，2001年9月，681~682页；岩井茂树：《中国近世财政史の研究》，192~194页；刘增合：《光绪前期户部整顿财政中的规复旧制及其限度》，《"中央研究院"历史语言研究所集刊》第79本第2分，2008年6月，290~292页。以上均为的论，然而笔者认为，各省督抚是否在清季才"失去"监管下属各级财政的能力，地方各级政府是否具备监管下级财政的"动力"与"能力"，均有进一步探讨的余地。清代中央与地方各级政府间财政管理中的"集中"与"分散"，应在包征包解模式下来理解。尽管咸同以降，清朝的财政收支结构发生巨变，但财政管理中的包征包解模式却未有本质上的改变。如果说嘉道之际这一模式尚能满足政府的经费需求，迨咸同军兴，特别是甲午战后，清朝的财政收支平衡被破坏，筹款成为上下急务，但政府却缺乏财政动员能力，无力开拓潜在的财源，以致清季财政始终处于匮乏状态，这在相当程度上与包征包解模式的延续有关。

于道府等各上级衙门用度多恃州县之节寿、门包，对此无非"明知故纵"。州县亦借此明言，"我之所以加倍、加数倍者，实层层衙门用度日甚一日，年甚一年"，唯恃上司之威势，浮取病民。① 更有甚者，属员可以陋规为具，遇事挟制，各上司不得不曲从回护，弥缝罅漏，甚至故纵分肥，猫鼠同眠。嘉庆四年，章学诚观察到，三十年来，"督抚挟于州县，州县挟于吏役"已成"天下之势"。② 道光年间，张集馨亲见甘肃州县亏帑肥私，道府明知而不敢驳，否则"州县辄扬言曰道府收我节寿陋规，不为我弥缝罅漏，我之馈送究从何来"③？这正是章氏所见"天下之势"的绝佳写照。另一方面，私取陋规究属非法之事，上司亦可借此恐吓属员，"拂意者加罪不患无辞，逢意者婪贪置之不问，方且目为精明强干，保荐频加"，属员不得不趋奉贪缘，以作护身之符。④ 这种陋规基础之上的挟制—恐吓关系充斥于官场，严重侵蚀了上下级之间的督率与监察，这无疑与时人最为推崇的"大法小廉""有治人无治法"等政治理念背道而驰。嘉道以降，官僚政治始终是在陋规的基础上运行的，这是我们考察晚清的政治与财政时不应忽视的结构性背景。

---

① 洪亮吉：《卷施阁文甲集》第 10 续，《续修四库全书》第 1467 册，345 页。
② 章学诚：《章学诚遗书》卷 29，330 页。
③ 张集馨：《道咸宦海见闻录》，126～127 页。
④ 尹壮图奏，嘉庆四年四月初六日，录副 03-1476-035。

# 第二章 "漕耗归公"之后：尹继善改革与18世纪江苏漕务

　　雍正一朝可谓清代财政制度的奠基期，其中对于后世的财政、政治影响较大的耗羡归公等制度改革，各研究先进已做了较为充分的探讨。① 所谓耗羡归公主要发生在地丁钱粮领域。既有研究似未注意到，同期在漕粮领域，有漕各省也普遍经历了类似的"漕耗归公"，即裁减、规范随漕粮加征的漕耗银米，将其固定用于旗丁挽运及州县办漕经费。其中，雍正七年(1729)巡抚尹继善在江苏的漕务改革最为引人瞩目，被多省视作模板。

　　另一方面，笔者曾在有关江南漕务的研究中注意到，嘉道年间该地区的"漕弊"源于乾隆三十年(1765)以降漕务的败坏。在此之前，雍正七年尹继善的改革在整肃漕政方面发挥着持续的作用。② 此后，笔者在江南地区方志与士人笔记的阅读中，也不断发现时人对于尹继善整肃漕务的记载。由此笔者意识到，在江南的区域历史与漕粮制度的演进脉络中，18世纪30年代尹继善的漕务改革是一重要的节点。

　　在既有研究中，李文治、江太新二先生已指出，清代中前期对于漕政的整顿，以雍正朝效果较佳。他们注意到当日严禁官吏舞弊与限制绅

---

① 代表性研究如王业键：《清雍正时期(1723—35)的财政改革》，《清代经济史论文集(一)》，303~339页；[日]佐伯富：《清雍正朝的养廉银研究》，郑樑生译，台北，台湾"商务印书馆"，1976；曾小萍：《州县官的银两——18世纪中国的合理化财政改革》。

② 周健：《嘉道年间江南的漕弊》，《中华文史论丛》2011年第1期，235~236页。已收入本书第三章。

衿特权等措施，但对其背后的制度变革则关注略显不足。① 至于尹继善在江苏的漕务改革，则尚无专门的讨论，仅少数学者在相关研究中提及。②

由此，本章主要利用清代中央档案、方志、笔记等资料，重建雍正七年尹继善改革江苏漕务之史事，着重考察改革的内容及其效果。③ 但史事的考释并非全部的目的，笔者关注的重点，始终在于漕粮制度。本章拟将该事件放入更长时段的制度脉络中来观察：尹继善的改革在何种背景下出台，雍乾之际漕费章程初定之时发挥了怎样的效果，乾隆中期以降又何以逐渐失去作用，乃至进入 19 世纪后地方官员一再筹划新章加以替代。通过以上问题的回答，笔者试图描绘 18 世纪乃至清代中后期江南漕粮制度演进与漕务变迁之轨迹，并对该时期地方行政之运作、物价变动之影响，以及时人之财政理念与对策等问题进行初步的分析。

## 一、雍正七年尹继善的漕务改革

尹继善，字元长，满洲镶黄旗人，大学士尹泰之子，雍正元年进士，官至文华殿大学士。尹继善为雍乾年间疆吏中之佼佼者，历任封疆三十余载，其中治理江南最久，曾四度总督两江，并任河道总督、江苏巡抚等。雍正六年(1728)四月，尹氏授内阁侍读学士，协理江南河务。南下清江浦仅一月，又奉旨署理江苏巡抚。九月，尹继善到任苏州，时年仅三十二岁。④ 在任职江南的二十七年中，他最为后世称道的事功，是到

---

① 李文治、江太新：《清代漕运》，335～337 页，北京，中华书局，1995。

② 高翔：《尹继善述论》，《清史研究》1995 年第 1 期，29 页；晏爱红：《清代漕粮加赋初探》，《中国经济史研究》2009 年第 4 期，62 页。

③ 本书所说的江苏，在雍乾之际是指江南分省后的江苏省(下江)，包括江南、江北各府州。至乾隆二十五年(1760)分设江苏、江宁两布政使后，漕务管理中的江苏主要指江南的苏州、松江、常州、镇江四府及太仓州，即江苏布政使、苏松粮道所辖区域，又称"(江苏)苏属"。与之相对的，则是江宁布政使、江安粮道所辖江淮各府州，又称"(江苏)宁属""江北"。

④ 《清史列传》第 5 册，1356～1368 页，北京，中华书局，1987；《清史稿》第 35 册，10545～10549 页，北京，中华书局，1977；尹继善奏，雍正六年九月二十六日，宫中档 402010245。

任后不久的整饬漕务。①

雍正七年尹继善的漕务改革，源于此前苏后帮旗丁勒索一案。该帮千总杜弘昌督押旗丁丁能调等59船兑运苏州府元和县雍正四年份漕粮，于额定漕赠外多索银两。② 丁弁之肆横是当日各省漕务中最突出的问题。就江苏而论，明清之际，漕白粮行官收民兑，由民向运军交兑，其间旗丁每多勒索，民累不堪。顺治六年(1649)，改行官收官兑，由州县负责漕粮兑交之事，军民两不相见。相关费用则转化为赠贴银米，民众随漕缴纳，再由州县支给旗丁。顺治十六年起，江南的漕赠银米固定为漕粮每百石帮贴米5石、银10两，称"五米十银"。漕粮官收官兑为清代江南漕运制度的一大变革，此后民众负担有所减轻。③

然至康熙、雍正之际，旗丁于兑运时需索州县，已然成为惯例。尽管时人常归因于旗丁之"贪欲难餍"(这一点自然存在)，但疆吏们普遍承认，挽运经费不敷，才是更为结构性的因素。按旗丁之额定津贴，除前述五米十银外，另有平日于卫所屯田所获之收入，以及出运时给发之行、月粮。据时人计算，旗丁领运漕船，每船所载交仓米345石，而州县、卫所给丁赠耗，总计每船约需米342石、银72两。这意味着，旗丁之法定津贴已超过所运漕粮之额数。④ 唯其出运，亦有不小的开支：除雇觅舵工、水手，提溜、剥浅等挽运费用外，沿途淮安、通州等处(分别是漕运总督衙门、仓场衙门所在)均须缴纳规费。通盘核算，旗丁的挽运津贴确有不敷，故每于兑运时挟制州县，额外需索。由雍正七年的漕务禁令所见，规费之名目繁多，包括兑费、尖丁后文、船户花红、舵工规礼后文、样米、通关米结、席片加贴、讲兑开兑演戏酒席等等。⑤ 足见旗丁勒索州县，已成当日积习。

不仅如此，州县官吏又以此为借口，浮收漕粮，横取于民。当日定

---

① 赵翼：《簷曝杂记》卷2，31页，北京，中华书局，1982；钱思元：《吴门补乘》卷4《名宦补》，182页，上海，上海古籍出版社，2015。

② 尹继善奏，雍正七年三月初三日，宫中档402010262。

③ 清代江南方志中相关记载较多，较具代表性者可见：乾隆《震泽县志》卷11《赋役二·起运存留》，6页；乾隆《长洲县志》卷13《赋税》，99页。

④ 乾隆《长洲县志》卷13《赋税》，99页。

⑤ 雍正《昭文县志》卷4《田赋》，13页。

制，漕粮开征后，州县印官应驻仓收兑（仓廒内普遍设有官厅），以防胥役舞弊。但印官监征受客观条件限制，且成本极高，难以落到实处。① 州县将征收之事交由漕总、记书等包办，才是当日常态。② 地方文献中所谓"漕弊"，主要是指征收中胥役之作奸。③ 每岁冬季开征后，江南的民众运粮至仓场缴纳，通常会遇到经征胥役的如下手段。（1）守候留难：漕粮系天庚正供，米色干圆洁净者方可入仓。在交收前的验米环节，吏役常借故挨延，令粮户守候，复以米色不佳刁难，令其筛扬。粮户不得不给规费，求其速收。（2）淋尖踢斛：量收漕米的器具为斛，其容积（五斗）、规制均有部定标准，每岁开征前由各省粮道核发州县。但吏役常在斛上做手脚，如加大斛口，或以撬松、泡水等方式令斛身膨胀。至量收时，例应粮户"平斛执挡"，但这一过程普遍由吏役操控，既令米谷高浮斛面（"淋尖"，高出部分即浮收），又脚踢使米谷洒落（"踢斛"）。（3）折扣之例：漕米量收后入仓，并非百分之百计为粮户所完漕额，而须进行折扣。当日江南收漕，普遍实行九折或八五折，甚至有八折者。以九折为例，进仓十斛，止算九斛，仅此项造成的加征便在11％以上。且此种暗扣之法为吏役舞弊提供了空间，最为时人诟病。综上，粮户完漕，其额外负担在于明加（斛面淋尖）、暗扣（折扣之例）等形式的本色浮征。据时人观察，当日江南的漕粮浮收，普遍在加二（加征20％）以上，极端者可至加三加四。无锡人黄印就注意到，康熙、雍正之际，其乡胥吏一经点充收书，"即买奴婢，置田宅，妻孥鲜衣美食，若顷刻致富者"，足见漕粮浮收之盛、盈余之丰。④

在雍正七年苏后帮勒索案的处理中，尹继善发现，江苏州县帮贴旗丁之项，原有成案。雍正初年鄂尔泰任苏州布政使时，曾议定粮每石加

---

① 如江南大县额漕较重，一县常有仓廒数处，印官驻仓监收存在不小的难度。乾隆《长洲县志》卷7《仓庾》，3页。

② 对这一现象的结构性分析，参见周健：《清代中后期田赋征收中的书差包征》，《中国社会历史评论》第13卷。已收入本书第十章。

③ 本段依据：尹继善奏，雍正八年四月二十二日，宫中档402010285；蒋炳奏，乾隆元年六月二十六日，朱批04-01-35-0136-044；黄印：《锡金识小录》卷1《漕弊》，光绪二十二年刊本，12页；范璨奏，乾隆十年六月初六日，录副03-0533-027。

④ 黄印：《锡金识小录》卷1《漕弊》，12页。

征银 6 分，用以帮贴旗丁，每船计银 20 两，其余作为州县修仓、运脚等费。雍正三年，此事经江苏巡抚张楷奏准在案。① 但旗丁之需索及州县之加征显然在此标准之上。七年三月，在苏后帮一案的覆奏中，尹继善首次提出整顿漕务的计划。他认为，当日漕船过淮规费已奉旨禁革，旗丁出运费用因此减省，故将斟酌善策，"务使旗丁不致额外需索，各州县亦不许额外多收，庶官民两便"。②

雍正七年冬漕开征之时，尹继善的新规已在江南州县的仓廒、水次施行。十二月四日，尹继善奏请整饬江苏漕务积弊。他查核民间完漕耗费、州县办漕需用及旗丁挽运用度，并参酌鄂尔泰成案，重定漕费收支章程，其内容如下。③

其一，民众完纳漕粮一石，随交漕费银 6 分，折钱 54 文。④ 尹继善特别强调，当日征漕之弊"在于多收余米"，即以明加、暗扣浮征本色，奸书滑吏借折算舞弊，征数难以稽考，故通过明定漕费，以禁收余米。因此，在筹议过程中，他很明确地否决了署理江苏巡抚彭维新每石折扣九斗之议，以其不仅加征较重(约合银每石 8 或 9 分)，且易于胥吏暗中侵蚀。至两江总督范时绎提议的每石收费 3 分，他认为小民或一时感颂，然旗丁、州县不敷支用，将来势必复增，应使新章持久遵行，不宜矫枉过正。

除额数之外，另一个关键问题是漕费的会计单位。雍正七年定议时，漕费以银计，定为每石 6 分。但尹继善已意识到，粮户以银完缴，书吏恐于称量、估色时高下其手，暗中加增，奏称应"查明各处钱价，照所定费银折收制钱，使民便于完纳"。但从当年的漕务禁规来看，折收的钱数究竟是多少，并无明确的规定。因此，是年州县普遍利用这一漏洞，按

---

① 张楷奏，雍正三年十二月十一日，宫中档 402011126；尹继善奏，雍正七年三月初三日，宫中档 402010262。

② 尹继善奏，雍正七年三月初三日，宫中档 402010262。

③ 以下三条内容，除特别注明外，均据：尹继善奏，雍正七年十二月初四日、雍正八年四月二十二日，宫中档 404010279、402010285；雍正《昭文县志》卷 4《田赋志》，13～19 页。

④ 雍正九年，时任两江总督的尹继善在安徽推行了内容几乎相同的漕务改革：漕粮每石加征耗米 1 斗，半给旗丁，半予州县。

1000 文/两的比价，将银 6 分折征制钱 60 文。当日江南钱贵，银每两折钱 850 文左右，[1] 如每石折收漕费 60 文，小民负担并未获得预期的轻减。这一点在次年遭到御史邹光涛的弹劾。[2]

有鉴于此，自雍正八年(1730)起，漕费银 6 分按照江苏各处钱价，酌中定为收钱 54 文，并明确规定，"不许改收银两，致有浮取之弊"。将银转化为民间更易完纳的制钱，则漕费标准更加确定，"多取一文，即不能掩人耳目"[3]。此后，漕费始终以钱计，前后略有浮动。同年，漕费在 54 文基础上加增脚钱 5 文，作为州县运粮至水次之运费。如州县仓廒距漕船在 10 里以外，则每 10 里再加脚钱 2 文。此外，如带征"旧漕"(往年缓征漕粮)，每石可较新漕再加钱 10 文。[4]

其二，禁革斛面耗米，改用小口制斛。明定漕费，意味着将原有浮收、规费一概禁革。雍正七年的漕务禁规声明：完漕应令粮户自行操控称量，抹平斛面("自挡平斛")，准将散落之余米带回，严禁明加、暗扣等积弊，并强调严禁勒捐积谷。当日江苏州县民田每亩捐常平仓谷 2 合，用于歉岁赈济。该项原应听民乐输、另廒收贮，实则普遍随漕勒收，每石随交 1.5～2 升不等，粮户先完积谷，方准完漕，遂多影射加耗之弊。自是年起，完漕之时，严禁强勒积谷。[5]

更重要的是，为减少斛面浮收，江苏对于量器规制进行了关键性的调整：改用小口制斛。漕斛系木制开口量器，其制式有部定标准。每岁有漕州县将自制漕斛解交粮道衙门，与部颁铁斛较准印烙后，发还使用。漕斛斛口宽大，边缘平滑，米谷易于高耸满溢。文献中常见的"斛面高浮二三指"(即米尖超过斛面两三个手指的高度，如此每石至少浮加数升)，及大量余米洒落地面等记载，均与漕斛之规制直接相关。自雍正七年起，

① 陈昭南：《雍正乾隆年间的银钱比价变动(一七二三—九五)》，15～16 页，台北，中国学术著作奖助委员会，1966。

② 邹光涛奏，雍正八年，宫中档 402004748。

③ 尹继善奏，雍正八年四月二十二日，宫中档 402010285；雍正《昭文县志》卷 4《田赋》，15 页。

④ 雍正《昭文县志》卷 4《田赋》，14、15 页。

⑤ 尹继善奏，雍正七年十二月初四日，宫中档 404010279；张渠奏，乾隆四年七月十八日，朱批 04-01-35-0139-016；雍正《昭文县志》卷 4《田赋》，16、19 页。

江苏州县在漕粮收兑中改用"口小边薄"的新斛，容积未有盈缩，只将斛口改小约十分之四，并在边缘裹以铁皮。这一变动，使得斛面浮收变得颇为不易。盖"斛口窄小，则一挡即平，纵使稍浮，为数固属无几，且亦显而易见，便于查察"。在州县及粮道、知府难以有效驻仓监察的背景下，量器规制的变动对于吏役舞弊起到了直接的防范作用。①

其三，所征漕费半给旗丁，半给州县。漕费之设置，本为规范旗丁之额外需索，故其支项实为改革的核心内容。每石随征6分漕费中，以3分贴给旗丁，合计每船可得银20两，用于挽运开支。当日过淮抵通规费业已裁革，但旗丁运粮北上，仍有仓场衙门茶果银，及沿途雇夫、剥浅等项费用。更重要的是，当日漕务禁规中一再强调：3分漕费银一经议定，此外旗丁不得再索州县粒米毫银，原有各色陋规一概禁革，若有违犯，从重究办。

其余3分漕费则给发州县记书，用于修仓铺垫及收漕吏役纸张、饭食之需，即漕粮的征收费用。以漕粮规模中等的吴江、震泽为例，两县漕费分别计银6890、7468两，额数颇为可观。② 而在此之前，这些费用多系取自民间。如上海每岁向粮户征收廒房修费。江阴阖县共设"漕头"3740名，专门负责向甲内各户征收修理漕仓、铺饰夹垫之费。自给发州县定额漕费后，这些徭役名目也随之革除。③ 同时，州县呈送各上级衙门陋规(最突出的是粮道长随、吏役之规费)也一并示禁。

由上可见，改革的主要内容是从收支两方面规范此前积弊较多的漕粮耗费，即征收定额漕费，为旗丁挽运、州县办漕提供必需的经费。雍正八年，面对御史邹光涛的弹劾，尹继善对改革之不得不然做了如下解释：

> 窃思各省粮米之有耗费，犹之钱粮之有耗银，州县借以为修仓

---

① 陈大受奏，乾隆六年九月初九日、乾隆七年二月初四日，朱批 04-01-35-0140-044、04-01-35-0141-013；雍正《昭文县志》卷4《田赋》，15 页。

② 乾隆《吴江县志》卷13《田赋》，24 页；乾隆《震泽县志》卷10《赋役一·田赋》，4 页。

③ 嘉庆《松江府志》卷19《建置志》，4 页；光绪《江阴县志》卷4《民赋·徭役》，77～78 页。

铺垫、人工脚价之资，旗丁赖以为增补篷索、添雇水手等项之用，此公事之所必需，而势不容己者。今光涛以为科派，势必粒米毫银不取于民，使州县不能办漕，旗丁不能挽运，公事坐误，如何可行。①

可见在尹继善眼中，明定漕费之精神与当日钱粮领域推行的耗羡归公是大体相似的。旗丁挽运、州县办漕之费为公事必需，又无法出自正项，故以定额漕费取自民间。在这种务实的态度下，漕费并不被视作浮收科派，尹继善的改革得到雍正帝的赞许。

规范漕费收支意味着限制旗丁、运官、州县吏役各群体的既得利益，故推行新章并非易事。雍正七年，粮道冯景夏等于开征后赴各属明察暗访，据称各州县遵法者固多，而吏役仍前舞弊、印官失察者亦复不少，漕弊仅去其十之七八，犹有未尽之处。部分州县收漕，吏役仍刁难勒掯，需索顺风米、样米、过廒钱、笆袋钱、斛手钱、仓书钱等名色。量收之时，“斛面高浮一二三指不等，如浮半指者即指为平斛，要每石另加一升”。凡有上述情形之州县，是年查实俱经重处：玩法之兴化知县为尹氏题参，宜兴、荆溪、青浦、上海等州县征漕浮勒之记书，均遭刑责追赃。② 乾隆初年，工部右侍郎范璨奏称，尹继善整饬漕务之初，“知府、粮道尝严行诣仓，目击其奸，而立惩以法，一时州县望风生畏，诸弊肃清”。③ 如冯景夏“每乘小舟，冒风雪潜行，访治诸仓奸滑吏，所部肃然”。④ “诸弊肃清”“所部肃然”未必按其字面意思理解，但省级官员通过加强监察、整肃吏治，确实做到了“厘奸剔弊”，漕务新章在雍乾之际得以有效推行。

高宗继位后，大幅裁减各省耗羡，乾隆元、二等年，江苏的漕费一

---

① 尹继善奏，雍正八年四月二十二日，宫中档402010285。

② 雍正《昭文县志》卷4《田赋志》14、16～17页。然在方志中，这位兴化知县郝震却传列名宦，缘其“征漕不取羡余，有县丞某索漕规不得，诬以浮收，遂落职”。然因邑人拥戴，经后任知县达情于上，冤情终得释。这体现出不同文献所展现的史事内涵的丰富性。参见嘉庆《扬州府志》卷45《宦绩》，17页。

③ 范璨奏，乾隆十年六月初六日，录副03-0533-027。

④ 同治《苏州府志》卷68《名宦一》，42页。“冒风雪”，显然指冬季开仓征漕之时。

度面临全行裁革的危险。乾隆四年(1739)，经漕运总督托时题准，别无公项可动，难以议裁议革，该项始得照旧征收。① 因钱价变动之故，该期漕费章程又经历了数次调整。乾隆四年，江苏巡抚张渠以钱价昂贵，奏请酌减漕费。据称，雍正年间漕费定为每石银 6 分，折钱 54 文，乾隆初年因免捐徒阳运河夫工(该费出自州县 27 文漕费内)，减至 52 文。然当日钱价上涨，已由议定漕费时的每两 870～900 文升至 730～740 文。小民按每石 52 文缴纳，"计钱虽未有加增，计银实溢于原额"。故张渠请将原定漕费每石 52 文减为 46 文，以 24 文给丁赡运，其余 22 文留县办公。② 户部对此议覆：漕费"抚臣酌定，系权宜之计"，不同于正供，减收之事应由该抚会同漕运总督筹议妥办。可见，计臣的态度是：漕费的管理权应因地制宜地交予疆吏，一旦经户部议定，该费即著为定例，同于正项。由此，乾隆五年起，江苏漕费减至每石 46 文，脚费额数则保持不变。③ 该案载于《会典则例》，户部议覆时申明："钱价消长无常，督抚随时损益办理。"④

乾隆八年(1743)，尹继善重莅两江，查核漕务，称此时章程"未至废弛"，但不乏弊端。他再次重申禁令，惩办舞弊之官吏，并调整漕费标准：原定每石银 6 分，按时价折收 48 文，脚费亦减去 1 文，止收 4 文，合计漕费每石收钱 52 文。⑤ 考虑到乾隆初年的标准即每石 52 文(不含脚钱)，此次调整实际上是将脚钱 5 文并入，盖附征该费极易成为胥役舞弊的借口。⑥ 此后，每石 52 文成为江苏漕费之定章。多数江南方志所载均为此数，并普遍将其系于雍正七年(或八年)。可见，雍正七年尹继善的漕务改革，以及乾隆八年尹氏奏定的 52 文/石之标准，构成 18 世纪中后期江苏漕费章程的实质内容。

---

① 杨超曾奏，乾隆六年九月十一日，朱批 04-01-35-0140-045。

② 张渠奏，乾隆四年九月十五日，朱批 04-01-35-0139-027。

③ 杨超曾奏，乾隆六年三月十七日，朱批 04-01-35-0140-018。

④ 乾隆《大清会典则例》卷 41《户部·漕运一》，39～40 页。

⑤ 尹继善奏，乾隆八年十一月二十日，朱批 04-01-35-0144-005。

⑥ 马丙奏，乾隆五年七月初五日，朱批 04-01-35-0139-052；杨超曾奏，乾隆六年三月十七日，朱批 04-01-35-0140-018。

## 二、改革之后：18 世纪后半期的江南漕务

尹继善的改革之于雍乾之际江南漕务的意义，时人多予以较高评价。如乾隆元年御史蒋炳论漕务积弊，称江苏独优于各省，"近惟江南各属自尹继善为巡抚，竭力整顿，诸弊肃清，接任抚臣遵守其法，至今未改，民甚德之"，其余各省则漕弊未尽除也。① 类似"漕弊肃清""弊绝风清"的表述，颇多见于笔记、方志之中。

而在制度的实践层面，更应注意尹继善改革对于各省的示范意义。雍乾之际，有漕八省均对原有浮耗加以清厘，奏定漕耗章程，以为旗丁挽运及州县办漕之用，是为"漕耗归公"，相关情况见下表 2-1：

表 2-1　乾隆初(1740 年前后)有漕各省漕耗银米额数及支用情况

| 省份 | 漕粮每石随征耗米、耗银额数 | 耗米支用情况 |
| --- | --- | --- |
| 河南 | 漕耗米 0.15 石 | 每石津贴旗丁运费银 0.03 两、米 0.02 石；其余留为州县兑漕杂费 |
| 山东 | 漕耗米 0.15 石 | 每石津贴旗丁运费银 0.03 两、米 0.02 石，领运随帮官银 0.006 两；其余留为州县运米脚价 |
| 江苏 | 漕费 52 文、水脚 5 文 | 27 文给旗丁；25 文留州县修仓铺垫、饭食之用；水脚 5 文为自仓担驳上船之用 |
| 安徽 | 漕耗米 0.1 石 | 0.05 石给旗丁；0.05 石留州县修仓铺垫、饭食之用 |
| 江西 | 脚耗银 0.039 6 两、米 0.007 6 石 | 0.0137 两协济旗丁 |
| 浙江 | 8~21 文不等，白粮每石另收备置米袋钱 50 文 | 不详 |
| 湖北 | 漕耗米 0.07 石、漕费银 0.07 两 | 不详 |
| 湖南 | 漕耗米 0.06 石、漕费银 0.05~0.14 两不等 | 全数给发旗丁 |

资料来源：乾隆《大清会典则例》卷 41《户部·漕运一》，41~42 页。

---

① 蒋炳奏，乾隆元年六月二十六日，朱批 04-01-35-0136-044。

以上诸省之章程，多有以江苏为蓝本而奏定或调整者。乾隆元年，巡抚高其倬由江苏转任湖南，遂揆合湘省之旧案，"参以江苏之规则"，奏定漕费章程：每漕米一石随征里纳耗米 6 升，漕费在原有每石 5 分至 1 钱 3 分或 4 分基础上各减十分之二，供旗丁挽运、州县办漕及转运岳州之费。高其倬在奏章中特别解释，该标准"虽较江南所收之费尚多"，然湖南漕务情形不同，不得不如是支用。①

更典型的事例，是浙江的漕务改革。该省情况与江苏颇为相似：雍正六年总督李卫曾酌定漕费标准，但额度过低，至乾隆初年，已不敷用。州县遂以费繁赔累为由，私征余米、斛头，每石加征五六升至一二斗不等，种种弊端，由之而起。乾隆十年，浙江学政、刑部右侍郎彭启丰便奏称，江苏漕费章程奉行至善，浙省应一体仿行，每石收钱 27 文，以充州县漕务经费。② 乾隆十五年，浙江再次奏重定漕耗章程，拟于征收较易之仁和等十一州县每石加收耗米 2 升，征收较难之嘉兴等七州县每石加收耗米 3 升，此外严禁一切浮收。③ 户部在议覆时称，该章程并不妥当，不但额数过多，且加征耗米易滋浮收之弊。计臣心中的理想方案，正是尹继善的漕费章程，遂建议"不若仿照江苏之例，仍于前督臣李卫原定等差额目之上，酌为加添钱文，以为漕费"。④ 根据这一思路，浙省将原议每石加征之耗米 2 升、3 升，分别改为漕费 20 文、30 文。再加上雍正年间所议脚费，漕费最多者为桐乡之 51 文，其余州县多在 30 文内外，"核诸江省实属有减无增"。这一方案终为户部认可，于乾隆十六年议准。⑤

以上的筹议过程反映出，无论督抚抑或计臣，均将江苏成案视为理想的模板。对于地界毗邻、问题相似的浙江而言，奏请参照奉行较善的江苏章程，成为合情合理之事。户部对此亦表认可，但强调其方式应为"酌定钱文"，这正是尹继善一再强调的。更重要的是，江苏每石 52 文的

---

① 高其倬奏，乾隆元年九月初二日，朱批 04-01-35-0136-051。

② 彭启丰奏，乾隆十年四月十六日，录副 03-9738-050。

③ 永贵奏，乾隆十四年十二月十二日，朱批 04-01-35-0149-023；喀尔吉善、永贵奏，乾隆十五年八月初六日，朱批 04-01-35-0150-004。

④ 傅恒等奏，乾隆十五年九月二十一日，朱批 04-01-35-0150-008。

⑤ 喀尔吉善、永贵奏，乾隆十六年闰五月二十九日，朱批 04-01-35-0150-031；傅恒等奏，乾隆十六年七月初四日，朱批 04-01-35-0150-038。

漕费标准，始终是敲定浙省章程时的重要考量。可见至少在乾隆十五年前后，尹继善的漕费章程仍被京内外官员视作典范。

当然，尹氏章程在江苏继续施行，并不意味着漕务弊绝风清（这一点即便在改革之初也未曾真正实现）。至迟在乾隆初年，有关漕粮征收积弊的记载，已数见于奏章与地方文献之中。如乾隆五年（1740），御史马丙风闻江苏州县征漕，多有勒索脚价钱、气筒钱、收票钱、鼠耗米、折耗米等名色，更兼敲松斛身、淋尖踢斛及私行折银等弊。[①] 尽管署理两江总督杨超曾对此加以否认，称以上名目均在尹继善核定漕费、水脚之内，并无额外浮征，但也指出，言官所劾者并非全无实据。[②] 乾隆六年，江苏巡抚陈大受便承认，漕斛规制虽有统一之标准，但征收中州县利用漕斛舞弊之事仍时有发生。[③] 由此便可理解，乾隆八年尹继善重莅两江后修订漕费标准，也是整饬"未至废弛"但弊已滋生之漕务。[④] 至乾隆十年，籍隶嘉兴的工部侍郎范璨奏称，雍正七年改革后一度肃清之漕务，"久而久之，故习复萌"，原因在于粮道、知府等不再诣仓稽查。上年江南州县征漕，开仓时印官驻仓验米，舞弊尚少；迨漕粮紧兑、粮户拥挤之际，胥吏遂借米色刁难，扣算漕额，"自九五折至九折不等"，其征收较晚、留支本地之南米，"竟有扣至八折者"。可见，当日已不能尽遵尹继善所订章程，甚至出现了改革前的暗扣之弊，其中南米积弊尤重。[⑤]

此后数年，来自地方官绅的观察也印证了范侍郎得自风闻之事。乾隆十五年，无锡人黄印记录了该邑漕务之变迁，他写道：自雍正年间尹继善尽革漕弊，"二十余年遵行不改"，"诚弊息风清，自古未有"之事。然乾隆十五年，知县以办理高宗南巡为由，浮收漕粮，"斛加大，浮二三指，约以加二为率"，上级官员因费用较多，"知而故纵之"。黄氏由此对漕费章程之前景感到担忧，称："此端一开，将来恐不能复旧。"[⑥]应当注

① 马丙奏，乾隆五年七月初五日，朱批 04-01-35-0139-052。
② 杨超曾奏，乾隆六年三月十七日，朱批 04-01-35-0140-018。
③ 陈大受奏，乾隆六年九月初九日，朱批 04-01-35-0140-044。
④ 尹继善，乾隆八年十一月二十日，朱批 04-01-35-0144-005。
⑤ 范璨奏，乾隆十年六月初六日，录副 03-0533-027。
⑥ 黄印：《锡金识小录》卷1《漕弊》，11页。

意此处黄印的笔法，写下"二十余年遵行不改"，实际上是想表达当日章程渐趋废弛、漕弊滋生。前者的出现通常意味着后者，类似的表述方式常见于时人的相关记载。如同期《长洲县志》编纂者也写道，尹继善筹划、经营江南漕务，"今行之又二十余年，禁以久而渐弛"，其弊昔在"运弁之肆横"，今则尤在"胥役之作奸"。长洲征漕，额定漕费之外每石暗增银一二分，近年"更加至一二钱不等"。①

也是在同时，尹继善又任两江总督。乾隆十七年(1752)，尹氏重申禁革江苏漕粮收兑积弊，详议条规，并通饬各州县勒石署前、漕仓等处。② 该条规强调，"除额定漕费钱之外，县帮并无应得之银米，如有多取颗粒分文，即属赃私"，定将参究。所列各款内容，与雍正年间的禁令大致相同。其要者如重申漕费收支标准：每石纳费 48 文，脚钱一如其旧，"不许收银，以杜重戥称收之弊"；所收费钱给丁 24 文，为津贴兑运诸费，存县 24 文内，16 文作为修仓铺垫等费，8 文充漕、记书纸张饭食之用。此外，还强调州县官驻仓验米、慎选漕总记书，及严禁丁弁、委员需索。而尹继善在当年新增的内容，主要针对南米。按南米应与漕粮一并征收，留充本地兵行局恤等米。然州县因漕粮考成较严，普遍将先征之米作为漕粮起运，此后另征南米。二者分别办理，南米遂成重灾区，或浮高斛面，或暗扣明加，甚至重价折征，颇为民累。有鉴于此，是年条规强调征收南米应照漕粮画一办理，严禁浮高、加扣、折收等弊。乾隆十七年的漕务条规以碑文的形式载入多部江南府、县志中，可见是年尹氏饬禁漕弊未成具文。

是年，长洲知县李光祚写道，江南"漕赋最重，漕弊尤多"，自尹继善"奏定章程，力期苏累，然积弊已深，终难尽返"。盖"旬日间收米十余万石，官即志恤民艰，而稽核难周，胥吏往往借米色高下其手"。而李光祚澄清漕弊的方法，即征漕全不假手胥役。漕粮开征后，他便临仓收兑，昼夜不离，"每日督同儿子数人，验可收者即量兑给串，断不令多溢半文勺米"。此前负责征收之漕、记书止令于仓场官厅"对册核数"，不许近至

_____

① 乾隆《长洲县志》卷 13《赋税》，100～101 页。
② 该条规多见于江南方志中，本处所据为乾隆《长洲县志》卷 13《赋税》，90～94 页。

廒前，并预给银 1000 两，以资纸笔饭食。据称乾隆十七年长洲漕粮征兑效率极高，民困尽苏，李光祚也得到尹继善之褒奖。① 然李氏的改革似应视作名宦传中的特例，很难为多数牧令所效仿。毋宁说此事说明，在漕额较重的江南，印官欲防止胥役作奸，杜绝征收积弊，是一成本极高之事。

至乾隆二十五年(1760)，御史朱嵇的弹章又指向江苏漕粮浮收，尤其是折银之弊。据闻州县收漕，往往置斛不用，概以斗量，如此则洒落余米较多。浮收之数既足正额，于是闭廒不收，任听包揽之户将粮户未完漕米折银缴纳，"私折之价，每高于市价"。据朱嵇所见，江浙州县便多揽户折银之弊。但乾隆帝在该折朱批中称，折银之弊"实属骇闻，然不可以风闻加诸各省"。② 同年，江苏巡抚陈弘谋也覆奏称，当日江省"不至有浮收于先、折收于后之弊"。但他承认，"斛收之时，高出一指半指"，或胥役借米色暗索使费之事，间或有之。③ 从陈弘谋在江苏巡抚任上(乾隆二十二至二十五年)发布的漕务禁令来看，胥役掯勒留难、需索使费仍是当日征收中最突出的问题。④ 但折征之弊确已萌发，并为时人所注意。

陈弘谋于乾隆二十二年到任后，一秉尹继善所定章程，"弗丝毫假借"。他与苏松粮道胡文伯整肃漕务，历年重申禁规，署丹阳知县征漕，大户每石加收五升，辄题参坐绞。⑤ 名幕汪辉祖恰于乾隆二十至二十四年入粮道胡文伯幕，其间屡随馆主赴各属查漕，数次于清江浦谒见漕督，对江苏漕务多所闻见。汪氏晚年在自订年谱中回忆彼时漕务称：

> 曩余佐胡公督理苏送粮道时，纲纪肃清，征漕之县无不兢兢奉

---

① 乾隆《长洲县志》卷 13《赋税》，98～99、95 页。

② 朱嵇奏，乾隆二十五年十月初九日、十月十六日，朱批 04-01-35-0156-012、04-01-35-0156-013。

③ 陈弘谋奏，乾隆二十五年十二月二十日，朱批 04-01-35-0156-025。

④ 陈弘谋：《培远堂偶存稿·文檄》卷 40、44、45，《清代诗文集汇编》第 281 册，243～244、323、352 页，上海，上海古籍出版社，2010。

⑤ 赵翼：《簷曝杂记》，31 页；钱思元：《吴门补乘》卷 4《名宦补》，183 页；陈弘谋奏，乾隆二十五年十二月二十日，朱批 04-01-35-0156-025。

> 法，斛面浮一指半指，即干遗谷。其时漕船过淮，总漕杨勤恪公锡
> 绂秉公盘量，米色小不干洁，即责运丁运弁。丁弁止较米色，不敢
> 向州县别求津贴，督运之员，皆无杂费，是以征漕者无可借名浮收。

胡公，胡文伯；杨勤恪公，即杨锡绂，谥勤恪，乾隆二十二至三十三年
任漕运总督。汪辉祖观察到，在乾隆二十年代，由于粮道、漕督的有效
监察，漕务"纲纪肃清"：州县征漕几无浮收，旗丁只较米色，不敢勒索
津贴，督运员弁亦无使费。然大约十年后，此风渐改：

> 甲申、乙酉以后，运丁诡称沿途费用，勒索州县米色钱，逐岁
> 加增。州县因以为利，恣意浮收，甚有七折、八折、内加、外加
> 之名。

甲申、乙酉，即乾隆二十九、三十年(1765)。将前后状况截然对立以强
调变迁之势，是传统文献中常用的"笔法"，未必可以句句坐实。不妨将
之理解为，乾隆三十年作为江南漕务的一个重要转捩点，给汪辉祖留下
了深刻的印象。此后，旗丁开始"诡称沿途费用"，勒索州县"米色钱"，
州县则借机"恣意浮收"，暗扣、明加之程度，较雍正间尹继善改革前有
过之而无不及。[1]

　　不少时人观察都记录了乾隆三十年前后江南漕务的转变。昆山士人
龚炜在乾隆初年写道，自雍正间尹继善整饬漕务，此前需索、浮挡诸弊
"洗涤无余，十余年来奉行不息"。至乾隆十七年，又称尹继善"复制两
江，漕政重肃"，昆山奉行颇善。然乾隆三十年以后，龚炜感慨道："每
当征漕之月，比屋思今相国尹公不置。"征漕之际吴人思念名宦不止，足
见彼时江南漕政渐已败坏。[2] 乾隆四十六年(1781)，长洲士人彭绍升也
指出，康熙、雍正年间"最称顽敝"的江南漕政，赖尹继善任巡抚时"厘定
章程，与之更始"，"食其福者垂三四十年"。当日距尹继善改革已五十余

---

　　① 汪辉祖：《病榻梦痕录》卷上，《续修四库全书》第 555 册，627 页。管见所
及，岩井茂树较早利用该段记载，对 18 世纪后半期的漕粮浮收及财政结构问题做了
精彩的分析。参见氏著：《中国近世财政史の研究》，6～10 页。
　　② 龚炜：《巢林笔谈》，89、128、237 页，北京，中华书局，1981。

年，故"垂三四十年"并非约略之语，而是其亲历。也就是说，彭氏将漕费章程的失效定位于乾隆三十年(1765)前后。

彭绍升之所以重提尹继善改革，意在恳请时任江苏巡抚闵鹗元效仿尹氏，革除漕弊，盖当日的情况近似于漕政"最称顽敝"的康雍之际。他特意提醒闵氏注意漕粮勒折之弊，称近年江南州县每于开征之前粜米铺仓，以为折收地步。乾隆四十五年冬征漕，"其来纳者距之满街，迫令折价，每米一石银至四两"，这是远高于米粮市价的勒折。对于粮户而言，即使"量加斛面，彼诚所甘心"，盖斛面加征"视折色倍输之费，尚自悬绝"。也就是说，至乾隆末年，江南漕粮浮收的主要方式，已开始由乾隆初年的斛面淋尖转变为勒征折色，后者之负担明显重于前者。是年江苏漕粮多有蠲免，重价勒征之漕米额数有限，尚未成为惯例。① 尽管如此，江南漕政大坏却是时人的一致印象，整顿也在当日展开。

乾隆五十五、五十六年间，巡抚长麟与粮道汪志伊以"江南漕务积弊最深"，严加整顿，"斛面听民自概，不得浮颗粒"。其重要举措，一是将各州县漕总一概革除，囚禁猾吏吴开周等，罚令筑塘赎罪；二是重惩多收余米之署青浦知县何廷凤及该县胥吏。该案之证据，系粮道汪志伊、松江府知府李廷敬"改装易服，潜赴该县查访"所得，汪氏因此被视作当日之冯景夏。② 然而，雍正年间循吏的严行察访，肃清吏治，是建立在重订漕费章程，满足旗丁、州县经费需求基础上的。当日雍乾之际的漕费标准已然"不合时宜"，但此次整饬全未触及，自然难有成效。

## 三、嘉庆初年清厘漕弊之尝试

至18、19世纪之交，重订江苏漕费章程终于被提上议事日程。嘉庆四年(1799)仁宗亲政后，广开言路，革新弊政，清厘江南漕务是其中的

---

① 彭绍升：《二林居集》卷4《奉巡抚侍郎闵公书》，《续修四库全书》第1461册，328～329页。

② 钱思元：《吴门补乘》，182、413页；长麟奏，乾隆五十五年十二月十四日，朱批04-01-35-0178-016；书麟等奏，乾隆五十六年十二月初四日，朱批 04-01-35-0179-049；书麟等奏，乾隆五十七年三月初三日，朱批04-01-01-0445-043。

重要议题，这显示出当日漕政积弊重重。① 是年，漕运总督蒋兆奎、仓场侍郎达庆先后奏报漕米质量不堪之事，米色问题凸显出当日漕务弊混、浮费滋长。② 如江苏巡抚宜兴所称，江苏征漕，浮收日加，此前或七折八扣，"近年竟有每石加至七八斗之多者"。浮收既重，民众遂不拣选纯洁好米，且多于漕船将开、兑运紧迫之际蜂拥交仓。刁生劣监借浮收挟制，公然以丑杂之米挪交。另一方面，州县官吏也预将低潮米石搬贮仓廒，以便借词廒满，重价勒折。在漕粮收兑之际，旗丁帮弁习知州县既多浮收，米色亦不纯，遂大开需索之端。其额外需索之帮费，当日每船可达一百数十两至二百两不等。丁弁本应对米色负责，然帮费既足，间有丑杂之米，亦一概斛收。③

以上诸种情弊，颇似雍乾之际的江南，而程度则更甚。嘉庆四年六七月间，仁宗多次严谕有漕各省督抚力除漕弊，将州县浮收、旗丁帮费及沿途规费一概禁革，不得再有米色不纯之事。④ 然而问题在于，浮收、规费虽奉旨禁革，旗丁出运仍多不敷。唯有为其提供充足的经费，才能真正革除积弊，恤丁再次成为江南漕务的核心问题。嘉庆四年八月，上任不久的漕运总督蒋兆奎奏请调剂旗丁，清厘漕弊。他指出，江浙州县收漕，每石浮收至七八斗，可于此内划出一斗，明定为旗丁运费，其余尽行革除。⑤ 该议为户部所驳，计臣认为，当日浮收斛面例禁綦严，州县仍阳奉阴违，若明定每石加征一斗，"不肖官吏益得有所借口"，必将"影射多征"。如此调剂，恐浮收仍不能除，而新增一斗之粮不可复减，

---

① 岩井茂树、晏爱红已对是年蒋兆奎因奏请调剂旗丁遭驳而辞官这一事件做了初步的考察。参见岩井茂树：《中国近世财政史的研究》，54 页；晏爱红：《清代中期关于漕粮加赋的三次政策辩论》，《史林》2010 年第 5 期，100～101 页。

② 达庆等奏，嘉庆四年六月十六日，朱批 04-01-35-0191-014；蒋兆奎奏，嘉庆四年四月二十四日，朱批 04-01-35-0190-046。

③ 宜兴奏，嘉庆四年七月初四日，朱批 04-01-35-0191-018；《嘉庆道光两朝上谕档》第 4 册，嘉庆四年七月二十日，248 页。

④ 《嘉庆道光两朝上谕档》第 4 册，嘉庆四年六月十六日、七月二十日，211～212、248～249 页。

⑤ 蒋兆奎奏，嘉庆四年八月十五日，朱批 04-01-35-0191-027。

"名为津贴，实与加赋无异"。① 嘉庆帝对"加赋"二字颇为敏感，称此议断不可行。但他也承认，蒋氏所奏旗丁应用不敷亦系实情，各省应就如何设法调剂，妥议具奏。其原则是"丁力不致拮据，而正供不致加增"，看似两全其美，却几无可行性。②

在此前后，江苏督抚也多次奏请调剂旗丁，其所拟恤丁方案，均是对尹继善章程的调整与变通。嘉庆四年三月，两江总督费淳奏称，当日旗丁疲乏难支，需索州县帮费，每船达一百至一百五六十两不等。他的调剂方案是将旗丁漕费由雍正年间的每石 3 分加增至 1 钱，即每石共征漕费 1 钱 3 分，折收制钱 130 文，以 1 钱（100 文）给予旗丁，其余 3 分（30 文）仍予州县。③ 对比雍乾之际旗丁的漕费标准（24 文／石），提升的幅度可谓不小。然户部认为，"增添公费，非正本清源之道"，该案旨在加增额赋，"名为恤丁，实则病民"，将其议驳。④ 是年十月，费淳再议调剂章程，其内容是将苏松、江安两属漕费及赠贴银米标准互相仿照，共同提高。（1）苏松每石 6 分之漕费，改照江安之例，折收耗米一斗。考虑到当日的米价，这意味着漕费的显著加增。⑤（2）江安部分州县"五米五银"（漕粮每 100 石津贴米 5 石、银 5 两）的赠贴银米额数，一律改为苏松的"五米十银"。如此变通，苏松裁去漕费而加征米 15 万石，江安加征漕赠银 2.6 万余两。⑥ 该议仍被计臣定性为"加赋"，亦未获准。⑦ 再看情况相似的浙江。十月，闽浙总督书麟提出了浙省的调剂方案：（1）提高折色支放之行、月粮折价，由每石 1～1.2 两增至 1.6 两；（2）粮户于例

---

① 《议驳加征漕米折》，嘉庆四年八月二十八日，《祁韵士集》，441～442 页，太原，三晋出版社，2014。据称，因"事近加赋"而议驳，系由户部尚书朱珪决定。赵烈文：《能静居日记》第 2 册，1195 页，长沙，岳麓书社，2013。

② 《嘉庆道光两朝上谕档》第 4 册，嘉庆四年八月二十八日，310 页。

③ 费淳奏，嘉庆四年三月，朱批 04-01-35-0237-035。

④ 《议覆加征漕费暨收漕各款折》，嘉庆四年三月二十三日，《祁韵士集》，434 页。

⑤ 户部于议覆时便指出："征米一斗若以银折算，较之原定公费银六分不止加倍。"

⑥ 费淳奏，嘉庆四年十月十七日，朱批 04-01-35-0191-038。

⑦ 《议驳两江加征银米折》，嘉庆四年十月二十五日，《祁韵士集》，449～450 页；《嘉庆道光两朝上谕档》第 4 册，嘉庆四年十月二十五日，416～417 页。

定漕费外，每石另行津贴钱 60 文。两项相加，旗丁每船可增津贴 80 余两。① 据乾隆十六年浙省漕费章程，多数州县为每石 30 文左右，故仅计漕费一项，便有 200% 之加增。

由以上调剂方案可知，在漕督、疆吏们看来，雍乾之际议定的旗丁津贴须有显著提升，才敷当日挽运之需。② 至其要因，他们一致归结为"生齿日繁、百物昂贵"。如蒋兆奎一再强调物价对于旗丁收入的影响：其各款津贴定于"数十年、百余年以前"，"迨后生齿日繁，诸物昂贵，物价数倍，因而从前所定之领项，不敷现在之费用"。这来自于他在督运途中的见闻：是年夏初催船北上，过清江、惠济二闸，每船每闸费钱四五千文，比从前已加数倍；雇觅短纤夫价"从前每里酌给钱一二文，今则五六文不等"。③ 费淳也指出，雍正七年尹继善奏定漕费章程，当日官民称便，而时过境迁，今已不敷支用：

> 定议之初，物价平减，有此三分公费，已敷用度，迄今又越七十余年，原定之项，实有不敷。④

18 世纪中期以降，物价上涨、人口骤增等因素导致了各级政府行政开支的逐渐增大，然而无论旗丁抑或州县，其法定收入却维持定额。由于漕务入项的隐性缩减，他们不得不依赖帮费、浮收等各种额外收入，其规模日渐膨胀。是故，漕督、疆吏一致认为，以加征漕费来调剂旗丁，是当日厘清漕弊的关键所在。

但在嘉庆帝与枢臣看来，蒋兆奎、费淳等所拟章程"损民益丁""事属

---

① 书麟奏，嘉庆四年十月二十八日，朱批 04-01-35-0191-044。

② 除江浙外，是年山东、河南、湖南、湖北等省的覆奏，也表现出相同的态度。陈大文奏，嘉庆四年九月二十四日，朱批 04-01-35-0191-032；《议覆东豫津贴运丁折》，嘉庆四年十一月二十三日，《议覆两湖津贴运丁折》，嘉庆四年十二月初四日，《祁韵士集》，456~457、459~460 页。

③ 蒋兆奎奏，嘉庆四年八月十五日、十二月初六日，朱批 04-01-35-0191-027、04-01-35-0192-009。

④ 费淳奏，嘉庆四年、嘉庆四年十月十七日，朱批 04-01-35-0237-035、04-0135-0191-038。

加赋"，断不可行。① 他们的态度是，旗丁应得之项本属不少，但因卫所各官侵扣入己，不行给发，致其运费不敷，勒索帮费。至于督抚们一再强调的物价因素，不应成为调剂的理由：

> 试思时值物价今非昔比，何处不然，即如内外各官廉俸，以及兵丁钱粮等项，皆系数十年、百余年前所定，若以生齿日多、诸物昂贵，所得不敷所用，概行另议增添，有是理乎？

可见，中枢对于物价因素并非毫无察觉，而是认为，与其随物价变动而从整体上加增正项，不若在表面上维持其规模的大致固定，盖后者才是更"合乎情理"的选择。在此种思路下，嘉庆帝的指示始终是，调剂应使"正供不致加增，而丁力不形疲乏"，"加赋"被坚决排除在可能的选项之外。②

在此思路下，是年十月，江苏巡抚岳起奏请将漕粮耗米内每石0.0476石之晒扬折耗米免于随正交仓，用以津贴旗丁。③ 户部认可了这一调剂方案，但将额数减至0.0276石，该项由旗丁自行粜卖后，每船可多得银约30两。④ 此后，两江总督费淳又与新任漕督铁保共同奏定了涉及苏松、江安两粮道的恤丁章程，其精神是"就漕项调剂漕务"，"无耗帑病民之弊"。也就是说，调剂之项并非新增正项加诸民间，而是于随漕项下斟酌损益。雍正年间尹继善之章程，江安、苏松两属漕粮每石分别随征耗米1斗、耗银6分，旗丁、州县各得其半。嘉庆四年的调剂方案则

---

① 本段据《嘉庆道光两朝上谕档》第4册，嘉庆四年八月二十八日、十一月二十三日、十一月二十六日、十一月二十九日、十二月初六日、十二月初九日、十二月十一日，310、482~483、488~489、499、514~515、522、524~525页，引文在515页。

② 嘉庆帝在上谕中称："若如蒋兆奎所奏，因办理清漕，议及加赋，并以治病药力之轻重为喻，试思加赋之病大，旗丁疲乏之病小，自当先医其大者。"可见他认为，"加赋"之危害，远大于旗丁之疲乏，故绝不可以此调剂。《嘉庆道光两朝上谕档》第4册，嘉庆四年十二月十一日，525页。

③ 岳起奏，嘉庆四年十月十八日，朱批04-01-35-0936-014。

④ 《议覆两江津贴运丁折》，嘉庆四年十一月十二日，《祁韵士集》，453页。

将原给州县之耗米 5 斗、耗银 3 分改拨旗丁。① 除此之外，恤丁章程还包括以 1.9 两/石折色支放行月粮，严禁克扣旗丁之漕赠银钱。由于此二条是对当日情形的认可或约禁，主要的调剂仍在漕耗银米之改拨。据费淳等奏称，该款在州县"分支无几，亦不遂借此办公"，但"聚少成多，拨贴旗丁，不无裨益"。经此调整，江苏旗丁每石可多得漕费约 24 文，每船计多得银 20～30 两。②

然而，对比此前督抚们奏报的经费缺口（普遍在每船 150 两左右，亦为帮费的大致额数），这一调剂（每船 50～60 两）仍属杯水车薪。诚如蒋兆奎所称，如此调剂，譬如"病势颇重，而药力甚微，虽因病投药，而病不以药愈"。③ 改拨漕费、晒扬折耗米并不能解决丁力疲乏的问题，嘉庆初年以降，江南的漕粮帮费不但未能裁除，反而不断上涨，便是明证。另一方面，在设法恤丁的同时，中枢、督抚全未考虑州县的漕务经费缺口，所谓"州县分支无几，亦不遂借此办公"，意味着原定每石 24 文之漕费，即不改拨，也已远不敷用。对于州县经费需求的漠视，实质上意味着默许其额外加征，乾隆中后期以来的漕粮浮勒也因此愈演愈烈。

至道光中后期，江南漕务已呈积重难返、病入膏肓之势，随时有崩溃之虞。时人在相关议论中，仍将雍正年间的漕费章程视作改革的模板，在此基础上筹划救弊之策。道光元年(1821)，常熟籍御史王家相称，雍正七年尹继善革除江苏漕弊，加征 6 分漕费，自此官民便利者数十年。今漕务经费如需调剂，"或仿尹继善之法，（每石）酌量加银，尚属易于限制，而流弊亦轻"。④ 道光十九年(1839)，曾任江苏巡抚的林则徐覆奏变通江苏漕务，也表达了同样的观点。他认为，此前"八折收漕"之议流弊较多，不若"仿尹继善奏准章程，参考历来成案，比较现在情形"，每石

---

① 按此为数额最大的漕粮之漕耗银米，随其一并征收的白粮、行月米之漕耗银米略有不同，但同样是将给州县之半改拨旗丁。

② 费淳、铁保奏，嘉庆四年十二月十八日、十二月二十九日，朱批 04-01-35-0192-016、录副 03-1743-041、03-1743-042；《嘉庆道光两朝上谕档》第 5 册，嘉庆五年正月初四日，1～2 页。

③ 蒋兆奎奏，嘉庆四年十二月初六日，朱批 04-01-35-0192-009。

④ 王家相奏，道光元年六月十五日，录副 03-3103-006。

酌贴漕费三四钱,或较为可行。[1] 他们均认为,与其加征耗米,致州县借此浮收,不如津贴银钱,较易控制。这与百年前尹继善明定漕费的思路相一致。每石三四钱之标准,也凸显出雍正间的 6 分漕费与当日需求之间的巨大差距。

咸丰三年(1853),冯桂芬筹划江苏漕粮均赋,每石一律折征 4000 文,其中州县漕务公费约为每石 5 钱,此外一切浮费均行裁革。他指出,此为尹继善抚吴时之旧法,然对比雍正间的 3 分漕费,"今殆十倍过之",而州县"又以为不足"。[2] 然"均赋"仅行一年便告中止。至太平天国战后的同治四、五年间(1865—1866),在地方官绅推动下,江苏省终于在雍正朝之后再次核定漕粮收支章程。其漕粮征价新章是:本折兼收,听从民便,折价依据开征前糙米市价议定;无论本折,每石均随征公费 1000 文、脚费 52 文。[3] 也就是说,尹继善奏定的每石 52 文之漕费旧例至同治年间乃至清末依然存在,但时人早已忘记该款在雍乾之际的意义,而将其视作"随漕脚费"。经历了百三十年间社会经济之变动,彼时的漕费(52 文/石)与当日之公费(1000 文/石)差距显著,仅敷脚费之用。

## 四、小结

先行研究鲜有关注的雍正七年尹继善改革漕务一事,在江南漕制史抑或清前期财政史中,均有重要位置。针对当日漕务中最突出的旗丁需索问题,尹继善在江苏推行了以明定漕费为中心的漕务改革:每石随征漕费银 6 分(乾隆八年起固定为 52 文),分别充作旗丁挽运、州县办漕之费。改革的意义在于重订漕耗的收支章程,即裁减、规范原有的额外需

---

[1] 《覆议遵旨体察漕务情形通盘筹画折》,道光十九年十一月初九日,《林则徐集·奏稿》中,717 页。

[2] 冯桂芬:《显志堂稿》卷 5《与赵抚部书》,《续修四库全书》第 1535 册,581~583 页。

[3] 以同治五年为例,该年米价为 3200 文/石,如以折色完漕,每石应缴钱 4252 文(3200 文＋1000 文公费＋52 文脚费);如以本色完漕,每石随缴钱 1052 文。如迟至年外完漕,无论本、折每石另加 500 文。详周健:《第二次耗羡归公:同治年间江苏的钱漕改革》,《近代史研究》2019 年第 1 期,已收入本书第七章。

索与加征，为旗丁、州县提供必需的漕务经费，其精神与当日钱粮领域的耗羡归公是相似的。① 尹继善在设置漕费的同时，也辅以吏治的整顿（尤其是道、府于征收中诣仓监察），使改革在雍乾之际取得较好的效果，漕务肃清是时人较为一致的印象。因此，江苏的漕费章程不仅得到中枢的认可，也为多省所效仿，成为"漕耗归公"的模板。

尽管自乾隆初年起，江南漕务渐有"故习复萌"之态，但历任督抚对于新章的持续推行与调整，尤其是乾隆八年、十七年尹继善再莅两江，重申禁令，此期漕务未至废弛。然乾隆三十年(1765)前后，时人普遍观察到江南漕务风气丕变，州县浮收、旗丁需索等弊再度抬头。至 18 世纪末，漕政又回复到尹继善改革前"最称顽敝"的状态，漕耗归公基本失效。这一转变是 18 世纪中后期多种因素的综合作用：人口骤增、物价上扬导致漕务开支增加，州县、旗丁不得不再度借助浮收、需索等额外收入，以应付法定经费的结构性匮乏。此种现象成为常态，势必导致漕粮征解过程中吏治、风习渐趋败坏。②

嘉庆四年清厘江南漕务的讨论，显示出尹继善改革后七十年，漕耗归公已有了重来一次的必要。在嘉庆帝严谕禁革浮收、规费的同时，江苏督抚、漕督纷纷提议大幅提升漕费标准，以便从结构上解决经费匮乏问题及随之而来的漕弊。对于民众而言，这意味着将部分漕粮的法外浮收转化为合法的漕费。然而对比雍乾之际，中枢对于漕费的定位与管理已经大为不同，他们不再将其视作可由疆吏因时调剂的"权宜之计"，而是户部严格管理之下的"成例""正项"，③ 故提升漕费标准即为"加赋"。在嘉庆帝与计臣眼中，"加赋"是不可触动的红线，其危害远大于经费不

---

① 两者的不同之处在于，嘉庆五年以前，漕耗由州县自行支用，无须提解至省级衙门。

② 周健：《陋规与清嘉道之际的地方财政——以嘉庆二十五年清查陋规事件为线索》，《"中央研究院"近代史研究所集刊》第 75 期，139～148 页。已收入本书第一章。

③ 类似的趋势也出现在乾隆年间耗羡的管理中，参见曾小萍：《州县官的银两——18 世纪中国的合理化财政改革》，260～270 页；郑永昌：《从"地方之公"到"国家之公"——论乾隆初期对地方耗羡收支管控体制的确立》，《故宫学术季刊》第 20 卷第 3 期，2003。

敷而引发的漕弊。① 在中枢"就漕项调剂漕务"的原则下，嘉庆四年江苏的恤丁章程不过是纸面上的调整，对于调剂旗丁、革除漕弊的实际意义微乎其微，更不必说它完全忽视了州县的经费需求。受制于中枢在观念与管理上的桎梏，江苏的官员们无法随着 18 世纪后半期的物价上涨、开支增加而务实地提升漕费，尹继善的漕务改革至此完全失去了财政合理化的意义。这与太平天国争战前数十年间江南漕务的疲弊与失序直接相关。

---

①  清代以"永不加赋"为祖训，似为定论。然而"加赋"非为含义确定的概念，比如嘉庆四年的讨论中，计臣与疆吏对其界定就有分歧。时人如何定义"加赋"，又如何在相关政策的讨论中祭出"加赋"的名号（如本章涉及的嘉庆四年清漕的尝试），抑或务实地避开"加赋"的羁绊（如雍正年间的耗羡归公），这些相关的理念与实践，都还有进一步探讨的可能与必要。

# 第三章 清代河运制度的解体：
## 嘉道年间江南漕弊之探析

清代行漕运，每岁将山东、河南、安徽、江苏、浙江、江西、湖北、湖南八省的米、麦、豆运至北京、通州，以供八旗兵丁口、官员俸米，及皇室食用，是为漕粮。漕粮是当日国家财政中第二大收入来源，也是最主要的实物税，且因关涉京师官兵俸饷，受到格外的关注，被称为"天庾正供"。作为财赋重地，江南的苏松粮道所属及浙江省的漕粮、白粮占全国的半数以上①，漕粮是该地区最主要的赋税负担，漕务也成为当地官员最重要的公务。②

嘉道年间（1796—1850），漕务是与积弊联系在一起的。自嘉庆初年起，"漕弊"一词频繁地出现于各种文献之中。作为关系国计民生的大问题，漕务（尤其是江南的漕务）为众多官员、士人所瞩目，成为该时期最

---

① 本书之"江南"是指江苏省苏松粮道属的苏州、松江、常州、镇江、太仓四府一州（"苏属"），以及浙江省杭州、嘉兴、湖州三府。其中，苏松常太三府一州、嘉湖二府，随漕粮另征质量更高的白粮（系糯米与白粳），供宫廷专用。嘉道年间漕白粮正耗米额征 400 余万石，历年征额均因升坍蠲缓有所增减，以道光九年（1829）为例，有漕八省额征漕白正耗米 4 725 193 石，其中苏属 1 687 148 石，浙省 917 155 石，江南漕粮占额漕的 55.12％。参见《钦定户部漕运全书》，《续修四库全书》第 836 册，217～220、226、230 页。

② 李星沅在道光二十年代曾历任江苏按察使、布政使、巡抚、两江总督。道光二十五年，他在日记中称："江苏省事莫大于漕……漕事一顺，百事皆理，不足虑也。"袁英光、童浩整理：《李星沅日记》，道光二十五年二月初四月，593～594 页，北京，中华书局，1987。道光末年任江苏巡抚、两江总督的陆建瀛也称："江苏公事，漕务居其大半。"陆建瀛：《奏明办理漕折情形折》，《陆文节公奏议》卷 4，1926 年刻本，1 页。

重要的经世议题之一。① 尽管在此五十余年中，清政府不数年即有清厘漕务之措，然至道光后期，漕务确已病入膏肓、积重难返，漕粮河运制度最终在道咸之交崩溃。不仅如此，漕弊甚至由经济问题逐渐上升为"社会问题"乃至"政治问题"，各省纷起的"抗漕""闹漕"事件与此后太平天国的兴起显然具有一定的联系。② 可以说，嘉道年间的漕弊，无论从财政、经济，抑或从社会、政治的角度来看，都是前所未有的。

20 世纪 30 年代以来，这一问题受到研究者的持续关注。③ 但笔者认为，先行研究仍有进一步深入的可能。本章之作，首先在于呈现漕粮征解的运作实态，通过厘清漕弊的表现形式，重构关键的制度细节，理解河运时代的漕务如何偏离了制度设计。这是由于，长期存续的漕弊在嘉道年间可谓一种常态（尽管其表现形式有时间、地域上的差别），它已经成为制度的组成部分。其次，笔者将从漕粮的收支结构与管理方式入手，探讨弊政背后的逻辑。因为先行研究多所强调的"人"的因素（如官绅贪劣、吏治窳败），对于漕弊的形成并不具备完全的解释力，而从财政结构与社会经济的相互作用中寻找答案，可能有助于我们理解问题的复杂性。

雍正七年（1729），江苏巡抚尹继善在苏属推行漕务改革，议定粮户完漕每石征收漕费银 6 分，3 分供州县办漕，3 分津贴旗丁挽运。此后，

① 包世臣在道光二十七年称："漕只政之一事，而苏松又漕之一隅，然其关系国脉，盖无有大于此者。"《答桂苏州第六书》，《包世臣全集·中衢一勺》，209 页。又称："江浙收漕及（漕粮）海运二事，国脉攸系，无有重于此急于此者。"《复陈枢密书》，《包世臣全集·齐民四术》，242 页。可代表时人对此的关注。

② 傅衣凌：《太平天国时代的全国抗粮潮》，《明清社会经济史论文集》，397～417 页，人民出版社，1982；［美］王业键：《十九世纪前期物价下落与太平天国革命》，《清代经济史论文集（二）》，251～287 页，台北，稻乡出版社，2003。

③ 代表性论著如下：夏鼐：《太平天国前后长江各省之田赋问题》，《清华学报》第 10 卷第 2 期，1935；朱庆永：《同治二年苏松二府减赋之原因及其经过》，《政治经济学报》第 3 卷第 3 期，1935；王毓铨：《清末田赋与农民—近代农民问题研究之一》，《食货半月刊》第 3 卷第 5 期，1935；臼井佐知子：《太平天国前、蘇州府、松江府における賦税問題》，《社会経済史学》第 47 卷第 2 期，1981；刘克祥：《十九世纪五十至九十年代清政府的减赋和清赋运动》，《中国社会科学院经济研究所集刊》第 7 集，北京，中国社会科学出版社，1984；李文治、江太新：《清代漕运》，288～342 页；何汉威：《读〈李星沅日记〉——兼论李星沅其人》，严耕望先生纪念集编辑委员会编著：《严耕望先生纪念论文集》，305～352 页，台北，稻乡出版社，1998。

浙江也效仿了这一改革。改革使得漕政一度肃清，这种状态大约维持了二十余年。乾隆三十年(1765)以降，江南漕务风气渐变，州县浮收、旗丁需索等弊再度抬头，漕政江河日下，嘉道年间的漕弊即源于此时。嘉庆四年(1799)，仁宗谕令有漕各省督抚、漕运总督清厘漕务，革除积弊，"漕弊"始成当日议漕文字中的第一关键词，是年也是本章考察的起点。①从时人的观察来看，当日江南的漕弊主要包括帮费问题、大小户问题，以及漕务浮费与亏空，以下分别进行讨论。

## 一、帮费问题

### (一)帮费之成因

嘉道年间江南的漕弊，首重浮收，而浮收又与帮费密切相关，这几乎是当日地方官员的共识。清代漕粮自顺治年间起，行官收官兑之制，江南州县于属内仓厫征收漕粮，将其运至水次的漕船，向旗丁交兑，由后者沿运河挽运通州、北京。所谓帮费，即旗丁在法定的津贴银米之外，向州县需索兑运漕粮的规费。② 尽管雍乾年间也存在旗丁勒索规费的记载，但彼时似未有帮费名目。至迟在嘉庆初年，"帮费"一词已多见于奏疏，并有了明确的含义。如嘉庆四年，江苏巡抚宜兴奏称：

> 至兑运漕粮，帮弁旗丁习闻州县浮收，已有垂涎分肥之意，及见米色不纯，遂大开需索之端，起初每船一只，不过帮贴一二十两，后来……每船日渐加至一百数十两及二百余两。帮费稍不满欲，则百计刁难，竟不开兑……及帮费既足，即间有丑杂之米，亦一概斛收。③

同年，后任巡抚岳起亦称：

---

① 参见周健：《尹继善的"漕耗归公"与 18 世纪江苏漕务》，《史林》2016 年第 5 期。已收入本书第二章。

② 帮费又称"兑费""旗丁运费""帮贴""漕船津贴"等，本书通称帮费。

③ 宜兴奏，嘉庆四年七月初四日，朱批 04-01-35-0191-018。

旗丁兑运时，明知州县得有赢余，米色又复恶劣，是以多方剔挑，勒加帮费，每船至二百三四十两及二百七八十两不等。①

定制漕粮米色须干圆洁净，交兑时由监兑官检验米色后方可起运，未兑之前，责在州县，既兑之后，责在旗丁。因此，交兑之际，旗丁多以米色为词，勒索州县帮费，分其浮收之肥。从两位巡抚的描述来看，其存在已非一日。同治年间，冯桂芬也指出，乾隆以前为"清漕无弊之时"，"嘉庆以后，帮费无艺"。② 帮费这一术语在嘉庆初年出现，意味着旗丁向州县需索兑粮规费已经常态化，其数量也达到相当的规模。

　旗丁挽运漕粮，原有额定之津贴，包括行粮、月粮和赠贴银米，又准携带一定量的免税土宜，供沿途贩卖，此外还可从卫所屯田获得收入。③ 如苏属例定每漕船可获行月粮、漕赠银米共计米 193 石零，银 200 两零，另有屯田 300 亩以供津运之需。④

　月粮系按月给发的粮饷，行粮则在旗丁出运时另行给发。江苏、浙省各帮行月粮按例均为半本半折支放，即半给粮米，半折银两，后以本色支放者又多改为折色。这些折价定于清初，其时米价低廉，自乾隆年间米价大涨，旗丁的行月粮折价遂大打折扣。乾隆五十二年（1787），漕运总督毓奇奏称：月粮折价"在从前定议之始，按时折价，原敷买食，迄今百余年来……生齿日繁，米价昂贵，所领一石之价，仅敷买数斗之粮"，旗丁因此"日形疲累"。⑤ 嘉庆四年，漕督蒋兆奎亦有相同的观察：

　　　旗丁运费本有应得之项，原无不敷，惟所定领项在数十年、百余年以前。迨后生齿日繁，诸物昂贵，物价数倍，因而从前所定之

---

　① 岳起奏，嘉庆四年九月十五日，朱批 04-01-35-0191-029。

　② 冯桂芬：《显志堂稿》卷 5《致曾侯相书》，《续修四库全书》第 1535 册，590 页。

　③ 孙玉庭奏，嘉庆二十二年九月十七日，朱批 04-01-35-0228-018；孙鼎臣：《畚塘刍论》卷 1，咸丰九年刻本，32 页。"赠贴银米"，苏属称漕赠银，每米百石贴银 10 两，米 5 石，又称"五米十银"。浙江称漕截银，每米一石贴银 3 钱 4 分 6 丝，百石计银 34 两有奇。参见《清会典》卷 22，189 页，北京，中华书局，1991；《浙江全省财政说明书》，《岁入部·收款·漕粮》，44 页，经济学会，1915。

　④ 清单，道光三十年九月，录副 03-3101-043。

　⑤ 毓奇奏，乾隆五十二年八月二十四日，录副 03-0567-037。

领项，不敷现在之费用。而近年运粮之旗丁尚可撑持者，以州县浮
收，向索兑费，并因州县折收米石，将行月等米亦向州县折收，图
沾余润。

可知因物价上涨，旗丁须需索帮费，复勒折行月等米，才敷"贴补一切经
费，并各处浮收"。① 而且，这些价值打了折扣的行月、赠贴银米也通常
无法足额给发。按旗丁应领钱粮，本系先行扣存，于淮安、通州等处"逐
节给发"。② 这使得漕督、粮道、运官每有克扣旗丁行月钱粮之事。③

旗丁出运，例准随船携带商货，称"土宜"，可按额免税过关。清初
定制每船例带 60 石，其后屡议加增，至嘉庆四年每船限带 150 石。旗丁
每有额外夹带商货之事，且"回空过淮，往往私带盐斤"。④ 道光初年的
记载显示，自乾隆末年，旗丁于土宜、私盐所得渐减，其原因在于河道
难行，盐商力绌。⑤

旗丁所属卫所又有屯田，其收入主要用以济运及补贴造船开支。至
乾嘉两朝，漕运屯田或典卖，或荒废，其数量大为减少。⑥ 嘉道年间，
包世臣论革漕弊，屡以清查屯田为前提。⑦ 著名的"疲帮"——江淮、兴
武二帮，更以向无屯田，帮船又多缺额，横索帮费尤甚。⑧ 由此，嘉道

---

① 蒋兆奎奏，嘉庆四年十二月初六日，朱批 04-01-35-0192-009。

② 许兆椿奏，嘉庆十五年二月十七日，朱批 04-01-35-0210-036。

③ 《嘉庆道光两朝上谕档》第 4 册，嘉庆四年十一月二十五日，488 页；黄爵
滋：《条陈漕河积弊疏》，齐思和整理：《黄爵滋奏议·许乃济奏议合刊》，54 页，北
京，中华书局，1959。

④ 《清史稿》第 13 册，3584～3585 页。

⑤ 姚文田奏，道光元年五月十四日，朱批 04-01-01-0618-016。

⑥ 李文治、江太新：《清代漕运》，236～239 页。

⑦ 《庚辰杂著三》《海淀问答》，《包世臣全集·中衢一勺》，66、91 页。

⑧ 陶澍：《申禁帮船加索津贴并酌拟调剂旗丁折子》，《陶云汀先生奏疏》卷 16，
《续修四库全书》第 498 册，883 页；《李星沅日记》，道光二十五年五月廿八日，
611～612 页。何汉威先生最早系统利用了《李星沅日记》，对道光后期的政治、经济
与社会问题做了精彩的分析，笔者颇受启发。何汉威：《〈李星沅日记〉中所见道光朝
后期的政治社会》，郝延平、魏秀梅主编：《中国近世之传统与蜕变：刘广京院士七
十五岁祝寿论文集》，311～342 页，台北，"中央研究院"近代史研究所，1998；何汉
威：《读〈李星沅日记〉——兼论李星沅其人》，严耕望先生纪念集编辑委员会编著：
《严耕望先生纪念论文集》，305～352 页。

年间，旗丁运粮的各项例定津贴逐渐减少，"丁力积疲"一语屡见于疆吏奏疏。

　　河工废弛导致运道淤塞，也使得旗丁挽运成本显著提高。乾隆后期以来，黄淮运交汇的枢纽工程——清口逐渐丧失"蓄清刷黄"之功能。18、19 世纪之交，黄河多次倒灌，造成清口和运河日渐淤积，航行状况持续恶化。道光四年，洪泽湖高家堰大堤溃决，冲毁运道，甚至造成次年河运被迫暂停。① 运河通行能力的降低，使旗丁沿途花费激增，原有经费不敷支销。

　　漕船经淮安至临清段，有闸坝多处，例需牵挽，如遇运道浅阻之处，又需起剥。嘉庆四年，漕督蒋兆奎催船过清江、惠济二闸，称每闸每船需钱四五千文，"比从前用钱已加数倍"。又"雇觅短纤人夫从前每里酌给钱一二文，今则五、六、七文不等"，此外尚有多项花费，旗丁"应得之项委不敷用"。据其估计，经费缺口江苏"每船约在二百两"。② 道光元年，姚文田称，"丁力既已日困，加以运道既浅，反增添夫拨浅各费，且所过紧要闸坝，牵挽动需数百人，使用小有节省，帮船即虑受伤"，遂不得不出"巨费"。③

　　挽运之外，旗丁造船经费不敷亦甚。按漕船每年减歇重造十分之一，十年间全部漕船更新一次，谓之"大造"，每船例价为 208.7 两，然"物料饭食日益增昂，例价实有不敷"。④ 嘉庆四年，费淳称，"旗丁运费之外，造船一项最为赔累"，苏属每船于例价之外，"贴赔银七八百两至千两不等"。⑤

　　物价、运道等条件的变动，造成旗丁收入渐减，挽运费用日繁，丁力因之积疲，确是当日实情。然而这并不足以解释帮费的存在，因为其主要支项并非漕粮的挽运。嘉庆十四年，巡漕御史程国仁指出，近年各

---

① 　水利水电科学研究院《中国水利史稿》编写组：《中国水利史稿》下册，296～310 页，北京，水利电力出版社，1989；李文治、江太新：《清代漕运》，430～431 页。

② 　蒋兆奎奏，嘉庆四年八月十五日，朱批 04-01-35-0191-027；蒋兆奎奏，嘉庆四年十二月初六日，朱批 04-01-35-0192-009。

③ 　姚文田奏，道光元年五月十四日，朱批 04-01-01-0618-016。

④ 　孙玉庭奏，嘉庆二十二年九月十七日，朱批 04-01-35-0228-018。

⑤ 　费淳奏，嘉庆四年十二月二十八日，朱批 04-01-35-0192-017。

帮帮费递增，"在旗丁借口长途纤挽起剥，物力昂贵，亦所固然，其实沿途糜费，各项陋规，所费更大"①。同期，御史陆泌更将糜费与通仓陋规联系在一起："丁力之不足，固由沿途一切费用，而通坝验收米石，积弊尤多。"②旗丁沿途陋规的去向，一为漕粮运官、催趱员弁，一为仓场、总漕衙门的兵弁胥吏。如包世臣称：

> 漕臣每岁委本帮官为押重，又别委候补一人为押空。每省有粮道督押足矣，又别委同、通为总运。沿途有地方文武催趱足矣，又有漕委、督委、抚委、河委，自瓜洲以抵淀津，不下数百员。……淮安盘粮，漕臣亲查米数，而委之弁兵。通州上仓，仓臣亲验米色，而听之经纪。两处所费，数皆不赀，一总运所费万两，一重运所费二三千两，一空运、一催趱，所费皆数百千两。③

旗丁出运，各帮均有守备、千总领运，又有粮道及各府同知、通判等官押运、监兑，即所谓"押重""押空"及"总运"，以上各运官陋规岁以万计。粮船北上，沿途文武均有催趱之责，此外漕督、河督以及途经各督抚又遣派员弁，在重要闸坝负责接应催趱，雇觅人夫，称"闸坝委员"，沿途"不下数百员"，各处均索规费。这些委员多为候补员弁，包氏称其上司"明知此等差委，无济公事"，无非"借帮丁之脂膏，以酬属员之奔竞，且为保举私人之地"。运粮途中，淮安与通州是最重要的两处：漕船至淮安清江浦，例须盘验米色，而漕督多委之弁兵上船盘查。迨抵通交卸，例由坐粮厅及仓场衙门负责漕粮的验收、转运与交仓，其中坐粮厅经纪握有验粮之权。以上两处各环节均有规费，"数皆不赀"。总漕、仓场衙门的官弁吏役因掌握漕运重要关节的盘查、验米等权力，"得以意为臧否"，对旗丁予取予求，而旗丁"顾惜身家，不得不如其愿"。④ 如坐粮厅验米一节，若"各丁所运米色不能纯洁，一经驳回，即应如数赔补，故甘心致

---

① 程国仁奏，嘉庆十四年十月二十四日，朱批 04-01-35-0208-041。
② 陆泌奏，嘉庆十七年八月十四日，董醇辑：《议漕折钞》卷3，稿本，中国社会科学院经济研究所图书馆藏。
③ 《庚辰杂著三》，《包世臣全集·中衢一勺》，66 页。
④ 彭蕴章奏，道光二十八年三月十六日，朱批 04-01-35-0280-042。

送，而经纪等遂假威肆毒，莫敢谁何"①。诚如岳起所言："旗丁领运，无处不以米为挟制，即无处不以贿为通融。"②

至各处陋规额数，嘉庆五年，两江总督费淳、漕督铁保曾列出扬州卫二、三帮（均兑运苏属漕粮）出运规费清单：扬州卫二帮每年规费共3004.5两，其中领运、空运千总，卫备等运官饭米、帮规银1189.2两，坐粮厅、仓场各处规费银1315两。扬州卫三帮每年规费共4163两零，其中领运、空运千总，卫备等运官饭米、帮规银1421两，坐粮厅、仓场各处规费银2106.1两。③嘉庆十四年，太常寺少卿马履泰奏陈旗丁运粮使费确数，是为该期最详尽可靠的陋规清单之一。折中所列陋规共计19处，每处数十至数百两不等，笔者将其整理为表3-1。

**表 3-1　嘉庆中期（1809 年前后）旗丁运粮规费统计**　（单位：两）

| 名目 | 额数 | 比例（%） |
| --- | --- | --- |
| 巡抚、藩司、粮道、知府书吏年规、催兑催开员弁规费 | 765 | 10.97 |
| 运官（并其书吏、家人）年规 | 1206 | 17.28 |
| 闸坝委员规费 | 1750 | 25.08 |
| 漕运总督衙门书吏规费 | 500 | 7.16 |
| 仓场衙门并坐粮厅书吏、舍人、经纪规费 | 2757 | 39.51 |
| 总计 | 6978 | 100.00 |

资料来源：马履泰奏，嘉庆十四年十月二十日，录副 03-1752-014。

说明：此系一帮漕船的使费，按每帮 50 船计算。

以上清单与前述包世臣、彭蕴章的观察大体一致，从中可知，旗丁沿途使费中近90%流入了卫所、总漕与仓场衙门，也就是说，旗丁索自州县的帮费须与各该衙门的员弁吏役分肥。道光二十六年，江苏巡抚李星沅与翁心存讨论苏属帮费问题，他们均认为"清帮费必自仓、漕两衙门始"，

---

① 陆泌奏，嘉庆十七年八月十四日，《议漕折钞》卷3。

② 岳起奏，嘉庆四年九月十五日，朱批 04-01-35-0191-029。

③ 孙玉庭奏呈清单，嘉庆二十五年十一月二十四日，朱批 04-01-35-1099-18。具奏者、日期系笔者考订。

"将沿途抵通之浮费尽行革除"，方为"正本清源"之策。①

正如包世臣所言："帮丁专言运粮，其费取给于官而有余，合计陋规贿赂，虽力索州县之兑费而尚不足。"②易言之，旗丁沿途有"运粮"与"陋规贿赂"两类不同的开销，其"力索州县之兑费"，实为应付各处"陋规贿赂"所需。费淳亦奏称："旗丁借此帮费，除应付陋规之外，仍可沾润，以补经费之不足。"③嘉庆十四年，署两江总督吴璥指出，旗丁挽运费用，每船"百余两至三百两以内，已可敷用"，而帮费索至一千两，显因"运员卫弁勒索陋规"，以及"该丁恣意花消"。④ 先行研究多认为帮费纯为途陋规而设。⑤ 据上述考察，笔者认为，嘉道年间帮费的普遍存在，主要是旗丁为应付卫所仓漕的种种需索，然从社会经济层面来看，物价上涨、运道淤浅导致例定津贴不敷挽运，也是不可忽视的因素。

## (二)帮费数量及相关考察

笔者据所见史料制成表 3-2，试对帮费数量做一考察。

**表 3-2　嘉道年间江南漕粮每船帮费统计**

| 年代 | 额数 | 出处 |
|---|---|---|
| 嘉庆四年<br>(1799) | 一百数十两至二百余两，高者可至 230 两、240～270 两、280 两（苏属）；190 余两（浙省） | 宜兴奏，嘉庆四年七月初四日，朱批 04-01-35-0191-018；岳起奏，嘉庆四年九月十五日，朱批 04-01-35-0191-029；成龄等奏，嘉庆二十五年十二月二十八日，朱批 04-01-35-0237-012 |
| 十四年 | 多在 300 两以上，其甚者至 500 两、600～700 两、800 两（苏属） | 阿林保等奏，嘉庆十四年九月初三日，录副 03-1752-007 |

---

① 《李星沅日记》，道光二十六年二月廿日，647 页；《复石梧中丞第二书》，道光二十六年二月，张剑辑校：《翁心存诗文集》下，971 页，南京，凤凰出版社，2013。

② 《庚辰杂著三》，《包世臣全集·中衢一勺》，66 页。

③ 费淳等奏，嘉庆四年十二月二十八日，朱批 04-01-35-0192-016。

④ 吴璥奏，嘉庆十四年十月十七日，朱批 04-01-35-0208-038。

⑤ 李文治、江太新：《清代漕运》，316～321 页。

续表

| 年代 | 额数 | 出处 |
|------|------|------|
| 二十二年 | 松江每船 400 余两，苏州、太仓每船 300 余两，常州每船 200 余两，镇江之丹徒、丹阳每船 100 余两 | 孙玉庭奏，嘉庆二十二年九月，朱批 04-01-35-0228-021 |
| 道光元年（1821）、二年 | 500 元、600 元（苏松） | 魏源：《古微堂外集》卷 7《上江苏巡抚陆公论海漕书》，《续修四库全书》第 1522 册，429 页 |
| 十三年 | 苏州每船 1200～1300 元，松江每船 1400～1500 元，白粮每船 3000 元 | 同上书，430 页 |
| 十五年 | 1200～1300 元（苏松） | 《畿辅开屯以救漕弊议》，《包世臣全集·中衢一勺》，183 页 |
| 二十六年 | 1. 八九百及一千数百元（江浙漕多州县）<br>2. 镇江每船不过 300 余千，常州每船不过 500 千，松江每船 1300 元，白粮每船 3000 两以上 | 朱昌颐奏，道光二十六年九月初九日，录副 03-3145-038；《答桂苏州第三书》《与桂苏州第四书》，《包世臣全集·中衢一勺》，204～206 页 |
| 三十年 | 苏州漕船 800 两、900～1000 两，白粮船 1700 两、1800～2200 两；松江漕船 1000～1200 两，白粮船 2100～2600 两、2700 两；常州漕船 400～600 两，白粮船 500～800 两；镇江漕船 400～500 两；太仓漕船 800 两、900～1000 两，白粮船 1200 两、1300～2000 两 | 清单，道光三十年九月，录副 03-3101-043 |

　　费淳曾称，各处帮费多寡不一，"要视兑漕之多少，旗丁之强弱，及州县之巧拙，以为赢缩"。[①] 帮费究属规费，其数量除受额漕影响外，取决于旗丁、州县间的角力，实难"精确统计"，由此方可理解以上记载中的模糊与龃龉之处。虽然，表 3-2 仍勾勒出帮费的大致规模：由嘉庆初

_____

① 　费淳等奏，嘉庆四年十二月二十八日，朱批 04-01-35-0192-016。

年的每船一二百两、中期的三百两之谱，至道光初年的四五百两，经道光中前期的大幅上扬，至末年已攀升至千两以上。道光三十年，江苏巡抚傅绳勋观察到，当日漕船帮费，较嘉庆二十二年孙玉庭所奏（表3-2第三行），苏松太三府州每船已增六百余两，常镇二府则增三四百两不等。若较嘉庆四年岳起所奏（表3-2第一行），则各属每船已增三五百至七八百两不等。① 此外，白粮船帮费又为普通漕船的两倍以上。可以说，嘉道五十余年间，帮费的增长趋势相当明显，其间增幅最大的时期为道光中前期。苏属各府中，苏松太三府州帮费较重，常镇则相对较轻，其中松江帮费之重又居各府之首。包世臣曾估计，苏属帮费，"镇不及常之半，常不及苏太之半，苏太不及松十之八"。② 该时期浙省的相关记载较少，帮费亦轻于苏属，据说仅为苏松太的十分之三四。③ 各属帮费额又与沿途规费密切相关。道光二十六年，包世臣自某旗丁处访知，"松属兑费大，故仓费亦大；他属入费轻，则出费亦轻"④。帮费额数与仓场规费的关系，正说明其用途所在。

嘉道年间帮费显著增长之趋势，也见于时人的观察。魏源在道光末年称苏属帮费"以道光初年较之近年，相去已至一倍"，缘旗丁索费日增，"一加于道光三年水灾普罹之后，丁船以停运为苦累；再加于道光四、五年高堰溃决之后，丁船以盘坝剥运为苦累；三加于道光六年减坝未合之时，空船截留河北为苦累。此数年中，丁船借口一次，即加费一次"。可见旗丁增索帮费与河运状况恶化有关，当日"漕河梗隔，上游严檄督催，州县惟恐误运"，不得不相应增给，于是"数载中苏松已加至洋钱千元"。继以道光十一至十三年间，"苏松粮道陶廷杰苛挑米色，骄纵旗丁"，三载之中苏州每船帮费增至洋银千二三百元，松江每船千四五百元，白粮则每船三千元。苏属各州县约加帮费三十万两，遂成积重难返之势，漕

---

① 清单，道光三十年九月，录副03-3101-043。

② 《答桂苏州第五书》，《包世臣全集·中衢一勺》，206页。

③ 《浙江粮道为筹议海运漕粮上常大淳禀》(1851年7月8日)、《浙江推行漕粮海运之难呈折》(1851年11月30日)、《饬议浙漕海运河运章程》，1852年，《吴煦档案选编》第6辑，113、115、136～137页。

④ 《与桂苏州第四书》，《包世臣全集·中衢一勺》，205页。

务因此大坏。① 粮道"苛挑米色，骄纵旗丁"，以致帮费激增，可见增长的"动力"来自漕运系统。以上事例也说明，帮费作为陋规，本身即含有不断膨胀的因子，"今岁所加，明岁成例，则复于例外求加"。嘉道年间，苏属一再议定旗丁帮费的上限，然"非惟均未遵行，帮丁反视此数为额给之项，此外仍欲另议津贴，以致逐渐加增，流弊无所底止"②。

由表 3-2 亦可见：州县支付帮费多以银（尤其是洋银）。道光十六年，林则徐奏称，州县帮费"苏、松等属每有以洋钱折给之事"。③ 道光中后期长年任浙省地方官的缪梓也观察到，帮费"银洋款十之八，钱款十之二"。④ 帮费既多用银，始自嘉庆后期的"银贵"又在道光中后期达到空前的程度，州县帮费负担因此水涨船高。⑤ 魏源称此为"暗加"："始也帮费用钱不用银，其时洋银每圆兑钱八百文，故州县先漕每喜舍钱用洋以图节省。其后洋银价日长，而兑费亦因之而长，其用洋银之费已不可挽回，此暗加之弊也。"⑥道光末年，缪梓也注意到，由于银价上涨，"以一县给帮费银三万两核计，较之道光初年，便加贴钱三万余串，不待帮费议增，而州县已倍出此三万余串矣"。⑦由此，道光一朝，不仅帮费的绝对值急速上涨，其相对额亦有近一倍的增长。

魏源在道光初年观察到，各省漕运"上既出百余万漕项以治其公，下复出百余万帮费以治其私"⑧，帮费成为有漕州县的沉重负担。如朱昌颐

---

① 魏源：《古微堂外集》卷7《上江苏巡抚陆公论海漕书》《钱漕更弊议》，《续修四库全书》第1522册，429～431页；《李星沅日记》，道光二十二年正月十四日、道光二十五年五月十七日，351、610页。

② 孙玉庭奏，嘉庆二十二年九月，朱批04-01-35-0228-021。

③ 《漕费禁给洋钱以速漕务而平市价折》，《林则徐集·奏稿》上，386页，北京，中华书局，1965。

④ 缪梓：《缪武烈公遗集》卷1，光绪七年刻本，17页。

⑤ 道光年间的银贵钱贱对于国计民生实有重要影响。包世臣曾下一形象之譬喻："银价之于钱漕，如米之与饭。"《致前大司马许太常书》，《包世臣全集·齐民四术》，239页。

⑥ 魏源：《古微堂外集》卷7《钱漕更弊议》，《续修四库全书》第1522册，431页。

⑦ 缪梓：《缪武烈公遗集》卷1，17页。

⑧ 魏源：《古微堂外集》卷7《道光丙戌海运记》，《续修四库全书》第1522册，427页。

在道光二十六年指出，"苏松常太帮费合银一百数十万，杭嘉湖帮费六七十万，方能受兑开行"①。按漕项银为法定的漕粮运输经费，随同地丁银一并征收。如据朱昌颐所言，至道光末年，苏属、浙省的帮费额已经超过漕项，苏属甚至高于地丁的实征额。② 通过这样的比较，我们才能明白帮费对于州县的真正压力。

当日州县每岁帮费多以万计。嘉庆二十四年，吴杰称江苏州县帮费，"多则五六万两，少亦二三万两"。③ 道光七年，陶澍称，苏属漕多之处，帮费"总须用银三四万至六七万不等"。④ 道光时吴江人郑璜记："吴江漕十万，不论歉与丰，帮费一十万余两。"⑤道光十九年，金应麟称，苏属元和、吴江、上海等县，每岁帮费"须洋银十六万及十四万不等"，浙省海盐等县，亦"须洋银八万及六七万不等"。⑥ 这代表当日的最高水平。金坛为苏属著名瘠缺，道光年间该县每年亦需帮费 11 328 两。⑦ 道光二十年，乌程县支付帮费银 12 489.11 元。⑧

以上关于一省一县一船帮费额均有相对清晰的记载，这意味着帮费收支在嘉道年间已成为某种"惯例"乃至"规则"。道光二十六年程矞采奏称：

> 州县津贴之需，虽非例所应有，而相沿日久，帮丁已视为常规，
> 州县或因开兑不能如期，或以仓收未能足数，甚至米色虑其挑剔，

① 朱昌颐奏，道光二十六年九月初九日，录副 03-3145-038。

② 苏属道光年间漕项奏销统计见表 3-8，道光二十一年至二十九年的实征额平均为 252 633 两。浙省道光二十二年至三十年漕项实征额平均为 532 663 两。苏属道光二十一年至三十年地丁奏销额平均为 1 170 205 两。以上数据均据清代钞档：《清代各省钱粮征收表·江苏、浙江》，中国社会科学院经济研究所图书馆藏。

③ 吴杰奏，嘉庆二十四年三月初二日，《议漕折钞》卷 3。

④ 陶澍：《附陈漕务情形严禁包漕陋规折片》，《陶云汀先生奏疏》卷 17，《续修四库全书》第 499 册，5 页。

⑤ 郑璜：《催租行》，张应昌编：《清诗铎》，57 页，北京，中华书局，1960。

⑥ 金应麟奏，道光十九年，录副 03-3131-094。

⑦ 《丹阳金坛溧阳三县请核减漕务经费会禀（底稿）》，1852 年，《吴煦档案选编》第 6 辑，146 页。

⑧ 《浙江乌程县收支账册(1843 年)》，《吴煦档案选编》第 7 辑，15 页。

情愿给予津资。①

州县因惮于旗丁挑剔米色，延误漕粮起运之期，不得不输帮费。浙省某地方官曾描绘守令对于旗丁索费的心态：

> 帮丁均属无厌之徒，例贴、私贴俱已应允，其又称今年亏乏，必须加增，尤费周折，如不理会，彼即不肯受兑，或以米色不佳要挟。全在随机应变，或漕总书善于调停，否则必为牵制，从此多事。②

道光年间，何士祁甚至在官箴中写到"待旗丁不可失信取巧"："急需之时，不妨多付，以济其用；数定之后，不宜失信，以取其怨。"③

帮费由旗丁以陋规的形式索自州县，其中大部分又以陋规的形式流入运河沿途各衙门。因此，帮费增长的内在动力来自于卫所仓漕规费需索以及州县浮收勒折的不断升级。对于州县来说，帮费支出绝不可能作正开销，唯有通过浮收来筹措，因此，帮费的存在使得浮收勒折更为"合理"。④ 而漕粮浮勒又不均衡地分摊于各粮户，是为大小户问题。

## 二、大小户问题

同治二年（1863），江苏巡抚李鸿章奏请减漕均赋，称大小户为苏松漕弊中"最不公平者"：

> 苏松漕粮积弊视他省为甚，其最不公平者莫如大小户之分。盖州县征收钱粮，皆有折色、平余。……州县一切取之粮户，而苏松太三属漕额独重，世家大族亦独多，皆能以正供定额与州县相持。于是一切摊之民户，惟所诛求，漫无限制，因有大小户之名，一以

---

① 《史料旬刊》第 38 期，1931，391 页。
② 《浙江漕白银款及地丁原委》钞本，"收漕大略"条，北京大学图书馆藏。
③ 何士祁：《钱漕》，徐栋辑：《牧令书》卷 11，《官箴书集成》第 7 册，218 页。
④ 旗丁帮费与州县浮收间的恶性循环，正如疆吏观察到的那样："旗丁以州县浮收而索费，州县以旗丁索费倍欲浮收。"参见张诚基奏，嘉庆四年十一月十八日，朱批 04-01-35-0192-001。

贵贱强弱定钱粮收数之多寡。①

所谓大小户现象，是指漕粮征收中负担极端不均：实际征价不依粮户田地面积与科则计算，"一以贵贱强弱定钱粮收数之多寡"。大户、小户不过约略言之，粮户的区分远较此复杂。所谓大户，又包含了绅户、衿户、讼户等群体。如阿林保称：

> 缙绅之米，谓之衿米；举贡生监之米，谓之科米；素好兴讼之米，谓之讼米。此三项内，缙绅之米，仅止不能多收，其刁生劣监好讼包揽之辈，非但不能多收，即升合不足，米色潮杂，亦不敢驳斥。②

类似的观察也来自于陶澍："大约富豪之家与稍有势力者，皆为大户，亦有本非大户，而诡寄户下者；至刁生劣监平日健讼者，则为讼米。其完纳各有成规，而讼米尤甚。"③绅户即仕宦之家，衿户则为举贡生监一类，完纳漕粮均不加收，甚或短交正额，捱交丑米，横行者则兼有包漕米、吃漕规之事。清代江南持科举功名者甚夥，其中颇多显宦大族，这与该地大小户之弊直接相关。李星沅于道光后期任职江苏，称"江南文风佳而士风劣，动辄把持地方，漕务尤掣肘"，吴中显宦翁心存、吴廷琛等人多有包漕渔利之事。④

"讼户"与衿户常常联系在一起，是官方文献中"刁生劣监""衿棍"的近义词，这一群体最令地方官头疼。陶澍对此曾有形象的描述：

> 每于开征之始，兜收花户由单，以同姓为一家，集零户为总户。一经揽收入手，或丑米捱交，或挂筹短数，或任意迁延，捱至漕船

---

① 《清查苏松漕粮积弊片》，同治二年五月十一日，《李鸿章全集·奏议一》，299~300 页，合肥，安徽教育出版社，2008。

② 阿林保等奏，嘉庆十四年九月初三日，录副 03-1752-007。

③ 《附陈漕务情形严禁包漕陋规折片》，《陶云汀先生奏疏》卷 17，《续修四库全书》499 册，5 页。

④ 《李星沅日记》，道光二十一年十月廿三日、十一月十一日、十二月十二日，302、314、329 页。翁心存，字二铭，江苏常熟人，道光二年进士，任户部、吏部、兵部、工部尚书，官至体仁阁大学士。吴廷琛，字震南，号棣华，江苏元和人，嘉庆七年状元，任云南按察使。

紧迫时，勾通胥吏，不呈由单，硬开户名包交。呼朋引伴，昼夜喧
哗，稍不遂意，非逞凶哄仓，即连名捏控不休。竟有田无一亩，而
包揽至数百石者；亦有米无升合，而白食漕规自数十两至数百两者。

可见，衿户揽收同姓漕粮，代其完纳，多者可至数百石。至交仓之际，
又利用漕船开行期限，以各种手段短交、延纳，或强交丑米，从中渔利。
当然，他们手中最厉害的武器是"讼"，以州县之"违例浮收"为讼柄。嘉
道年间，漕粮浮收已成常态，而当日的政治伦理又严禁催科有颗粒之浮。
衿户、讼户便借控漕挟制州县，"假正论以行私"。① 他们借"抗"与"控"
影响漕务秩序，地方官顾忌兑运迟延，为"买静图安"，只得容忍其包揽
短交，甚至每届征漕，即给以为数不菲的漕规。

以上各户之外，即为民户、小户。各户漕粮征价由大户至小户递增，
"彼此相较，有数十等之差"。② 如冯桂芬所言，"大小户数既不同，大户
中数亦不同，即小户中数又绝不同"。即便民户亦可与绅衿一样以短价完
漕，因此类民户多"恃强之民"，每有"闹漕毁仓之案"。负担最重的是那
些既无权势，又不"滋事"的"安分小民"。③道光二十八年，董瀛山称浙省
各户漕粮负担，以善恶强弱为分，"弱而善者"完纳正粮一石，"所费加
倍"；"强而恶者"不但并不加征，"即应纳之粮亦不足色、足数"。④ 同
期，浙省某地方官官箴载："收漕一事，原属欺善怕恶。"⑤秀水知县江忠
源也提到，"江浙州县办漕，不外'欺善怕恶'四大字耳"⑥。以上均从官

① 《附陈漕务情形严禁包漕陋规折片》，《陶云汀先生奏疏》卷17，《续修四库全
书》第499册，5页。
② 《覆议遵旨体察漕务情形通盘筹画折》，道光十九年十一月初九日，《林则徐
集·奏稿》中，719页。
③ 冯桂芬：《显志堂稿》卷5《与陆督部书》，《续修四库全书》第1535册，575
页；冯桂芬：《显志堂稿》卷10《均赋议》，《续修四库全书》第1536册，1页。闹漕者
不仅有衿监，亦不乏某些"恃强"的边缘群体。道光后期，常熟知县孙琬称该邑闹漕
者有四党："一曰破靴党，谓不肖衿监；一曰西门党，谓西乡刁悍（中多武生）；一曰
草帽党，谓至穷匪徒；一曰膝裤党，谓至恶女丐。"《李星沅日记》，道光二十一年十
二月十二日，329页。
④ 董瀛山奏，道光二十八年九月二十九日，录副03-3148-062。
⑤ 《浙江漕白银款米款及地丁原委》，"收漕大略"条。
⑥ 欧阳兆熊、金安清：《水窗春呓》，10页。

员角度道出其间的不公平，其语颇可玩味。

至各户漕价的具体差异，如冯桂芬所言：

> 绅户多折银，最少者约一石二三斗当一石，多者递增，最多者培(倍)之。民户最弱者折银约三四石当一石，强者完米二石有余当一石，尤强者亦完米不足二石当一石。而绅与民又各有全荒之户，绅以力免，民以贿免，而其为不完则同。于是同一百亩之家，有不完一文者，有完至百数十千者，不均孰甚焉。①

可知绅、民完漕征价差异甚巨，民户内亦分强弱，各自负担不同，且有本色、折色之别。绅、民内均有"全荒之户"，以"力"或"贿"全免应纳之粮，否则加倍征收，彼此不均之至。前者为"长短价"，后者则是"注荒"之弊，道光年间江南的大小户问题，以此二者为甚。

## (一)长短价

既称长短价，可见漕粮多已折征。按漕粮为清代最重要的实物税，例应以本色米、麦、豆起运京通。然而，江南漕粮至迟在乾隆中期已渐征折色。② 乾隆三十年(1765)前后，漕督杨锡绂称："浙省杭嘉湖三府州县收漕……大约米十万石，收本色者不过六七万，其三四万石则纯行折征。此折征，一则便于绅衿大户，及有力之家，可以省上米刁难、繁费……一则漕总、书役多得价值。"③长洲人彭绍升于乾隆四十六年记："去冬收漕，其来纳者距之满街，迫令折价，每米一石银至四两，农夫野老，莫不忍泣吞声。"他称当日若以本色征漕，"即量加斛面，彼诚所甘心"，因"其视折色倍输之费尚自悬绝"④，可见其时勒折之负担明显重于本色浮征。至乾隆末年，江南漕粮浮收的主要方式，开始由乾隆初年的

---

①　冯桂芬：《显志堂稿》卷 10《均赋议》，《续修四库全书》第 1536 册，1 页。

②　嘉定(包括雍正二年析出之宝山)漕粮自明万历年间起即已折征折解，其白粮在清代系民折官办。这是当日江南的特例，不在此处讨论之列。

③　杨锡绂：《四知堂文集》卷 25，嘉庆十年刻本，20 页。

④　彭绍升：《二林居集》卷 4，《续修四库全书》第 1461 册，328～329 页。

本色斛面转变为勒征折色。①

至嘉道年间，州县借口帮费负担，以折征为筹费之策，折色在征漕中所占比例愈来愈重。② 如海盐漕粮"原定收米"，后旗丁索帮费于州县，"折色之名由是而起"。③ 所谓折色实系勒折，即强迫粮户按照高于市价的粮价，以货币形式缴纳漕粮。嘉道年间，州县以各种手段缩短开仓征漕的时限，减少本色征纳的数量，勒折成为当日的惯例。嘉庆四年，仁宗谕旨称："有漕州县惟利改收折色，借以分肥，往往于开征时，先将低潮米石搬贮仓廒，名为铺仓，以便借词廒满，折收钱文。"④嘉庆十四年，两江总督阿林保亦奏称：

> 近年有漕州县因兑费既重，斛面不敷……竟有于将次开仓收漕时，借名垫仓铺底，令漕总胥吏预买丑米，私运入仓，迨至开仓收米时，仓中半已皆盈满，不过十日半月，即以米足封仓。乡僻小民，往往运米至仓，无处交收，仍复运回，勒令以重价折色完纳，乡民不堪其累。⑤

"斛面"指本色浮收，"斛面不敷"，于是设计勒令重价完折，足见勒折较本色浮征更甚。又，定例州县应于农历十至十二月内开仓收漕，嘉庆中期，已"不过十日半月"即封仓，说明折色所占比重之多。嘉道之交，言官张源长、孙贯一、陈肇分别奏称，漕粮"本折兼收，原系听民自便，近则不听之民而听之官，往往有征收本色不及一半，即改折色"，州县"收米不及十日，即谓兑漕期迫，全行勒折"，"向来有漕州县，利于折价之多，只开仓三五日即封廒折价"。⑥ 此或为言官揭露弊政时略带夸张之

---

① 详周健：《尹继善的"漕耗归公"与18世纪江苏漕务》，《史林》2016年第5期，106～108页。已收入本书第二章。

② 李星沅：《缕陈南漕分成改折易滋流弊折子》，《李文恭公奏议》卷20，《续修四库全书》第1524册，491页。

③ 段光清：《镜湖自撰年谱》，36页。

④ 《嘉庆道光两朝上谕档》第4册，嘉庆四年七月二十日，248页。

⑤ 阿林保等奏，嘉庆十四年九月初三日，录副03-1752-007。

⑥ 张源长奏，嘉庆二十一年八月二十一日，《议漕折钞》卷3；孙贯一奏，道光二年九月二十六日，朱批04-01-35-0242-002；陈肇奏，道光四年八月二十四日，录副03-3053-034。

语，却也反映出勒折已成为当日收漕的主要方式。嘉道年间的浙江"小户最重之处，每石有加之七八斗以上者，收米一经敷兑，即须勒完折色，高抬价值，几至无所顾忌"。① 小户本色浮征 70％～80％，则征收过半，漕粮已足额敷兑，剩余粮户便可"勒完折色"，折价"无所顾忌"。本色浮征的加剧也促使勒折愈演愈烈，嘉道年间江南州县仓廒前，浮收勒折始终维持在较高的水平。② 同治年间，金安清便称："漕务之浮收勒折，始于乾隆中，甚于嘉庆，极于道光。"③

乾隆五十年以后，青浦漕粮有每石完至一石七八斗者。④

嘉庆四年，宜兴称苏属完漕，"近年竟有每石加至七八斗之多者"。⑤

嘉庆五年，岳起奏减漕粮折价，定以每石不得过二两五钱，⑥ 可见此前折价多在此之上。

嘉庆十四年，包世臣称苏属"开仓收米常加七，乡懦至倍"，公户、绅户、讼户"约皆完折色，其价率半于民户"。⑦

道光二年，孙贯一称江南漕粮本色浮收一石加四五斗，而勒折则至每石 6000～7000 文，三倍于粮米市价。⑧

道光七年，俞德渊称长洲、元和、吴县漕米折价"长短不齐，长价至四两而止，皆系贫民小户；短价自二两以外，至三两上下不等，俱系富绅巨族，衿监捐职亦在其中，门户愈大，完米愈多，而价盖短"。可见此时苏州完漕已有长、短价名目，分属"民户"与"绅户"。⑨

---

① 《浙江漕白银款米款及地丁原委》，"二五耗"条。

② 民国年间较具代表性的田赋、财政史论著多将嘉道年间的漕粮折征视为"加赋""田赋附加税之萌芽"，确有所见。胡钧：《中国财政史》，297～298 页，上海，商务印书馆，1920；中央大学经济资料室编：《田赋附加税调查》，21 页，上海，商务印书馆，1935。

③ 欧阳兆熊、金安清：《水窗春呓》，75 页。

④ 诸联：《明斋小识》卷 5，同治四年刻本，8 页。

⑤ 宜兴奏，嘉庆四年七月初四日，朱批 04-01-35-0191-018。

⑥ 光绪《嘉定县志》卷 3《赋役志·赋法沿革》，27 页。

⑦ 《海淀问答》，《包世臣全集·中衢一勺》，89 页。

⑧ 孙贯一奏，道光二年九月二十六日，朱批 04-01-35-0242-002。

⑨ 俞德渊：《呈蒋励堂节相论苏郡三邑漕务书》，盛康辑：《皇朝经世文续编》卷 36，81 页。

道光十二年，孙兰枝称杭嘉湖三府漕粮折价，"道光六、七、八等年，每石需四千九百九十文"，近年"初开仓时，仍照四千九百九十文之数，不过一日二日，复加增至五千三四百文不等"。①

道光十五年包世臣称言："州县开仓收本色，近已及倍，米足兑军，闭廒开折，民户比市价常三四倍，衿户、讼户或两倍或倍半。"他对此的解释是："近年民户完折色每石至洋六块，为钱七千有零，而糙粮每石市价不过一千七百文，是四石方敷一石。"②

道光十八年，知县陈文述记："江南米价一石钱千七八百文，五十年来所未有也，惟价不及往年之半，未免谷贱伤农……征收本色有加两三倍者，折色有加三四倍者。"③以上二人的观察正可互相印证，道光中期以后，米价持续走低，而银价日贵，所谓"数十年无此贱米，数百年无此贵银"。④ 漕粮折价不随米价下落，反以银贵日高，粮户负担益重。

常熟县柯悟迟留有笔记《漏网喁鱼集》一部，内言该邑（兼及昭文）道咸年间漕弊甚详，现将其中的漕粮折价等相关记录制为表3-3⑤：

表3-3　1836—1855年常熟漕粮折价、米价、银钱比价统计

| 年份 | 漕米折价<br>（元、文/石）⑥ | 仓色米价<br>（元、文/石） | 银钱比价<br>（文/元） | 漕粮折价/<br>仓色米价 |
|---|---|---|---|---|
| 道光<br>十六年<br>（1836） | 7.2～7.3元 | 2200～2300文 | 1070～1080 | 3.47 |

① 中国人民银行总行参事室金融史料组编：《中国近代货币史资料·清政府统治时期(1840—1911)》，10页，北京，中华书局，1964。州县征漕，例定农历十月开仓，开仓时折价相对较低，鼓励粮户尽早完漕，此后折价渐涨，至次年则增收数百文不等。

② 《畿辅开屯以救漕弊议》，《包世臣全集·中衢一勺》，183页。

③ 陈文述：《记道光戊戌江南征漕事》，《清诗铎》，54页。

④ 《答桂苏州第一书》，《包世臣全集·中衢一勺》，195页。

⑤ 管见所及，臼井佐知子、白凯最早在相关研究中系统利用了《漏网喁鱼集》中的漕价、米价、银价数据。

⑥ 此为漕粮开仓时的折价。笔者认为，柯悟迟所记系小户长价。柯氏为中小土地所有者，自称"一介农民"，其言论立场也近于小户。又，柯氏记道光二十四年大户每石"短价折色四元光景"，再对比同年折价为"八元三四角"，足证此为小户长价。《漏网喁鱼集》，5页。

续表

| 年份 | 漕米折价<br>（元、文/石） | 仓色米价/<br>（元、文/石） | 银钱比价<br>（文/元） | 漕粮折价/<br>仓色米价 |
|---|---|---|---|---|
| 十八年 | 7.6～7.7元(昭文) | 1.8～1.9元 | 1160 | 4.14 |
| 十九年 | 8.4～8.5元 | 2.1～2.2元 | 1180～1190 | 3.93 |
| 二十年 | 8元左右 | 2.2～2.3元 | 1220～1230 | 3.56 |
| 二十一年 | 10 600～10 700文 | 不详 | 不详 | 不详 |
| 二十二年 | 8元左右 | 2.2～2.3元 | 1300 | 3.56 |
| 二十四年 | 8.3～8.4元 | 1.7～1.8元 | 1300＋ | 4.77 |
| 二十五年① | 7.5～7.6元(常熟)；<br>7.6、7.7～8.1、<br>8.2元(昭文) | 1.3～1.4元 | 1380～1390 | 5.59 |
| 二十六年 | 半本半折完纳，折色每石3.7～3.8元；本色每石完2.6～2.7石(常熟、昭文，改革后) | 1.3～1.4元 | 1420 | 2.78 |
| 二十七年 | 4.1～4.2元；本色每石完2.6～2.7石 | 1.4～1.5元 | 1470～1480 | 2.86 |
| 二十八年 | 4.3～4.4元 | 1.4～1.5元 | 1520～1530 | 3.00 |
| 三十年 | 4.2～4.3元 | 2元 | 不详 | 2.13 |
| 咸丰元年<br>(1851) | 4.3～4.4元 | 1.3～1.4元 | 1470～1480 | 3.22 |
| 二年 | 4.5～4.6元 | 1.8～1.9元 | 不详 | 2.46 |
| 三年 | 4000文 | 不详 | 1630～1640 | 不详 |
| 四年 | 3.1～3.2元 | 不详 | 2000 | 不详 |
| 五年 | 3.3元 | 2600文 | 1760～1770 | 2.24 |

资料来源：柯悟迟：《漏网喁鱼集》，3～28页，北京，中华书局，1959。

---

① 关于道光二十五年冬漕折价，朱昌颐称，是年昭文县门村漕粮每石索洋银8元，每元时价1400文，计每石合钱十一千数百文，而米价每石不过2000余文，是几以五石完漕一石，该地从未有如此重之折价。同年，居于常熟的翁心存也记，昭文漕粮每石折洋银7元零，改革后常昭漕粮半本半折完纳，本色每石收米2.5石，折色每石折银3.5元。朱昌颐奏，道光二十六年，录副03-2841-122；张剑整理：《翁心存日记》第2册，道光二十六年二月初二日，604～605页，北京，中华书局，2011。各项数据与柯悟迟所记大致相同。

　　由表中可见，道光中后期常熟的漕米折价高达 8 元以上，而米价在同期又有大幅下落①，因此二者之比在道光二十五年达到惊人的 5.59，即折色完漕近 6 石当 1 石。道光二十六年，该县行"均户"，此后折价大幅回落，维持在 4 元左右，米价也稍有回升，因此道咸之交完漕约二三石当一石。咸丰三年(1853)折价 4000 文，为冯桂芬等在苏松推动"均赋"之成果，系此期特例。又，在表中反映的时期内，银钱比价不断攀升，银日贵一日，对于小民来说，折纳漕粮，负担更重。

　　此种情况并不限于常昭，道光二十六年，包世臣称，苏属"连年丰稔，上米一石价银七八钱。而民户折漕，重者至银六两⋯⋯米七八石方能完额漕一石"②。道光二十九年，冯桂芬称苏属漕粮"乡民折价石钱八九千"，在其故乡吴县，小户完漕"最多者输钱直三四石当一石，稍少者输米二石有半当一石，更少者⋯⋯二石当一石"。③ 咸丰初年，苏州绅士吴云也观察到，苏松"米价石粜二千"，小户漕粮折价则"有八千、十千至十数千不等"。④ 他们的观察与表 3-3 反映的情况大致相符，这也说明柯悟迟所记多属小户长价。

　　吴煦档案中保存的账簿也记录了道咸之交乌程、金坛二县的征漕折价，见表 3-4：

表 3-4　1850 年前后金坛、乌程漕粮折价统计　　　　　（单位：文）

| 年份 | 开仓折价 | 最高折价 |
| --- | --- | --- |
| 道光二十二年(1842)(乌程县) | 5553 | 不详 |
| 二十七年(以下为金坛县) | 4249 | 4949 |
| 二十八年 | 4598 | 5298 |

　　① 当日江南米价的正常水平约为每石 3000 余文。对照表 3-3 米价一栏，即较高的道光二十二年、咸丰五年也低于 3000 文/石，其他各年则明显较此为低，道光二十五年以后数年甚至仅及 2000 文/石，诚可谓"数十年无此贱米"。傅绳勋奏，道光三十年九月二十五日，朱批 04-01-35-0285-002；段光清：《镜湖自撰年谱》，40 页。

　　② 《致前大司马许太常书》，《包世臣全集·齐民四术》，237 页。

　　③ 冯桂芬：《显志堂稿》卷 5《上林督部师书》《与陆督部书》，《续修四库全书》第 498 册，570、575 页。

　　④ 吴云：《两罍轩尺牍》卷 5，光绪十二年刻本，13 页。

| 年份 | 开仓折价 | 最高折价 |
|------|---------|---------|
| 二十九年 | 6960 | 7460 |
| 三十年 | 5296 | 5896 |
| 咸丰元年(1851) | 4299 | 4999 |
| 二年 | 4999 | 不详 |

资料来源：《吴煦档案选编》第7辑，17、32页。

常昭二县为江南漕务极弊之邑，乌程、金坛的漕粮折价较其稍低，但也处于较高的水平，达到米价的二至三倍。

自嘉庆初年至道咸之交，江南漕粮的浮征勒折始终处于较高的水平：嘉庆中期起，小户完漕，无论本色折色，最高水平始终在正额的两倍以上，至道光中后期，因银贵米贱的影响，甚至达到正额的五六倍，此后因均赋回落至正额的二三倍。需要说明的是，大小户的负担差异并不在完本或完折，大户可以视情况选择有利的完漕方式，小户则无论本、折均须承担较高的征价。道光三十年，傅绳勋奏称：江苏"大户虽完银居多，而每石不过折交洋钱二三元……小户完米则三石完一石，完钱则非七八千至十一二千不可。"[1]

## (二)注荒

"注荒"起因于道光中期江南州县"捏灾"之弊，即每年无论丰歉，一概报灾，以冀钱漕之蠲缓(详后节)。地方偶遇偏灾，州县境内某都图、某丘段是熟是荒，灾分应定几分，均需州县委员履勘，而粮户受灾，又须报案注册，方可蠲缓钱漕，谓之注荒。相关程序多由书吏操作，其中弊端重重，最常见的是所谓"注荒使费"。如林则徐所见："地方既广，书吏往往因缘为奸，总因有熟有荒，有轻有重，则希图高下其手，潜向业户索费，卖给荒单，谓之注荒使费。"[2]某田亩是熟是荒，遂视费之有无

---

[1] 傅绳勋奏，道光三十年九月二十五日，朱批 04-01-35-0285002。

[2] 《致陶澍》，道光十三年十二月二十五日，《林则徐书简》(增订本)，26页，福州，福建人民出版社，1985。

多寡为转移。

道光三年，御史杨希铨奏称，江苏注荒使费约为每石漕粮 400 文，然"豪富之户与漕书等勾串"，每石给钱 800～900 文，熟田之粮亦可蠲缓，而"实系被灾地亩之穷黎无钱注荒，转至以荒作熟"①。道光二十九年，娄县人叶兰也称："买荒变易荒与熟，权总恶书任翻覆。问渠荒价夫如何，石赋卖钱两贯多。"他因此感叹："昔日之荒委天数，今日之荒只须做。"②大小户本有长短价之别，注荒之弊更加剧了漕粮负担中的不公平。

《漏网喁鱼集》记道咸间常熟注荒之弊甚详，引用如下。③ 该书开篇记该邑漕弊，以注荒为首：

> 道光初，渐形肥瘠，然偶有灾分，尚无分大小。迨十三、十四两年，叠患大灾，荒歉固大，原可业佃均沾，自十五年秋收大可，大僚奏请民力不舒，仍缓荒额二三成不等，漕书谓之活荒，每图若干，以费之多寡，定荒之大小。其时小户业田，已不能注缓矣。

道光初年，常熟粮户灾分，尚一视同仁。大灾后的道光十五年，始有"活荒"之弊，漕书"以费之多寡，定荒之大小"，自是小户业田，"已不能注缓"。

道光十八年记："荒额三分，良懦者籽粒不能注缓，刁劣者竟可全注，所谓愈善愈欺……太属尚有古风，谓之板荒，不论大小户，概注二分五厘。""太属"即太仓，"古风"指纳赋之均平，此后柯氏多次提及"古风"，可见他对于当日古风渐失感触至深。

二十一年记："迩年频频灾缓，无从沾染丝毫，漕弊日深。"

二十四年更感叹大小户之别"迥乎天壤"：

> 历年灾缓，固籽粒未注，恩赦亦不望矣。……假如大户，票米十石零三升，竟以十石注缓，三升完缴，短价折色四元光景，仅要洋一角二分，将票米总算扯，每亩不过四五十文。如小户，票米照

---

① 杨希铨奏，道光三年七月初八日，录副 03-9853-049。
② 叶兰：《卖荒谣》，《清诗铎》，61 页。
③ 柯悟迟：《漏网喁鱼集》，3～28 页。

数算，每亩必要一千零，顽佃蒂欠不在内。此中甘苦，迥乎天壤也。

此系极而言之，因柯氏身为小户，票米（即各户串票中的应完漕额）既"籽粒未注"，复以长价完纳，"感此郁抑，竟无宣泄"。

二十六年，常昭行"均户"改革，定每石一律"荒注二分"，然是年荒仍未均，"小户仅注缓一分，大户甚至注缓七八分"。是年，大户翁心存家昭文境内额漕计 63 石零，竟缓征 40 石，自称"向来未尝如此也"①。可证柯氏所言。

二十八年记："小户荒均注二分，大户亦有参差上控者，设法弥缝，长短之弊，于兹又起矣。"小户荒可"均注二分"，可知注荒之弊或因改革有所改善，"于兹又起"说明好景未长。三十年"注荒二分"，似较均。

咸丰元年"常、昭荒准四分六七，开仓大户照顾，小户一分"。三年，苏松行"均赋"，漕粮无分大小，"荒缓一分七厘"。四年又记："荒缓大户二分，小户仅一分，弊窦似又起矣。"六年记："荒仅二分……小户亦难如数，后更甚，实出于无奈，大户延至夏间逐渐缴付，荒可注五、六成。"

由上可知，自道光中期以后，常熟历年注荒，其间始终存在大小户荒额不均之弊。道光二十四年前后尤甚，二者之负担"迥乎天壤"。后两行均赋，小户可获一二灾分，然注荒之弊终未能尽革。将之与表 3-3 所列小户长价合观，我们才可以理解文献中屡屡言及的大小户问题究竟是怎样一种极端不公的现象。诚如冯桂芬所言："大户既出短价，又能注荒，是再益也；小户既出长价，又不能注荒，是再损也。"②长短价与注荒二弊交相作用，导致赋税负担的两极分化。

大小户之间既有如许差距，小户遂多附入大户，由其包揽漕粮。如阿林保称：

> 乡僻愚民始则忍受剥削，继亦渐生机械，伊等贿托包户代交，较之自往交漕加五六之数，所省实多，愚民何乐而不为。是以迩年

①　《翁心存日记》第 2 册，道光二十六年二月初五日，605 页。
②　冯桂芬：《显志堂稿》卷 5《与赵抚部书》，《续修四库全书》第 1535 册，581 页。

包户日多，乡户日少，不特刁民群相效尤，即良民亦渐趋于莠。①

陆建瀛在道光二十七年亦称，小户苦于浮收之重，"群相依托，有附名完纳者，有竟将田产送给劣衿，冀免催科者"②。"良民渐趋于莠"，小户"群相依托"都说明，绅衿包揽的范围在逐渐扩大。其中的原因，阿林保解释得很清楚："良民"与其忍受"加五加六"的长价，不如转交"莠民"代完，因后者"所省实多"。姚文田也称："寡弱之户，其力不能与官抗，则转交强有力者代为输纳，可以不致吃亏。"③依附大户是小户对于漕价不断高涨的合理应对，包揽之风因此愈演愈烈。至道光末年，不仅有包完，亦有"包欠""包荒"等名目，不仅生监包欠，书吏、差役无不包欠。④ 其后果是"包户日多，乡户日少"，日少一日的"良民"承受日高一日的折价。

道光七年前后的苏州府三首县，尽管长短价之间差距尚不离谱，但绅户数量已明显多于民户。"吴县绅户、民户各居其半，长洲绅户居十之七，民户余十之三，元和绅户居十之八，民户仅余十之二。"对此，知府俞德渊已有隐忧："再过数十年后，将现存二三分之民户，尽变而为绅户，办漕之员，更无别法可以敷衍，必大有一番更张决裂。"⑤道光二十一年，常熟知县孙琬称："县中漕粮大户九万，小户二万，有小户渐窘，业产归大户者，有小户完粮加收太苦，遂买粮随大户者。"⑥道光二十六年，知县金咸亦称常熟"十万余漕，编大户者九万"⑦。道光年间常熟额漕 108 690 石零，⑧ 其中九万石为大户之漕，"每石至多加三斗"，其余一万余石由小户完纳，需以三四石乃至五六石方可完漕一石。同年，昭文

① 阿林保等奏，嘉庆十四年九月初三日，录副 03-1752-007。
② 陆建瀛：《饬查旗丁帮费及大小户包户情弊片》，道光二十七年二月十九日奉朱批，《陆文节公奏议》卷 2，10 页。
③ 姚文田奏，道光元年五月十四日，朱批 04-01-01-0618-016。
④ 冯桂芬：《显志堂稿》卷 5《与许抚部书》、卷 9《均赋说劝官》，《续修四库全书》第 1535 册，578、672 页。
⑤ 俞德渊：《呈蒋励堂节相论苏郡三邑漕务书》，《皇朝经世文续编》卷 36，81 页。
⑥ 《李星沅日记》，道光二十一年十二月十二日，329 页。
⑦ 桂超万：《宦游纪略》卷 5，276 页，台北，文海出版社，1972。
⑧ 光绪《常昭合志稿》卷 10《田赋志》，12 页。

"阖境小户，虽亦有归附之势，十中尚居其二"①。"归附"即依附大户，十居其二仍言"尚"，可见此后更少。道光二十五年，江阴"小户之田，或契卖，或寄粮，犹水之就下，急不可遏，故小户米数仅存十之五厘"。道光三十年，巡抚傅绳勋观察到，苏属"一县之中，大户常居十九"②。

　　以上是几条关于一县内大小户及其漕额比例的记载，它们说明，承担长价的小户及其粮额仅占较小部分，而且随着包揽盛行、长价上扬，其比例持续缩小，在道光后期的江阴，小户之漕甚至仅占该县额漕的5％。先行研究多认为《漏网喁鱼集》等史料中记录的漕粮征价代表了当时的赋税水平，并指出因银贵、米价下落，田赋负担急剧增加。③　然而，笔者认为，须将漕价与负担者联系起来考察，方可理解其真实含义。当日的情况是，仅占粮户少数的小户承担着高昂的漕粮征价，又遭受了注荒中的严重不利，受到大户负担的多重转嫁，而且这一进程持续不断，其程度日益加深。因此，与其说这些记载反映了嘉道年间漕粮负担的沉重，不如说凸显出当日漕粮负担的极端不均。④

## (三)大小户问题与州县官的银两

　　时人几乎毫无例外地认为大小户问题源于州县浮收。如冯桂芬称："按田办赋，本无绅民之异，嗣因帮费日重，州县不得不取偿于粮户。而绅衿以正供定额为词，虽有增加，不能如民户之漫无限制，于是乎有大小户之别。"另一方面，随着绅衿包揽短交、需索白规渐成风气，大小户问题反过来又成为加剧州县浮收的"动力"。也就是说，从州县的立场来

----

①　柯悟迟：《漏网喁鱼集》，6～7 页。

②　傅绳勋奏，道光三十年六月二十七日，录副 03-3154-009。

③　臼井佐知子：《太平天国前、蘇州府、松江府における賦税問題》，66、68 页；臼井佐知子：《清代賦税関係数値の一検討—乾隆末年より同治六年に至る、江南における、銀銭比価、銭糧折価、米価、綿花価、漕米折価の変動と納税戸の賦税負担の推移—》，《中国近代史研究》(1)，1981 年，62～68、93～96、108～113 页；[美]白凯：《长江下游地区的地租、赋税与农民的反抗斗争：1840—1950》，林枫译，69～71 页，上海，上海书店出版社，2005；王业键：《十九世纪前期物价下落与太平天国革命》，274～277 页。

④　关于该时期粮户的整体负担，考虑到银贵米贱的影响，确有明显增加。对其数量的估计，或可从当日屡次推行的均赋改革议定之折价入手。

看，漕粮本有定额，大户短交、索规愈多，则小户长价愈涨，浮收愈甚。"以小户之浮收，抵大户之短价"成为当日奏疏中最常见的解释。冯桂芬曾嘲讽江苏州县，动曰浮收勒折"非我为之，大户为之也"①。这当然是相对极端的说法，但二者间确有相当的联系。陶澍即认为，"漕务收数之浮，正由不均所致"。帮费之外，"惟包揽与白规最为漕害，凡包揽与白规最多之处，其收数自浮"。他观察到，江北及江宁、镇江等府，包漕索规之事甚少，征价较轻；而苏松太等属，包揽索规成风，故收数自浮。②

　　一方面承受不断高涨的长价之小民愈来愈少，另一方面包揽、索规绅衿群体愈来愈庞大，尽管地方官可借浮收弥补，但该问题带给州县漕务的困境仍十分明显，较为极端的例子来自常熟。道光二十五年冬该县开仓后，漕粮"至岁杪颗粒未收"，知县金咸束手无措，只得"带印上省辞官"，知府桂超万遂行均赋户、减帮费，其晓谕称："常熟漕务积弊，由该衿户私分大小，包揽索规，渐至大户九万之多，以致小户困穷，邑令赔累，大有不能收漕之势。"③由表 3-3 可知：常熟的漕粮浮收恰在道光二十四至二十五年间达到顶点，这充分说明大小户问题、浮收勒折以及州县收支三者间的关系。道光二十二年，曾任昭文知县的张雨田与李星沅谈及州县缺分，称"昭（文）较胜于常（熟），以大户略少也"，可见大户对于州县的消极影响。④

　　绅衿借控漕向地方官需索之白规，对于州县经费的冲击更大。按白规并不始于嘉道年间，如乌程在乾隆中期即有以白规为生者，名曰"吃漕饭"⑤。然自乾嘉之际，白规已成有漕州县之惯例。嘉庆四年上谕称：本地绅衿"有以曾任职官品级等项，分别坐得漕规，即举监生员之刁劣者，

────────────

① 冯桂芬：《显志堂稿》卷 9《请均赋碟》《均赋说劝绅》，《续修四库全书》第 1535 册，671、673 页。

② 陶澍：《查覆漕案折子附片》，《陶云汀先生奏疏》卷 19，《续修四库全书》第 499 册，60 页。

③ 桂超万：《宦游纪略》卷 5，277～281 页，引文在 279 页。

④ 《李星沅日记》，道光二十二年正月初七日，347 页。

⑤ 汪辉祖称："吃漕饭者，官征漕或浮额，黠者辄持短长，倡言上诉，官惧则令司漕吏饵以金，自数十至数百，称黠之力，若辈岁需专取给于漕，故谓之吃漕饭云。"汪辉祖：《病榻梦痕录》卷上，《续修四库全书》第 555 册，626～627 页。

亦于中取利，州县等惧其挟制，不得不从"①。道光七年，陶澍称衿棍索规"积弊已深""大为漕害"，据说他抚吴之时"武举不中常熟人，亦厌其多一武举即多一漕口也"。② 道光中期，常熟"生监帮于岁底拥挤漕书家，索规稍不遂欲，打骂交集，官亦无可如何"。该县大户中"食陋规者百余人"。③ 同期，太仓州亦有"桀黠之生监……群向漕总索漕规，不应或上控浮收以制之，或捣毁其家以胁之，必岁有常规而后已"④。以上诸种记载，都让我们想起顾炎武《生员论》所描述的世界。

道光十九年，金应麟称苏属各地乡俗称索规生监曰绅棍、衿匪、米虫、谷贼、破靴党、大帽子、稻草索、大张嘴、鱼鲠骨、鬼见愁、水浸牛皮、油泡砒霜、刮地无常、分肥太岁。⑤ 以上名目的出现意味着此种现象已成惯习。道光二十四年，御史陈岱霖称："一遇收漕届期，州县官广张筵席，邀请至署，面议粮价，分送漕规，多者数百两，少者数十两，谓之漕口。"⑥地方官收漕需邀生监"面议粮价，分送漕规"，可见白规俨然已成"制度"。道光初年，陶澍观察到，青浦、南汇、镇洋、嘉定、宝山等县，索规生监多者"或至三四百名，漕规竟有二三万两"。在他看来，白规与帮费同列州县漕务账册的顶端，均为浮收之源。⑦

## 三、漕粮盈余与亏空

### （一）浮收的背后：漕粮盈余的分配

嘉道年间，江南的漕粮浮收一直维持相当高的水平，州县从中获得不少盈余。光绪年间，上海知县汪懋琨论咸同以前之漕务称：

① 光绪《钦定大清会典事例》卷 207，《续修四库全书》第 801 册，400 页。
② 《李星沅日记》，道光二十一年十二月十二日，329 页。
③ 柯悟迟：《漏网喁鱼集》，4 页；桂超万：《宦游纪略》卷 5，276 页。
④ 民国《太仓州志》卷 7《赋役》，36 页。
⑤ 金应麟奏，道光十九年六月十二日，录副 03-3131-046。
⑥ 陈岱霖奏，道光二十四年九月二十日，录副 03-3142-029。
⑦ 陶澍：《查覆漕案折子附片》，《陶云汀先生奏疏》卷 19，《续修四库全书》第499 册，59 页。清代中期，江南州县生员需索钱漕规费的规模化、常态化，尽管颇为官员诟病，但一定程度上也是对州县额定科举支出不足的一种补充。

> 从前……征收银漕，漫无限制，每米一石，折收钱七八千文……年丰谷贱，民间情愿以米交仓，虽以两三石抵完一石，亦所不惜。盖米价每石只值钱一千数百文，即以三石抵完一石，亦较完折省钱数千。而州县利于折价，每届开漕，定期一月或二十日封仓停收。……是完户尚未及半，而仓中所收之米，已与原额短少无几，除起运外，所余仓米尚可变价入己。其完折色之价，则更全入官之私囊。浮收中饱，由来已久，官民习以为常。故每办一漕，额多之州县，官立可富有数十万之巨资。……以之抵作衙用，酬应开销，捐助地方各项公用，绰绰乎仍有多余，慷慨解囊，挥之如土，毫不靳惜。①

如汪知县所言，则州县征漕，本色"三石抵完一石"，折色每石"钱七八千文"，远高于当日米价，这样，额多州县每办一漕可获数十万之巨资，"数十万"或有夸张，"巨资"则确有其事。道光二十五年，曾任上海知县的刘光斗称，上海为"上缺"，"漕办好得十万"。②熟谙漕河盐诸务的金安清也称，江苏以上海、南汇、嘉定、宝山四缺最优，每年漕羡皆十数万，浙江则有"金平湖、银嘉善"之谣，因此二县漕务出息较多。③

道光三十年，给事中曹楙坚称：除办漕开支外，江南州县收漕"赢余多者可得二三万金，少者亦有七八千金，并无赔累之处"④。咸丰六年，冯桂芬称苏属"历年完米石加一两石，完折石钱八九千，皆合银五两，州县所余之利，不可亿计"⑤。嘉道年间的官场流行"南漕北赈"之谣，意即南省州县利在漕粮，"美其名曰冬羡"⑥，称冬季开征的漕粮为"冬羡"，可见征漕可获羡余为当日官员之共识。

---

① 民国《上海续县志》卷30《杂记三·遗事》，7页。
② 《李星沅日记》，道光二十五年二月初四日，594页。
③ 欧阳兆熊、金安清：《水窗春呓》，75页。
④ 曹楙坚奏，道光三十年八月十一日，录副 03-3154-017。
⑤ 冯桂芬：《显志堂稿》卷5《与赵抚部书》，《续修四库全书》第1535册，582页。
⑥ 《皇崇祀名宦浙江余姚县知县张君行状》，《包世臣全集·齐民四术》，270页；黄爵滋：《州县仓储有名无实疏》，道光十四年三月初一日，《黄爵滋奏疏·许乃济奏议合刊》，30页。

就办漕而言，这数万两漕羡可以视作州县的全部收入。但这些银两并不能完全流入州县的私囊，因其仍有帮费、白规等多项开支。以下笔者试图考察漕务的开支情况，即漕羡是如何分配的，对于这一关键性问题，各研究先进鲜有提及。

吴煦档案中录有《浙江乌程县道光二十年漕用各费账册》一本，详细记录了该县例定的漕务开支款目及是年支销情况，颇具史料价值，笔者据其制成表3-5，并结合其他史料加以考释。

表 3-5　1840 年乌程县漕务开支统计

| 名目 | 额数(元) | 说明 | 比例(%) |
|---|---|---|---|
| 1. 备廒花费 | 59.21 | 各廒守米家人、更夫、地保、捕役饭食钱及年节赏钱 | 0.20 |
| 2. 开仓杂用 | 871.02 | 修理仓廒、开仓及满廒人工、饭食、赏钱等 | 2.96 |
| 3. 漕友、委员火食点心 | 178.33 | 验串幕友、地丁头柜、南米头柜、钱席及散席幕友、大钱司帮收、捕厅帮收、府委菱湖司弹压、监收幕友、管圈账幕友火食、点心钱 | 0.61 |
| 4. 仓内执事家人饭食点心折菜 | 398.00 | 开仓至满廒正副廒及家人饭食、点心、折菜、折米、年节钱 | 1.35 |
| 5. 满廒留兑 | 50.20 | 留兑时正廒、总巡、巡风、三使、门上之饭食、灯油钱 | 0.17 |
| 6. 漕俸劳金 | 1891 | 正副廒、巡风、总巡、仓门、仓印、管监、署巡、旱巡、提糙、账房、流差、守米、挂名等漕俸 | 6.43 |
| 7. 兑米劳金 | 1118 | 正廒、总巡、收筹、巡风、仓门、三使、火夫劳金，及夜兑、添袋、船户、肩夫饭食 | 3.80 |
| 8. 溢米例赏 | 1486.06 | 正廒、书记、三使赏钱 | 5.05 |
| 9. 各宪房漕例 | 65.25 | 各上级(督、抚、藩、道、府)衙门书吏漕规 | 0.22 |

续表

| 名目 | 额数(元) | 说明 | 比例(%) |
|---|---|---|---|
| 10. 漕内委员 | 1945.04 | 总运及巡抚、粮道、知府所委催兑委员之供应、程仪 | 6.61 |
| 11. 粮道临仓 | 3240.22 | 粮道往来供应及漕规 | 11.01 |
| 12. 本府漕规 | 1996.23 | 知府并府内家人漕例，及所荐幕友、经纪脩金 | 6.78 |
| 13. 同城文武漕规 | 1306.21 | 协台、都司、左右营守备、左右巡城、府学、乌程、归安县学、湖州府经厅、乌程粮厅、捕厅、河厅、大钱司、南浔司、归安县粮厅、河厅、捕厅、乌程、归安巡河委员、湖州府各厅、南浔汛、安吉营、太湖营、乌镇汛、晟舍汛、马要汛、菁山汛(包括所荐家人、经纪)漕规 | 4.44 |
| 14. 漕脩例款 | 2330.97 | 粮道署中管漕幕友、知府各幕友及所荐幕友、经纪漕脩，乌程县刑名、钱谷幕友及所荐幕友、经纪、高足、书启、朱笔、墨笔、号件、地丁头柜、南米头柜、散柜、验串、圈账、账房、新仓监收等漕脩、程仪 | 7.92 |
| 15. 帮费 | 12 489.11 | 台前帮、台后帮、温前帮、温后帮、白粮帮兑费 | 42.45 |
| 总计 | 29 424.85 | | 100.00 |

资料来源：《浙江乌程县道光二十年漕用各费账册》，《吴煦档案选编》第7辑，1～15页。

说明：洋银、制钱比价按账册中的1200文/元计算。纹银、制钱比价按1570文/两计算(《中国近代货币史资料·清政府统治时期(1840—1911)》，80页)。白米按2.4两/石折算。

州县办漕，自开仓收粮至兑米上船，例需各项开支："有修仓搭棚、纸张油烛之费，有仓夫、斗级、书记、漕记、差役饭食之费，有内河运米交兑夫船耗米之费，有交米书役守候之费，一切用款甚巨。"①其主要花费在"修整仓廒、芦席、竹木、板片、绳索、油烛百需"，以及"幕友、家人、书役出纳巡防"之脩金工食。② 对照表3-5，第1至8项为州县办漕开支：主要是备廒、修仓、开仓、征收以至兑运的各项花费，及各环节中的饭食、劳金、赏钱，共洋 6051.82 元，占是年漕务开支的20.57％。各项中花费较多的是开仓杂用、漕俸、兑米劳金及溢米例赏。是年乌程带征上年缓征漕粮，起运较多，共开 20 廒，于大有仓、新仓两处存粮，自开仓至兑运，各仓廒均驻有一定数量的幕友(20 名左右)、家人(126 名)及书吏，负责各项事宜，这自然需要一笔不小的开支。所谓"溢米例赏"似指漕米超过额征部分的赏钱，每石赏钱 342 文，由"正廒"(管廒家人)、"记书"(负责收粮的书吏)对分。是年溢米例赏达 1486.06元，可见本色浮收之重。

曾任苏州知府的吴云指出，苏松州县"一经开仓，费如猬集，其衙署各项用度、漕务运脚诸费，种种开销，皆借冬漕为补苴"③。除以上办漕诸费外，"衙署各项用度"亦取资于漕粮。当日地方官之廉俸"即能支领，断不敷用"，署中大小公事经费，势不得不从钱漕浮收中筹措。乾嘉之际，养廉银(包括公费)几乎是州县手中唯一可以自由支配的法定财源，它既是州县官的私人收入，也充当衙署的行政经费。然而州县一级的养廉银创设之初便不十分宽裕，又因 18 世纪中后期的物价高涨，至 18、19世纪之交，其廉银即幕友脩金一项便已不敷。且自乾嘉之交，养廉银屡因筹措无法作正开销的地方公务及军需、河工等经费，而被大量摊扣。至迟在嘉道之交，地方行政经费主要依赖各种"陋规"，已是各省的普遍情况。在东南各省，钱漕盈余成为州县最主要的陋规收入，州县办公之需，"全赖钱漕陋规稍资津贴"，如"丝毫不许多取，则办公无资"。其中江南额漕最重，漕羡对于地方行政的意义尤为重要，相应地，漕粮浮收

---

① 《议减杭嘉湖三属漕粮大概情形折》，同治三年十月二十六日，《左宗棠全集·奏稿一》，564 页，长沙，岳麓书社，1987。

② 姚文田奏，道光元年五月十四日，朱批 04-01-01-0618-016。

③ 吴云：《两罍轩尺牍》卷 5，12 页。

也较地丁更重。①

道光六年，陶澍对于苏属漕羡支用有如下解释：

> 其在州县，则终年之用度在此，通省之摊捐在此，兼有奏明弥补旧亏、酌提羡余，接运铜铅、木料船只，岁挑徒阳运河，均须协贴，历有成案。在国家经费有常，不能不借资津贴，而合算即以万计。②

嘉庆二十五年，其前任孙玉庭有几乎相同的描述："国家经费有常，断不能事事皆请帑项……必使尽去浮收，实属窒碍难行。"③二人所言最能说明漕粮浮收为结构性现象。道光二十五年，苏属改革漕务，曾任宝山、上海知县的刘光斗指出："均户不可行，以漕务所恃在浮收，州县何能免此，徒令他事掣肘，不如循旧为是。"④漕粮浮收断不能禁，否则"他事掣肘"，此为守令经验之谈。由于财政结构上的缺陷，州县"不能不于漕务中与以出路"，江南漕粮势难"平征平解"。⑤

州县浮收漕粮，一以旗丁索费为理由，疆吏也多据此奏报。由表 3-5 可见，道光二十年份乌程县帮费一项达 12 489.11 元，占到漕务开支的四成以上。⑥

在同治年间江浙漕粮改章之前，疆吏多讳言州县漕务的另一重要开支——官场中的漕规，尽管这在当日不过是"公开的秘密"。嘉庆二十五年，御史王家相奏请革除漕弊，内言漕规称：

---

① 周健：《陋规与清嘉道之际的地方财政——以嘉庆二十五年清查陋规事件为线索》，《"中央研究院"近代史研究所集刊》第 75 期，121～122、139～145 页。已收入本书第一章。

② 陶澍：《附陈漕务情形严禁包漕陋规折片》，《陶云汀先生奏疏》卷 17，《续修四库全书》第 499 册，5 页。

③ 孙玉庭奏，嘉庆二十五年十一月二十四日，朱批 04-01-35-0237-004。

④ 《李星沅日记》，道光二十五年二月十四日，595 页。

⑤ 冯桂芬：《显志堂稿》卷 5《与许抚部书》《与赵抚部书》，《续修四库全书》第 1535 册，578、581 页。

⑥ 账簿中各帮帮费均为每石 251 文，合银 0.16 两，如此整齐划一，低于当日的一般水平。笔者认为，所记似为支出惯例，非为是年实际支数。此外，账簿中也无法反映白规一款。

大约州县办漕浮费共有三端，而运丁帮费不与焉。未开仓以前，上司先荐幕友，由首府分派各州县，该州县即不延请，而碍于情面，不得不致送束脩，此其浮费一也。又有捐款，上司亲友过境，派令各州县帮助，首县总其事，而于收漕时按数取偿，此其浮费二也。又有漕规，近时督抚两司尚能谢绝苞苴，惟督粮道及该管知府率多收受，州县两处致送，自数百金至一二千金不等，此其浮费三也。①

次年又奏称："州县之浮收，非不能尽去也，实馈送不能尽除也。即如督粮道及知府收受漕规……去年苏松粮道舒谦但收漕规，不看米色。"②其中透露的重要内情是，上级衙门以各种方式收取漕规，是造成州县浮收的重要原因。

早在乾隆末年，王家相所举上司收取漕规、揶荐幕友、长随等事便已见于相关记载。③ 道光二十六年，朱昌颐称："州县办漕，道府本有规礼，至收漕时，粮道到仓有费，本府催漕有费，抚藩及督漕委员又有费，而州县之私用悉取盈焉。"④道光二十八年，段光清称海盐漕规："自粮道、帮官、旗丁、委员及各衙门所荐收粮朋友，皆有漕规，犹曰此官场中漕规耳。"⑤称"官场中漕规"，因另有绅衿白规，时人多合称为"上下漕规"或"官绅漕规"。不仅粮道、道府俱有漕规，巡抚、两司、粮道、道府各衙门书吏另有"房费"。以下结合表3-5进行分析。

首先是粮道及知府漕规，分别见第11、12两项：是年分别为3240.22元、1996.23元，其中粮道漕规一项是帮费以外的最大开支，账册中名曰"粮道临仓"，缘各省粮道例应临仓亲验米色，并监督兑粮上船，押运北上。该项分两款：一为"供应"，是年共7日，费洋215元，内含粮道家人规费；一为粮道漕规，"向例共库纹二千两，年终送一千两，次年北上送一千两"。是年年终漕规较向例为多，共本平纹银1015两，又

① 王家相奏，嘉庆二十五年九月十七日，录副03-1765-067。
② 王家相奏，道光元年六月十五日，录副03-3103-006。
③ 光绪《钦定大清会典事例》卷207，《续修四库全书》第801册，400页。
④ 朱昌颐奏，道光二十六年九月初九日，录副03-3145-038。
⑤ 段光清：《镜湖自撰年谱》，36～37页。

门包96.5两，门随、门号各9.65两。"门包"系馈送衙署长随之规费，"随银"为规费的十分之一，均为当日惯例。

"本府漕规"一项，计银1015两，白米40石，另有门包182.7两、门随12.946两。又，知府荐幕友三位、经纪四人，共洋130元。此外，门印、接贴、杂务、跟班、管厨及三小（长随之仆从）、厨子火夫及三小、府坐省、府三班、府把门门号各有漕规数元至数十元不等。可见此项不仅馈送知府本人，也包括所荐幕友修金，及经纪、家人、书吏、杂役等饭食。

账册中又有"漕修例款"一项，系参与漕务的各幕友、经纪、书吏之修金，分三款。(1)"粮道署中管理漕款幕友漕修"：计洋24元，白米6石。(2)"府属漕修"：刑名、钱谷两幕友各104元，其各荐幕友，每位乾修30元，所荐经纪，每位16元。发审漕修44元。以上三席幕友所荐经纪除送挂名洋银外，每席须各收一人派司执事，其又荐幕友，修金30元，经纪16元。府署各"散席"（刑、钱以外诸幕友）每位8元。(3)"本署漕修"项下：该县刑、钱幕友漕修，及其所荐幕友、经纪、高足修金、程仪。另有书启、朱笔、墨笔、地丁头柜、南米头柜、散柜、验串、圈账、账房、新仓监守等漕修、程仪。

可见不仅知府等上司衙门挪荐征漕幕友，即所荐幕友亦荐幕友、经纪，其中多有"挂名"者，王家相所言"即不延请，而碍于情面，不得不致送束修"应系实情。如将该项中粮道、知府所荐幕友修金归入各自漕规项下，则两处漕规均在两三千元之谱。王家相所言"自数百金至一二千金不等"，并不为过。对此，军机大臣曹振镛等解释道："州县既已违例浮收，必有刁生劣监等从而把持讦讼，全赖知府为之调停；其与旗丁争执米色、评讲帮费不决者，又须粮道为之分剖。是以知府、粮道两处之规费特重。"①

粮道、知府以外，"同城文武"（第13项），即乌程及邻邑归安各级武职、府县学、各厅均有漕规，并另荐经纪、家人，共洋1306.21元。

"漕内委员"（第10项）一项花费亦多，内有总运供应，以及巡抚、粮

_____

① 《嘉庆道光两朝上谕档》第25册，嘉庆二十五年九月三十日，441页。

道、知府以催趱漕粮为名所派各委员之规费，共洋 1945.04 元。御史陈肇所言可为此项作一注释："每届收漕时，上司委员到各州县察看，名为查漕，其实皆为调剂候补人员起见。各委员一到，并未认真盘查，不过需索陋规而去，或已经府委，又由道委，源源而来，营求无厌。"①

至于督抚、两司，王家相称近时"尚能谢绝苞苴"，所言大致不差。据账册反映，各该员并无漕规，仅有"各宪房漕例"（第 9 项），即总督、巡抚、藩司、道员衙门书吏、家人规费，为数不多，共 65.25 元。

以上所举第 9 至 14 各项均属官场中的漕规，乌程是年共花费 10 883.92元，占全部支出的 36.98％，仅次于帮费。分润漕规的有本省各上级衙门——督抚、两司、道府，本省粮道，以及府学、本县及邻邑县学、武营等，其中又多以各处幕友脩金，家人、书吏饭食为主要名目。笔者认为，漕规固属陋规，但却是各级衙门行政经费的重要来源。由于财政结构的缺陷，各级衙门普遍存在法定经费不足的问题。各级的解决方案均是将负担向下摊派，最基层的州县便通过浮收取自民间，占岁入 3/4 以上的地丁、漕粮自然成为最大的利源。姚文田对此解释道：

> 督抚遇应办事件，不过下行两司，两司又转行府州，府州又各行其所属之州县而已。至于州县无可更诿，事事必须措办，其自一递送、一履勘，下至薪刍油烛之细，无一不需钱应用。所入廉俸，即尽支领，亦不敷延请幕友，况又多方减扣，则每日经费，更何所出，故钱粮不能不额外加增，差徭不能不民间摊派。②

钱漕加征与差徭摊派便是当日最常见的额外征派。光绪末年，粗具财政学常识的清理财政局局员清楚地观察到："平余者，各衙门经费所自出也，而州县衙门则为各衙门金融之机关也。"③"凡上级官厅之支用，无非以下级官厅之供应为取求；而下级官厅之征解，无非以民间之完纳为归

---

① 陈肇奏，道光四年八月二十日，录副 03-3053-034。
② 姚文田奏，嘉庆十八年九月二十八日，录副 03-1552-042。
③ 《浙江全省财政说明书》，《岁出部·行政总费》，40 页。

宿。"①此处"平余"即州县钱漕盈余之统称，来自"民间之完纳"。由此再将表3-5简化为表3-6：

表3-6　1840年乌程县漕务开支简明统计

| 项目 | 用款(元) | 比例(%) |
|---|---|---|
| 办漕花费 | 6051.82 | 20.57 |
| 漕规 | 10 883.92 | 36.98 |
| 帮费 | 12 489.11 | 42.45 |

可见，帮费与漕规是州县漕务开支中最大的两项，白规则视各地情况存在较大差异。包世臣曾于道光十八年任江西新喻令，称该邑帮费、漕规、白规各项岁须银19 300余两。② 柯悟迟称常熟"上司各署以及旗丁运费，所需不下万金"③，均可与乌程之例互证。帮费、漕规、白规三项在漕务开支中份额之重，说明州县漕羡需与各上级衙门、漕运衙门、仓场衙门、卫所旗丁以及地方绅衿共同分配。真正的办漕花费仅占其中一小部分，可以说漕务支出大部分用在办漕之外。这一分配结构也偶见于时人的记载，如叶裕仁称："前日(苏属)之漕难清者，有帮丁之勒索，豪猾之包揽，生监之陋规，绅户之抗欠，上游之馈遗也。"④所列均为漕粮盈余的分享者。

由此将州县的漕粮收支结构列为以下等式：

等式1：州县漕粮收入＝(A)漕粮正耗米＋(B)漕粮盈余

等式2：(B)漕粮盈余＝[①办漕费用＋②帮费＋③白规＋④漕规]＋[⑤羡余(州县官私人收入)]

等式1中左端为州县漕粮收入，除去例应起运的漕粮正项(A)，剩余部分为漕粮盈余(B)。等式2中右端为支出部分，除去前述漕用①至④

①　《江苏苏属财政说明书》，《岁出部·丁篇·财政费》，47页，经济学会，1915。

②　《附录序言》，《包世臣全集·中衢一勺》，9页。

③　柯悟迟：《漏网喁鱼集》，6页。

④　叶裕仁：《归盦文稿》卷2《上王晓莲方伯书》，《清代诗文集汇编》第634册，64～65页。

各项花费外，剩余部分可供州县公私之用，即羡余一项(⑤)。地方官办理漕务，须尽量维持等号两端的动态平衡。时人多称办漕为"经理"一词，即反映了这层意思。道光二十一年，署太仓知州蔡维新称："地方官理财为先，如办漕即商贾事，稍不经理即受大累。"①道光二十六年，包世臣论苏属漕务，称额漕 10 万石之州县，需漕船 130 艘，约耗帮费 5 万两。另有"道府、总运漕规"，应"以足敷办公为度"酌加核减。此外，"仓用、津贴徒阳河、酌雇县剥"为真正的办漕花费，约需银万余两。以上各项外，尚有万余两"可资州县公费"②。这样，额漕 10 万的州县，可得漕羡7 万～8 万两，若经理得当，应有羡余万余两。通常额漕愈多，漕粮盈余也愈多，若开支得当，所获羡余亦多，即属优缺，反之则为瘠缺。李鸿章便称，苏属州县"缺分之肥瘠，以钱粮之多寡为衡；应酬之丰杀，又以缺分之肥瘠为准。钱粮重则折色、平余亦较丰，酬应亦较巨"③。"酬应"即各种规礼、规费，优缺漕羡多，酬应亦多。前述刘光斗言上海为上缺，"漕办好得十万，亦例用至七八万"，也是此意。④

## (二)捏灾与漕尾

前文等式 2 在道光年间逐渐不能维持平衡，等号右端的支出部分不断增大，特别是帮费、白规逐日加增，于是地方官不得不通过浮收勒折的升级以增加等号左端的漕羡数额，但这一努力又受制于"包户日多，乡户日少"的状况。州县因此在漕务中陷入困境。

道光十五年，包世臣称："民户日少，讼户日增。而运丁兑费，每船须洋钱千二三百块，（州县）折入之数，常不敷兑费，挪库项，贷利债，漕事幸毕，而奏销届限，公私亏累，十缺而九。"⑤道光二十六年，他注意到："从前官以漕为乐国，而近反视为畏途也。"⑥同年，苏州知府桂超

---

① 《李星沅日记》，道光二十一年十二月初三日，325 页。

② 《复桂苏州第二书》，《包世臣全集·中衢一勺》，201 页。

③ 《清查苏松漕粮积弊片》，同治二年五月十一日，《李鸿章全集·奏议一》，299 页。

④ 《李星沅日记》，道光二十五年二月初五日，594 页。

⑤ 《畿辅开屯以救漕弊议》，《包世臣全集·中衢一勺》，183 页。

⑥ 《答桂苏州第一书》，《包世臣全集·中衢一勺》，196 页。

万亦有相似的观察：苏松漕额之重甲于天下，"大户又短交而得漕规，粮船帮费日增，是以小民重困，县令向来视为利薮，至此以为畏途"①。

道光十八年，循吏太仓知州黄冕、元和知县萧翀不忍于漕务中浮收勒折，不得不"贷债以给帮费"。② 常熟、昭文在道光二十六年裁帮费，均粮赋，其背景是州县因帮费、白规日多陷入困境，如柯悟迟所见："白颈愈多，而小户愈少，漕规愈大，而小户愈穷。上司各署以及旗丁运费，所需不下万金，今直欲赔累"，知县不得不"上省面禀各大宪，议改章"。该县行"均户"，柯氏认为不过是知县为其浮收计，"实因陋规多，浮收少，所入不补所出"。改革后他又记："陋规亦已革尽，绅官亦不敢把持，遂余银巨万万，各上司大可分肥。"③"陋规"即白规，"白颈"需索白规之绅衿。因漕羡数量相对固定，白规、漕规及羡余存在竞争关系，若白规过多，此外两项不敷，州县便"赔累"，反之则"大可分肥"。道光二十八年，段光清赴海盐办漕，得知官场各处均有漕规，民间又有绅户、衿户、讼户名目，漕粮并不足额完纳，每石至多加一二斗，此外又有举人、副榜包漕，亦不多交。以上各户之外，折色完漕之民户已少。旗丁又于帮费外强勒折色米三四千石。段知县竟有"临火坑"之感，前任也告知："海盐之漕，所以不可办也。"④

面对如此困境，州县一方面不断提高漕粮浮勒的水平，即增加等式1中的B项，另一方面则以各种手段减少A项——起运的漕粮，亏空正项。嘉庆十四年，阿林保称：苏属"民强官懦之处，仅得良善之赢余，不足供奸丁之讹索，遂至亏空挪垫……民情较淳之地方，牧令任意朘削，仍借口于兑费繁多，故作亏空"⑤。包世臣即观察到，州县"横征暴敛，民不堪命，而官仍苦兑费、漕规，以致亏正供、玷官常"⑥。左宗棠也指出：咸同以前，浙省漕粮浮收"不啻倍蓰"，但因"包户日多，帮费日重，

---

① 桂超万：《宦游纪略》卷5，276页。
② 陈文述：《记道光戊戌江南征漕事》，《清诗铎》卷2，54页。
③ 柯悟迟：《漏网喁鱼集》，6～7页。
④ 段光清：《镜湖自撰年谱》，36～37页。
⑤ 阿林保等奏，嘉庆十四年九月初三日，录副03-1752-007。
⑥ 《复桂苏州第二书》，《包世臣全集·中衢一勺》，201页。

摊捐之名愈繁，往来之供应弥盛"，以致"乙年之漕，甲年已经挪用"，亏空甚巨。①

当日州县亏空漕粮主要有两种方式，一为"捏灾"，二为"漕尾"。清制，地方遭遇旱潦偏灾，可依收成分数获得相应的钱粮蠲缓。所谓捏灾，即地方官长年捏报灾歉，以冀正项之蠲缓。至同治二年，李鸿章始将苏属捏灾一事和盘托出：

> 迨癸巳(道光十三年)大水而后，始无岁不荒，无县不缓，以国家蠲减旷典，遂为年例。夫癸巳以前一二十年而一歉，癸巳以后则无年不歉，且邻境皆不歉而苏松太独歉，此何理也，谓为州县捏灾。

捏灾始于癸巳大水之后，其初因大灾之后"赋重民穷，有不能支持之势"，督抚陶澍、林则徐以报灾为"暗减之术"，将钱漕缓至来年带征，不意"年复一年，且年甚一年而不可返也"。后捏灾遂成州县积弊，"年年办灾，永无带征之日"②。李鸿章称捏灾仅行于苏松太三属，此不确。同治三年，左宗棠称杭嘉湖三属"道光癸未、辛卯以后，两次大水，民间元气大伤，赋重之处，未能全漕起运，遂岁报灾歉，蠲缓频仍"③。可知浙省捏灾亦始于道光中前期的水灾，同为取巧之计。据李星沅所记，苏属捏灾之弊始于道光十六年之常熟，而十年后，各州县皆效其尤，"苏松几同一律"。若不办灾歉，"漕即为难"，捏灾已成州县的救命稻草。④

以下仍以柯悟迟笔下的常熟为例，来展现道光中后期州县捏荒之实态。⑤道光十五年"秋收大可，大僚奏请民力不舒，仍缓荒额二三成不等"。道光十五年份漕粮于十六年起运，此条可与李星沅所言互证。十八年记，"荒额三分"。十九年记，"境中灾分四分，秘不示人，先将殷实良

---

① 《复陈杭嘉湖三属减漕情形并温郡减定折》，同治二年十二月初四日，《左宗棠全集·奏稿一》，321页。

② 《裁减苏松太粮额浮赋折》，同治二年五月十一日，《李鸿章全集·奏议一》，297页。

③ 《议减杭嘉湖三属漕粮大概情形折》，同治三年十月二十六日，《左宗棠全集·奏稿一》，563页。

④ 《李星沅日记》，道光二十五年五月十七日、八月十七日，610、620页。

⑤ 柯悟迟：《漏网喁鱼集》，3～13页。

懦给全孰（熟）串，着经造捆办"。二十年记，"被歉灾分仿佛"，即灾分同于上年的四分。二十一年记，"灾分四分外，仍以全熟串给出"。此即"倒箱"，开征之后，将串票全数发出，令"良懦"全完，不加注缓，而大户短交部分即入灾分，一概注缓。这是大小户注荒不均的表现。① 元和亦有此弊，"所报灾荒皆为搪塞大户，其小户被灾则转置不报，又为严比催科"。② 同期，朱昌颐也观察到："因有劣衿挟制分肥，州县为其所持，凡势豪顽抗之户，均摊入缓征，递年展缓。"③足见捏荒实为州县应付大户短交的无奈之举。

二十二年，柯悟迟又记，"灾分与上年仿佛"，即四分外，太仓则"（缓）三分不带征"。二十三年"灾分四分八厘，太境二分六厘，其弊与上年有过无不及"。二十四年"高底大熟……禾稻十分收成，木棉十外三四"，可见秋成颇佳，而常熟反定"灾额四分七厘"，太仓"一分八厘"，捏荒之弊至于极致。柯氏感慨："迩来地方官不论年之果否荒熟，总以捏报水旱不均，希图灾缓，借此可以影射。督抚不察灾之虚实，擅以掩饰奏请，从中谅可分肥。"据朱昌颐称，道光二十三、二十四、二十五等年，苏属"无不请缓，其实皆十分年岁"④。二十六年，柯悟迟记：

> 捏灾冒歉，年复一年……从十一年起办灾，无岁不荒，无年不缓。并无耆农经地报荒请勘，官自不能无荒。……秋禾敢云丰足，棉花亦不下七八分，无如地方官朦混，督抚包庇，荒又捏至四分八厘。太、镇年景仿佛，荒止三分七八。

太、镇即太仓、镇洋，常熟捏灾之弊每甚于邻邑，因该县大小户问题尤为严重。是年秋禾、棉花收成尚可，却有不请自来的四分八厘灾分。二十七年又记："苏、松、太赋税至巨之地，自十一年始，岁岁有荒，年年有歉，然其中偶有偏灾，亦不应若是之浑，如是则民力愈形竭蹶，国计孰与为充？"二十八年记："禾得八九分，木棉五六分，灾缓三分九厘。"此

---

① 冯桂芬：《显志堂稿》卷5《与许抚部书》，《续修四库全书》第1535册，578页。

② 《李星沅日记》，道光二十五年二月初四日，594页。

③ 朱昌颐奏，道光二十六年十二月十八日，录副03-3093-044。

④ 朱昌颐奏，道光二十六年十二月十八日，录副03-3093-044。

后，捏荒的记载渐少。由上可知，捏荒之弊盛于道光中后期，特别是道光二十一年至二十六年，甚至大收之年，灾分亦捏至四分八厘。这与该邑浮收、大小户及帮费问题的发展是同步的。此十余年中，由于二三分至四分八厘的灾分，该县每年有二三成乃至半数的漕粮被缓征了，而历年带征旧欠又有名无实，以致乡间的柯悟迟多次为国计担忧。

捏荒而外，"漕尾"亦为亏空的重要表现。道光七年成书的《苏藩政要》载：

> 苏省额征漕粮甲于他省，冬兑冬开，例限又极紧迫，花户完纳不前，各州县不得不先行垫项买米，交帮兑运，以副例限。存垫银两俟漕船开行后，陆续征还归款，谓之漕尾。①

江南州县额漕甚重，少者一二万石，多者十余万石，州县须于二三月内扫数全完，按限起运，不容短欠。然至限"疲户"之粮不能全完，地方官为顾考成，不得不垫买交帮。未征之漕粮俟漕船开行后续征，是为漕尾，即漕粮尾欠之意。② 漕尾固然与额漕之重有关，但包户的抗欠、短交才是更重要的因素。如江苏巡抚韩文绮称：江苏州县征漕，"每有刁劣生监，以及健讼之徒，或包揽渔利，或丑米捱交，观望捱延，几成积习，各州县深恐误运，不得不垫款买米交帮"。③ 陆建瀛也指出，江苏州县"花户淳顽不一，兼有刁生劣监包揽捱交"，漕粮"每难依限全完"，"不得不挪动库项，买米交帮"。④

垫漕本不致亏空，因所垫之款例须续征归补，然此多成具文。缘漕船开行后，"未几而奏销须截数矣，未几而上忙又顶限矣，新钱粮与旧漕尾势难同时并催，一辗转间，而上届之漕尾未清，下届之新漕又至"。地方官"不得不先其所急，舍旧图新"，无法于任内归垫，遂将未征粮串移

---

① 《苏藩政要》，钞本，南开大学图书馆藏，《款目源流》，48页。

② 陈文述：《颐道堂文钞》卷12，《续修四库全书》第1506册，87页。

③ 韩文绮：《酌拟追补章程》，《韩大中丞奏议》卷7，《续修四库全书》第498册，279页。

④ 陆建瀛：《核明江苏省仓库亏垫各数筹议追补章程折》，道光二十九年八月初一日奉朱批，《陆文节公奏议》卷4，14～15页。

交后任，漕尾即成"交代抵款"。而后任"又以新届钱漕为亟，未遑兼顾，一辗转间，旧串流交，久之几成废纸"①。从田赋管理的角度看，漕尾实系州县征少解多，移官款以垫民欠，所垫又多不能归款，以致旧欠未缴，新垫转增，陈陈相因，愈积愈多。因此，垫漕的真实意义，如李鸿章所言，"不过移杂垫正，移缓垫急，移新垫旧，移银垫米，以官中之钱，完官中之粮，将来或额免，或摊赔，同归无著，犹之未完也"②。林则徐也曾明确指出，漕尾"即亏空之一端"③。

非但如此，地方官又以漕尾为渔利之具，于交代抵款时提高漕尾折价，亏空因此愈甚。按买米垫漕，每石不过银一二两，而交代抵款漕尾每石作银三两以上，州县利用此中差额将正帑化为羡余。道光二十一年，李星沅记："江南州县以漕尾抵交代，加为三两四钱，愈积愈多，通省已至二三百万，流害无已。"次年又记："江南交代，弊在漕尾作抵，每石可三两余，若实收转不过二两，是以各图便易，愈积愈多，不出十年，代务无从着手矣。"④可见州县多利用"实收"与"作抵"间的差价，"各图便宜"，以致亏空"愈积愈多"。道光二十五年，刘光斗告知李星沅：

> 江苏省事莫大于漕，累亦莫大于漕，各属亏空亦以漕尾为最巨。若禁漕尾，不入交代，势必不行……但能减定价值，或在二两以外，近则皆作三两二钱，且有三两七钱者。前陶文毅、林少翁面陈苏累，总在官垫民欠。⑤

陶澍、林则徐于道光中前期任两江总督、江苏巡抚，可知漕尾之累始于

---

① 《江苏各属垫完欠赋情形片》，道光十五年，《林则徐集·奏稿》上，263页；《覆议遵旨体察漕务情形通盘筹画折》，道光十九年十一月初九日，《林则徐集·奏稿》中，720页。

② 《裁减苏松太粮赋浮额折》，同治二年五月十一日，《李鸿章全集·奏议一》，297页。

③ 《江苏阴雨连绵田稻歉收情形片》，道光十三年十一月十三日，《林则徐集·奏稿》上，151页。

④ 《李星沅日记》，道光二十一年十二月初三日、道光二十二年正月初一日，325、343页。

⑤ 《李星沅日记》，道光二十五年二月初四日，593页。

该期，其额数可见表3-7：

**表 3-7　1810—1849 年江苏漕尾统计**

| 年份 | 额数 | 出处 |
| --- | --- | --- |
| 嘉庆十五年至二十二年 | 713 025 两 | 孙玉庭奏，嘉庆二十四年七月二十二日，朱批 04-01-35-0051-045 |
| 嘉庆二十三年至道光十年 | 1 121 064 两（373 688 石，每石 3 两） | 《江苏各属垫完欠赋请豁折》，道光十五年，《林则徐集·奏稿》上，261～262 页 |
| 道光十一年至二十年 | 2 336 101 两（723 614 石，每石 3.23 两） | 李星沅：《查明苏省积欠灾缓银米麦豆谷石实在数目折子》，《李文恭公奏议》卷 11，《续修四库全书》1523 册，648、651 页 |
| 道光二十一年至二十九年 | 2 584 064 两（779 997 石，每石 3.31 两） | 陆建瀛等奏，咸丰二年二月二十五日，录副 03-4339-010 |

说明：第一行的额数为官垫民欠银米，除漕尾之外，还包括少量的官垫民欠银；第四行为苏属、宁属总额，但绝大部分属于苏属。

可见，嘉道之交，苏属漕尾已有一定规模，道光中期以后，其数量较前有成倍的增长。正如李鸿章所称，苏属漕尾"道光之初数仅分厘，癸巳（道光十三年）以后驯至一二成"。[1] 漕尾每石均作 3 两以上，且愈折愈高。这样，嘉庆十五年至道光二十九年间，苏属漕尾一项亏空计银 600 余万两。

官员挪垫之款通常来自漕项银。宗源瀚指出，漕粮中的官垫民欠，率取给于漕项。[2] 魏源在道光二十七年观察到，州县征收漕粮、地丁皆须赔垫，却能不误奏销，独恃"漕项为之也"：

> 向例藩司地丁每年奏销，而粮道漕项则两年始奏销，如及两年而州县离任他处者，则又可免处分，州县虽挪移垫公，然不敢亏地丁，而仅敢亏漕项，是以江苏州县几无二载不调之缺，而漕项亏空遂至二三百万之多。[3]

---

[1]　《裁减苏松太粮赋浮额折》，同治二年五月十一日，《李鸿章全集·奏议一》，297 页。

[2]　宗源瀚：《江苏减漕始末》，盛康辑：《皇朝经世文续编》卷 37，43 页。

[3]　魏源：《古微堂外集》卷 7《上江苏巡抚陆公论海漕书》，《续修四库全书》第 1522 册，430 页。

漕项例定两年一奏销，即甲年漕项丙年始行奏销，这一时间差正好为州县挪移亏空所用：即使亏缺漕项，也可在奏销前升调离任，由此便可逃避处分。如道光十九年金应麟称：

> 苏松常镇太五府州岁征漕项及耗羡银六十余万两……连年州县征解不及十分之五六，统计每年不过三十余万两。……推原其故，漕项复参处分多系降革，然届限满已有四年之久，其中因升调及有故离任者，仅止罚俸一年完结，以故积习相沿，漫无顾忌。①

当日官员俸银极薄，故罚俸一年较诸亏空大量漕项，处分可谓极轻。魏源所称"江苏州县几无二载不调之缺"或有夸张，却也反映当日实情：上司多借"调剂"升调属员，逃避处分。② 制度缺陷与吏治窳败交互作用，导致恶性循环，此即一例。魏源、金应麟所言可得证于漕项奏销统计。

表 3-8　1822—1849 年江苏漕项奏销统计

| 年份 | 新赋项下（两） | | 旧赋项下（两） | | 总计(3) =(1)+(2) | 指数 |
|---|---|---|---|---|---|---|
| | 应征 | 实征(1) | 应征 | 实征(2) | | |
| 道光二年 | 605 190 | 422 355 | 718 106 | 19 787 | 442 142 | 114.4 |
| 三年 | 160 839 | 116 345 | 685 382 | 51 915 | 168 260 | 43.5 |
| 四年 | 613 572 | 436 301 | 919 900 | 100 288 | 536 589 | 138.8 |
| 五年 | 609 071 | 428 167 | 1 082 059 | 179 620 | 607 787 | 157.2 |
| 六年 | 591 497 | 380 548 | 1 100 868 | 135 402 | 515 950 | 133.4 |
| 七年 | 617 741 | 394 384 | 1 232 593 | 218 464 | 612 848 | 158.5 |
| 八年 | 611 193 | 366 875 | 1 238 143 | 141 776 | 508 651 | 131.6 |
| 九年 | 595 553 | 331 787 | 1 308 925 | 93 950 | 425 737 | 110.1 |
| 十年 | 589 539 | 296 928 | 1 373 988 | 89 725 | 386 653 | 100 |

---

① 金应麟奏，道光十九年六月十二日，录副 03-3131-046。

② 李星沅对此多有记述，如道光二十二年记："此间人才难得，一误于讲调剂，一误于避处分，始则因人择缺，继则因人累缺，而人与缺两穷"，"吏治误于调剂，缺累人者少，而人累缺者多，以致支解万难，库款竭蹶"。参见《李星沅日记》，道光二十二年三月初四日、三月廿三日，375、383 页。道光末年，嘉兴、湖州二府，因"漕事艰难，年换一官"。参见吴文镕：《吴文节公遗集》卷 65，咸丰七年刻本，2 页。

续表

| 年份 | 新赋项下（两） | | 旧赋项下（两） | | 总计(3)=(1)+(2) | 指数 |
|---|---|---|---|---|---|---|
| | 应征 | 实征(1) | 应征 | 实征(2) | | |
| 初期九年平均 | 554 911 | 352 632 | 1 073 329 | 114 547 | 467 180 | 120.8 |
| 十一年 | 498 997 | 247 222 | 1 465 976 | 154 686 | 401 908 | 104.0 |
| 十二年 | 599 109 | 305 689 | 1 644 757 | 68 682 | 374 371 | 96.8 |
| 十三年 | 478 344 | 229 552 | 1 792 881 | 118 428 | 347 980 | 90.0 |
| 十四年 | 574 536 | 243 003 | 1 935 551 | 101 267 | 344 270 | 89.0 |
| 十五年 | 570 022 | 277 251 | 1 244 842 | 36 637 | 313 888 | 81.2 |
| 十六年 | 610 953 | 307 210 | 952 043 | 67 113 | 374 323 | 96.8 |
| 十七年 | 585 303 | 302 852 | 1 169 771 | 53 443 | 356 295 | 92.1 |
| 十八年 | 510 498 | 249 352 | 1 343 550 | 58 355 | 307 707 | 79.6 |
| 十九年 | 456 208 | 239 469 | 1 526 611 | 51 063 | 290 532 | 75.1 |
| 二十年 | 429 414 | 211 154 | 1 730 096 | 54 142 | 265 296 | 68.6 |
| 中期十年平均 | 531 338 | 261 275 | 1 480 608 | 76 382 | 337 657 | 87.3 |
| 二十一年 | 372 906 | 217 461 | 1 939 446 | 21 850 | 239 311 | 61.9 |
| 二十二年 | 347 716 | 203 972 | 2 109 771 | 41 787 | 245 759 | 63.6 |
| 二十三年 | 404 841 | 248 251 | 2 246 046 | 46 087 | 294 338 | 76.1 |
| 二十四年 | 465 133 | 274 510 | 2 490 620 | 83 403 | 357 913 | 92.6 |
| 二十五年 | 421 263 | 253 292 | 2 066 005 | 1834 | 255 126 | 66.0 |
| 二十六年 | 425 834 | 258 095 | 1 333 786 | 4196 | 262 291 | 67.8 |
| 二十七年 | 506 984 | 304 700 | 1 438 390 | 20 651 | 325 351 | 91.1 |
| 二十八年 | 375 688 | 244 970 | 1 220 188 | 6841 | 251 811 | 65.1 |
| 二十九年 | 71 380 | 40 574 | 73 529 | 1150 | 41 724 | 10.8 |
| 后期九年平均 | 376 861 | 227 314 | 1 657 531 | 25 311 | 252 625 | 66.0 |

资料来源：清代钞档：《清代各省钱粮征收表·江苏》，中国社会科学院经济研究所图书馆藏。

苏属额征漕项银 610 000 余两，表中应征额逐年短少，尤以道光十八年以降为甚，此系捏灾缓征所致。尽管道光十六年、二十五年两次清查后，豁免旧欠，旧赋应征额仍逐年累加，至道光二十四年创纪录地接近 250 万两，魏源所言"漕项亏空遂至二三百万之多"绝非虚语。各年新赋、旧欠的实征额也在不断刷新新低，较为明显的下降始于道光十一年，至道光后期的十年，征额严重缩水，其平均水平甚至仅及初期的一半。

漕项的亏缺最可反映州县以官垫民欠为名，大量侵蚀正项这一事实。

即便江南州县历年均挪漕项垫漕，漕粮起运额在道光年间仍呈明显的下降趋势。道光三十年，傅绳勋奏称："道光十年以前，（苏属）每岁起运漕粮总有一百四五十万石，十一年起至二十年止，逐渐减少，亦在百万以外，而二十一年以后，惟二十四、八两年起运米一百零数万石，其余各年仅七八十万至九十余万石，不及额漕之半。"①李鸿章也称：苏属额漕 160 余万石，"阙后积渐减损"，道光十一年至二十年之起运额数，"内除官垫民欠得正额之七八成"，道光二十一年至三十年之起运额数，"内除官垫民欠得正额之五六成"。② 表 3-9、3-10 是道光年间苏属、浙江漕粮起运额统计。

表 3-9　1821—1850 年江苏漕粮正耗米起运额数统计

| 年份 | 额数（石） | 指数 | 年份 | 额数（石） | 指数 |
|---|---|---|---|---|---|
| 道光元年 | 1 540 644 | 100.0 | 十七年 | 1 455 276 | 94.5 |
| 二年 | 1 540 098 | 99.9 | 十八年 | 1 198 886 | 77.8 |
| 三年 | 269 861 | 17.5 | 十九年 | 1 042 088 | 67.6 |
| 四年 | 1 539 873 | 99.9 | 二十年 | 934 793 | 60.7 |
| 五年 | 1 429 132 | 92.8 | **中期十年平均** | **1 247 715** | **81.0** |
| 六年 | 1 437 379 | 93.3 | 二十一年 | 865 474 | 56.2 |
| 七年 | 1 539 726 | 99.9 | 二十二年 | 785 934 | 51.0 |
| 八年 | 1 543 294 | 100.2 | 二十三年 | 877 653 | 57.0 |
| 九年 | 1 503 644 | 97.6 | 二十四年 | 1 055 315 | 68.5 |
| 十年 | 1 452 513 | 94.3 | 二十五年 | 928 953 | 60.3 |
| **初期十年平均** | **1 379 616** | **89.5** | 二十六年 | 967 925 | 62.8 |
| 十一年 | 955 203 | 62.0 | 二十七年 | 1 226 313 | 79.6 |
| 十二年 | 1490779 | 96.8 | 二十八年 | 1 023 054 | 66.4 |
| 十三年 | 1 040 514 | 67.5 | 二十九年 | 155 878 | 10.1 |
| 十四年 | 1 461 946 | 94.9 | 三十年 | 997 583 | 64.8 |
| 十五年 | 1 355 581 | 88.0 | **后期十年平均** | **888 408** | **57.7** |
| 十六年 | 1 542 079 | 100.1 | | | |

资料来源：《清单》，道光三十年九月，录副 03-3101-043；陆建瀛奏，道光三十年十二月二十八日，朱批 04-01-35-0285-035。

---

① 傅绳勋奏，道光三十年六月二十七日，录副 03-3154-009。

② 《裁减苏松太粮赋浮额折》，同治二年五月十一日，《李鸿章全集·奏议一》，297 页。

表 3-10　1796—1850 年浙江漕白粮正耗米起运额数统计

| 年份 | 额数(石) | 指数 | 年份 | 额数(石) | 指数 |
|---|---|---|---|---|---|
| 嘉庆元年 | 955 069 | 102.8 | 六年 | 938 943 | 101.1 |
| 二年 | 937 269 | 100.9 | 七年 | 940 618 | 101.3 |
| 四年 | 972 499 | 104.7 | 八年 | 907 753 | 97.8 |
| 七年 | 958 127 | 103.2 | 九年 | 929 996 | 100.1 |
| 十一年 | 1 080 234 | 116.3 | 十年 | 928 886 | 100.0 |
| 十二年 | 1 037 249 | 111.7 | 十一年 | 596 829 | 64.3 |
| 十四年 | 1 020 224 | 109.9 | 十二年 | 995 692 | 107.2 |
| 十五年 | 989 509 | 106.6 | 十五年 | 942 695 | 101.5 |
| 十六年 | 868 776 | 93.6 | 十七年 | 936 497 | 100.8 |
| 十七年 | 992 508 | 106.9 | 十八年 | 938 632 | 101.1 |
| 十九年 | 733 617 | 79.0 | 十九年 | 828 825 | 89.3 |
| 二十年 | 1 047 431 | 112.8 | 二十一年 | 455 300 | 49.0 |
| 二十一年 | 934 964 | 100.7 | 二十三年 | 778 700 | 83.9 |
| 二十二年 | 939 642 | 101.2 | 二十四年 | 832 069 | 89.6 |
| 二十三年 | 940 314 | 101.3 | 二十五年 | 875 029 | 94.2 |
| 二十四年 | 824 891 | 88.8 | 二十六年 | 726 400 | 78.2 |
| 二十五年 | 1 020 692 | 109.9 | 二十七年 | 833 829 | 89.8 |
| 道光二年 | 928 632 | 100.0 | 二十八年 | 853 940 | 92.0 |
| 四年 | 1 079 446 | 116.2 | 二十九年 | 无起运 | 0.0 |
| 五年 | 1 080 770 | 116.4 | 三十年 | 608 898 | 65.6 |

资料来源：清代钞档：《黄册·户部漕运类·起运船粮·各省(嘉庆二年至道光二十九年)》《黄册·户部漕运类·漕白完兑·浙江(乾隆四十一年至咸丰元年)》，中国社会科学院经济研究所图书馆藏；存兴奏，道光二十七年正月初十日，录副 03-3147-022；吴文镕奏，道光二十八年十二月初五日，录副 03-3149-044。

说明：起运额包括漕粮、改漕、白粮正耗米，以及带运、搭运的缓征漕粮、余平米、捐输米。

　　由表 3-9 的统计来看，苏属历年的漕粮起运额与傅绳勋所言相当吻合。再从中扣除一二成的漕尾，道光中后期的起运额仅为正额的七八成、五六成这一事实也可得到清晰的反映。若除去道光三年、十一年、十三年、二十九年(水灾)、二十一年前后(鸦片战争)等较为特殊的年份，表 3-9、3-10 更是显示出类似的趋势：自道光十八、十九年起，二省的漕粮起运额开始大幅偏离正额，其中苏属较前减少 40 万～50 万石，浙省亦有 10 万石。相较而言，苏属的曲线下降幅度更大。①

至道光末年，南漕缺额，京仓支绌，已成为时人一致的观察。道光二十六年，朱昌颐指出："南漕定额四百数十万石……近年江浙漕额最多之州县每有展缓，以致南粮入仓之数不过三百数十万，照定额几悬七八十万至百余万，递年短少。"②次年，魏源亦称，苏属"大县额漕十万石者，止可办六万石，是以连岁丰收，而全漕决不敢办……计江、浙两省，每岁缓漕不下百万"③。

当漕务积弊最终明显地反映到漕粮起运额时，原有的制度也已经走到了崩溃的边缘。道光二十六年十一月二十五日，经户部奏准，道光帝谕令江苏漕粮酌量改由海运：

> 近年以来各省岁运额漕逐年短少，江南一省江安、苏松两粮道所属缓缺尤多。似此有减无增，年复一年，伊于胡底。且以京师官兵俸饷立等发给之款，傥因漕粮缺额，以致发领不能足数，尚复成何事体，祖宗旧制，朕何颜对之！……本年恳请蠲缓者，竟至五十

---

① 道光年间江南漕粮的大量亏缺，并非单纯的财政现象。其背景正是各研究先进已经指出的1820—1850年的经济萧条（"道光萧条"），即由于白银外流、气候变动等因素的作用，出现了银价上升，物价陡落，交易停滞，赋税短欠，商民皆困，社会冲突加剧等现象。具体到财政方面，"银贵"导致了民众农业、手工业（尤其是江南民众生计所系的棉纺织业、蚕丝业）所得锐减，赋税负担激增，因此纳赋能力降低，这是该时期政府田赋收入短欠的重要背景。参见彭泽益：《鸦片战后十年间银贵钱贱波动下的中国经济与阶级关系》，《十九世纪后半期的中国财政与经济》，24～71页；白凯：《长江下游地区的地租、赋税与农民的反抗斗争：1840—1950》，67～76页；李文治、江太新：《清代漕运》，349～402页；王业键：《十九世纪前期物价下落与太平天国革命》，256～287页；吴承明：《中国的现代化：市场与社会》，238～288页，北京，生活·读书·新知三联书店，2001；李伯重："道光萧条"与"癸未大水"——经济衰退、气候剧变及19世纪的危机在松江》，《社会科学》2007年第6期，173～178页；林满红：《银线：19世纪的世界与中国》，詹庆华、林满红等译，108～133页，南京，江苏人民出版社，2011。笔者认为，经济萧条与田赋亏欠之间的作用链条仍需进一步重建。

② 朱昌颐奏，道光二十六年九月初九日，录副 03-3145-038。

③ 魏源：《古微堂外集》卷 7《上江苏巡抚陆公论海漕书》，《续修四库全书》第1522 册，430 页。

> 余州县之多。或因办理漕务，兑费繁重，借此为体恤地方之计，岂
> 竟置京仓于不顾耶。因思海运章程，道光六年办有成案，现当整顿
> 漕务、清厘帮费之时，着该督抚通盘筹划，如可仿照前章，确有把
> 握，即统核漕粮实数，每岁酌分几成，改由海运，于道光二十八年为
> 始。庶漕费可以节省，而州县等亦不至借此捏报灾荒，致亏仓贮。①

在道光帝的严谕下，道光二十八年，苏松太三府州将二十七年份漕白粮
足额海运北上，共计 1 083 115 石零，而上年仅起运 630 000 石。② 咸丰
元、二年间，苏属重启海运，浙省也加入海运行列，从此江南进入漕粮
海运时代。同期，湖南、湖北、江西、安徽、河南五省漕粮也因运道梗
阻，改解漕折银。咸同以降，海运与改折成为常态，标志着漕粮河运制
度趋于解体。

## 四、小结

　　如果单从财政管理的角度来看，漕运是一项极不"经济"的制度，其
成本远高于米粮之价值。国家为此在京通、淮安及各省维持着庞大的仓
场、漕运官僚系统，又于各省卫所赡养了数以万计的丁弁，每岁为运送
400 余万石漕粮而附征的耗米，以及作为运输经费的漕项银米，额数同
样以百万计。然而在咸同以前，明清两代一直延续着这一"不计成本"的
制度，因漕粮关涉天庾，漕运更为国脉所系，绝不能轻议更张。然而嘉
道年间的问题并不在于以上的例定开支，而在于规模空前的"浮费"。③

---

① 《嘉庆道光两朝上谕档》第 51 册，道光二十六年十一月二十五日，411～412 页。
② 陆建瀛：《筹议江苏漕务河海并运折》《奏报海运漕粮全数兑竣一律放洋折》，
《陆文节公奏议》卷 2，22 页；卷 3，4 页。
③ 咸同以降，嘉道年间漕运成本之高成为时人一致的记忆，他们普遍认为，
当日南漕每石价不过一两有余，而运至京仓，所耗公私之费需十余两乃至四十两。
冯桂芬：《折南漕议》，《校邠庐抗议》，18～19 页，上海，上海书店出版社，2002；
薛福成：《应诏陈言疏》，丁凤麟、王欣之：《薛福成选集》，71 页，上海，上海人
民出版社，1987；朱采：《清芬阁集》卷 4，光绪三十四年刻本，10 页；郑观应：《盛
世危言·停漕》，夏东元编：《郑观应集》上册，567～568 页，上海，上海人民出版
社，1982。

道光二十八年，户部奏称：

> 近年以来，各省亏短漕额，每岁自五六十万至百余万石不等……究其受弊之源，总由于浮费太重。凡涉漕务事件，自水次受兑，以及沿途闸坝，抵通交仓各处吏胥人等，莫不视米石为利薮，百般需索，逐渐增加。旗丁力不能堪，不得不取给于州县。州县因而借词调剂，浮收勒折，苦累闾阎。迫帮费太重，无所赔偿，以致报灾减运，希图稍省，而京储正供遂形短绌。

他们认为，欲筹南粮，纾民力，当"以裁浮费为先"。① 计臣的剖析恰可概括本章的主旨，所谓浮费即前文不避繁琐，逐一考证的各项：仓漕卫所之规费，旗丁之帮费，州县之浮收勒折，绅衿之短交索规。在计臣的叙述中，旗丁沿途使费是各项浮费之源，而在林则徐看来，这无非是"以南言北"："论病根所起，南北亦各执一词。以北言南，则谓州县浮收，以致旗丁勒索，旗丁勒索，以致到处诛求。而以南言北，又谓旗丁既被诛求，安得不勒索，而州县既被勒索，安得不浮收。"②"以北言南"，即从仓漕卫所的立场来观察，"以南言北"则是站在州县的角度思考。林氏此言意在通观全局，避免偏私之见。在笔者看来，这正说明很难析分出各项浮费孰为因、孰为果，毋宁说它们之间存在一种互为因果的联动关系。时人便观察到"因浮收而致包漕，因包漕而有兑费，因兑费而愈浮收"，以致"流弊循环，伊于胡底"。③ 漕务中的浮费构成了一个特殊的财政体系，笔者称之为额外财政，与之相对的是漕粮正项代表的额定财政。

在清代高度中央集权的财政理念下，浮费无疑是不合法，且不应存在的。但由于财政结构的缺陷，额定财政无法提供地方政府征兑漕粮及其他必要的行政经费，额外财政的存在又成为必然。嘉道年间的特殊性在于，18世纪的人口激增、经济发展与物价高涨使得额定财政的缺口变得异常明显，额外财政在此期规模空前膨胀，严重侵蚀了额定财政。由

---

① 户部奏，道光二十八年六月初二日，录副03-3149-059。

② 《覆议遵旨体察漕务情形通盘筹画折》，道光十九年十一月初九日，《林则徐集·奏稿》，715页。

③ 董灜山奏，道光二十八年九月二十九日，录副03-3148-062。

于漕粮中的额定与额外财政是同源的，无论是运送至京通仓庾的漕粮，还是流向官绅吏役丁弁的浮费，都来源于粮户。也就是说，相对于有限的农业、手工业产出，二者构成一种竞争关系，一方受益，则另一方必然受损。嘉道年间的江南，一方面是仓漕卫所规费、旗丁帮费、官绅漕规、州县浮收逐年递增，另一方面，捏灾、短漕、亏空随之愈演愈烈，浮费大大增加了原已极高的漕运成本，漕粮河运制度终因不堪负担而崩溃。

　　漕务浮费的膨胀，毫无疑问有"人"的因素。额外财政并不完全等同于贪腐，然其一旦形成，便极易滋长官吏的私敛中饱，这又成为额外财政扩张的动力。人与结构/制度之间究竟如何复杂地交互作用，影响着历史的发展，在嘉道年间的运河与仓廒之外，我们也始终需要思考这一问题。

# 第四章 仓储与漕务：道咸之际漕粮海运的展开

　　自明永乐间迁都北京，漕运成为延续明清两代的王朝定制。清代有漕八省州县征收本色漕粮后，交兑漕船，由旗丁经运河挽运至通州，是为漕粮河运。尽管该制度运行成本极高，但在时人看来，漕运事关天庾，为国脉所系，不可轻议更张。

　　然至19世纪前半期的道光、咸丰年间(1821—1861)，漕运制度开始发生根本性的转变：在额漕最重的江苏、浙江二省，海运逐渐取代河运，成为此后之常态。至迟在19世纪初，海运在技术层面已无障碍。江南与山东、天津、奉天间的北洋贸易航线十分成熟，上海、崇明、南通等地的商人驾驶被称作沙船的木帆船，装运棉布等南货北上，贩运豆货南还，每岁可行数次。所谓漕粮海运，即是利用此种商运替代官运。道光、咸丰年间，政府以给发匾额、职衔，载货免税等方式招募商船，于上海装载漕米后放洋，运抵天津，再驳运通州。与河运相比，海运的优势在于便捷、省费，但也带来了失业水手安置、列强干涉等安全隐忧。

　　关于漕粮海运，已有建立在清代档案基础上、坚实的先行研究。李文治、江太新在《清代漕运》一书中将道光以降的"招商海运"定位为晚清漕运的改制政策，分别讨论了海运出台的背景、兑运规则及成效。① Jane Kate Leonard 高度评价了道光六年清代的首次海运，将之视为1824—1826年运河危机的有效应对，认为这显示在19世纪早期清朝中

---

① 李文治、江太新：《清代漕运》，430～480页。

央政府在行政策略上的调整与创造能力。① 倪玉平的专著《清代漕运海运与社会变迁》详细论述了道光朝至清末漕粮海运之沿革。除制度描述之外，该书重在由海运观察晚清的社会变迁，举凡交通近代化、商品经济之发展、中央—地方关系之变动，乃至政治变革、中外关系、社会问题等，均有关注。此外，戴鞍钢、周育民也分别在关于晚清漕运、财政制度变迁的研究中，论及道咸之际的漕粮海运。②

以上李、江与倪二著对海运的基本面已做了坚实的论述，唯其重点在"运"——运道、运输方式及其转变，而对于"漕"——漕粮作为赋税、财政制度的一面，尽管也有涉及，但显有未尽之处。道光年间，对海运认识颇深并促成其事的魏源曾强调，海运的意义不仅在于"运道"，更在于"漕事"，后者不仅关涉国计，更为东南民生、吏治所系。③ 所谓漕事即漕粮征解，其主要环节如各省起运交仓额数、相关运费的承担，乃至州县漕务收支、民众漕粮负担等，在在与海运政策的形成直接相关，也在河运转向海运的过程中发生了相应的变化。且正如魏源所言，漕务因关涉之事甚多且积弊重重，成为当日重要的经世议题，而海运则被视作祛弊之良法。因此，对于海运之研究，实不应忽视"漕"（漕务、漕粮）这一层面。

由此，本章将从财政、税收的角度，重新探讨道咸之际的漕粮海运，着重回答以下问题：海运政策是在何种背景下出台的？历届筹办与起运情况如何？海运制度下地方政府的漕务管理与民众的漕粮负担经历了怎样的变与不变？通过此期海运利弊得失的分析，笔者试图讨论19世纪中期中央与地方、地方各级政府间的财政关系，以及政府财政与民众税负之联系等问题，加深对该时期的政治、财政与社会及其联动关系的认识。

---

① Jane Kate Leonard, *Controlling From Afar：the Daoguang Emperor's Management of the Grand Crisis*, *1824-1826*(Ann Arbor：Center for Chinese Studies The University of Michigan, 1996)，pp. 227-246.

② 戴鞍钢：《清代后期漕运初探》，《清史研究集》(5)，194～229 页，北京，光明日报出版社，1986；周育民：《晚清财政与社会变迁》，207～212 页。

③ 魏源：《古微堂外集》卷 7《海运全案跋》《复蒋中堂论南漕书》，《续修四库全书》第 1522 册，425、429 页。

本章涉及的区域，主要是最先试行海运且具示范意义的江苏省(苏属)。①处理的时段，大致为海运再启的道光二十七年(1847)，至因苏州、常州落陷而停运的咸丰十一年(1861)。②

## 一、道光末年的河海并运

### (一)减费裕漕：道光二十七年苏松太的海运

清代的首次漕粮海运发生在道光五年(1825)。此前一年，黄水骤涨，清江浦高家堰大堤溃决，致高邮、宝应至清江浦运道浅阻，漕船挽运维艰。在户部尚书英和及江苏督抚琦善、陶澍的推动下，江苏道光五年份漕粮151万余石于六年海运抵津。此次海运只是针对运道梗阻的应急之策，运河疏浚后便告中止，仅行一年。既有研究已指出，道光七年，旻宁亲自谕止海运，而至道光二十六年，他的"独断"又开启了清代的第二次漕粮海运。但道光帝何以做出这一决定，即重启海运的决策是在何种背景与契机下出台的，我们仍不清楚。③此次海运源于道光二十六年十一月二十五日(1847年1月11日)的上谕，而该上谕的由来，则是同日户部有关漕粮缓缺情况及筹补措施的奏报。④

是日，管理户部事务大学士潘世恩等奏称，南漕岁额460余万石，除旗丁耗米外，交仓应在400万石以上，每年支放330万～340万石，本

---

① 本书所谓"江苏"，不同于今日的行政区划，是指清代苏松粮道或江苏(苏州)布政使所辖的苏州、松江、常州、镇江和太仓四府一州，又称"苏属"。与之相对的是江宁布政使或江安粮道所辖的江北各府，称"江北""宁属"。

② 漕运的年代标注较为复杂，时人在使用中便不乏混乱之处。盖漕粮于冬季征收，至次年春夏间起运，故每届漕运从州县征收到运抵通仓是跨年的。以道光二十七年海运为例，准确的表述是道光二十八年江苏起运二十七年份漕粮，时人称此为道光二十七年海运(以漕粮的年份为准)或道光二十八年海运(以起运时间为准)。本书统一以漕粮的年份来标注，盖主要的运输过程虽发生于次年，但海运的重要环节(如拟定章程、雇觅商船、州县兑交漕粮)均在当年展开。

③ 倪玉平：《清代漕粮海运与社会变迁》，44～81、84页。他指出，重议海运"最直接的原因是河漕已无法令各方满意"，似显含糊。

④ 参见潘世恩等折、清单，道光二十六年十一月二十五日，录副03-3146-014、03-3146-015、03-3146-016，以下两段均据此。

属有赢无绌。但近年交仓额数"岁短百万及数十万不等"，以致兵米、俸米不得不改折，或减成支放。尽管上年豁免道光二十年前缓征之漕粮400余万石，但本年漕粮不但毫无加增，反较上年又短20余万石，较全漕短至100万石。该折附有此前十年间有漕八省的起运额数清单，笔者整理如表4-1：

**表 4-1　1837—1846 年江苏等四省漕粮起运额数统计**

| 年份 | 苏松 | 指数 | 江安 | 指数 | 浙江 | 指数 | 江西 | 指数 |
|------|------|------|------|------|------|------|------|------|
| 额征（石） | 1 641 150 | 100.00 | 518 270 | 100.00 | 956 620 | 100.00 | 768 990 | 100.00 |
| 道光十七年 | 1 614 080 | 98.35 | 442 700 | 85.42 | 956 620 | 100.00 | 718 580 | 93.44 |
| 十八年 | 1 527 270 | 93.06 | 436 660 | 84.25 | 956 620 | 100.00 | 763 476 | 99.28 |
| 十九年 | 1 270 880 | 77.44 | 447 540 | 86.35 | 956 620 | 100.00 | 738 420 | 96.02 |
| 二十年 | 1 114 080 | 67.88 | 254 120 | 49.03 | 852 930 | 89.16 | 692 290 | 90.03 |
| 二十一年 | 1 006 790 | 61.35 | 258 040 | 49.79 | 940 130 | 98.28 | 751 610 | 97.74 |
| 二十二年 | 937 470 | 57.12 | 217 490 | 41.96 | 452 040 | 47.25 | 726 950 | 94.53 |
| 二十三年 | 852 100 | 51.92 | 307 880 | 59.41 | 737 820 | 77.12 | 751 240 | 97.69 |
| 二十四年 | 949 650 | 57.86 | 389 550 | 75.16 | 799 360 | 83.56 | 768 990 | 100.00 |
| 二十五年 | 1 127 320 | 68.69 | 401 000 | 77.37 | 839 560 | 87.76 | 683 390 | 88.87 |
| 二十六年 | 994 640 | 60.60 | 240 170 | 46.34 | 800 990 | 83.73 | 768 990 | 100.00 |
| 十年平均 | 1 139 428 | 69.43 | 339 515 | 65.51 | 829 269 | 86.69 | 736 394 | 95.76 |

说明：该起运额数包括了交仓漕白粮正耗米，及旗丁耗米等，下二表同。

**表 4-2　1837—1846 年山东等四省漕粮起运额数统计**

| 年份 | 山东 | 指数 | 河南 | 指数 | 湖北 | 指数 | 湖南 | 指数 |
|------|------|------|------|------|------|------|------|------|
| 额征（石） | 344 980 | 100.00 | 212 480 | 100.00 | 131 930 | 100.00 | 133 560 | 100.00 |
| 道光十七年 | 343 180 | 99.48 | 206 150 | 97.02 | 117 740 | 89.24 | 133 560 | 100.00 |
| 十八年 | 326 630 | 94.68 | 191 360 | 90.06 | 122 516 | 92.84 | 133 170 | 99.71 |
| 十九年 | 339 360 | 98.45 | 205 130 | 96.54 | 122 130 | 92.57 | 133 220 | 99.75 |
| 二十年 | 340 370 | 98.67 | 205 710 | 96.81 | 97 200 | 73.68 | 132 660 | 99.33 |
| 二十一年 | 303 560 | 87.99 | 204 790 | 96.38 | 96 200 | 72.92 | 133 014 | 99.59 |
| 二十二年 | 343 690 | 99.63 | 168 420 | 79.26 | 79 460 | 60.23 | 132 090 | 98.90 |
| 二十三年 | 338 860 | 98.23 | 163 010 | 76.72 | 101 170 | 76.68 | 132 840 | 99.46 |

续表

| 年份 | 山东 | 指数 | 河南 | 指数 | 湖北 | 指数 | 湖南 | 指数 |
|---|---|---|---|---|---|---|---|---|
| 二十四年 | 339 620 | 98.45 | 162 620 | 76.53 | 114 570 | 86.84 | 133 300 | 99.81 |
| 二十五年 | 337 830 | 97.93 | 164 750 | 77.54 | 93 960 | 71.22 | 132 210 | 98.99 |
| 二十六年 | 309 110 | 89.60 | 138 470 | 65.17 | 114 780 | 87.00 | 133 210 | 99.74 |
| 十年平均 | 332 221 | 96.30 | 181 041 | 85.20 | 105 973 | 80.33 | 132 927 | 99.53 |

表 4-3　1837—1846 年有漕八省漕粮起运额数统计

| 年份 | 额数 | 指数 | 年份 | 额数 | 指数 |
|---|---|---|---|---|---|
| 额征（石） | 4 707 980 | 100.00 | 二十二年 | 3 057 610 | 64.95 |
| 道光十七年 | 4 532 610 | 96.28 | 二十三年 | 3 384 920 | 71.90 |
| 十八年 | 4 457 702 | 94.68 | 二十四年 | 3 657 660 | 77.69 |
| 十九年 | 4 213 300 | 89.49 | 二十五年 | 3 780 020 | 80.29 |
| 二十年 | 3 689 360 | 78.36 | 二十六年 | 3 500 360 | 74.34 |
| 二十一年 | 3 694 134 | 78.47 | | | |

　　由表 4-1、4-2 可见，以上十年间，苏松、江安二粮道的起运额数在有漕八省中降幅最大，十年的平均起运额约为全漕的 69.43%、65.51%。① 尤其是道光二十六年，仅起运额漕的 60.6%、46.34%，确如户部所奏，苏松"尚不敷额漕十分之六"，江安"尚不敷额漕十分之五"。此外，浙江、河南、湖北三省起运额数也有明显下降，十年的平均值较额漕短少 13%～20% 不等。由于苏松、江安、浙江三省漕额较重（分别占全漕的 34.86%、11.01% 和 20.32%），其大幅亏短直接反映于交仓总额。道光二十年以降，历年的起运额数始终亏短 100 万石以上（其中二十二年受鸦片战争影响，为此期最低），仅为额漕的七八成。这直接导致了是年京师仓储告急：各仓现存粮数仅可支撑至明年新漕抵通之时，而来年至少需有漕米三百七八十万石进仓，方可资周转。

　　有鉴于此，户部请行三年比较之法：各省在漕粮征齐后，将本年起

――――――――

　　① 江安粮道属地跨两省，包括宁属（江北）的江宁、淮安、扬州、徐州、海州、通州，以及安徽省的安庆、宁国、池州、太平、庐州、凤阳、颍州、六安、广德、泗州，共十六府州。

运额数造册报部，若较此前三年均有减少，应设法补足交仓。此外，户部还筹划了更为直接的筹补方策——海运。潘世恩等指出，本年江南州县秋成丰稔，然江苏反称被灾，奏请蠲缓 56 州县之钱漕。故江苏之亏缺漕额，非尽由于灾歉，亦由浮费繁重所致。道光中后期，江南的漕务浮费大幅扩张：一方面，挽运漕粮的旗丁于兑运时向州县需索帮费，以供卫所及沿途仓、漕等衙门规费，并挽运之需；另一方面，州县不得不通过漕粮的浮收勒折来应对，这些浮勒又不均衡地分摊至各粮户：绅衿大户可凭借其身份包揽短交，需索漕规，小户则需承受日重一日的漕粮负担。随着两级分化进程的持续演进，小户多依附于大户，州县税基日益萎缩，唯有捏报灾歉（意味着漕粮的大幅缓征），以为出路。也就是说，漕务浮费的空前膨胀，极大地提高了河运成本，以致江苏州县常年借捏灾亏空漕粮正项，造成南漕岁岁缺额，天庾不敷支放。①

由计臣们的表述来看，他们对此有较为清晰的认识，其对策是曾于道光六年试行的海运：

> 道光六年……试行海运，彼时办理颇著成效。现当整顿漕务、清厘帮费之时，可否请旨敕下两江总督、江苏巡抚通盘筹画，于漕务、仓储必期两有裨益。如可仿照前届章程，确有把握，统核漕粮实数，每岁酌分几成，改由海运，既于漕务繁费大有节省，该州县等亦不致借此捏报灾荒，致亏仓储。

户部的基本思路是"减费裕漕"，盖将江苏额漕酌分数成海运，则河运帮费大可节省，州县负担由此减轻，无须捏报灾荒，京师仓储便可期筹补。② 海运的思路既与中枢正在推行的清厘帮费政策相匹配，也为当日

---

① 参见周健：《嘉道年间江南的漕弊》，《中华文史论丛》2011 年第 1 期。已收入本书第三章。

② 值得注意的是，领衔的军机大臣、管理户部事务大学士潘世恩籍隶江苏吴县，潘氏为苏州大族。可以想见，他对于本地的事务更为了解。更重要的是，当日由本籍京官在京城发声，推动有利于地方的财赋改革，是较为常见的现象，尤其是科举事业最为发达的江南。

有志于改革江苏漕务的经世士人所分享。① 而且，从乾隆后期起，由于河工失效以致运河运力不足，且沿途常关税额相对较重，越来越多原由运河北上的南方商货开始改由上海出口，由海道北上。② 海运已经成为许多商船的优先选择。

同日，道光帝便有廷寄两江总督璧昌、江苏巡程乔采之上谕，措辞较为严厉：

> （江安、苏松两粮道岁运额漕）似此有减无增，年复一年，伊于胡底。且以京师官兵俸饷立等发给之款，傥因漕粮缺额，以致发领不能足数，尚复成何事体，祖宗旧制，朕何颜对之！

他完全采纳了计臣的筹补之策，谕令江苏督抚仿照成案，每岁酌分漕粮数成，改由海运，并规定自下届漕运（即道光二十八年起运二十七年份漕粮）为始。③

道光二十七年（1847）九月新漕开征之前，两江总督李星沅、江苏巡抚陆建瀛遵旨筹议河海并运。据奏，近年银价增昂，漕务浮费加增，又值灾歉频仍，故苏属漕粮"无岁不缓，无县不缓，以致京仓支绌"。本届若仍行河运，可较前稍有加增，但总难全额起运。他们建议本年江苏漕粮河海并运，江安粮道江宁、徐州、淮安、扬州四府及苏松粮道常州、镇江二府，赋额较轻，仍行河运。苏州、松江、太仓二府一州漕白粮改由海运，以节省帮费筹补，可加增米30余万石。另一方案是，江苏漕粮仍全数河运，仅将白粮改由海运。④ 事实上，李星沅对海运持相当的保

---

① 魏源：《古微堂外集》卷7《上江苏巡抚陆公论海漕书》，《续修四库全书》第1522册，429页；《复桂苏州第二书》，《包世臣全集·中衢一勺》，199页。

② 许檀：《乾隆——道光年间的北洋贸易与上海的崛起》，《学术月刊》2011年第11期，151～152页；范金民：《清代中期上海成为航运业中心之原因探讨》，《安徽史学》2013年第1期，30～33页。

③ 《嘉庆道光两朝上谕档》第51册，道光二十六年十一月二十五日，411～412页。

④ 陆建瀛：《筹议江苏漕务河海并运折》，道光二十七年九月二十四日奉朱批，《陆文节公奏议》卷2，21～23页。江苏苏、松、常、太三府一州、浙江嘉、湖二府漕粮内，专设白粮一项，系征糯米或白粳，专供宫廷食用，是漕粮中最重要的一部分。

留态度，实际筹议者主要是陆建瀛，但其方案也明显较道光五年成案保守。① 该折交户部议覆后获准，计臣特别强调，苏松太三属漕粮"既经改用沙船，无需帮费，自应将额征、带征之米全数起运"，不可再有亏缺。②

然是年十一月，漕运总督杨殿邦具折反对，奏请缓议河海并运。漕督认为，江苏漕粮亏短，未必皆因帮费过重，海运也未必省于河运。更重要的是，如遽改海运，漕船大幅歇减，失业水手人等难以安置，势必成为不安因素。此外，当日洋面不靖，内海之劫盗、外洋之夷氛，随时可能威胁海运。③ 杨殿邦对于安全的顾虑并非无因，然其言论也代表河运利益集团的反对声，显示出海运"减费裕漕"带来的利益转移。

户部在议覆时反驳，苏松太帮费甚重，每岁至少需银八九十万两，岂能于漕务绝无妨碍。至体恤减船丁舵、加强海洋巡哨等事，该省督抚将妥为筹办。尽管漕督的反对并未阻止当年的海运，但此事(特别是杨强调的"漕船未便连年减歇"这一点)直接影响了户部的态度。最明显的表现是，议覆折及上谕中的措辞，已由"每岁酌分数成，改由海运"改为"暂由海运"。且称海运一事"可暂不可常，宜少不宜多"，来年应"妥筹减费裕漕良策，以期全漕足额，仍归河运旧章"。尽管户部此前便认为，海运不过因时变通之道，河运方属正途。然经杨殿邦事件之后，海运更降格为当年的应急方案，决策者似不打算将其延续，故仍需另筹良策。④

---

① 《李星沅日记》下册，道光二十七年七月廿八日、十月廿二日、十二月初五日，712、722、726 页；《与陆立夫中丞书》，道光二十七年十一月，《翁心存诗文集》下，978 页。

② 《嘉庆道光两朝上谕档》第 52 册，道光二十七年十月十三日，377～381 页。

③ 杨殿邦奏，道光二十七年十一月二十日，朱批 04-01-35-0279-062、04-01-35-0279-063。

④ 《嘉庆道光两朝上谕档》第 52 册，道光二十七年十二月初七日，493～496 页；《户部片奏议覆筹补缓缺米数不应动用正款、粮船水手亟宜安顿》，道光二十七年十二月二十二日，王毓藻辑：《重订江苏海运全案·原编》(以下简称《海运全案》)卷 1，光绪十一年刻本，64 页。

道光二十七年的海运章程，是根据道光五年的成案拟定的。① 从漕粮制度的角度来看，其中最关键的内容，是漕额的筹补与海运经费的筹措。当日户部筹议海运的初衷，是以节省的河运银米与帮费，补足缓缺之漕额。按苏松太三属额定起运交仓漕粮正耗米 1 023 532 石，河运制度下的运费主要有两项：一是给丁耗米 122 013 石，用作旗丁长途挽运的折耗与食用；二是漕项银米（"漕赠"），按漕粮每百石贴银 10 两、米 5 石给发，用作运输经费。此外，三属另有起运交仓白粮正耗米 52 611 石，及给丁余耗米 13 019 石。道光二十七年苏属秋歉，漕粮大量缓征，实征漕白粮正耗米 802 358 石零，短缺米 273 785 石零。为符海运足额交仓之例，苏属动用节省河运银米筹补：除动支漕粮给丁耗米 89 440 石、白粮给丁耗米 13 019 石、漕白粮赠五盘耗米 57 711 石外，另拨给丁漕赠银 150 000余两采买补足。

与之相关的问题是，原有河运经费用于筹补，海运经费又从何而出。漕粮海运的主要支项包括：（1）沙船水脚、耗米；（2）天津、通仓剥船雇价、食米，经纪耗米；（3）各州县运粮赴沪水脚、南北设局公费等。在咸丰四年以前，江苏海运经费支销的基本原则是不动正帑，"由外筹办"，即各州县"捐解"帮费，名曰"海运津贴"。

毫无疑问，该经费只能出自漕粮之浮勒。道光二十七年筹议之时，苏州知府桂超万便极言其不可，盖"其隐有加赋之实，不特后援为例，贻害无穷，即目前民力亦艰难也"。② 魏源也向陆建瀛强调，"但用漕项银米即敷办漕，毋庸再提帮费，以滋流弊也"③。然在督抚的考虑中，海运仅一时试办，漕粮终将复归河运，故帮费不宜遽行裁革，仍按额解充海运经费，而本应用于海运开销的河运节省银米，则移作弥补仓储、库项

---

　　① 　本段及下段据陆建瀛：《苏松太三属漕米全由海运酌定办理章程折》，道光二十七年十一月二十六日奉朱批；《查明苏松太三属海运米数及续议章程》，道光二十七年十二月十二日奉朱批，《陆文节公奏议》卷 2，24～31 页。

　　② 　桂超万：《裕堂文集》卷 2《复包慎伯明府书》，《续修四库全书》第 1510 册，128 页。

　　③ 　魏源：《古微堂外集》卷 7《上江苏巡抚陆公论海漕书》，《续修四库全书》第 1522 册，430、431 页。

之需。此为筹议海运时的权宜之策，然江苏如是因循办理者十余年。①

如果从筹补仓储这一点来看，道光二十七年海运确有立竿见影之效。道光二十八年三月，苏松太三属漕白粮正耗米 1 083 115 石足额兑竣，放洋北上。② 七月，户部右侍郎朱凤标在津验收完竣后，对本次海运做了极高的评价：

> 江苏省苏州、松江、常州、镇江、太仓五府州属十余年来，未经报有全漕。本年苏州、松江、太仓三属改由海运，不独该三属漕额无亏，即河运之常州、镇江两属漕粮，内有丹徒等县缓缺交仓米石，亦经该省督抚于海运节省项下筹补足额，由海搭运。计共筹补米将及三十万石，较之上年河运，计今届交仓米多运五十一万一千三百余石，查验米色始终一律干洁。③

是年海运不仅补足苏松太三属灾缺米 273 785 石，即河运之常、镇二府灾缺米 6970 余石亦于节省项内补足，再加上随正交仓之经纪耗米 13 300余石，共计筹补米 294 055 石。④ 由此，苏属河海并运共计起运交仓米 1 448 330 石，较此前三届河运分别多运 433 371、546 203、511 321 石不等，一改十余年来额漕持续亏短之局面。⑤ 而且，从此后的历史来看，苏属的起运交仓额数再也未达到这一高度。

与道光五年不同的是，道光二十七年之海运并非起因于河道梗阻，财政层面的考虑才是此次重议海运的动因所在。如杨殿邦奏称："近年来河流顺轨，运道畅行，乃论者因灾减过多，诿诸帮费，将苏松太三属漕

---

① 冯桂芬：《显志堂稿》卷 4《江苏减赋记》，《续修四库全书》第 1535 册，546页；殷兆镛奏，同治四年五月初二日，录副 03-4863-030。

② 陆建瀛：《奏报海运漕粮全数兑竣一律放洋折》，道光二十八年三月初十日奉朱批，《陆文节公奏议》卷 3，4 页。

③ 朱凤标奏，道光二十八年七月初三日，朱批 04-01-35-0281-026。

④ 陆建瀛奏，咸丰元年十一月十八日，宫中档 406001548。

⑤ 《清单》，道光二十八年正月二十六日，台北"故宫博物院"藏，军机处档折件(以下简称"军机处档")080757。本书引用的军机处档折件均藏该馆，以下不再注明。

粮改由海运。"①翁心存也认为，海运之行，昔则"借省转般递运之劳"，今则"以津贴日增，别筹足国恤民之策"。②户部更明确指出，道光五年"偶因黄河漫口，试行海运"，道光二十七年"又一试行"，则意在"节省帮费，筹补仓储"。③可见，计臣关注的是仓储，即通过分成海运减省帮费，实现全漕起运。然而，海运革新漕务的意义，筹议之初便不为计臣所重。至道光二十八年苏属全漕抵通、京师仓储渡过难关之后，这一点更是被中枢所忽视。

另一方面，在海运过程中，帮船停歇、水手失业所引发的不安定因素则被放大。道光二十八年(1848)二月，失业水手与英国传教士在青浦发生冲突，导致中外局势紧张。青浦教案的深刻刺激使得道光帝不再考虑继续推行海运。④是年夏，李星沅便已得悉中枢之态度："明年新漕自难海运。"⑤至冬间筹办新漕之际，他奏称："漕粮本以河运为正途，至道光六年因黄河阻塞，本年因筹裕京仓，先后试行海运，均属一时权宜之计"，本年苏松太三属漕白粮仍归河运。此前，道光帝也有谕："海运岂能恃为长策?"⑥于是，道光二十八年起，苏属漕粮重归河运之旧途。在维持定制的考虑下，漕务的种种积弊均被搁置一旁，视而不见。

## (二)筹补兵糈：道光三十年苏属的白粮海运

两年后，江苏进行了道光年间的第三次海运。但此次海运规模较小，仅限苏属之白粮，此为道光二十七年筹议河海并运之旧案。道光三十年十一月二十五日(1850年12月28日)，两江总督陆建瀛主动奏请海运白粮，其背景却与前案不同。陆氏指出："上届漕白粮海运，系为筹裕京仓；今届海运白粮，本为筹补兵糈，事属判然两途。"缘道光二十九年江

---

①　杨殿邦奏，道光二十七年十一月二十日，朱批 04-01-35-0279-062。

②　《与陆立夫中丞书》，道光二十七年十一月，《翁心存诗文集》下册，978 页。

③　户部奏，同治八年八月，中国水利水电科学研究院水利史研究室编校：《再续行水金鉴·运河卷》第 3 册，1048 页，武汉，湖北人民出版社，2004。

④　倪玉平：《清代漕粮海运与社会变迁》，90～100 页。

⑤　《李星沅日记》下册，道光二十八年六月初八日，749 页。

⑥　李星沅、陆建瀛奏，道光二十八年十一月初三日奉朱批，录副 03-3149-003；《嘉庆道光两朝上谕档》第 53 册，道光二十八年十一月初三日，373 页。

南大水，苏属漕粮大幅欠缓，司库不得不垫款支放本省兵行局恤等米，计银158 900余两。道光三十年又遭灾歉，仍需筹补本地兵糈42 600余石。然司道两库"几无款可拨"，遂以海运白粮为筹款之策。这一方面是由于白粮帮费较重，倍于漕粮，故海运省之款亦巨。另一方面，苏属白粮不过72 000余石，为数无多，海运风险较小。

咸丰元年(1851)，苏属道光三十年份白粮正耗米72 006石由海运交仓。至于本届节省银米，尽管户部要求参照前案，筹补京仓，但江苏方面强调，该项已奏准抵支灾缺兵米，难以买米筹补：节省给丁盘耗米42 900余石抵放来年灾缺兵糈；漕项银35 400余两、帮费22 500两，则用于归补司库垫款。① 大灾之后，陆建瀛重议海运，其动机仍在财政层面：筹补灾缓兵糈。但与上届不同的是，是年节省银米尽数留于本地支用，全未起运。

## 二、咸丰年间漕粮海运的再启与中止

### (一)咸丰元、二年的漕粮海运

道光末年，河运仍是绝对的主流，海运不过偶尔为之，但其省费、便捷却给时人留下深刻的印象。咸丰元年(1851)以降，江苏的漕粮海运迅速取代河运，成为此后之常态。是年八月，黄河在江苏丰县北岸决口，黄水入运，次年河运能否如期进行，成为疑问。更重要的是，当日清廷正于两广用兵，筹备军需已属不易，此时又添河工经费450万两。道光三十年、咸丰元年两年之内，各省因此加增的例外拨款多达2258万两，相当于常年岁出的63％。② 清朝的财政管理以收支相对固定为基本原则，应付临时性开支本是其短板。如此巨额支项的骤然加增，势必使清廷陷入前所未有的窘迫。是年秋间，南漕海运之议再起，兴议者便是职司度支的计臣。

---

① 陆建瀛等奏，道光三十年十一月二十五日，朱批 04-01-35-0285-031；陆建瀛等奏，咸丰元年二月十一日，宫中档 406000166。

② 何烈：《清咸、同时期的财政》，175～178 页。

九月二十四日，户部尚书孙瑞珍奏请漕粮河海并运，以裕库储，而资周转。据称，道光后期以来，岁入各款因银贵常年短缺，而军需、河工等支项日繁，部库万分支绌。当日户部甫拨银450万两，以济丰工要需，所拨之款"皆系明年京支所必需，届期筹措无资，恐致束手"。孙氏想到了三年前的海运成案，盖此事可"以节省为增加"，办理"著有成效"，是可靠的筹款之策。他奏请本年参照道光二十七年成案，海运苏松太三属漕粮：

> 拟请将来岁苏松太三属新漕照案改由海运。计多得之米仍可有三十余万石，即以此米粜出换银，可得银六十余万两。又，三属帮船既不出运，行粮耗米等项皆归节省，计通共可得银八九十万两，于常年交仓米数仍无减损，而多得之银，计明岁春间即可听候部拨，于库储不无少补。①

与前案不同的是，当日"仓储尚非甚缺"，而"部库则支绌万状"，故孙氏改变海运的筹补方式，将节省之项由漕米转化为银两，以济急需。这一变通的意义在于，海运自此成为重要的筹款方策。

几乎是在同时，江南道监察御史张祥晋也呈递了主旨相同的奏疏，请将海运推广至江浙二省，这对海运再启产生了直接的影响。张祥晋指出，当日丰工甫兴，次年河运恐难如期抵通，须事先筹划，且河工需费浩繁，尤应亟筹经费。海运则"既免运道淤塞之虞，又济南河要工之需"。江苏前届海运仅限苏松太三属，节省之银已不下七八十万两，若令常州、镇江二府，及浙江杭嘉湖三府一体遵办，节省之项当在二百万两以上，即可拨解河工，以济急需。②

尽管丰北决口、漕行堪忧确是此事的重要背景，但骤然而至的丰工巨费才是计臣、言官再议海运的直接动因（是年除江苏外，各省漕粮仍由河运）。也就是说，咸丰元年江苏重启海运的首要考虑，仍在度支层面。然其意义，已由前案的筹补京仓（缓缺之额漕），转变为筹备库储（河工之

---

①　孙瑞珍奏，咸丰元年九月二十四日，录副 03-4362-034、03-4362-035。

②　张祥晋奏，咸丰元年九月二十五日，录副 03-4362-037。

要需)。值得注意的是，孙、张二人关注的只是可节省多少浮费以济要需。至于这些帮费出自何途，由谁负担，完全不在他们的考虑之内。

九月二十五日，咸丰帝将孙、张二人之议寄予江浙督抚，令其体察地方情形，就海运可否普行妥议具奏。[①] 从未办过海运的浙江对此表示反对，巡抚常大淳提出种种理由，称海运窒碍难行，如浙江帮费较少，海运经费不敷；江浙同时海运，沙船难以雇觅；本省出海口不理想，须至上海放洋，等等。[②] 已有过三次海运经验的江苏则遵旨将本届苏、松、常、镇、太五府州漕白粮一律改由海运，并抵补足额，酌筹节省银款。在疆吏的表述中，除枢臣强调的库储之外，漕务也是海运的考量。陆建瀛等奏称：江苏漕粮收兑两难，官民交困，"若欲力筹补救，舍海运诚无良策"，目下军务、河工拨饷浩烦，度支孔亟，"欲于裕漕之中筹节省之计，亦非海运不可"。[③]

咸丰元年江苏的海运，在筹补额漕、筹措海运经费等关键问题上延续了上届的原则。关于前者，是年苏属实应征交仓漕白粮米 1 046 255 石零，灾歉缓缺米 398 652 石，例应筹补足额。但与上届筹补米石不同，本年因部库支绌，改为筹补银款。是年苏属共筹补银 66 万两，包括：(1)节省给丁耗米 213 995 石零，一律按 1 两/石粜变，计银 213 995 两；(2)各属节省帮费 258 364 两；(3)节省给丁漕赠银 187 639 两。以上三款分别提解司库，抵充南河工需。故是年筹补银款，除补足缓缺交仓米 398 652 石外，尚余银 261 348 两，较道光五年、二十七年两届海运，均属有盈无绌。本届海运经费约需银 100 万两，仍出自州县节省帮费等款。

咸丰二年(1852)，丰工堵筑不力，黄水灌入致运道被淹，江广、浙江等省漕行大幅衍期，咸丰元年份漕粮至二年秋间仍未抵通。河运危机

---

① 《咸丰同治两朝上谕档》第 1 册，咸丰元年九月二十五日，387 页，桂林，广西师范大学出版社，1998。

② 常大淳奏，咸丰元年十一月二十八日，军机处档折件 082477。

③ 本段与下两段据：陆建瀛、杨文定奏，咸丰元年十一月十八日，宫中档 406001548；陆建瀛、杨文定奏，咸丰元年十二月二十四日，宫中档 406001760；《咸丰元年江苏海运说帖》(1851 年)，《吴煦档案选编》第 6 辑，118～120 页。

与财政压力依旧，海运的延续成为十分自然之事。① 是年苏属实征漕白粮交仓米1 042 474石，筹补缓缺米405 220石零。正如陆建瀛所称，筹补"名为裕仓，实则筹饷"，故仍折为银款，共计60万两。其来源依旧是节省给丁银米与帮费，包括：（1）给丁漕赠、余耗等米213 340石，按9钱/石粜变，合银192 006两；（2）帮费261 717两；（3）给丁漕赠银146 276两。本届银款较上年短少6万余两，其原因在于：第一，漕赠项下晒扬米价一款因道库支绌，未能列入；第二，粜变米价由上年的每石1两减为9钱。

　　然而，太平天国势力的迅猛发展，给是年的海运带来极大的影响。咸丰三年正月，太平军由两湖进兵江南。二月，先后攻克江宁、镇江、扬州三城，切断了清朝的漕粮运道。由于战事在江南的展开，以及江苏布政使倪良耀的渎职，二年份漕粮的海运相当迟缓。更要命的是，苏属开始擅自截留漕粮。是年因运道梗阻，咸丰帝谕令江宁布政使所属及安徽、江西应运咸丰二年份漕粮酌量截留，以充本省军食兵饷。江苏方面以部拨经费缓不济急为由，擅行援例截留漕粮218 500余石。尽管清廷严谕所截漕米全数克期运津，又将杨文定、倪良耀二人降四级调用，但此项仍为苏属截留。② 故咸丰二年份江苏漕粮的实际起运额数，较原计划的1 042 474石大为减少，仅有823 961石。③至60万两筹补银款，原议归还复堵丰工案内垫款。然至咸丰三年正月，因军需紧急，户部奏准该款中50万两拨解向荣江南大营，其余10万两解往江宁，以为防堵之用。④ 然是年"粤匪东窜，民情涣散"，漕粮、地丁大量欠解，该款终无

---

　　① 本段据：陆建瀛、杨文定奏，咸丰二年十二月初六日，宫中档406003000；陆建瀛奏，咸丰三年正月初九日，宫中档406003231。

　　② 倪良耀奏，咸丰三年三月二十三日奉朱批，录副03-4363-037；户部奏，咸丰三年三月廿五日，录副03-4363-039；《咸丰同治两朝上谕档》第3册，咸丰三年三月二十五日，128页；柏葰等奏，咸丰三年四月初二日，录副03-4363-043。

　　③ 倪良耀奏，咸丰三年七月初五日，录副03-4363-010；孙瑞珍奏，咸丰三年八月十一日，录副03-4364-016。

　　④ 《户部议覆海运章程》，咸丰三年二月初一日，《海运全案·原编》卷2，61～62页。

从征解，难以拨用。① 自咸丰三年起，随着太平天国战争延及江南，江苏的漕粮海运逐渐失去了道咸之交筹补仓储、库款之功效，相反，以军需为由截留漕粮与节省银米，成为此后数年之积习。

## (二)咸丰三年漕粮之改折与截留

咸丰三年(1853)以降，南方各省的漕运方式为之一变，基本奠定了此后五十年间清朝的漕运格局。首先，浙江在是年加入海运的行列。咸丰二年，因山东运河水势骤涨，浙省漕船北上严重迟缓，来年无船可用。九月，巡抚黄宗汉力排众议，奏准本年漕粮试办海运。咸丰三年，浙省二年份漕白粮 589 374 石由沪运津。②

另一方面，咸丰三年太平军攻占镇江、扬州，运道梗阻，江广等省漕粮难以运京。七月，户部奏准江西、湖南、湖北等省漕粮折银解京：花户仍照旧完纳本色，由官将所征漕粮变价解部，稷米每石折银 1.3 两，粳米每石 1.4 两。③ 十月，江安粮道所属(即安徽、江苏江北府州)也奏准照江广之例，将漕粮折银解部。④ 同年，河南泄水阻挡太平军北伐，导致运河淤垫，所征粟米、麦豆奏准变价解京，每石折银 1.25 两。⑤ 咸丰七年起，该省固定地办理折漕。⑥

由此，咸丰三年以降，漕粮仍以本色起解的，只有仍行河运的山东，及改行海运的江苏、浙江，后者的海漕对于京糈支放意义尤大。然咸丰三年八月，上海被小刀会占领，至岁末仍未收复，江浙两省失去了原有的出海口。十一月，户部奏请饬令江苏预筹新漕海运之事。计臣们建议，

① 何桂清、徐有壬奏，咸丰十年三月十二日，录副 03-4373-035。

② 桂良奏，咸丰四年二月二十二日，录副 03-4365-023。

③ 王庆云：《户部议令江广等省筹办折漕折》，咸丰三年七月初六日，《王文勤公奏稿》卷 4，1942 年铅印本，81～83 页；《咸丰同治两朝上谕档》第 3 册，咸丰三年七月十四日，262～263 页。

④ 王庆云：《户部议覆安徽、湖北折漕折》，咸丰三年十月十八日，《王文勤公奏稿》卷 4，98～99 页。

⑤ 英桂奏，咸丰四年二月二十三日，朱批 04-01-35-0285-057；邵灿奏，咸丰四年，朱批 04-01-35-0286-030。

⑥ 《河南全省财政说明书》，《岁入部·田赋》，59～60 页，经济学会，1915 年。

或将出海口移至浙江乍浦，或参照江广将漕粮、漕项由官折银解京。但考虑到京仓支放，他们强调，折银为"万不得已之计"，非"救时善策"也。① 十二月，江浙两省均奏称，太仓州之浏河口可作为新出海口。浙江据此拟定了海运章程，而江苏则奏请新漕变通办理，照部议改征折色，解京采买。②

道光末年以来，漕粮改折与海运同为改革漕务之方策，数次为户部及江苏地方官员所提议，但均未见施行。在咸丰三年这一非常时刻，漕粮改折再次被提上议事日程。③ 清代江南的土地使用形式以租佃为主，佃户交租于业户，业户以所收租米完纳漕粮。道光末年以来，"银价日昂，浮费日增"，州县不断提高钱漕征价，业户则将负担转嫁于佃户，"以致官民交怨，业佃相仇，抗粮抗租、拒捕殴差之案，层见叠出"。咸丰三年初，太平军进入江南，地方更不安定。八月，青浦周立春因征漕起事，小刀会与之呼应，一度占领上海、嘉定等六州县。冬间，扬州太平军一二千船齐聚瓜洲，试图归并镇江，南下苏杭，苏、常各属佃户鸣锣聚众，抗不还租。危机之下，苏州府长洲等九县知县会同绅士筹议，为避免开仓时滋生事端，漕粮请照部议每石1.4两之数，无分绅民，改收折色，不准丝毫浮勒。

尽管在总督怡良的表述中，折漕是出于社会安定的考虑，但更重要的动机显然在于筹饷。咸丰三年海运二年份漕粮82余万石，苏属借领、欠解司库银50余万两，复挪移地丁、漕项，始得起运。又因战事的影响，咸丰二年及三年上忙地丁屡催不完，不得不奏请缓征，司库因此有出无入，悉索一空。更要命的是，此时江南大营缺饷严重，恐有哗变之虞。当日立于金陵城外、由钦差大臣向荣主持的江南大营是清朝对抗太

①　祁寯藻奏，咸丰三年十一月二十四日，录副03-4364-042。

②　《怡良等奏报筹备刘河口设局委员办理海运事宜折》《怡良等奏陈江苏苏常等属本年新漕变通办理情形片》，咸丰三年十二月十五日，《清政府镇压太平天国档案史料》第11册，556～558页，北京，社会科学文献出版社，1994；黄宗汉奏，咸丰三年十二月二十七日，录副03-4365-002。

③　本段及下段，除特别注明外均据：《怡良等奏陈江苏苏常等属本年新漕变通办理情形片》，咸丰三年十二月十五日，《清政府镇压太平天国档案史料》第11册，557～558页；怡良、许乃钊奏，咸丰四年二月二十二日，录副03-4365-033。

平天国的支柱，其饷需主要来自江苏、浙江、江西等省。咸丰三年初太平军攻陷三城后，江苏各项收入均受影响，仅江海关关税一项为大营提供稳定的饷源。然八月小刀会起事，一方面江苏地方军费大增，更重要的是，英美领事趁机代管江海关，江苏失去大宗的关税收入近一年之久。故在咸丰三四年之交，江苏陷入极度的财政困境，江南大营兵勇也因此"缺饷鼓噪"。①

受地方军事、财政的联动影响，江苏不欲再将是年漕粮照常征解。怡良先是借称地方不靖，奏请漕粮改折，解京采买，如此可省去海运经费近百万两。且每石解银 1.4 两，远低于采买所需，其余 0.6 两(是年苏属漕粮征价每石合银 2 两)更成为州县盈余，这对本省极为有利。后怡良又以救急为由，擅行"借拨"所征漕折银两，以济饷需。也就是说，苏属并不打算将漕折银解部。折漕的初衷是将漕米转化为本省急需之银两，以便截留济饷。

这些财政上的考量，户部看得十分清楚。经苏属一再奏请，他们最终同意是年漕粮可因时变通，改征折色，但仍须在当地采买粳米，由海运津。② 是年，苏属漕白粮因被兵、抛荒蠲缓，仅征 586 551 石。据称除金山征收本色 14 386 石，其余全部按每石 1.4 两折征。经过一番讨价还价，苏属仍以本地乏米，且沙船难以雇觅为由，仅将本年应征白粮 55 326 石由本地买米，照旧海运交仓。而大宗的漕粮 531 225 石应折之银 723 575 两(实际征收 569 000 余两)，则借口江南大营军饷万分急迫，全数截留。③

## (三)咸丰四年的转折

苏属咸丰三年份漕粮因兵事改折，几无起运，这在有清一代江南的

---

① 龙盛运:《向荣时期江南大营研究》，142～145 页，北京，社会科学文献出版社，2011。

② 祁寯藻等奏，咸丰四年正月十一日，朱批 04-01-35-0285-053；祁寯藻等奏，咸丰四年三月十一日，录副 03-4365-034。

③ 《怡良等奏覆采买漕粮及借拨军饷设法归补情形折》，咸丰四年四月十一日，《清政府镇压太平天国档案史料》第 13 册，607～609 页；怡良、许乃钊奏，咸丰四年四月二十三日，录副 03-4365-061。

漕运史上，几未有先例。当日江南"逆氛未靖"，"三城未复"，民心不定，筹办次年新漕仍无把握。咸丰四年（1854）四月，户部始议改弦更张，轻减苏属的海运负担，保证天庾正供的起解。首先是奏请是年秋成启征后，漕运总督由淮安移驻苏州，督办漕务，以代替因军务驻防常州、难以兼顾的江苏督抚。更重要的变化，则是在恢复本色征解的同时，奏准江苏参照浙江海运章程，将河运经费用于海运开销，裁去上两届之节省银60余万两。①

咸丰二年，浙江在黄宗汉主导下实现了漕粮海运，其中的关键环节是解决经费问题。盖当日海运，"必须将河运用项一概节省归公"，海运所需只能出自节省帮费。浙省帮费远少于江苏，不敷海运之需，故此事屡议屡止。而黄宗汉的突破在于，奏准"将办理河运一切作正开销之费，并归办理海运之需"。② 事实上，江苏督抚在海运咸丰三年份白粮之时，便开始参照浙江章程。是年起运白粮 55 326 石，计有节省盘耗等米 32 962 石零，照例应粜变解部，海运经费另以津贴取诸州县。然当日的实际情况是：各属因漕粮减价改折征收，盈余大减，海运津贴屡提未解，不得不由司库垫交；而州县则借津贴之名"加取于民"，以致"浮收日甚，激成变端"。由此，苏属奏请节省余耗等米无须粜变提补，直接用于海运开销。③

在小刀会变乱之余，督抚们多强调，海运的筹补原则与变乱之间存在直接的联系。如漕运总督邵灿奏称，道光二十七年、咸丰元年、二年三届成案，"或补足灾缺额漕，或另筹节省银款，动至六十余万两之多，因而州县借此名目，遂得恣意浮勒之计，以致刁民抗纳成风，酿成青浦周逆巨案"④。按照这一思路，以河运经费作为海运开销，使州县从容办理，不致浮勒病民，便成为"弭变清源""釜底抽薪"之策，很快得到中枢允准。

---

① 祁寯藻奏，咸丰四年八月二十九日，朱批 04-01-35-0286-008。

② 黄宗汉奏，咸丰二年九月二十五日，军机处档折件 086679。

③ 怡良、许乃钊奏，咸丰四年二月二十二日，录副 03-4365-030、03-4365-031；怡良、许乃钊奏，咸丰四年四月二十三日，录副 03-4365-061。

④ 邵灿奏，咸丰四年十一月二十五日，朱批 04-01-35-0286-018。

自咸丰四年海运起，"交仓漕米就数起运，毋庸筹补足额"成为章程中的固定条款：

> 此次办理海运，因逆氛未靖，又当改折征收以后，与各上届情形不同。经户部议准，改照浙江章程，以河运钱粮作为海运开销，自应就数起运，毋庸计及筹补。[1]

原用于筹补的河运银米既作为海运开销，道光末年以来海运"筹补足额"的原则便无法再维持。这意味着，苏属只需将当年所征漕米就数起运，不必再负担此前每岁 60 余万两的节省银款。至此，海运完全失去了道光末年兴议时筹补额漕的本意。该案为此后历届所继承，除咸丰五年起运节省米 43 000 余石外，江苏在咸同年间再未解交节省银米。[2] 这极大地改变了户部与江苏在漕粮分配上的利益格局，天平开始明显倾向后者。盖当日户部"止图正供无误，不遑兼筹节省"。[3]

此后数年，江苏的海运交仓额数较咸丰初年直线下降(参见表 4-4)。咸丰四年份实征漕白粮 800 398 石，虽较上年大有改善，但仍远低于元、二两年。不仅如此，咸丰二年以来，以饷需为名，擅行动支本应全数起运的漕粮，成为江苏之积习。咸丰四年，怡良奏准截留 30 万石充饷，实际仅起运 500 398 石。咸丰五、六两年，江苏又分别截留漕粮 20 万石、25 万石，使得抵通漕额大幅减少。

表 4-4　1847—1860 年江苏海运交仓漕白粮正耗米额数统计(单位：石)

| 年份 | 实征额数 | 筹补、节省或搭运额数 | 截留额数 | 起运交仓漕白粮额数 |
|---|---|---|---|---|
| 道光二十七年 | 802 358 | 筹补缺额米 273 700 石 | 无 | 1 076 058 |
| 三十年 | 72 006 | 搭运道光二十九年份缓征米 4699 石 | 无 | 76 705(仅白粮) |

---

① 怡良等奏，咸丰四年十二月二十日，朱批 04-01-35-0286-025。

② 光绪《钦定户部漕运全书》卷 92，4～5 页。

③ 何桂清、徐有壬奏，咸丰十年三月十二日，录副 03-4373-035。

续表

| 年份 | 实征额数 | 筹补、节省或搭运额数 | 截留额数 | 起运交仓漕白粮额数 |
|------|----------|----------------------|----------|---------------------|
| 咸丰元年 | 1 046 255 | 节省银 66 万两，除筹补缓缺米 398 652 石、余银 261 348 两 | 无 | 1 046 255（加筹补米应为 1 444 907） |
| 二年 | 1 042 473 | 原报节省银 60 万两，实际提银 271 000 余两 | 218 500 石 | 823 961 |
| 三年 | 586 551 | 无 | 531 225 石（折银 723 575 两） | 55 326（仅白粮） |
| 四年 | 800 398 | 无 | 300 000 石 | 500 398 |
| 五年 | 912 000 | 支剩给丁余耗 43 000 石 | 200 000 石 | 755 000 |
| 六年 | 366 202 | 无 | 250 000 石 | 116 202 |
| 七年 | 912 291 | 无 | 无 | 912 291 |
| 八年 | 993 000 | 无 | 无 | 993 000 |
| 九年 | 987 350 | 提前商运米 230 000 余石 | 204 341 石 | 1 013 009 |
| 十年 | 32 870 | 无 | 无 | 32 870 |
| 咸丰年间平均 | 767 939 | | | 664 696 |

资料来源：除本章各处相关引文外，另参考《重订江苏海运全案·原编》卷 6《原额漕白及各年实运交仓米数》，63～66 页。

其中最典型的当属咸丰六年，是年夏秋之际，苏属遭受数十年一遇的旱、蝗重灾。常镇二府漕粮全行蠲免，苏属实征漕白粮仅 366 202 石。此时不仅有大量灾民需要救济，更严重的问题在于饷需。是年江南大营为太平军所破，江苏清军因此增加了人员、军械开支，每月需银 40 万两以上。然据怡良奏称，本省饷源搜括已尽，各省协饷又欠解累累，以致各路兵饷欠发二至五个月不等。在"民食、兵糈在在可虑"之际，苏属打起了漕粮的主意。怡良原拟仿照咸丰三年，将漕粮全数截留，仅起运白粮，然终不得不兼顾天庾，奏请截留 25 万石：

此项新漕，即使全数起运，尚不及上届之半，而地方存米益空，兵民恐有绝粮之厄，关系实非浅鲜，即全数截留，亦不敷浙江一年协饷之数。惟天庾正供，究不容不兼权并计。溯查咸丰五年截留二十万石，四年截留三十万石，三年本折兼收五十余万充饷。本年秋收既远逊于三、四、五等年，筹饷之难、需饷之急，则更百倍于当年。与其多运少截，仍无济益，何若损上益下，以期保全……俯准将交仓漕粮项下截留二十五万石，抵充军需，则兵饷借以支持，民食尚可假借，用费亦稍节省，实属一举而三善备。①

在怡良看来，截留与否、截留额数完全以咸丰三、四、五年的情况为参照，足见截漕已成该省惯习。其次，当日京仓支放全赖江浙海漕，又值江南漕粮因灾大幅减征，但本省军需显然是督抚的首要考虑，而京师仓储不过处于"兼权并计"的地位。所谓"一举而三善备"，甚至未将天庾考虑在内。

如江苏于所征漕白粮 36 万石内截留 25 万石，起运之数便远少于截留，故此议为户部所驳。然而，对于最关键的军饷问题，计臣也拿不出有效的解决之策。② 咸丰七年正月，苏属以军饷万分支绌为由，再请截漕。据称所征新漕内，本色已动支 3 万石，折色亦动用数万两，实系万不得已，否则有"饷绌兵哗""全局瓦解"之虞。③ 当日，咸丰帝谕准江苏照数截漕济饷。④

咸丰二年至六年间(1852—1856)，苏属平均每岁起运交仓漕白粮450 177 石，截留 299 945 石。这意味着，每岁所征漕粮之四成为本省截留。如此大规模的截漕，很大程度上是出于"人"的因素，缘怡良治下的江苏官场吏治痌败，因循敷衍成风，筹饷严重不力。据时人观察，苏省官员筹饷，"两只眼睛，专在天仓漕米上注力"。咸丰七年初，苏省"藩库

---

① 怡良等奏，咸丰六年十二月初一日，朱批 04-01-35-0286-041；《薛焕致吴煦函》，1856 年 12 月 12 日，《吴煦档案选编》第 6 辑，206 页。

② 柏葰等奏，咸丰六年十二月十五日，朱批 04-01-35-0286-046。

③ 怡良等奏，咸丰七年正月十八日，朱批 04-01-01-123-037。

④ 《咸丰同治两朝上谕档》第 7 册，咸丰七年正月二十七日，38 页。

已不名一钱"，盖所截漕米用尽，地方官员便"袖手置之，不闻不问"。①

## （四）何桂清的整顿：咸丰七年至十年的海运

此种局面因新任两江总督何桂清的到来而大有改观。咸丰七年（1857）六月何桂清赴任后，在人事、制度等方面多有整顿，以挽颓风，除积弊。其中最关键的，是重用其亲信王有龄，委以筹饷理财之任。②王有龄素称善于理财，七年五月，赴上海清理关税，及沙船、丝茶、洋货三项厘捐，关税则加增额外盈余，厘捐则提高劝捐标准，剔除中饱。不过半月，税额便有大幅提升。此后仅上海一地，每岁关税、厘捐便可得银四百四五十万两，由此保证了江南大营的支应。③此外，海运的管理也得到加强。此前历届海运均于苏州府设局，由知府会督府州正杂各员办理，然事多散漫，催征不前。何桂清则于省城设立海运总局，改由藩臬两司、粮道督办，力除积弊，"米则不准颗粒截留，银则必令丝丝入扣"④。

经何桂清、王有龄等在筹饷、吏治方面的筹划、整顿，江南大营不再有缺饷之虞，截漕积习也因之廓清。与怡良不同的是，漕粮设法多筹、绝不轻议截留成为何桂清办理海运的基本理念。⑤这一转变直接地体现在起运额数上，大灾后的咸丰七年，江苏实征漕白粮交仓米 912 291 余石，全数由海运津。⑥该年的起运额达到咸丰元年以来的最高值，较上

---

① 《何桂清致自娱室主人》，咸丰七年，《何桂清等书札》，52 页，南京，江苏人民出版社，1981。该资料收录的何桂清、黄宗汉等人信札中透露出许多江浙海运之内情，颇具价值。倪玉平最早在相关研究中系统利用了该资料。

② 王有龄，福建侯官人，咸丰六年，以署理浙江按察使擢云南粮储道，为巡抚奏留浙江，办理防堵。七年五月，何桂清赴两江总督任，将王氏调往江苏，清理财政。七年六月，升任江苏按察使，旋署布政使，八年二月，升江苏布政使。

③ 何桂清奏，咸丰七年六月初六日、六月初七日、七月十九日，朱批 04-01-01-0862-049、04-01-01-0862-104、04-01-12-0488-107、04-01-14-0067-022。

④ 何桂清、徐有壬奏，咸丰十年三月十二日，录副 03-4373-035。

⑤ 《何桂清致自娱室主人》，咸丰七年六月廿八日、八月三十日，咸丰八年七月初六日，《何桂清等书札》，53、56、73 页。

⑥ 何桂清等奏，咸丰七年十一月十九日，朱批 04-01-35-0287-019；何桂清等奏，咸丰八年三月二十七日，朱批 04-01-35-0287-044。

年的 116 202 石有霄壤之别。咸丰八年(1858)，起运交仓额数又有加增，达到 993 000 余石。① 后何桂清曾做以下的统计：咸丰四、五、六三年除截留外，共起运交仓 1 371 000 余石，而他到任后的七、八两年共起运 1 906 000 余石，两年较三届尚多 535 000 余石，足见其整顿确有立竿见影之效。②

另一方面，自咸丰七年海运起，户部也开始向江苏施压，要求恢复筹补节省银米之旧例。计臣指出，自咸丰四年苏省恢复本色海运，奏准免提节省银两，"海运又经行之三年，各州县征收钱漕亦应悉复旧章，本届新漕似应查照咸丰二、三两年成案，以节省银米报部酌拨"。③但江苏方面对此未加理睬，咸丰七、八两年之节省银米，除支销海运经费外，分别余剩 172 700、156 800 两，均凑拨本省军饷。④

咸丰九年(1859)，漕粮海运受到第二次鸦片战争的严重影响。战争期间，外夷对于海运的威胁始终牵动着中枢与江南督抚们的神经。为保证天庾正供的安全，他们不得不另筹变通之道。户部建议本年南漕不必起运，由部库垫款于北省采买米石，俟江浙收漕后，折价解京归款。⑤何桂清则奏请以商运米石预抵漕粮，据称可劝谕沪商先行垫资采购米四五十万石，赶于未经冰冻前运津交兑。如此则"明春不受人之挟制"，京仓亦无匮乏之虞，可俟夷务大局定后再办海运。⑥ 然而情况不如何氏预期的乐观，十一月间，突传英夷将由印度调兵前来，停泊各口，商船因此畏缩不前，仅运米 23 万余石。

尽管夷氛未靖，海道有险，是年十一月，江苏各属仍照旧开仓征漕。何桂清奏称，本届可起运交仓漕白正耗米 987 350 余石，除归还商运米

---

① 何桂清等奏，咸丰八年十一月十九日，宫中档 406009576。

② 何桂清等奏，咸丰十年三月十二日，录副 03-4373-035。

③ 《户部奏议覆海运章程》，咸丰七年十二月初九日，《海运全案·原编》卷 4，14 页。

④ 何桂清等奏，咸丰十年三月十二日，录副 03-4373-035。

⑤ 彭蕴章等奏，咸丰九年八月初三日，宫中档 406010994。

⑥ 何桂清奏，咸丰九年八月二十五日，录副 03-4372-063；《何桂清致自娱室主人》，咸丰九年八月十二日，《何桂清等书札》，75～76 页。

23 万余石，其余全数起运。① 但户部则认为，商运米 23 万石应作另案办理，来年仍将新漕全数起解。也就是说，户部并不认可商运米石抵充漕粮，他们希图借此向江苏施压，增加起运额数。继咸丰七年后，计臣再次提出，应恢复节省银米报部拨用之旧章，商运米价即于咸丰九年及历年节省银米内归还。② 尽管何桂清一再强调难筹巨款，请于新漕内预抵，仍不得不覆奏，遵旨起运全漕。③

战争的阴云使得本年的海运较往年提前，至咸丰十年二月初，漕粮已放洋大半。④ 然此期忽探闻有英船四只北驶，意在拦阻海运，故二月六日咸丰帝有谕：除业已放洋者外，其余漕船暂缓放洋，以防疏失。⑤但英舰并未拦阻漕船，江苏也按计划继续海运，据称奉到该谕之时，前四批共计起运交仓米 783 009 石零，仅末批 204 000 余石遵旨暂缓放洋。三月，为破江南大营，李秀成奇袭杭、湖，浙江军情紧急，苏属全行戒严。何桂清又称，浙省商贾不通，米价增昂，各项捐税征解不前，奏准将缓运漕米 204 000 余石先行拨济兵粮，借补军饷之不足。⑥

但实际情形似非如此，二月廿七日何桂清书札称，"海运分六批，每批十四万数千石"，"三月中必完"。可知江苏原拟起运漕白粮 87 万石左右（而非奏报的 109 万余石），将于三月内全数放洋。⑦ 据验收漕粮的户部尚书陈孚恩奏称，是年江苏共计起运米 868 193 石零（其中交仓米

① 《苏藩司禀陈办理海运为难情形》，咸丰九年十一月十六日，《海运全案·原编》卷 4，70～71 页；何桂清奏，咸丰九年十一月二十七日，录副 03-4372-092。

② 《户部奏议覆沪商运米预抵新漕章程》，咸丰九年九月十二日，《海运全案·原编》卷 4，55～56 页。

③ 何桂清等奏，咸丰九年十月十七日、十一月初十日，录副 03-4372-087、03-4372-088；《督抚奏遵旨全漕起运、前办商运米石作为另案》，咸丰十年二月初四日，《海运全案·原编》卷 4，86 页。

④ 何桂清等奏，咸丰十年二月初四日，录副 03-4373-018。

⑤ 《咸丰同治两朝上谕档》第 10 册，咸丰十年二月初六日，49 页。

⑥ 何桂清等奏，咸丰十年三月二十七日、三十日，录副 03-4373-036、03-4373-031；《户部奏议覆海运末批米石拨济兵粮》，咸丰十年闰三月初九日，《海运全案·原编》卷 4，91～92 页。

⑦ 《致自娱室主人》，咸丰十年二月廿七日，《何桂清等书札》，83 页。87 万、109 万石内，除交仓漕白正耗米外，还包含沙船耗米、经纪剥船食耗米等。

783 009石)，恰与此数相符。① 这意味着，江苏已将咸丰九年份漕粮全数起运，所谓留南济饷的末批漕米 204 000 石很可能并不存在。是年，布政使王有龄曾在私下指出，历届海运多有"虚报"，并非"实兑实开"，便是有力的证据。② 更值得注意的是，这一数字又与此前的商运米 23 万石大致吻合。也就是说，尽管何桂清表面承诺商运米作为另案，但在实际操作中，仍以婉转曲折的方式将其抵充漕粮。同时，他又以恐滋民变为由，拒绝了户部提解节省银米的要求。③ 通过这些细节，我们可以窥见疆吏与枢臣、地方与中央在海运利益分配中的复杂博弈。

在战争的阴影下，江苏分两次起运咸丰九年漕粮，共计交仓米 1 013 009石。这一数值较咸丰七、八两年又有所增长，为咸丰年间十届海运中仅次于元年者。同治初年，冯桂芬与李鸿章筹划江苏减赋，便力主将王有龄"所办三年"的漕粮起运额视作兵燹之余可能办理之上限，并据此议定减赋之标准。足见咸丰七至九年间确为兵兴后江苏漕务最为高效的时期。④

然而好景不长，咸丰十年(1860)四月，省城苏州为太平军攻克，其余各州县亦渐次失陷，几无完善之区。是年漕粮仅松江府属川沙、奉贤、南汇三厅县征得 32 884 石零，次年由海运津。⑤ 如此微量的起运额，意味着咸丰十年的海运近乎有名无实。而咸丰年间江苏的漕粮海运也就此收场，此后的咸丰十一年、同治元年，因各属尚未收复，该省漕粮全行蠲免停运。⑥

---

① 陈孚恩等奏，咸丰十年四月二十三日，宫中档 406012350。

② 《王有龄致吴煦函》，1859 年 12 月 15 日，《吴煦档案选编》第 6 辑，359 页。

③ 何桂清等奏，咸丰十年三月十二日，录副 03-4373-035。

④ 冯桂芬：《显志堂稿》卷 5《启李宫保论减赋》《再启李宫保》，《续修四库全书》第 1535 册，563~565 页。

⑤ 薛焕奏，咸丰十一年正月十三日，宫中档 406013872；薛焕奏，咸丰十一年四月二十四日，录副 03-4374-013。

⑥ 《原额漕白及各年实运交仓米数》，《海运全案·原编》卷 6，66 页。

## 三、漕粮海运下的督抚、州县与民众

以上两节中，笔者的目光聚焦于京师、上海、天津等处的相关衙门，以及大洋之上的沙船，主要讨论了道咸之际历届海运的出台、筹备及起运交仓情况，涉及的层面是户部与江苏之间，即中央与外省的财政关系。然而，由河运到海运的运输方式的转变，究竟在漕粮制度与财政管理方面带来了怎样的变革，这是既有研究未曾关注的问题。回答此问题，需将目光移至省以下的州县政府与地方民众，漕粮制度最基本的征解环节发生在这一层面。由此，本节主要考察以下两个问题：(1)海运制度下省与州县的财政关系；(2)海运制度下民众的漕粮负担。

### (一)省与州县之间

咸丰年间起运交仓额数的起伏，特别是截漕的频繁出现，似乎给人这样的印象：户部的管控力大不如前，督抚之财权渐重。然而仔细观察漕粮制度在省以下的运作，却可发现实际情况并非如此简单。一个不容忽视的面相是，在漕务管理的关键环节，督抚多受制于基层的州县官吏。

咸丰四年(1854)秋，漕运总督邵灿奉命移驻苏州，协助江苏督抚督办漕务，革除积弊。此时上海尚为小刀会所占，且是年继三年改折截留后恢复本色海运，办理倍形棘手。当日苏属各州县"纷纷报歉，自二分至三四分不等"，邵氏"明知其不实"，亦只去其弊之太甚，将灾分略加剔除。盖自道光中期以来，因漕务浮费加增，苏属州县无论收成丰歉，历年报灾，以冀缓征漕粮，亏缺正供。"捏灾"成为苏属漕务之积习，"虽在丰收年份，亦必斟酌时宜，奏办歉缓一二分，以为体恤官民地步"。[1]

至咸丰五年，上海收复，苏属秋收丰稔，邵漕督竭力催办，饬令各属少报灾分，增加起运米数。但"各州县迁延观望，总以难办为辞"，仍思浮开歉分，援照上年起运额数。虽经严加申饬，依然置若罔闻，一意

---

① 详周健：《嘉道年间江南的漕弊》，《中华文史论丛》2011 年第 1 期，282～286 页。已收入本书第三章。

藐抗。对此，邵灿的解释是：

> 奏报歉分向由巡抚主政，一经详定，即升合无可再加。刻下抚臣远驻大营，军书旁午，所有各属详报歉分，自无暇按亩而稽。加以查歉委员与各属通同一气，不难一详而定，虽漕臣亦无如之何。是以坚持锢习，牢不可破。

办理漕务以核定当年应征额数为先，其数又取决于灾歉分数。凡遇灾歉，各州县先行详报，督抚委员查勘，核定应征应缓确数，由巡抚主政，会同总督、漕督奏明办理。当日江苏巡抚忙于防剿，远驻大营，各属歉分"自无暇按亩而稽"。"加以查歉委员与各属通同一气"，所谓"查勘"，不过虚应故事。

无奈之下，邵灿奏请亲赴苏、松、常、太四属，择要抽查各州县报歉分数，称如此办理，可较上年多办 10 余万石。[①] 咸丰帝谕称，抽查歉分"势有难行"，盖"三府一州之地，非该漕督一人旬日之间所能遍历"。但他的解决方案，也不过是令督抚司道再行严饬各属。[②] 由该例可见，稽核歉分、确定漕额这一基础环节名为巡抚主政，然因查勘难有成效，州县实握有不小的主动权，几可"一详而定"，捏灾痼习遂牢不可破。

咸丰七年(1857)，何桂清就任两江总督，发现此前该省并不尽力筹饷，专靠截漕吃饭。他致信京中密友称：

> 断断不忍截漕，况本来不用截，其截者实系为官不为国，为私不为公，此邦文官良心都在脯〔脊〕背上，良可叹也。两月以来(屡次严札通饬，近已化枉为直)读弟之文者，不知有何面目见我君父，对我军民耶？……
>
> 此间上下相蒙，已成积习，牢不可破。凡事为私不为公，为官不为国。即如截漕一事，办得无人有脸敢见我。

可见，截漕并非尽因财源匮乏，相当程度上是由州县图谋私利、辜恩溺

---

① 邵灿奏，咸丰五年十月十七日，宫中档 406006934。

② 《咸丰同治两朝上谕档》第 5 册，咸丰五年十一月初二日，416 页。

职造成的。总督怡良等亦姑息迁就，见好属员，以致上下相蒙，牢不可破。经何桂清"严札通饬"，奏劾劣员，并于关税、厘捐等款另辟饷源，终于破除截漕之积习。从何氏整顿漕务之事，我们似可观察到一个代表"君父""军民"的疆吏与只图私利的地方官在漕粮分配中的冲突与对立。①

这一点在咸丰三年（1853）浙江的海运中也表现得相当明显。当日巡抚黄宗汉观察到：

> 通省民情，实无一人不完钱漕。无如苏省败坏至此，浙之州县从而效尤，恨不得汉忽有暴病死了，全漕可以不去，官吏及吃漕规者得以分肥。……
>
> 至于人事，则没良丧心之州县、漕书、迄〔包〕揽劣衿、顽梗匪辈，生怕漕务办成，米俱出去，银须起解，多方阻挠，日日盼望贼来，可以不起解矣。

黄氏对于州县官吏、绅衿心态的描绘可谓入木：咸丰三年，太平军进入江南，江苏漕粮全数截留，浙漕征收未受太大影响，然州县亦图效尤，拟趁乱截漕，分肥中饱。可以注意的是，巡抚与州县在此事中处于相当对立的状态：巡抚须对京仓负责，保证漕粮的起解，而州县官吏则更多考虑漕务中的私利。最直接的表现是，州县官吏"多方阻挠"海运，"日日盼望贼来"，甚至恨不得全力办漕的黄宗汉"忽有暴病死了"。②

在省以下的漕粮管理中，一方面是州县以捏灾、中饱等各种方式侵蚀正项，遂其私利；但另一方面，由河运到海运，省级衙门对于州县的漕粮管理也在加强。江苏每届海运，例于本省苏、沪两地设局（咸丰七年于苏州改设总局），由司道等员督办，管理海运相关事宜。由此，州县交兑漕粮及相关经费的对象，也由河运制度下本属水次的旗丁、帮船，转变为上海的海运局与沙船。州县除按额兑交漕白粮米之外，另需提解海运津贴与节省银两。

---

① 《何桂清致自娱主人》，咸丰七年六年廿八日、八月三十日，《何桂清等书札》，52～54、56 页。

② 《黄宗汉致自娱主人》，咸丰四年四月二十六日，《何桂清等书札》，131 页。

海运津贴(经费)，顾名思义是为筹措海运相关费用而向州县摊派之银米。当日江苏海运的基本程序是：每年十二月至正月间，各州县将所征漕粮运至上海，兑交海运局雇觅的沙船，于二月至四月间分批放洋北上。漕粮抵津后，坐粮厅派员率同经纪前往验收，交兑剥船，运至通州。以上各环节中的开支，主要包括以下款目：

(1)沙船水脚、耗米(上海至天津)：

a. 沙船水脚(即雇价)，每石银 0.4 两；

b. 耗米(途中损耗、食用)，漕粮每石 0.08 石，白粮每石 0.1 石；

c. 沙船神福及正副耆舵、水手、犒赏、垫舱、芦席、至津挖泥、纤夫七款，每石计银 0.028 1 两；

(2)天津至通仓经费：

d. 天津剥船食米(船户饭米)，漕白粮每石 0.011 5 石；通仓经纪耗米(赴通折耗)，漕粮每石 0.015 石，白粮每石 0.018 石；

e. 天津剥船水脚及经杂各费(包括苫盖剥船席片、溜米席筒、民船守候口粮、押运员弁兵役薪水饭食、迎护导引哨船弁兵口粮)，合计每石约需银 0.1 两；

(3)各州县运粮赴沪水脚、南北设局公费：

f. 各州县水次驳至上海，每石约需银 0.07 两；

g. 省局经费约银 2000 两，沪局经费 8000 两，津局经费10 000两。① 可见，海运经费主要包括各环节中的漕粮运费(赴沪水脚、沙船水脚、天津剥船水脚等)、食耗米(沙船耗米、天津剥船食米、通仓经纪耗米等)，以及南北各处设局费用，其中以(1)(2)两款为大宗。

自道光五年(1825)首次办理海运，江苏的海运经费便以由外筹款、不动正帑为基本原则。也就是说，海运各款除津通经费于河运节省项下开销，其余部分在州县帮费内支用。② 至道光二十七年(1847)，与五年起运全漕不同，额漕的大幅亏缺成为常态。是年的海运章程确立了道咸

---

① 参见江苏历年海运章程，及《饬议浙漕海运河运章程》，1852 年，《吴煦档案选编》第 6 册，138～139 页。

② 陶澍：《议覆海运事宜折子》，道光七年十月初七日，《陶云汀先生奏疏》卷20，《续修四库全书》第 499 册，81 页。

之际的基本原则：河运节省银米移作补足额漕之用，海运经费悉于州县帮费内筹解，州县的海运负担因此大为加重。[①]

在这一原则下，除自行支用的赴沪水脚（f）外，所有海运经费均由州县按漕粮额数解交沪局，其形式有二。一是随漕耗米、水脚等，包括沙船水脚（a）、耗米（b）、神福（c）、犒赏等七款，剥船（d）、通仓经纪食耗米，例于漕粮交兑沙船时捐备带交。州县每兑漕一石，应带交水脚等银0.428 1两，食耗等米0.106 5石（白粮每石0.129 5石）。二是另行提解之帮费，主要用于津通各款（e、g两项），应于当年十二月底前分批解清（实则多有延欠），以便委员先行带津支用。道光二十七年筹办海运之初，藩司即饬各府调查州县历年账簿，据实开报帮费额数，将其"照旧提解，抵作海运经费，及筹补米石之用"。[②] 咸丰二年，苏属议定各州县帮费提解之额数，成为此后之基准：

苏州府及太仓州太仓、镇洋两县，白粮每石提银1两，漕粮每石0.36两，其中长洲、元和、吴县三县因公捐苏州海运局经费，漕粮每石0.32两；

松江府华亭、娄县、金山、川沙四厅县，白粮每石1.2两，漕粮每石0.4两，上海、南汇、青浦、奉贤四县，白粮每石1.3两，漕粮每石0.5两；

常州府白粮每石0.5两，漕粮每石0.09两；

镇江府免提津贴；

太仓州嘉定、宝山二县，白粮每石1.2两，漕粮每石0.6两；[③]

各州县按河运帮费之轻重，以定提解之多寡，故解数参差不齐，不仅白粮远重于漕粮，苏、松、太三属也明显高于常、镇二府。

在咸丰元、二两年，除海运经费外，州县还须负担节省（筹补）银款。

---

① 《司道详覆筹补漕额不敷米石及津通经费动款》，道光二十七年十一月十一日，《海运全案·原编》卷1，19~20页；陆建瀛：《苏松太三属漕米全由海运酌定办理章程折》，道光二十年十一月二十六日奉朱批，《陆文节公奏议》卷2，26~27页。

② 《司道会详海运章程》，道光二十七年十一月初八日，《海运全案·原编》卷1，18页。

③ 《司道详海运外办章程》，咸丰二年十二月二十四日，《海运全案·原编》卷2，72~73页。

咸丰元年，江苏共筹措节省银 66 万两。其来源是：(1)给丁余耗等米粜价 213 995 两；(2)帮费 258 364 两；(3)漕赠银 187 639 两零。其中(2)为额外负担，而(1)(3)两项则属正款。但在(1)的提解中，1 两/石的粜价已高于当年米价，州县照粜仍须赔贴。且苏省议定，该项米价每石另须带解帮费 1 两、6 钱不等，即每石连帮费共解银 2 两(苏松太)、1.6 两(常镇)不等。可见，在节省银两的筹措中，帮费也占相当的比重。咸丰二年，江苏报拨节省银 60 万两，其中帮费 261 717 两，粜变米价仍照前带解帮费。按该项米价系解交折色，无须起运，带解帮费实为省级衙门之盘剥。是年金坛知县吴煦便称，镇江府各属帮费已按漕额悉数提解，"若再每石加提银六钱，洵系重复之款"，本县实无力负担。①

关于海运津贴及节省银两的总体规模，以咸丰元年为例，江苏海运漕粮 1 046 255 石，各州县负担海运经费 100 万两、节省银 258 364 两，核计每石费银 1.2 两。② 同年，浙江布政使也估计，江苏海运每石需银 1.1～1.2 两不等，较之河运每石 1.4 两略有节省。③

就两款的提解情况来看，咸丰元年各州县大致照数解清。然咸丰二年海运之时，太平军进入江南，钱漕征解维艰，不仅漕粮截留 218 500 石，海运津贴、节省银两也大量欠解，仅提银 271 000 余两，另由司库垫解 50 余万两，始得勉强起运。咸丰三年秋，面对小刀会起义与太平军南下的危机，江苏漕粮全行改折充饷，仅起运白粮 55 326 石。是年，怡良反思到，咸丰初年以来，海运经费、节省银两名由州县捐备，实则取自民间，以致"浮收日甚，激成变端"。后何桂清也指出："元、二两年徒有节省银一百二十万两之名，而所失何止数倍，实属不值。"故是年海运

---

① 《司道详海运外办章程》，咸丰二年十二月二十四日，《海运全案·原编》卷 2，72～73 页；《丹阳金坛溧阳三县请核减漕务经费会禀(底稿)》，1852 年，《吴煦档案选编》第 6 辑，143～145 页。

② 《咸丰元年江苏海运说帖》，1851 年，《吴煦档案选编》第 6 辑，118～119 页。

③ 《浙江推行漕粮海运之难呈折》，1851 年 11 月 30 日，《吴煦档案选编》第 6 辑，115 页。

经费未由州县筹措，转于河运银米内作正支销，节省一款亦未提解。①

　　迨咸丰四年，户部根据江苏之请求，正式修改了海运经费的支销原则，即以节省河运经费用于海运开销，无须筹补节省银米。此后，在海运各款中，沙船、剥船、经纪食耗等米（b、e 两项）全数改在节省给丁耗米内动支；剥船水脚及津通经杂各费（f 及部分 h 项）在于节省漕赠银内尽数动支，不敷部分另于帮费内凑足；而沙船水脚（a）、神福、犒赏等七款（c）和运沪水脚（g）等款，仍"循照旧章，由属于节省帮费内抵支"。② 可见，各类食耗米已全于正项内支销，而南北经费仍部分由州县筹解。缘太平军兴后，江苏将部分河运银米移济本省饷需，并未尽数动支海运，故"不敷甚巨"。③ 故自咸丰四年起，尽管海运负担已有轻减，但州县仍有帮费之提解。是年，江苏将咸丰二年的帮费标准核减三成，一律按七成提解，直至同治四年（1865）裁革海运津贴。④

## （二）民众的漕粮负担

　　道光年间，河运帮费的普遍存在使得州县的漕粮浮收成为"合理"之事。改行海运后，相关经费仍多出自帮费，浮收的结构性成因依然存在。咸丰元年，御史肇麟便奏称，海运费用繁多，且皆在帮费项下筹措，故州县"仍照旧征收，照常费用，不过改易名目而已"。所谓"改易名目"，即"帮费"变身"海运津贴"，而州县仍同前浮收。故肇麟质疑，海运既不能"省小民例外之输将"，"又与河运有何区别"⑤。这一观察可谓相当犀利，由河运到海运，苏属民众的漕粮负担有何变化？19 世纪常熟乡民柯悟迟留有笔记《漏网喁鱼集》一部，内中记录道咸间常熟、昭文之漕弊甚详，本节依据该笔记及其他几种常熟士人日记来探讨这一问题。

---

　　① 何桂清等奏，咸丰十年三月十二日，录副 03-4373-035；怡良等奏，咸丰四年二月二十二日，录副 03-4365-030、03-4365-031；何桂清等奏，咸丰九年十一月初十日，录副 03-4372-088。

　　② 怡良等奏，咸丰四年十二月二十，朱批 04-01-35-0286-025。

　　③ 殷兆镛奏，同治四年五月初二日，录副 03-4863-030。

　　④ 《司道详海运外办章程》，咸丰四年十二月十五日，《海运全案·原编》卷 3，52～53 页。

　　⑤ 肇麟奏，咸丰元年九月初三日，录副 03-4362-029。

嘉道以来，江南州县的漕粮浮收不断升级，这些额外的负担又不平均地分摊至各户，漕粮征价"以贵贱强弱为多寡"，彼此有数十等之差，此为大小户现象。① 道光后期，漕粮负担不均日趋严重，大户既享受较低的"短价"，又可在注荒中多获灾分（意味着漕粮的蠲缓）；小户则不得不负担较高的"长价"，又难以获得灾分。以上情况在道光二十五年(1845)达到极端：小户长价至每石 8 元，同期米价大幅下落，小户完漕一石，需付近六石之代价。而在注荒中，尽管此期常熟捏灾常至四分以上，但小户漕粮却"仔粒未注"。柯悟迟感慨，同为一亩之漕，大户之负担不过 40～50 文，而小户则必要 1000 文以上，"此中甘苦，迥乎天壤也"。②

在极端的大小户状态下，小户多附入大户，数量骤减，州县之税基日益萎缩。大户揽纳小户漕粮，但不向州县输纳，部分衿监还需索漕规，这对州县的漕粮收支影响极大。道光二十五年冬，常熟知县以漕务"直欲赔累"，停止征漕，辞官上省面禀。这引发了该县二十六年的"均漕"，即划一大小户征价，折色每石征洋银 3.5 元，本色每石收米 2.5 石，各户一律注荒二分。同年，邻邑昭文爆发了大规模的抗粮抗租事件，引起中枢重视，旨在革除大小户名目的"均漕"不仅延及该县，并推广至苏属各府州。③

道光二十六年(1846)改革是对 19 世纪前半期江南漕赋不均状况的一种纠正，它确实在均平漕价、轻减小户负担方面产生了短期的效果。是年初，常熟大户翁心存按折色每石 3.5 元、本色每石 2.5 石的新章，完纳名下常熟之漕，但其在昭文之漕，仍注荒六分有余，远超新章规定的二分。④ 另一位籍隶常熟的绅士龚又村也称，当日"大小户归一律办粮"，"民困稍苏"。⑤ 道光二十六年冬，柯悟迟记录小户漕价，本色每石约二

---

① 本段及下段据周健：《嘉道年间江南的漕弊》，《中华文史论丛》2011 年第 1 期，250～269 页。已收入本书第三章。

② 柯悟迟：《漏网喁鱼集》，5 页。

③ 柯悟迟：《漏网喁鱼集》，6～10 页。

④ 《翁心存日记》第 2 册，道光二十六年二月初二、三、五、七日，604～606 页。

⑤ 龚又村：《自怡日记》卷 5，道光二十六年，国家图书馆藏钞本。

石六七斗，折色每石三元七八角。然在注荒中，各户仍有参差，小户虽较均赋前的"仔粒未注"有所改善，可"注缓一分"，然大户仍有"注缓七八分"者。是年，在苏属各府州中，太仓州大致实现了绅民同价，其余多数州县也"于大小户折价量行增减"，尽管"未能画一"。①

道光二十七年，均漕仍继续推行。是年，柯悟迟记录的本色漕价与上年相当，折色则略有提升，每石为四元一二角。龚又村的观察与柯悟迟基本相符：

> 粮户完漕，每石仍须二石五斗，折价每石仍须四洋五分，小户向以四石完一石者，至此稍苏。而大户每石向加数升，多至二三斗，至此益其一倍，甚难支持，幸历年缓征，不至称贷云。②

作为大户，龚氏深切地感受到因均赋而加重的负担：此前每石至多加二三斗，至此需加一倍，每石完纳二石五斗。唯大户漕粮仍可照灾分缓征数成，尚不致无法承担。

在改行海运的同时，江苏的漕粮征价较此前的长短悬殊状况有所改善，但这主要是由于官方推行的均赋，似与海运并无直接联系。以道光二十六年改章为转折，小户漕价由此前的近6石折纳1石，下降至每石完纳2.5石，折洋4元左右。此后直至咸丰九年，小户征价基本维持在这一水平，即每石折征洋银4~4.5元，或制钱6500文左右。③ 此期征价的一个例外的低点出现在咸丰三年（1853），漕粮每石仅折钱4000文，为当年苏属"均赋"之成果。

咸丰三年，受太平军、小刀会之影响，江南民心浮动，抗粮抗租事件达到前所未有的高峰。④ 州县官面临着"若仍照旧开仓，不浮收不能起

---

① 曹楙坚奏，道光二十七年八月十七日，军机处折件078428。

② 龚又村：《自怡日记》卷6，道光二十七年。

③ 需要注意的是征价的通货单位，道光末至咸丰初年，银贵钱贱之趋势达到顶峰，纹银每两折钱超过2300文，故此期漕价以（洋银）元为单位。咸丰五、六年起，银价逐渐下落，漕价的单位也改为（制钱）文。可见州县官吏可根据银钱比价随时调整征价的核算方式，以保证征收中的有利地位。

④ 白凯：《长江下游地区的地租、赋税与农民的反抗斗争：1840—1950》，63~118页。

运，而一经浮收，必滋事端"的两难境地。当此危急之刻，地方官绅不得不议改弦更张，其中的核心人物是吴县绅士冯桂芬。冯氏认为，江苏州县"岁入仰给于漕"，故浮收不可尽除，救弊之法唯有"绅民均赋"。鉴于本折兼征是引起负担不均的制度背景，而以本色开仓，乡民聚集，易激成事端，因此他建议漕粮一律改征折色。又因当日银贵，征价宜以钱计。在巡抚许乃钊的支持下，冯桂芬与苏州知府乔松年依据州县的漕务收支，核定咸丰三年份苏州府漕粮征价，无分大小户，每石一律 4000 文，另免征额赋四成。①

是年冬间，柯悟迟记："十二月中出示：本年漕米，无分大小户，奉宪折色每石四千，除恩减三分，荒缓一分七厘。"②龚又村也记："（漕粮）所蠲三分而外，复准缓一分八厘……每石定折钱四千，九县一律。"③身份迥异的柯、龚二人记录的征价、荒额几乎一致，足见是年均赋政策确实得到落实。然经征官吏因利益受损，百方计议，思以挠之，为首者是布政使陈启迈及长洲知县向柏龄。另一方面，支持改革的巡抚许乃钊也因事去职，故均赋仅止维持一年，次年"漕务一切复故"。④ 咸丰三年（1853）距道光二十六年（1846）不过七年，苏属便又一次推行内容大致相同的"均赋"。三年后的咸丰六年（1856），冯桂芬再上"请均赋牒"，禀请疆吏"蠲除大小户名目"。⑤ 十年之间，均赋之议被反复提出，可见漕赋不均才是当日之常态。

盖各户征价虽在道光二十六年以降渐趋划一，但这并不意味着漕粮负担的均平。在捏荒普遍存在的道咸之际，荒额较征价更具实际意义，因其直接决定了各户应完漕赋的折扣率。据前文翁心存、龚又村等人记述，即便在道光二十六年、咸丰三年等特殊年份，大小户在荒额分配上

---

① 冯桂芬：《显志堂稿外集》卷 2《癸丑均赋记》，复旦大学图书馆藏钞本，1～2 页；冯桂芬：《显志堂稿》卷 5《与许抚部书》《与赵抚部书》，《续修四库全书》第 1535 册，578～579、581～583 页；《显志堂稿》卷 10《均赋议》，《续修四库全书》第 1536 册，1～3 页。

② 柯悟迟：《漏网喁鱼集》，21 页。

③ 龚又村：《自怡日记》卷 12。

④ 冯桂芬：《显志堂稿外集》卷 2《癸丑均赋记》，3～4 页。

⑤ 冯桂芬：《显志堂稿》卷 9《请均赋牒》，《续修四库全书》第 1535 册，671 页。

也存在差异，而在其余年份，二者的注荒分数始终较为悬殊。① 均赋后两年的道光二十八年，柯悟迟观察到，小户虽可注荒二分，而大户仍可借控漕"设法弥缝"，"长短之弊，于兹又起矣"。咸丰元年，常、昭荒缓四分六七，大户可照额缓征，而小户仅缓一分。咸丰四年，与上年均赋一律荒缓一分七厘不同，是年"荒缓大户二分，小户仅一分"，于是柯氏感叹："弊窦似又起矣。"至遭旱蝗重灾的咸丰六年，常、昭漕粮"恩减"（即蠲免）二分、荒缓二分，然"小户亦难如数，后更甚"，而大户"荒可注五六成"，差距再次被拉大。七年，开仓时小户荒缓五厘，大户则缓至三分，其中"顽劣"者可缓至五分。八年，开仓时小户漕粮恩减一分，大户恩减外，"尚缓三四分，极劣者置之膜外"。九年，小户仅恩减一分，大户则"分优劣，定短长"，即根据"优劣"获得不同的荒额。所谓"劣"者，即不独不纳漕粮，益且诈索漕规之绅衿，可凭借其"劣"获得更多的荒额。是年，柯悟迟感叹道，"大小户之甘苦，不啻霄壤也"，而同样的用语也出现在其道光二十四年的记述中。可见在咸丰十年海运停运前，苏属漕粮负担之不均，与道光二十六年改章前几无二致。

且在咸丰军兴后，无论大户、小户，其实际负担均因催科升级而加重。缘太平军进入江南后，苏属钱漕事关兵糈军饷之筹措，故此期催征显较道光年间严酷。咸丰三年正月，布政使倪良耀出示，"军需急迫，上冬漕尾彻底清催"，七月，"各州县漕尾及上忙严催勒比，常、昭军需局董沿乡勒捐"。漕尾即漕粮尾欠，系州县为保证漕粮按时、足额起运而垫解之民欠，其续征通常不了了之，故清催漕尾实为催科升级的信号。除漕粮、地丁外，针对各行各户的勒捐、抽厘也达到空前的程度。四年，各户完漕竭蹶，"而征愈紧，以济燃眉军饷"。柯氏观察到，"各州县漕务，严催酷勒，大户尤甚"。五年，常、昭岁丰，稻棉收成较佳，然乡民仍感窘迫，盖"赋税繁重故也"。柯悟迟记："如是浮收，严催酷勒，真民不聊生矣。"

六年，江苏遭旱蝗重灾，大幅缓征、截留漕粮，抵充大营军饷，起运额不足常年之二成。然在征收方面，因军情紧急，其酷烈程度更甚往

---

① 　以下数段，除特别注明外，均据柯悟迟：《漏网喁鱼集》，11～36 页。

年，钱漕"终年催比，无日休息，借提军饷紧急，愈为酷暴"。是冬，昭
文县向各户分发催粮启纸，其内云：

> 开仓以来，熟田漕未〔米〕完者甚属寥寥，设有贻误，本县之考
> 成固不足惜，而军营粮米不继，饷绌兵哗，苏郡生灵，何堪设想？
> 深恐各粮户未知底细，视同往年漕米，因循坐观，致误大局。合亟
> 飞布，务望将应完熟田漕粮，不论本折，于五日内扫数清完，以济
> 军需而安生业。

地方官以"饷绌兵哗"、苏郡不保为由，勒令各户于五日内完清漕粮，这
确实不同于往年(亦可见往年催科并不如此严苛)。柯氏见此，"不禁哈哈
大笑，潜然下泪"，慨叹道："试问国体何在，官气何有哉？真一大奇文、
大奇事。"自该纸发下后，"风行雷厉，严提血比，各粮户逐渐输纳"。七
年，常昭漕粮仍"雷催电比，不容稍缓"，以致"小户业田，竟要赔累"。
"赔累"即田地产出不敷完漕之用，足见严酷催科下漕赋之重。

当日苏属民众漕赋之重，除了小户柯悟迟，关注漕务的士人也多有
类似的观察。如孙鼎臣在咸丰年间指出：

> 漕运之法变，运军之费去，横征之弊可绝，而民困其自是苏乎？
> 未也。横征与否，不系兑费之有无也。①

咸丰六年，多次身与改革之事的冯桂芬也观察到州县漕务收支、民众负
担在改行海运后的变与不变：

> 今者帮费去而浮数如故，节省免而浮数又如故，海运经费递减，
> 甚至动支漕项，不惜减损帑藏，体恤州县，而浮数汔如故。州县出
> 数年少一年，州县入数年多一年，财尽民穷，依于何底。②

苏漕改行海运后，帮费仅在名义上革除，实则照额转化为海运津贴。咸
丰四年以降，江苏以漕项银米用于海运开销，又免提节省银两，州县的

---

① 孙鼎臣：《畚塘刍论》卷1《论漕三》，咸丰十年刻本，47页。
② 冯桂芬：《显志堂稿》卷5《与赵抚部书》，《续修四库全书》第1535册，
582页。

海运负担（"出数"）总体呈轻减之势。而州县"入数"虽未必"年多一年"，但横征之弊未绝，民困依旧，却是不争的事实。盖其仍"以起运津贴为说"，浮收漕粮如故。既有研究主要依据海运筹划者的言论，认为改行海运使帮费等开支大为节省，粮户负担因此减轻，有力完纳全漕。[①] 但从时人的观感与漕粮制度的运作来看，民众的漕粮负担——无论是浮收勒折的程度，抑或负担不均的程度——在改行海运前后未有实质性的变化。

## 四、小结

道咸之际江苏漕粮改行海运之成因，既有研究多从"运"的角度考虑，强调自然条件与战争的阻力：嘉庆以降运河通行能力的降低、咸丰初年黄河的决口，以及太平天国对于运河沿线城市的占领。但我们应当注意：道光二十七年至咸丰二年间，江苏进行了三次规模各异的海运，同期其余七省漕粮（占清朝额漕的 65％以上）则仍行河运，可见自然条件并非决定因素。且在咸丰三年太平天国切断运河之前，不仅是江苏，即浙江亦已加入漕粮海运的行列，则军兴梗阻运道亦不具备完全的解释力。但以上两点确是制度变革的重要背景，且对咸丰四年以降海运的延续产生了直接的影响。然而，海运何以在 19 世纪中期重启，并取代河运成为此后之常态，仍须在漕粮制度的内在脉络中进行分析。[②]

通过对历届决策、筹办过程的梳理，笔者认为，财政上的困境才是海运更直接的促成因素。该时期最关键的道光二十七年、咸丰元年两届海运，均源自户部在度支告急之际的提议。前者的背景是道光末年漕粮交仓额数持续下滑，京仓不敷支放；后者则是为了填补因丰工经费、粤西军需而骤增的开支缺口。此外，道光三十年江苏督抚推动白粮海运，其意也在筹补灾缓之兵糈。可见，海运在道咸之际被计臣、督抚重提，首先在于它是一种有效的筹款方策。海运之策自上而下出台，实为财政

---

①　李文治、江太新：《清代漕运》，456～465 页。

②　光绪十一年至二十一年（1885—1895）间，江苏一度恢复河海并运的状态，每岁划拨少量漕粮（5 万～10 万石不等）河运。这主要是出于对中法战争后海运安全的顾虑，以及维持河运经制不废的考虑。

压力下的被动之举。事实上，自 19 世纪中期起，中央、省级财政的紧张，屡屡成为晚清漕粮制度变革的直接动因。而在此前，这些变革绝非清政府敢于轻易尝试者。

漕粮海运之所以被视作筹款方策，在于它的经济、省费。道咸之交，计臣们试图通过海运，将流入漕运官僚系统的河运浮费转化为天庾中的漕米，或户部控制下的正帑。咸丰二年以前，这一目标基本得到了实现：江苏的海运漕额较此前有实质性的增长，由此转化而来的节省银两也及时地堵上了丰工经费的缺口。然而太平天国进入江南迅速改变了这一局面，咸丰三年以降，中央政府很少再能分享到海运的红利。为保证战争状态下江南的漕米能照常解京，户部放弃了海运须足额起运的原则，免除了江苏节省银两之负担。不仅如此，交仓漕额还因常态化的截漕充饷进一步降低。自咸丰三年起，海运已基本丧失筹补仓储、库储之机能，节省银米多留于江苏本地支用。同治二年(1863)，李鸿章奏请江苏减赋时统计，道光十一年以降的三个十年(1831—1860)中，该省起运漕额节节下滑，咸丰元年至十年间(1851—1860)，平均每岁起运约 70 万石，仅得正额之四成。[①] 也就是说，道光后期以来中央政府漕粮收入持续亏短的趋势未因改行海运得到扭转，咸同以降的海运交仓额数甚至落后于河运时代。[②]

除中枢最为关注的仓储、库储之外，海运在财政层面的意义更在于漕

---

① 《裁减苏松太粮赋浮额折》，同治二年五月十一日，《李鸿章全集·奏议一》，297 页。

② 以上现象反映出太平军兴后户部控制力的下降，但这未必可以解读为地方财权的扩大，乃至"督抚专权"的形成。首先，交仓漕额的下滑也是地方财力匮乏的表现。咸丰军兴后，户部无法为作战各省提供足够的饷需，"就地筹饷"成为当日的一般原则。在此背景下，江苏不得已通过改行海运、截留漕粮来筹饷，以应付庞大的军需开支。因此，这可以理解为地方以"国家之款"(漕粮)办"国家之事"(军务)。其次，尽管中央与省级政府在漕粮收入分配中存在利益冲突，但保证漕粮的起运额数仍是督抚的重要职责。不仅中枢可通过人事的升降赏罚来防止疆吏渎职，官僚的个人责任心也促使其整顿积弊，以对天庾负责。关于此点，怡良与何桂清之例可谓典型。再次，督抚亦未能专擅一省之财权，他们对于州县一级的相关情况了解有限，其集中财权的努力也在相当程度上受制于基层的官绅吏役。以上观点受到何汉威先生《清季中央与各省财政关系的反思》(《"中央研究院"历史语言研究所集刊》第 72 本第 3 分，2001)一文的启发，特此注明。

务。如道光二十七年魏源致信陆建瀛所言："江苏漕弊，非海运不能除；京仓缺额，非海运不能补。"①在许多经世官绅眼中，海运是厘清漕务的治本之策：一行海运，旗丁帮费可除，州县负担大为轻减，漕粮可减价、均平征纳，由此官民交困、收兑两难的局面可期改观。这一层意义，尽管计臣、督抚在相关论述中亦有提及，但在实践层面，它毫无疑问地被忽视了。

道咸之交，户部要求江苏以"不动正帑"为原则，保证足额起运漕粮或筹措节省银两，这实质上是中央对于省级财政的压迫。江苏督抚遂将压力转嫁至州县，令其照额解交帮费，充作海运津贴与节省银两。咸丰四年以降，江苏的海运负担有所减轻，但州县仍须提解原有帮费之七成。也就是说，州县的支出结构在改行海运后未有大的变化，浮收的结构性成因始终存在。与此同时，州县仍以海运津贴为护符，持续漕粮的浮收勒折。尽管此期曾两度推行均赋，但未改变漕粮征价制度，难以产生持续的效果。另一方面，州县以捏灾亏短漕粮之弊，不但未因海运而廓清，反在太平天国战中及战后有所放大。从河运到海运，漕务最基本的环节——州县一级的收支并未得到厘清与规范，革除漕弊之目标也自然无法实现。

漕粮海运常被视作道光年间经世之政的典范，时人寄予"足国恤民"之期待，后世研究者也多依据魏源等筹议者之设想，对其做较高评价。但就制度的实际运作来看，海运之实效并不十分理想。② 本书认为，道咸之际漕粮改行海运，无论在仓储层面，抑或漕务层面，均未产生实质性影响。如咸丰九年，柯悟迟沉痛地反思：无论道咸之交两议均赋、改行海运，还是咸丰四年邵灿、八年何桂清两次整顿漕务，终无实效，漕弊"坚不可破"，以致"小民膏血渐尽"，而"京储仍觉空虚"。③ 同治四年，李鸿章奏请裁减苏属漕粮浮收，称言："迨道光末年改行海运，帮丁之积弊虽除，而浮者仍浮，短者愈短，以盈补绌，亏累滋多。"④可见，与道

---

① 魏源：《古微堂外集》卷7《上江苏巡抚陆公论海漕书》，《续修四库全书》第1522册，429页。

② 倪玉平已指出，道光六年漕粮海运的积极意义毋庸置疑，但相关研究的评价似有拔高之处。氏著：《清代漕粮海运与社会变迁》，69～79页。

③ 柯悟迟：《漏网喁鱼集》，34、36页。

④ 《查明苏松等属裁除浮收实数并本年征收钱漕情形折》，同治四年十二月十八日，《李鸿章全集·奏议二》，382页。

光后期的漕务图景相对照，除旗丁不再参与运粮、勒索帮费，其余州县浮收勒折、大小户负担两歧以及漕额亏缺等积弊基本未见改观。这是由于，户部、督抚关注的只是短期内中央与省级政府间漕粮收入的分配格局，他们无意从最基础的州县一级收支入手，改革漕粮制度，尤其忽视"恤民"之意，而后者(漕务)才是前者(仓储、库储)之基础。① 故户部借海运集中财权的努力，尽管一度颇具成效，终因太平天国战争的影响及基层州县官吏的制约而告失败。

---

① 道光二十六年，包世臣与苏州知府桂超万论改革漕务之事，即对桂氏漕政"唯海运稍可补救"之论持保留态度。其理由之一即其参与筹划的道光六年之海运，"利唯归官，无纤毫之益及闾阎"。可见是年海运与道咸之际的情形颇有相似之处。参见《复桂苏州第二书》，《包世臣全集·中衢一勺》，199 页。

# 第五章  清代的地丁银制度

## ——以 19 世纪中期湖北各州县收支结构为中心 *

有清一代，田赋始终是中央政府的首要财源。在道光末年（1850）以前，田赋占清朝财政收入的 70％ 以上。咸同以降，尽管其重要性有所下降，但直至光绪末年，该项仍占岁入的 35％，尚居收入栏首位。[①] 田赋的主体是以银两为会计单位的地丁银，又称"地丁钱粮"，俗称"钱粮""条银""粮银"等。[②] 关于地丁银制度的研究，多集中在清代前期，以田赋定章、政策的考释为主。[③] 晚清时期的相关研究则主要聚焦于民众的田赋负担，其研究取向主要有两种：一是政治史取向，即将地丁银问题作为政治事件的社会经济背景来探讨[④]；二是在区域社会经济史研究中，通过田赋负担的评估，来观察近代的国家—社会以及绅—民关系。[⑤] 然而，

---

　＊　本章在资料搜集过程中，得到京都大学人文科学研究所岩井茂树教授的大力帮助，谨致谢忱。

　①　王业键：《清代田赋刍论（1750—1911）》，87～108 页。

　②　清雍正年间的摊丁入地改革，将丁银摊入地赋内征纳，此后称地丁银。狭义的田赋概念，基本与地丁银同义，广义的田赋，则包括漕粮、米粮，及各种杂赋、屯饷。

　③　陈支平：《清代赋役制度演变新探》；何平：《清代赋税政策研究：1644—1840年》。

　④　傅衣凌：《太平天国时代的全国抗粮潮》，《明清社会经济史论文集》，397～417 页，北京，人民出版社，1982；彭雨新：《清道咸年间田赋征收的严重弊端》，《太平天国学刊》第 2 辑，196～209 页，北京，中华书局，1985。

　⑤　小林幸夫：《清末の浙江における賦税改革と折錢納税について》，《東洋学報》第 58 卷 1、2 期，1976，49～85 页；白凯：《长江下游地区的地租、赋税与农民的反抗斗争：1840—1950》；郑起东：《转型期的华北农村社会》，205～256 页，上海，上海书店出版社，2004。

从财政运作的角度对晚清地丁银制度的结构性分析，除去王业键、佐佐木正哉等少数学者的研究，可谓尚付阙如。①

不同于清前期，清代中后期的地丁银制度的首要特征是，实际运行的制度与载于典章的制度之间存在显著差异。关于这一制度上的二重性，王业键先生指出，清末的田赋管理中同时存在法定与非法定两种制度，前者是指政府的规章，后者则由一系列的传统惯例和习惯做法组成。②然而，这一兼有定章和惯例的制度运行实态，仍不十分清楚。其中最为关键的州县一级的运作——地丁银的征收、经管和初次分配均由州县政府完成——更是缺乏深入的研究。

笔者近年在京都大学人文科学研究所图书馆发现的抄本《湖北全省征收钱粮漕米数目清册》(以下简称《清册》)，或可为该问题的探讨提供一些线索。③ 咸丰七年(1857)，湖北巡抚胡林翼为筹军饷、苏民困，推行钱漕改革。他饬令各州县将历年地丁、漕粮征收章程据实开报，复遣道员、知府"亲诣各地体察情形"，核查征收实数。据查地丁征价"虽不画一"，但"尚无浮多"，故"饬仍照向章办理"。漕粮则"颇有浮多"，遂分别核减，酌定征价，并"据实奏明，通饬办理"。④《清册》即是这一改革后形成的文献，它记录了湖北省内各州县呈报的钱漕旧章，及改订后的新章。其内容除各有漕州县的漕粮征解章程外⑤，篇幅更大且更具价值的是通省68州县的地丁银收支惯例，包括地丁额数、征价，及征解中的各类开支。从册末附记的荆州关关税盈余来看，《清册》很可能原存于荆州府衙门。此外，夹于册中的散页记录了某属光绪十二、十三年份(1886、

---

① 王业键：《清代田赋刍论(1750—1911)》；佐々木正哉：《咸豊二年鄞県の抗糧暴動》，187～299 页。

② 王业键：《清代田赋刍论(1750—1911)》，2～3、63～64、168～170 页。

③ 日本国会图书馆、东京大学东洋文化研究所分别藏有抄本《湖北全省地丁考》《湖北全省州县各款钱粮细账》，其内容与《清册》中的地丁银部分大致相同。笔者将二者互校，订正了《清册》中一些明显的讹误。

④ 官文奏，同治五年五月初四日，朱批 04-01-01-0893-018；汪士铎：《胡文忠公抚鄂记》，110 页，长沙，岳麓书社，1988。

⑤ 当日湖北通省 68 州县中，武昌、汉阳、黄州、安陆、德安、荆州 6 府及荆门直隶州共 33 州县征收漕粮、南粮，属有漕州县。

1887)的漕粮征数，再结合多个内容基本一致的抄本存世这一现象，笔者认为，《清册》是在湖北州县的钱漕征收中发挥着一定规范性作用的"指导手册"。

若从地丁银制度的研究来看，《清册》的史料价值主要表现在以下三方面：其一，在道咸之际，地丁银的实际收支与《赋役全书》内的定章已经产生了相当的距离，《清册》所载收支惯例才是更接近制度实态的记录；其二，由于实际的收支不同于定章，特别是因为浮收、陋规的普遍存在，当世文献多所讳言，相关记载多形成于光宣之际乃至民国年间，而《清册》则在时间上最为切近；其三，与既有研究通常利用的零散、非常态的记载不同，《清册》类似于一个常态下的制度横切面，更能反映当日的一般情况。且内容涵盖湖北通省州县，颇具系统性。当然，该文献亦有其局限，它只能反映制度的"合理性"，难以展现运作中的各种弊端。

本章的基本工作，是对《清册》内的收支名目一一加以考释，并统计各款目的额数，进行谨慎的定量说明。笔者认为，尽管这些数字或多或少存在问题，但它们仍是现有史料中最可资定量分析的系统记载。在结合制度考释与定量分析的基础上，本章以道光、咸丰之际(1840—1861)的湖北为例，于收支两方面重建清代地丁银制度之实态，并从财政结构、财政管理的角度加以阐释。

## 一、收入：地丁征价及相关问题

道咸之际，湖北省地丁钱粮额征银 1 180 038 两，在各直省中处于中等水平。按照支用的不同，地丁银分为"起运""存留""驿站"三项，以"起运"为最大宗。此外，另有三项严格来说并非地丁银，却随同一并征收，属于广义的田赋。其一是"漕项"，湖北 33 个有漕州县征收漕粮、南粮，前者沿运河北上，转运京仓，后者解交荆州满营及各标绿营，充作兵米。为此，各属征收"随漕浅船""驴脚"等漕项钱粮，作为漕、南粮的运输经费。其二是杂赋，主要是"芦课"(滨江之芦田所课税银)，以及少量的"湖课""渔课"(湖荡及以取鱼为利之地所课税银)。其三是"屯饷"，即各卫军田钱粮。自雍正朝耗羡归公后，以上各项钱粮均按例随征"耗羡"("耗银")，相应地，前者称为"正额"（"正银"），二者合称"正耗银"。湖北的钱粮耗羡，每正银 1 两随征 1 钱 1 分，称"一一耗羡"，也成为单独的税项。

如首县武昌地丁银之款额，计有：起运 23 872.13 两，存留 1999.85 两，驿站 2375.1 两，三项之耗羡共 3107.18 两。此外，随漕、驴脚正耗银分别为 2851.1 两、907.71 两。湖课、芦课正耗银共 1454 两零。以上各款钱粮共计正耗银 35 412.63 两。①

湖北地丁钱粮一律随征一一耗羡，实际上意味着其法定征价是通省划一的每正银 1 两征收 1.11 两。如江夏县地丁正银 50 019.72 两，乘以 1.11 两/两的征价，收入共计 55 521.88 两。但实际上，各州县并不照此征收。如江夏县"向来每两正银连耗征收库平纹银一两四钱六分"，实际征价为 1.46 两/两，地丁收入也达到 73 028.78 两。由于各属地丁正额极少变动，因此实际征价便成为地丁收入的决定因素。颇为难得的是，《清册》中保留了咸丰七年前后湖北通省 11 府 1 直隶州所属 68 州县地丁征价的详细记录，笔者将其中武昌、汉阳、郧阳、荆州、施南 5 府所属州县的情况制为表 5-1：

表 5-1　1857 年湖北 34 州县地丁正额、征价统计

| 州县 | 正额（两） | 每两征价 | 州县 | 正额（两） | 每两征价 |
|---|---|---|---|---|---|
| 江夏 | 50 020 | 库平银 1.46 两 | 竹山 | 1574 | 3600 文 |
| 武昌 | 31 903 | 市平九八色银 1.53 两 | 竹谿 | 1068 | 1.63 两 |
| 咸宁 | 17 022 | 九八平色银 1.45 两，折钱 2800～3000 文。粮差草鞋钱 36 文；柜书券票钱每张 12 或 16 文不等 | 保康 | 983 | 3000 文 |
| 崇阳 | 11 512 | 2600 文 | 郧阳府平均 | 2028 | 市平银 1.824 两 |
| 通城 | 14 799 | 九七五平银 1.38 两；票钱每张数十文至 180 文不等，亦有不收者 | 江陵 | 55 148 | 市平银 1.555 两 |

---

① 《清册》，"武昌县"；《鄂省丁漕指掌》卷 1，光绪元年刻本，"武昌县"。

续表

| 州县 | 正额<br>（两） | 每两征价 | 州县 | 正额<br>（两） | 每两征价 |
|---|---|---|---|---|---|
| 嘉鱼 | 14 503 | 九七市平银1.7两，折钱3700文，券票每张16文 | 公安 | 12 503 | 九八钱2551文 |
| 蒲圻 | 24 063 | 市平银1.6两 | 石首 | 10 462 | 大户1.75两，小户3500文 |
| 通山 | 7865 | 2440文，合银1.596两 | 监利 | 27 558 | 九七五平、九九色银1.49两 |
| 兴国 | 35 547 | 州平九九色银1.55两 | 松滋 | 11 117 | 小户银1.9两，折钱3600文，大户银1.5两，折钱2700文 |
| 大冶 | 23 904 | 漕平银1.551两 | 枝江 | 4262 | 小户银1.5两，折钱2800文；中户银1.46两，折钱2800文；大户银1.2两，折钱2600文。另有由单、券票钱 |
| 武昌府平均 | 23 114 | 市平银1.505两 | 宜都 | 3607 | 市平银1.52两 |
| 汉阳 | 38 272 | 库平银1.438 2两 | 荆州府平均 | 17 808 | 市平银1.549两 |
| 汉川 | 23 308 | 2800文，合银1.487两 | 恩施 | 556 | 大户3000文；小户4000文 |
| 黄陂 | 26 485 | 官绅大户1.38两；大户、中户1.51两；小户2900文；次小户3000文；军皂仔池1200文。官绅大户、大户、中户另有银匠器俱饭食、票钱 | 宣恩 | 118 | 5000文 |
| 孝感 | 28 651 | 官绅上户2800～2900文，合银1.65两；中户2500～3000文，合银1.77两；下户3200文，合银1.89两 | 咸丰 | 380 | 3500文 |

续表

| 州县 | 正额（两） | 每两征价 | 州县 | 正额（两） | 每两征价 |
|---|---|---|---|---|---|
| 沔阳 | 54 535 | 1.441 4 两 | 利川 | 344 | 2150 文，票钱每张 2 文 |
| 汉阳府平均 | 34 250 | 市平银 1.540 两 | 建始 | 954 | 2200 文 |
| 郧县 | 4166 | 1.84 两，票钱每张 20 文 | 来凤 | 49 | 1.11 两，券票每张 96 文 |
| 郧西 | 1744 | 大户市平银 1.6 两，小户市平银 1.8 两 | 施南府平均 | 400 | 市平银 2.049 两 |
| 房县 | 2634 | 大户市平银 1.5 两，小户 3000 文 | 通省州县平均 | 16 638 | 市平银 1.585 两 |

　　由上表可见，第一，征价的单位，除法定的银两外，多有以制钱计算者，地丁银的折钱征纳是普遍现象。第二，各州县的实际征价参差不齐，但无一例外地高于 1.11 两/两的法定征价，平均达到 1.585 两/两。第三，部分州县的记载中，花户有"大户""小户"之分，各自对应不同的地丁征价。以上细节均为当日惯例，反映出地丁征纳之实态。

## (一)地丁的银纳与折钱

　　清代的货币制度是一种银钱复本位制。银指纹银，是称量货币，包括地丁银在内的政府的财政收入，普遍以银两为会计单位。铜指铜铸制钱，多用于小额的货币流通。二者的官方比价在清初确定为纹银每两兑换制钱 1000 文，但在实际流通中，比价时有涨落。具体到地丁银的征收，顺治十四年(1657)曾定银钱兼收之例，按照银七钱三的比例，但该制过于划一，未能真正施行。[①] 雍正年间，地方官贪得以银征收之火耗，强勒花户缴银，制钱多不收纳。雍正十一年(1733)，安徽巡抚徐本奏准，

---

　　① 《清朝文献通考》卷 13，考 4968，杭州，浙江古籍出版社，2000；王庆云：《石渠余纪》，215 页，北京，北京古籍出版社，1985。

为体恤小户，各直省钱粮 1 钱以下者，每银 1 分准完大制钱 10 文。① 此后，地丁银折纳制钱开始成为定制，但对象仅限于小户，钱粮 1 钱以上之花户仍须以银完纳。

在道咸之际的湖北，如表 5-1 所见，各州县地丁征价或以银计，或以钱计，或一县征价内兼有银钱。通省 68 州县中，征价以银计者 22 县，以钱计者 29 县，银钱并列者 17 县。这意味着，至少在后两类的 46 州县内，部分甚至全部的地丁银系折钱完纳。如在银钱并列的咸宁县，每两正银连耗"征九八平色银一两四钱五分，向来收钱二千八百或三千文不等"。② 邻邑嘉鱼"每两正银连耗征收九七平银一两七钱，向来收钱三千七百文"。③ 由"向来收钱"一语可知，"银一两四钱五分""银一两七钱"很可能仅是会计上的征价，实际征收则折成制钱 2800～3000 文、3700 文。而且，即便征价以银计之州县，花户也并非均以银完纳。如江夏地丁正银50 019.715两，其中"大户银"4300 余两，以银完纳，"花户赴柜完纳者"14 000余两，"有愿照市价合钱者"，每两折钱 2400～2800 文不等，其余花户钱粮 31 000 余两，均系折钱完纳。④ 江夏属通都巨邑，为鄂省银两集散地，民间有条件以银纳赋。但即便在该县，也很可能仅有8.6％的地丁银为银纳，而占 61.98％～91.4％的部分系折钱。

这正是道光末年湖广总督裕泰观察到的，鄂省花户完纳钱粮，"虽有纳银之户，而按照市价折钱输官者居多，州县官复照市价易银批解"⑤。光宣之际，湖北清理财政局局员也认为，改征银为征钱是晚清鄂省地丁征收制度变革的主要趋势。他们注意到，各属折钱完纳，方法各异，大致分四种情况：一是大户完银，小户完钱；二是大户完钱较少，小户完钱较多；三是城柜完银，乡柜完钱；四是上忙完钱较少，下忙完钱较多。⑥ 其中，"大户""小户"系就钱粮额数而言，钱粮多者为大户，反之

①　徐本奏，雍正十一年二月，录副 03-0019-010；光绪《钦定大清会典事例》卷171，《续修四库全书》，第 800 册，743 页。

②　《清册》，"咸宁县"。

③　《清册》，"嘉鱼县"。

④　《清册》，"武昌县"。

⑤　裕泰、赵炳言奏，道光二十六年八月初六日，录副 03-9503-024。

⑥　《湖北全省财政说明书》，《岁入部·地丁》，2 页，经济学会，1915。

为小户。"城柜""乡柜"指投纳钱粮之银柜。清制，钱粮征收行自封投柜，县署大堂设置银柜("城柜")，由花户自行封银投柜，为便于乡居花户完纳，另于各乡设置"乡柜"。可见，钱纳的普及意味着，在一县之内，折钱与纳银通常是并存的。钱粮多寡、城乡之别，与上下忙期等因素，造成了花户银纳与折钱的差异。

然而，地丁钱纳在道咸之际成为惯例，主要是由于政府的推动。按雍正十一年准许1钱以下的小户折钱完纳，意在免除小户为零星银两而受折耗、守候之累，原为便民起见。至乾隆中期，该制总体上得到了较好的实施，花户多可依据银钱比价，选择更为有利的完纳方式。降至乾嘉之际(1800年前后)，情况开始发生变化。乾隆五十七年(1792)，一代名幕汪辉祖记其故里浙江萧山"向例条银输柜"，近年以来，地丁银"必须银匠代折，凡银一钱，折制钱一百八九十文至二百余文"，而市价每银一钱仅折钱100~130文。花户"不堪吏之刁掯"，"未尝不控诉，而于事无济"。① 嘉庆七年(1802)，籍隶山东的御史王宁埠也观察到，东省征收钱粮已有"全行改折"之势。据称其"祖父相传并无折交钱文之事"，然"近一二十年之间(乾隆四十七年以来)，近西诸府颇有改折之处，尚未遍行"，至嘉庆七年，"通省州县照例收银者不能及半矣"。且较诸当日银价，小民折钱完纳，"每两多费数百文"。② 汪、王二人的亲历说明，乾嘉之交，折钱开始取代银纳之"向例"，成为钱粮征收中的趋势。且此种折征非为便民，而是一种勒折、浮折，即地方官强制花户以高于银钱市价的折价完纳钱粮。故嘉庆初年，仁宗多次谕禁地丁折钱之弊，并强调即使小户钱粮折征，也应由督抚司道于开征前核定征价。③

然而这些谕令并未遏止地丁折纳的趋势，核定征价甚至助长了钱纳的推行。道光年间以降，地丁钱纳逐渐成为遍及多省的惯例。道光十二

---

① 汪辉祖：《病榻梦痕录》卷下，《续修四库全书》第555册，671页。

② 王宁埠奏，嘉庆七年五月二十七日，录副03-1727-036。

③ 《嘉庆道光两朝上谕档》第4册，嘉庆四年十一月十七日，470页；第7册，嘉庆七年五月二十七日，144页；第8册，嘉庆八年四月十七日，149页。

年(1832)，给事中孙兰枝奏称："州县经征地丁银两，民间大半以钱折银。"①同年，鸿胪寺少卿闵受昌也观察到，"州县官照额征收，理应听民自封投柜(即银纳)"，"乃近年浮收之弊，日甚一日"。据称其故里浙江乌程、归安二县"从无听民自封投柜之事，总系折收钱文"。当日纹银每两合钱1200～1300 文，而花户纳粮，每两完至 2400～2500 文。② 同期，御史王兆琛也注意到，"近年(地丁)折钱征收，日加日多"，山东宁海、诸城每银一两收至 2100 文、2130 文，而当地市价不过 1300 文/两。③ 这些记载说明，折征已成为浮收的同义词，且由征价、市价的差异来看，道光年间的勒折之弊，较乾嘉之际更甚。

自乾嘉之交，地方政府为解决财政困境，开始强制推行地丁银的钱纳。折钱征纳日渐背离便民的初衷，成为政府增收的重要手段。至道光后期，钱纳已取代银纳，成为征收中的惯例。时人普遍观察到，"各直省百姓，以钱完赋者，无虑十之八九"，"民之以钱输赋者，通天下无虑十之七八"。④ 这是当日东南及长江流域诸省的一般情况。⑤ 这些省份的钱粮征纳，如浙省地方官缪梓所言，上下两忙，"民间名为纳银，而实则输钱以折银，州县名为征银，而实则折钱以解银"。⑥ 由此我们便可理解，何以本应以银完纳的地丁银，《清册》中各县征价却多以制钱计算。

## (二)地丁征价及其确定

当然，无论银纳还是折钱，湖北州县地丁征价的构成是基本一致的。它主要包括三部分：第一，每正银一两连耗羡共征银 1.11 两，是为法定的正项。第二，按照惯例征收的附加税。州县征解钱粮有多项开销，包

---

① 孙兰枝奏，道光十二年闰九月十一日，《中国近代货币史资料·清政府统治时期(1840—1911)》上册，9 页。

② 闵受昌奏，道光十二年七月十五日，录副 03-3066-014。

③ 王兆琛奏，道光八年十二月十七日，录副 03-3058-025。

④ 吴文镕奏，道光二十四年四月，朱嶟奏，道光二十六年，《中国近代货币史资料·清政府统治时期(1840—1911)》上册，102、110 页。

⑤ 与湖北不同的是，当日江苏、浙江、福建等省在钱粮征纳中，除制钱之外，还大量使用外国银元。

⑥ 缪梓：《缪武烈公遗集》卷 1，16 页。

括解司道库费用、院司道府各房费、州县征收费用、州县余平等项。这些费用以附加税的形式并入正项征收。第三，除正项、附加税外，花户需另行缴纳以"票钱"为代表的各类规费。花户完粮后，经征书吏给发"串票"，作为纳赋凭证。为此，花户须缴票钱，津贴书吏的纸笔饭食，每张需钱数文至十余文不等。除遍及通省的票钱外，部分州县另有"银匠器俱饭食""粮差草鞋钱"等名目的规费。① 以咸宁为例，该县地丁每两征银1.45两，向来收钱2800～3000文不等。花户另须随缴"粮差草鞋钱"与"柜书券票钱"，前者每户36文，后者钱粮在1钱以上者每张16文，1钱以下者每张12文。② 可见，该县征价1.45两内，1.11两系正项，其余0.34两为附加税，每户另缴规费48～52文不等。

由此观察湖北各属征价，它们无一例外地远超1.11两。其中，以银计者多在1.4～1.8两，个别州县达到2两左右；以钱计者则多为2400～3600文不等，极端之例至4000～6000文。通省州县的平均征价，约为1.585两。但需说明的是，当日户部及各省布政司库收解地丁银统一以库平、足色纹银为标准，而州县征收钱粮，则以轻重不一的"市平"（普遍轻于库平）计算，且市银成色亦非十足，多有低潮。因此，若以库平足色纹银计算，各县的平均征价约为1.506两，按市价合钱2316文。③

这一数值也可从时人的观察中得到印证。咸丰十年，胡林翼与李鸿章论钱粮改革，称言："湖北钱粮向不过每两收至一两四五钱而止，故不能大为删减，漕价实减去大半。"他还建议，安徽核减地丁征价，宜以一两五钱为上限。④ 此前，胡林翼也在江陵县整顿钱漕的禀文上批复，"钱粮正耗，并火耗、解费，书役纸张饭食等项，按照市价，每正银一两折

---

① "银匠器俱饭食钱"，银纳花户所缴官银匠（负责检验银色、倾镕成锭）的饭食津贴。"粮差草鞋钱"，乡居花户因粮差代完钱粮所付之路费辛工。在多数州县，类似规费包含于附加税中，并不另征。

② 《清册》，"咸宁县"。

③ 如武昌每两征收市平九八色银1.53两，该平较库平每两轻3分，成色每两低2分，若折成库平足色纹银，仅1.45两，约为原价的95%。该折扣率代表当日的一般情况，故据此计算。

④ 《复李鸿章》，咸丰十年九月，《胡林翼集二·书牍》，715～716页，长沙，岳麓书社，1999。

收钱二千四百五十文"，"事属可行"。① 每两"收至一两四五钱而止""折收钱二千四百五十文"与1.506两、2316文的平均征价大致相符，"不过""不能大为删减""事属可行"也说明，在胡林翼看来，这一征价相对合理，无须大为删减。事实上，在咸丰七年的钱粮改革中，通省68州县内，仅9县的征价略有核减。

当日湖北的钱粮减浮始于武昌府兴国州，胡林翼原拟由该州发端，推及十余州县。② 最终改革基本限于武昌（4县）、黄州（2县）、安陆（2县）三府，幅度亦相对有限。仅当阳裁减较多，缘该县5000～6000文的征价为通省之最。与之形成对照的是，同期湖北漕粮征价每石自六七千至二十余千文不等，颇有浮勒，胡林翼遂将通省漕价"减去大半"，分别裁至4000～6500文不等。可以认为，在当日的湖北，1.506两的地丁征价是一种相对正常的水平。

就省际的比较来看，该征价也可接近同期的一般水平。如咸丰初年，湖南地丁"向来每两加五钱"。③ 咸丰末年，江西各属征收地丁，以银计者每两一两二三钱至一两六七钱不等，以钱计者每两多在2200～2400文。在咸同之际的钱漕改革中，该省征价统一定为每两征钱2400文，合银1.5两。④ 同期，安徽州县每两多征银一两五六钱，折钱征收者则多数在2500～2600文。⑤ 山东钱粮征银州县每两征收1.24～1.54两，征钱州县每两二千数百文至三千文不等。⑥

以上所论为通省平均征价，而据表5-1显示，省内各县征价差异明显，并非整齐划一。影响各自征价的因素，首先来自货币方面：省内各

---

① 《江陵县禀陈整顿钱漕积弊批》，《胡林翼集二·批札》，968页。

② 陈光亨：《养和堂遗集》卷3，《清代诗文集汇编》第595册，40页，上海，上海古籍出版社，2010。

③ 骆秉章：《清骆秉章先生自叙年谱》，75页，台北，台湾"商务印书馆"，1978。

④ 《上曾宫保陈江省丁漕利弊情形书》《复隋太守江西丁漕减价章程》，咸丰十一年，《丁日昌集》下册，1033、1039页，上海，上海古籍出版社，2010；李桓：《宝韦斋类稿》卷11，光绪六年刻本，1～3页。

⑤ 《安徽全省财政说明书》，《岁入部·地丁》，5页，经济学会，1915。

⑥ 谭廷襄奏，咸丰十一年九月二十八日，朱批04-01-35-0288-005。

属银两平色互异，银钱市价亦贵贱不一。作为主币的银两并非铸币，而是称量货币。币制的不善导致权量、成色不齐成为普遍现象。据《清册》显示，当日鄂省州县所用平码，至少有"漕平""蕲平""九七""九七五""九八""九九"等多种。① 各属市面流通之银也非十足纯银，其成色有"九七五""九八""九九"之别。平、色的差异意味着各县征价的"计量单位"各不相同。至于银钱市价，省内最普遍的是"六五合银"（即每钱 1000 文合银六钱五分），约为 1538 文/两。此外，各属另有每两合钱 1300 文、1500文、1600 文、1700 文、1800 文、1975 文及 2000 文等多种比价。

除去货币，惯例也成为影响征价的重要因素。在《清册》中，各州县征价无一例外地使用了"向来每两正银连耗征收"的表述，其中"向来"一语，意味着征价实质上是当地相沿惯例。某县的地丁征价，通常由州县官商同当地绅民（尤其是有影响力的绅士）后确定。此外，州县的详文、督抚的奏报乃至钱粮讼案的审理结果，都可以成为相关的依据。由于这些程序的存在，尽管惯例普遍高于法定征价，却并不被视作"浮收"。相反，"官民相安"才是时人更为常见的描述。而且，惯例一经形成，即对征价的变动产生相当的约束力。如道光中期，山东巡抚讷尔经额观察到：

> （东省钱粮）以钱折纳之处，皆因乡民购银不便，俯顺舆情，沿为成例。而其每两折纳若干，则视地土之沃瘠、公事之繁简，为数不齐，各有旧章。历任上司因其由来已久，官民相安，故亦从未轻议更张，只有察出格外加索，即行参办，以截其流。

道光年间，山东部分州县地丁以钱折纳已"沿为成例"，各县每两征收京钱 3100～4000 文不等，"为数不齐，各有旧章"。② 如黄县旧章，地丁每两征京钱 3400 文。道光八年（1828），知县李肇敏因银价上涨加征 200文，合计仅 3600 文，乡民即不肯完纳，率至哄堂滋事，酿成重案。而诸

---

① "漕平"，咸丰三年以降湖广等省漕粮改征漕折银所用之平码，约 101.8 两当库平百两。"蕲平"，蕲水县所用平码，约 100.95 两当库平百两。"九七"平，指该平每百两较库平轻 3 两，约 103 两当库平百两。其余各平同理。

② 清代京钱通行于京师及直隶、山东一带，为民间使用的虚货币，京钱 1000文约合制钱 500 文。

城每两向收京钱 4000 文，历年钱粮按时扫数，至今相安无事。故讷氏认为："变其常规，数虽少于他县，而民即不甘；沿其旧章，纵较他县独多，而民亦相安。""旧章不可轻改"成为当日地方官的行事原则，因为擅易旧章，极可能引发讼案，甚至酿成民变。① 一个极端的例子是，道咸间江苏句容、丹徒等县征粮，"民间自守相沿一定之钱数"，每两收钱 1680 文，"银价倍长而不增，增即滋事"，当日江苏州县征价多在每两 2800～2900 文之谱。相沿旧章之作用，由此可见。②

道咸之际的地方官，在地丁银征收中奉行"旧章主义"，"相沿旧章"本身即成为征价的决定因素。但另一方面，对于他们而言，征价的确定也需顾及更为实际的因素——本地的经费需求。当然，两方面的因素并非截然矛盾。可以认为，惯例的形成即包含了对于当地财政状况的考虑。正如《安徽全省财政说明书》所言，地丁征价"依惯例之收数多寡"，亦因"地方之繁简为其等差"。③ 讷尔经额也指出，山东各属征价"视地土之沃瘠、公事之繁简，为数不齐"。"地土之沃瘠"是指地丁正额的数量，地土较沃则田赋科则更高，正额及附加税也相对较多。"地方/公事之繁简"是指当地公事、差务之多寡，公事较繁则意味着更多的行政支出。也就是说，某县地丁征价在一定程度上是由当地的财政收支状况尤其是支出需要决定的，其设定实有"量出制入"的色彩。这是由于，至迟在嘉道之际，州县衙门公私经费的主要来源已是各类陋规，其中又以地丁、漕粮盈余最为重要。④ 正是在这一背景下，即使湖北州县平均征价达 1.506 两，高于法定征价 35.7%，疆吏仍认为相对合理，"尚无浮多"，可"仍照向章办理"。

关于财政收支状况与征价间的联系，具体而言，地丁正额较多或他种陋规较巨之州县，只需较少的加征即可满足经费需求，故征价相对较

---

① 讷尔经额奏，道光十一年十月十七日，朱批 04-01-35-0067-007。

② 冯桂芬：《显志堂稿》卷 5《与陆督部书》、卷 10《用钱不废银议》，《续修四库全书》第 1535 册，576 页，第 1536 册，26 页。

③ 《安徽全省财政说明书》，《岁入部·地丁》，6 页。

④ 参见周健：《陋规与清嘉道之际的地方财政——以嘉庆二十五年清查陋规事件为线索》，《"中央研究院"近代史研究所集刊》第 75 期，2012。已收入本书第一章。

低，反之则较高。当日湖北州县最主要的收入来源是漕粮盈余。因此，有漕州县地丁征价较他属略低。这在表 5-1 中有明显的反映，通省地丁征价最高的施南(2.049 两)、郧阳(1.824 两)二府均无漕，且府属州县地丁正额的平均值，也仅有 400、2028 两，在各府、直隶州中居倒数第一、三位。

## (三)大户、小户及其征价差异

在货币、惯例、财政等多种因素的影响下，湖北省内各州县形成了各自互异的地丁征价，但这并不意味着一县之内仅存在一种征价。由于钱粮额数、身份地位乃至居住地点的差异，同属一县的花户实际上适用于不同的征价，这便是所谓大小户现象。

大户、小户是一组含义十分暧昧的名词。在清代政书中，"大""小"的本义是指钱粮额数，钱粮少者为小户，反之则为大户。如雍正十一年，清廷议准"零星钱粮、一钱以下之小户"，钱粮准以制钱完纳。① 则钱粮在 1 钱以下者，即属小户。同治初年，湖广总督官文明确指出，各州县"粮多者为大户，粮少者为小户"。② 但因各地额赋相差较大，大小户的划分并无统一的标准。如湖北松滋凡钱粮自分厘至 4 钱者为小户，4 钱起至数两者为大户。同府枝江县的划分更为复杂，钱粮自分厘至 3 钱零者为小户，4 钱至 9 钱零者为中户，1 两至 10 两者为大户。③ 大小户钱粮额数的差别，在一定程度上造成了各自银纳与折钱的区别。大户钱粮多在数钱以上，故以银完纳，而小户钱粮仅只分厘，为省易银折耗之累，多折钱完纳。④ 如湖北州县向来是"粮多大户多以银两自封投柜，粮少小户多以钱合银完纳"。⑤

所谓大小户现象，当然与以上因素有关，但其主要含义，却是指官

---

① 光绪《钦定大清会典事例》卷 171，《续修四库全书》第 800 册，743 页。

② 官文奏，同治五年五月初四日，朱批 04-01-01-0893-018。

③ 《清册》，"松滋县""枝江县"。

④ 《遵查各属违例浮收片》，道光十二年十二月初八日，《林则徐集·奏稿》上册，126 页。

⑤ 官文奏，同治五年五月初四日，朱批 04-01-01-0893-018。

吏在征收中对社会身份、地位互异的花户实行不同的税率。绅衿大户通常享受较低的实征税率，而乡民小户则承担较高的征价。如果单从制度层面来看，自摊丁入地以后，绅衿在地丁征纳中已无任何特权。但实际上他们却普遍享受优惠的税率，此种特权来源于其身份与地位——官宦或拥有功名。而且，花户的社会地位越高，其征价越低。① 这一点也在《清册》中也有所体现。黄陂、黄冈及孝感三县均存在"官绅大（上）户"，他们显然区别于"大户""中户"，其征价较后者更低（见表 5-2、5-3、5-5）。

那么，大小户之间的征价差异究竟达到何种程度，各自钱粮在一县内又占多大比例，这些问题仍有待进一步厘清。既有研究往往依据一些极端之例立论，或者对地丁、漕粮不加区分，很可能对此估计过高。② 以江夏为例，该县地丁正银 50 019 两零，向来每两征银 1.46 两，其中各户钱粮及征价如下：

> 大户银四千三百余两，以银完纳，不及一两四钱六分。花户赴柜完纳者约一万四千余两，有愿照市价合钱者，约每两交钱二千四五百文，至奏销时或至二千七八百文不等。粮差领券者约三万一千余两，除缴一两四钱六分外，该差等往乡送券，不免有向花户索取盘川、路费钱文，星零小户亦有按每两收至三千七八百文之事。③

由上可见：第一，该县花户有"大户""赴柜完纳者"及"粮差领券者"之别，分别对应一定的钱粮额数，可见其身份相对固定；第二，1.46 两是该县的平均征价，三类花户各自适用不同的征价与完纳方式。

清制，花户完纳钱粮，应亲身赴县，封银投柜。但实际上，乡居小户往返县乡之费远高于应纳粮额，其钱粮多交由各种代理人或中间机构

---

① 张仲礼：《中国绅士——关于其在 19 世纪中国社会中作用的研究》，李荣昌译，34～35、40～46 页，上海，上海社会科学院出版社，1991；王业键：《清代田赋刍论（1750—1911）》，49～52 页。

② 张仲礼：《中国绅士——关于其在 19 世纪中国社会中作用的研究》，40～42 页；白凯：《长江下游地区的地租、赋税与农民的反抗斗争：1840—1950》，71～73 页。

③ 《清册》，"江夏县"。

代完。其中，粮差、里书之包征最为普遍。① 江夏县"大户"系以银投柜，其征价低于 1.46 两。据邻邑武昌的记载，大户征价约较平均征价短数分到二三钱不等，且大户之内，征价亦有等差。② 与大户相同的是，中户亦"赴柜完纳"，银钱兼纳，"照市价合钱者"每两折钱 2400～2500 文，与平均征价相当。当日的普遍情况是，每年五月奏销届限，大量制钱需易银解司，故银价在短期内明显上扬，地丁征价亦较平日高数百文。③ "粮差领券者"指钱粮由粮差包收之花户，多为乡居小户。如官文奏称：

> 距城遥远花户，输将不能依限，或先托粮书代垫，或将钱交付粮差代完。粮书垫后给券，往往格外索取利息。粮差所收钱文，必须雇夫挑运，索取挑夫脚钱、盘费。④

小户钱粮普遍折钱，由粮差在县代完，再将串票送乡。为此，粮差多向花户索取往返盘川、脚价，如钱粮系粮差垫完，则另索息钱。在书差包征制下，小户需承担额外的完纳费用，故其征价高于自封投柜之户。而且，一旦钱粮延欠，书差先行垫纳，再向小户催讨。在此过程中，书差"择肥而噬，惟力是视"，贫懦乡户极易被讹索，其征价甚至"并无一定数目"。⑤ 正是以上原因，导致了"星零小户亦有按每两收至三千七八百文之事"。但这属于极端之例，非为"粮差领券者"的一般征价。

除江夏以外，《清册》中还记录了 14 县的大小户征价，可资定量分析之用。而且，这些记载不仅包括花户征价，还多载明钱粮额数。笔者结合二者的情况，制成表 5-2 至表 5-7：

---

① 周健：《清代中后期田赋征收中的书差包征》，《中国社会历史评论》第 13 卷。已收入本书第十章。

② 《清册》，"武昌县"。

③ 《银荒小说补》，《包世臣全集·齐民四术》，229 页。

④ 官文奏，同治五年五月初四日，朱批 04-01-01-0893-018。

⑤ 丁日昌：《抚吴公牍》卷 22《咨商拟办江北钱漕章程》，《丁日昌集》上册，576 页。

表 5-2 1857 年黄陂县各户地丁征价及正额统计

| 户别 | 征价 | 指数 | 各户地丁正额（两） | 各户正额比重（%） |
|---|---|---|---|---|
| 官绅大户 | 1.38 两 | 1.00 | 5040 | 20.11 |
| 大户 | 1.51 两 | 1.09 | 7430 | 29.65 |
| 中户 | | | 11 124 | 44.39 |
| 小户 | 2900 文 | 1.31 | 1200 | 4.79 |
| 次小户 | 3000 文 | 1.36 | 266.7 | 1.06 |

表 5-3 1857 年黄冈县各户地丁征价及正额统计

| 户别 | 征价 | 指数 | 各户地丁正额（两） | 各户正额比重（%） |
|---|---|---|---|---|
| 官绅上户 | 1.35 两 | 1.00 | 5030 | 11.64 |
| 大户 | 1.45 两 | 1.07 | 17 000 | 39.34 |
| 中户 | 1.49 两 | 1.10 | 19 680 | 45.55 |
| 小户 | 2900 文 | 1.34 | 1300 | 3.01 |
| 次小户 | 4000 文 | 1.85 | 200 | 0.46 |

表 5-4 1857 年安陆县各户地丁征价及正额统计

| 户别 | 征价 | 指数 | 各户地丁正额（两） | 各户正额比重（%） |
|---|---|---|---|---|
| 一三七一价钱粮 | 1.371 两 | 1.00 | 185 | 2.11 |
| 一四五价钱粮 | 1.45 两 | 1.06 | 825 | 9.39 |
| 一四七一价钱粮 | 1.471 两 | 1.07 | 1439 | 16.38 |
| 一五价钱粮 | 1.5 两 | 1.09 | 866 | 9.86 |
| 一六价钱粮 | 1.6 两 | 1.17 | 5469.65 | 62.26 |

表 5-5 1857 年孝感县各户地丁征价及正额统计

| 户别 | 征价 | 指数 | 各户地丁正额（两） | 各户正额比重（%） |
|---|---|---|---|---|
| 官绅上户 | 2800～2900 文（合银 1.65 两） | 1.00 | 4000 | 16 |
| 中户 | 2500～3000 文（合银 1.77 两） | 1.07 | 7000 | 28 |
| 下户 | 3200 文（合银 1.89 两） | 1.15 | 14 000 | 56 |

表 5-6  1857 年枝江县各户地丁征价及正额统计

| 户别 | 征价 | 指数 | 各户地丁正额(两) | 各户正额比重(%) |
|---|---|---|---|---|
| 大户 | 1.2 两(折钱 2600 文) | 1.00 | 1160.008 | 27.22 |
| 中户 | 1.46 两(折钱 2800 文) | 1.22 | 1042.5 | 24.46 |
| 小户 | 1.5 两(折钱 2800 文) | 1.25 | 2059.69 | 48.32 |

表 5-7  1857 年钟祥等 9 县大小户地丁征价及正额统计

| 县份 | 大户征价 | 小户征价 | 小户征价/大户征价 | 大户地丁正额(两) | 大户正额比重(%) | 小户地丁正额(两) | 小户正额比重(%) |
|---|---|---|---|---|---|---|---|
| 钟祥 | 1.47 两 | 2400 文 | 1.09 | 40467.44 | 82.64 | 8500 | 17.36 |
| 均州 | 3200 文 | 3700~3800 文 | 1.17 | 不详 | 不详 | 不详 | 不详 |
| 谷城 | 1.73 两 | 3034 文 | 1.14 | 不详 | 不详 | 不详 | 不详 |
| 郧西 | 1.6 两 | 1.8 两 | 1.13 | 不详 | 不详 | 不详 | 不详 |
| 荆门 | 2500 文 | 2740 文 | 1.10 | 6500.07 | 19.02 | 27 666.67 | 80.98 |
| 房县 | 1.5 两 | 3000 文 | 1.30 | 1316.92 | 50.00 | 1316.78 | 50.00 |
| 石首 | 1.75 两 | 3500 文 | 1.30 | 9842.03 | 94.07 | 620 | 5.93 |
| 松滋 | 1.5 两(2700 文) | 1.9 两(3600 文) | 1.27 | 5000 | 45.45 | 6000 | 54.55 |
| 恩施 | 3000 文 | 4000 文 | 1.33 | 271.20 | 43.95 | 345.88 | 56.05 |

以上 14 县可分为两类，一是黄陂、黄冈、安陆、孝感、枝江 5 县(表 5-2 至 5-6)，花户被分成三到五类。二是钟祥等 9 县(表 5-7)，花户仅有大小之别。对于各县的情况，笔者最直观的感受是，大小户划分的县际差异极大。如 3000 文/两在黄陂县(表 5-2)是最高的次小户征价，而在恩施(表 5-7)则是最低的大户征价。大户钱粮在一县中的比重，也从孝感的16%(表 5-5)到石首的 94.07%(表 5-7)不等。

但值得注意的是，无论以何种标准划分，各县大小户间的征价差异均不甚悬殊。在以上 14 县中，小户的最高征价与大户的最低征价之比自1.09(钟祥)至 1.36(黄陂)不等，也就是说，同为正银 1 两，小户需较大户多完 9 分至 3 钱 6 分不等。但既有研究未曾注意到，大户亦有区别于小户的额外负担。大户钱粮多以银纳，征收时例由官银匠验色倾镕，需额外负担"银匠器俱饭食银"。如在黄陂、黄冈二县，官绅上户、大户、中户分别缴纳"银匠器俱饭食银"707.82、1251两。此外，在部分州县，票钱也仅由大户、中户承担，如黄陂、黄冈二县，该款达1811.86两、3648.75两。① 在另一些州县，钱粮额多者需缴纳更多的票钱。在这些规费的缴纳中，中户以上各花户反而处于不利地位。

唯一超过36%的征价差出现在黄冈（表5-3），该县最高的次小户征价达到4000文，高出最低的官绅上户征价（1.35两）85%。但这一差异的真实含义，需结合负担者的情况来理解。事实上，该县次小户钱粮仅占正额的0.46%，而占正额96.53%的官绅上户、大户、中户，征价差在10%以内。黄陂县也存在同样的情况，占该县正额94.15%的官绅大户、大户、中户，其征价差仅为9%，而占正额5.85%的小户、次小户征价，则高出官绅大户31%～36%。这意味着，该县绝大多数钱粮是以相对平均的征价来完纳的，仅是钱粮额数极少的星零小户承担了高昂的征价。但由于小户钱粮多止分厘，其人数在一县内的比重应高于钱粮额数。反之，享受着极低征价的大户，其钱粮所占份额亦不高。如在花户划分较为复杂的黄陂、黄冈、安陆、孝感、枝江5县，征价最低的官绅大户钱粮分别占总额的20.11%、11.64%、2.11%、16%、27.22%。如果考虑到大户个体的钱粮额数较多，那么其人数所占比重还应更低。

可以说，各类花户是呈橄榄形分布的，多数钱粮以相对平均的征价完纳，尽管其中亦有差别；而两角的极端征价所对应的花户，不论是钱粮额数还是人数，都只是少数。因此，笔者认为，在道咸之际的地丁征纳中，尽管征价的不平等普遍存在，但大小户间的差异却并不悬殊。当然，《清册》中的征价差异未必能完全反映出大小户在征收中的差别待遇。如"揭征""见厘收分"等征收积弊，更多地出现在小户身上。② 但这些现象的影响范围有多大，是否从整体上抬高了小户征价，或可做进一步探讨。

如果与同期漕粮征收中的大小户之弊相对照，地丁银的征纳尚可谓

---

① 《清册》，"黄陂县""黄冈县"。

② 小户钱粮多止分厘，书差常在尾数上做文章，凡整数外之畸零尾数，一律收作整数，如1分1厘者，概收2分，谓之"见厘收分""收尾"等。

相对平均。道咸之际，湖北州县征漕，小户多折钱完纳，"愚弱良善，书差欺压，数至倍蓰"，每石需钱 9 千至 18、19 千文，监利县甚完至 36 千文。大户则"以本色完纳，书吏不敢盈取"，更有刁绅劣监"挟州县浮勒之短"，勒索漕规。胡林翼称大小户之弊为当日"虐政"，"亦天下有漕省分之积弊也"。故在咸丰七年湖北的漕粮改革中，核减漕价，无论大户、小户，画一征收，成为最重要的内容。① 而地丁银方面的动作则要小得多，甚至还保留了"大小户之别"和"收银收钱之分"，可见积弊较轻，征价相对平均。②

## 二、支出：地丁盈余的分配

道咸之际，湖北州县地丁银平均每两征收 1.506 两。在这 1.506 两内，按支出类别的不同，可分为正项(1.11 两)与盈余(0.396 两)两部分，分别属于不同的财政体系。地丁正项是完全意义上的中央财政。在当日高度集权的财政制度内，户部通过奏销制度与解协饷制度，严密地控制着各直省地丁正项的动支。州县政府几乎须将所征地丁银全数提解布政司库及粮道库，由后者在户部的监控下进行分配。具体来说，湖北的地丁正项分为起运、存留、驿站、耗羡四款，其各自支用情况如下：起运共计 779 426 两零，其中部分按户部指定拨交邻省，称"协饷"，余款悉数解部，称"京饷"。存留共计 94 807 两，多数留于本县坐支，主要用于知县俸银、吏役工食，以及祭祀、廪膳、孤贫等费。驿站共计 184 510 两，供驿站买补驿马、驿递支应及吏役工食之用。该款有驿州县留于本地支用，无驿州县解交藩库。耗羡共计 121 295 两，自道光三年(1823)起，湖北各属耗羡须随正银全数解司，再由州县官领回部分，充各官养廉银、祭品银、工食银及公务经费。③ 在湖北的地丁正项内，约占

---

① 《致罗遵殿》，咸丰九年，《胡林翼集二·书牍》，233 页；《革除漕务积弊并减定漕章密疏》，咸丰七年十月十四日，《胡林翼集一·奏疏》，364～365 页，长沙，岳麓书社，1999。

② 《湖北省赋税源流》，2 页，民国初年刊本。

③ 民国《湖北通志》卷 44《经政二·田赋》，6～7 页。

66.05%的起运之款悉听户部调拨，尽数起解，其余留支本省者主要用于驿站及官吏俸禄，其支用均有定款定额之限制。可以说，地丁正项的管理是高度中央集权的，地方政府只能按额征解，并无自由动支的权力。因此，通过奏销制度形成的相关文件，我们对其支用情况是大致清楚的。

与之相对照的是，地丁盈余是溢出于户部管控之外的非经制财政，其支用由地方政府依据惯例来进行，颇有"地方财政"的色彩。在清代高度集权的财政理念下，由地方支配的地丁盈余无疑是不应存在的。因此，它的形象通常是模糊的，缺乏清晰、系统的记载。较诸地丁正项，我们对于盈余及其支用情况的了解还相对有限，既有研究也多语焉不详。管见所及，仅有佐佐木正哉、王业键、陈支平等少数学者对清代后期的地丁附加税做了制度层面的分析。其中，王业键先生依据宣统年间各省《财政说明书》，将光宣之际的田赋附加税分为四类，即为行政管理支出、地方福利、庚子赔款，以及新政事业而征收的附加税，与本节关系最为密切。①

以上先进的研究均侧重征收层面，讨论附加税的名目，笔者的思路则有所不同。与正项不同的是，地丁盈余的收支遵循量出制入的理念，也就是说，附加税皆因特定的支项而征收。因此，从支出层面探讨地丁盈余的分配情况，可能更为重要。在《清册》中，各属盈余的支出惯例正是篇幅最多的部分。这也意味着，对州县而言，盈余的支用具有十分重要的意义。本节笔者将对地丁盈余的各支项加以考释，并在此基础上勾勒其分配结构。

## （一）解司、道库费用

大致而言，地丁盈余的支用，可分为解司道库费用、院司道府各房费、州县征收费用及州县余平四项。对州县而言，解司、道库费用是其中最重要的支项。州县所征地丁、漕项钱粮，须分别按额解交布政司库、

---

① 　需要指出的是，在王业键划分的四类附加税中，有两类是清末新政时期的产物。也就是说，光宣之际的田赋附加税结构并不代表整个清代后期的情况。参见佐々木正哉：《咸豊二年鄞県の抗糧暴動》，211～299 页；王业键：《清代田赋刍论(1750—1911)》，65～67 页；陈支平：《民间文书与明清赋役史研究》，194～199 页。

粮道库，该款即为解库之费用。如沔阳州支出惯例内载：

> 解司、道库每千两解费十三两八钱，宝费三两，解费〔火耗〕四十四两，补库平五十二两五钱九分四厘，补色二十二两四钱，共银七千四百十二两七钱零。①

又如通山县：

> 解司、道库［每两］补平三分四厘，新平八厘，宝平一分八厘，火耗四分，共银六百十八两八钱二厘；解银投文、领批、库收、丁书路费、请批共银二百三十四两一钱四分九厘。②

可见解司、道库费用，系据州县所解银数按不同比例缴纳。由于地丁额数远大于漕项，故该款以解司之费为主。其名目纷繁，大致可分两类：一是倾镕火耗，二是解费。

倾镕火耗主要包括"火耗""补平""补色""宝平""重平"等费。该款的形成，是由于较诸州县征收，藩、粮二库收解钱粮对于银两的规制要求更高。前文已指出，当日州县征收钱粮多以市银（或将所收制钱兑换市银），而藩司收解则须用库平足色纹银。由于市银平码普遍轻于库平，成色也多有低潮，司、道库收解钱粮，遂有"补平"（上平、添平）、"补色"（补水）之征，即补足所欠平码、成色之意。如引文中沔阳钱粮解库，每千两随征"补库平"52.594两、"补色"22.4两。

又，清制，地丁钱粮须照章倾铸为50两之"元宝"，或10两之"小锭"，为此，藩司、粮道通常在省城或署内设置银炉，由银匠专司倾镕之事。州县钱粮解司，遂有倾镕费用之征，名"火耗""火工"，作为银两损耗及银匠辛工饭食。与之相关的名目另有"宝平""重平"等。州县所解钱粮或已铸成小锭，藩库银匠再将其改铸为元宝，须另加耗银，称"宝平""宝水"。至藩库银匠倾镕时，又于库平之外再补平码，以免解部时有短平之虞，称"重平"。

---

① 《清册》，"沔阳州"。
② 《清册》，"通山县"。

州县批解钱粮到库，按例缴纳各类手续费，统称解费，主要名目有"解费""领费"，及"投文""掣批""库官土仪"等。解费系按批征收，按州县钱粮例应随征随解，每解钱粮一批，即缴解费一次。如崇阳县藩库解费每千两 23.39 两，每年约解 11 次，共银 256.23 两。[①] 与解费相似的是领费，州县解司钱粮内，亦有领回本属支用者，如养廉银等。为此，州县须另缴领费，该款通常由藩司在所领款项内核扣。

除解、领费外，解司杂费中最普遍的是"投文"与"掣批"。按州县钱粮解司，须事先向藩司请领文批（有"连批""单批"之分），将所解银数填入批内。至解银赴署，解役先投批签到，挂号后文批转发库房，称投文。经库房核明银数，兑银入库后，将文批分截盖印，交州县解役具领，作为解银之凭据，称掣批。为免兑银时守候驳难，州县每次投文、掣批均须纳费数钱至数两不等，即"投文""掣/领批""库收"等名目，而请领文批，亦有"请批""连批""单批"之费。藩署内负责收兑事务的是库房，由《清册》可见，各属普遍存在"库官土仪""库书"等名目的杂费，即上兑钱粮时库大使、库房书吏之使费。

部分州县的解司道费用内尚有"委员程仪"一款。按当日惯例，藩司、粮道、知府等为调剂署内候补官员，往往在忙期遣其充任委员，赴各属催提钱粮。州县须负担这些催饷委员的往来支应（"夫马"），并馈以"程仪"。据《清册》反映，这些委员甚至未必真正赴县，但州县仍须于钱粮解司时缴纳该款。

倾镕火耗与解费是州县解交钱粮的主要费用，时人便常以此两项来代称解司、道库费用。其中，解费是名副其实的规费，而倾镕火耗看似因银两转换而征，实际上也与规费无异。咸同之际，两江总督曾国藩就观察到，州县银两解司前，多已按例铸成元宝或小锭，即运钱赴省之州县，亦在省城钱铺易银倾铸。且漕项钱粮例收碎银，并不解收元宝。故藩署银匠倾铸银两，本非必需之事。而所谓官银匠者，"朋充以应募，钻营以准卯，并无倾销之手艺"。此辈一经签充，即派令解收若干州县之钱粮。至州县解银，如"不将陋规交清，不特倾销足色之元宝不能上库"，

---

① 《清册》，"崇阳县"。

即所解钱粮拨解巡道府营及州县领款，亦无法领取。足见倾镕火耗不过是官银匠借挑斥银色而索取之规费。①

湖北清理财政局局员就指出，火耗倾镕、解款、加平等款"系官署相沿之陋规"，②充作藩司衙门的办公经费。② 时人普遍观察到，凡藩司、粮道公费，以及库大使、库吏公饭，银匠之倾镕火工，书役之饭食纸张油烛，乃至藩署各门丁仆从津贴，无不取给于该款。③ 由江苏的例子来看，解司、道库费用除各官吏办公津贴外，用于倾镕火工者不足1/3。④ 这也反映在《清册》中，如黄梅县"解司、道库每千两经厅添平十二两，照厅补平十五两"。⑤ "经厅"指经历，"照厅"指照磨，均为布政使属官。将本为弥补库平的"添平""补平"与特定的官员相联系，可见该款系其专属津贴。

各属的解司、道库费率差别不大，其规模主要取决于所解钱粮额数。在笔者统计的湖北58州县中，⑥ 钱粮大邑普遍在千两以上，以沔阳的7413两最巨，而施南、宜昌等府的瘠缺州县，因鲜有钱粮解司，每岁仅数十两。通省州县的平均值为1735两，占州县地丁盈余支出的20.38%。这意味着，每地丁正银1两，州县需为该款加征0.081两。再加以0.11两的耗羡，每两应解司约1.2两。咸丰初年，曾历署浙江各地知县的汤成烈便指出，浙省州县钱粮解司，"每正银千两约以千二百两为准"，解司诸费已成为州县的沉重负担，其解交"皆急于正供"。⑦ 地方官的这一感受十分值得注意。对于他们而言，解司、道库费用是地丁盈余内最重

---

① 《批江西藩司会禀州县向交火工定数详开一折官匠于火工内分交各款定数另开一折由》，《曾国藩全集·批牍》，604～605页，长沙，岳麓书社，1994。

② 《湖北全省财政说明书》，《岁入部·杂收类》，51页。

③ 李桓：《宝韦斋类稿》卷62，34～35页；《湖南全省财政说明书》，《各属解兑藩粮库款解费表》，26页，经济学会，1915；《广西全省财政说明书》，《各论上·省税部·各项规费》，124～125页，经济学会，1915；《浙江全省财政说明书》，《岁出部·支款·财政费》，62页。

④ 《江苏苏属财政说明书》，《岁入部·杂收入》，31～32页。

⑤ 《清册》，"黄梅县"。

⑥ 《清册》内湖北通省68州县中，地丁盈余支出惯例记载完整的有58州县，本节笔者据其进行了统计，结果见表5-8。

⑦ 汤成烈：《古藤书屋文甲集》卷2，《天津图书馆孤本秘籍丛书》(15)，275～276、279页。

要的支项，且随正项一同上解，实于正项无异，甚至"急于正供"。这是因为，州县若不将各费交清，钱粮的上解兑收是无法完成的，而这与其考成息息相关。

## (二)院司道府各房费

与解司、道库费用相似的支出是院司道府各房费，又称"上房费"，即解交巡抚、布政司、按察司、巡道、知府(或知州)各上司衙门科房书吏之费。以京山县为例：

> 院司道府各房费共银二千三百十两五厘、又钱一百七十六串，五六合银一百十四两四钱，内有奏销、大计、交代费银六百四十六两六钱八分，实规费银一千七百八十三两七钱二分五厘。①

该县院司道府各房费共计 2424.45 两，分为两类，一是规费 1783.725 两，二是奏销、大计、交代费 646.68 两，这是当日的一般情况。

房费属于"忙规"，"忙"指上下忙期，"忙规"即州县征解钱粮时解交之规费，与之对应的另有"漕规"。该款虽名曰"院司道府各房费"，但从实际情况来看，这里的房主要是指司、府衙门各房。如监利县上房费共银 695.773 两，其中"府房季规""销戤"两款计银 661.38 两，府房费占到 95.06%。江陵县上房费共计 661.781 两，仅有两款，藩司民、驲站科及府户、工科各半。② 咸丰二年(1852)江苏金坛县的收支账册内，也有上房忙规的详细记载：督吏房吕到任忙规、节礼，"有折来取"，原写 12 元，今给 8 元；院房王石渠节礼、忙规并随银，共 7 元；藩户房钱厚基、金星槎、周开骥，每忙规洋连随银共 70 元，又俸工册洋 16 元，又交代洋 560 元；藩吏房忙规连随共 14 元。③ 可见金坛县赠送房费者，是总督衙门吏房、巡抚衙门吏房，及藩司衙门户房、吏房内专办本县事务的经承书吏。其中藩户房忙规最厚，计洋 716 元，占全部房费的 96.11%，仅

---

① 《清册》，"京山县"。

② 《清册》，"监利县""江陵县"。

③ 《吴煦知县任内金沙各项进出账》，1852 年，《吴煦档案选编》第 7 辑，24～25 页。

交代一项便达到 560 元。

院司道府各房费主要发生在州县与上级衙门有关钱粮征解的公牍往来中，作为上房书吏的纸笔津贴，故时人也称之为"册费"。以各属普遍存在的"红簿盖印"名目为例，州县征收钱粮，每岁编造本属实征册。该册须在上年十月内申送布政司，经核查钤印后（称"红簿"），方可领回使用。为此，州县须缴纳"红簿盖印"费，作为藩署户书的纸笔津贴。

至各属房费中的"奏销""大计""交代"等名目，则是特定事务之册费。奏销是清代最基本的财政制度，以田赋奏销为例，各府州县应将地丁钱粮的完欠情况编制账册，报送布政使核查，草拟奏销清册，由督抚具题户部，经户部复核后具奏。大计是清代的地方官考核制度，每三年举行一次。由州县至府、道、司，层层考察属员事迹，造册申报督抚，督抚核其事状，注考语，缮册送吏部。交代是指州县官在离任之际，须向后任官员交接本属钱粮仓库等项，于两月内完成，出具交代印文，经知府送巡道、臬司核明，再由臬司移送藩司，入于交代案内。以上三项均为当日地方行政中的重要事务，对于各级政府（特别是需要汇核属内各州县情况的藩、府衙门）而言，其运作意味着大量公牍的填造与处理，其间或需额外雇用书手。奏销、大计、交代等名目即是以此为名的纸笔经费。如建始县房费内奏销一款，注明为"奏销时酬纸笔银"。[①] 此外，州县负担的"奏销"费内，甚至还包括布政司奏销钱粮时打点户部书吏之陋规——"奏销部费"。

名目繁多的房费、册费普遍存在于上下衙门间各类公文往来中。曾任浙省地方官的周镐就指出，"举州县毫毛之事，莫不有费"。各费均系上房书吏写折索取，"动笔即索，无事过空"，稍不遂意，则于公牍中"驳换捱延"，州县"处分降罚，其祸立至"。故对于上房费，州县多止俯首听命而已。[②] 当日湖北各属院司道府房费一项，多在数百两之谱，平均为 710 两，其中奏销、大计、交代等费约占 37.04%，其余一般册费占 62.96%。在地丁盈余支出中，该项所占份额最少，约为 8.35%。

---

① 《清册》，"建始县"。

② 周镐：《禀覆玉抚军条议》，《犊山类稿》卷 4，无页码。

## （三）州县征收费用

地丁银是政府的重要财源，但州县之征解过程亦有多项花费，此即地丁银的征收费用。关于该项，天门县有如下记载：

> 每两经承四分四厘，库书五厘九毫，解饷川资四厘，传四乡保正九厘九毫，柜书三分二厘五毫，催钱粮差八分四厘九毫，辛劳一钱四分一厘四毫，银匠六厘，共银一万四千一百六十一两四钱四分三厘；县中印券纸札，及签稿、幕友随封、抽丰等项共钱一千六百二十六串八百四十文，又银三百八两八钱。①

可见州县征收经费，多按不同比例分配参与征解的各色群体。以下笔者试图厘清各群体的作用，重建征收之过程，以明晰各款费用之由来。

钱粮征收（"催科"）是清代州县官最重要的政务之一，但实际征收事务多操诸内署之幕友、长随，外署之书吏、差役，乃至银匠、里胥之手。② 州县的地丁银征收大致分为两部分，一是县衙之内的田赋管理，包括文书作业、钱粮经管等，由户房、库房书吏主导；二是县以下的钱粮催征，多由粮差、里书完成。湖北钱粮每岁二、八两月分忙征收，限十二月底全完解司。每忙开征后，州县于衙署设柜，由花户自封投柜。开征之前，州县官在户、库等房书吏中点充数人为"柜书""经承"，分别立柜，经征钱粮。他们的主要工作是管理各里书呈缴的实征册，并依据册内所载户名、粮额，填制串票。花户赴县完纳，经柜书检核后截给串票，作为纳赋之凭证。

然而，由于自封投柜成本极高，官民双方均不堪负担，事实上仅有少量钱粮是通过以上程序完纳的。更为普遍的征收方式有两种，其一是"乡征"，与"署征"相对，是指县内各乡适中之地分设"乡柜"，派驻长随、幕友，监督吏役经征，花户就近在乡完纳。其二是设置各类代理人包揽

---

① 《清册》，"天门县"。

② 本节关于地丁银征收的论述，参见周健：《清代中后期田赋征收中的书差包征》，《中国社会历史评论》13卷，387～398页。已收入本书第十章。

征收事务，其中最为常见的是书差包征。在该模式下，州县官将征解之事交由柜书、经承中的一人或数人（"总书""库总"）包办。钱粮开征后，总书将串票截出，交予各粮差、里书，由其包征各自辖区之钱粮。粮差、里书多非卯簿有名的经制吏役，而是介于额外吏役与里胥徒棍之间的人物。当日县以下的钱漕征收，多是经由这些"吃钱粮饭"的职业包揽人之手完成的。

地丁银的征收的主要由书吏、差役，乃至银匠、里胥来完成，但在各环节中，州县官均派幕友、长随参与，以防吏役舞弊。由《清册》所见，参与征收的幕友主要是"征比""账房"两席。征比幕友的职能分征、比两方面。"征"即查核实征册之编造，委派经承、粮差，核发串票数目，在乡柜经征等，"比"即比较花户完欠情况，发单催征欠户钱粮。账房幕友专司县署银钱出入，征收中的一切钱粮入库及申解款项，均由其登记。① 参与征收的长随主要是"钱粮门签（印）"，即"门上""签押"中专管钱粮征解者。前者主要负责在内署、外署之间传递信息，询问征解事宜，有时也下乡催征。后者则专门办理相关文案的签押。②

相对于以上的征收过程而言，解运之事要简单得多。州县解送钱粮，通常由长随、吏役数人押解，并遣兵丁护送。又因钱粮上兑藩库，例须验色倾镕，州县银匠也多随同赴省。所解银两以银锭的形式装入银鞘内，加封条绳索，雇夫装车，解运省城。

州县征收费用即以上程序中的开销，主要是参与征解各员役的纸笔辛工及赏项。它通常以"厘股""厘头"的形式分配，各员役均分得固定比例的厘股钱，每两数厘至一钱零不等。该项分为内外两部分。一是"外费"，即各书吏、差役的办公费，包括总书、柜书、户书、清书之饭食辛工，粮差催征、银匠倾镕之辛劳，以及解银吏役之盘费川资、雇夫工价等。其中，书吏纂造各种相关的串票册簿（"征册""券票""奏销册"），另有纸笔油烛之费。二是"内署股钱"，即各幕友、长随之赏项，包括征比、

<hr/>

① 郭润涛：《官府、幕友与书生——"绍兴师爷"研究》，105～110 页，北京，中国社会科学出版社，1996。

② 郭润涛：《清代的"家人"》，《明清论丛》第 1 辑，380～387 页，北京，紫禁城出版社，1999。

账房幕友酬费，钱粮门印、众跟班抽丰等名目。据《清册》显示，分得厘股钱较多的是柜书、征比幕友及钱粮门签，因其属于征收中的关键角色。从严格意义上说，以上内外各费并非尽为各员役的征收之用，其中相当部分是作为一般伙饭津贴发放的，但二者无法区分。此外，部分州县另有"同寅忙规"，包括"两学""捕厅""城守"等名目，即馈赠同城儒学教谕、训导，巡检，以及驻防城守营之规礼，多止数十两至百余两不等，所占份额较轻。

由于湖北各县的征收方式差异不小，故征收费用之名目、额数也呈现参差不齐的状态。最多者如天门县达 15 527 两，少者如施南、宜昌等府小邑不过数十两。各州县的平均费用是 1811 两，占地丁盈余支出的 21.28％，稍高于解司、道库费用。

## （四）州县余平

除去前述三项，地丁盈余的剩余部分即为州县余平。这是可供州县官自由支配的"净盈余"。"余平"，又称"平余"，"平"为"枰"之简写。该词的含义颇为复杂，作为陋规的余平银，出现于雍乾之际，原指官府以平准差异为由，于耗羡之外的加征，此后逐渐演化为各级政府赋税盈余（尤其是地丁盈余）的代名词。[1]

嘉道以降，以余平为代表的陋规收入，成为州县衙门最重要的财源，主要充作各类无法"作正支销"的行政经费。清代的财政管理具有明显的固定化倾向，唯有符合特定的"例"与"额"的开支方可于正项内开销，反之则只能由各级政府自筹经费。对于 19 世纪前期的州县官而言，大量公务经费无法作正开销已成为日常状态，州县行政普遍依赖余平等款。咸丰年间，胡林翼就指出，当日湖北"县中用项，借平余为开销"。[2] 同期，湖南巡抚骆秉章也观察到，"州县办公之需，全赖钱漕陋规稍资津贴"，此当日东南各省所同。所谓"钱漕陋规"即指地丁余平与漕粮羡余。[3] 具

---

① 周健：《陋规与清嘉道之际的地方财政——以嘉庆二十五年清查陋规事件为线索》，《"中央研究院"近代史研究所集刊》第 75 期，120 页。已收入本书第一章。

② 《复贺月樵》，咸丰九年，《胡林翼集二·书牍》，257 页。

③ 骆秉章：《沥陈湖南筹饷情形折》，《骆文忠公奏议》卷 12，18 页。

体而言，以余平为代表的州县陋规，主要用于幕友脩金、摊捐之款、差务之费，及各上司衙门规礼等项。

另据《清册》显示，部分州县的余平尚须用于地丁钱粮的贴赔。清制，各州县地丁银均有相对固定的额征，但在实际征收中，缺额又是一种常态。这主要来自各种无著钱粮，如花户逃亡故绝，或低洼田地遇水渍淹、临江田地修堤挖压，该地钱粮遂无从征收。这些缺额长年存在，额数多在百余两至数百两之谱，少数州县甚至达到数千两。① 它们无疑使州县的实征数打了折扣，但额征却很难做出相应的调整。州县官为奏销考成计，不得不从余平内出资贴赔。

据《清册》显示，湖北各州县的地丁余平，普遍是每两随征 1 钱零至 3 钱不等，其额数主要取决于地丁正额。除去少数瘠缺州县，各属余平多在数千两，最高者如荆门甚至达到 22 221 两，省内 58 州县的平均值为 4256 两。在地丁盈余的分配中，余平一项几乎切去半数，占到 49.99％。而且，在这些数字背后，我们还应注意，为了遮掩本邑的盈余规模，以免上司觊觎，各州县可能少报了余平的数量，少数州县的余平一栏甚至空缺未载。② 因此，笔者认为，州县余平的实际规模，应大于以上数值与比例。

## （五）盈余的分配结构与方式

关于州县地丁盈余的各支项，时人的观察与《清册》反映的情况大体一致。如《广西全省财政说明书》曾做一概观式的描述：

---

① 黄陂、黄冈二县分别有"无着寡柱银"1100、1300 余两，孝感县则有"冲压无着银"4000 余两。

② 在当日的收支呈报中，下级政府少报收入，多报开支是普遍现象。其中的原因，如御史郑家麟所言，州县若将收入全数开列，必虑"不肖上司垂涎于事后，则借端之勒索，甚于照常之规礼"。故州县对此多有回护，"不令上司尽得其详"。郑家麟奏，嘉庆二十五年十月三十日，朱批 04-01-01-0612-009。以现有记载来看，《清册》内各州县余平额数的真实性存在明显的差异。如兴国州的地丁减浮由邑绅参与、主导，其数量便相对可信。《清册》显示该州余平及征收费共计 5633 两，主持减浮的邑绅陈光亨称，余平及计长随、吏役之费计共 5400 两零，二者大体一致。《清册》，"兴国州"；陈光亨：《养和堂遗集》卷 3，《清代诗文集汇编》第 595 册，38～39 页。

　　以缴解须用文银，上兑当如库码，花户所纳平色不符，补平、补色名因以起加。以解库有费，运脚需资，及户书、粮差、经管、征比、账房、用印，凡经手钱粮员役，皆当酌给辛工。下至朱墨、心红、纸张、册簿，种种琐项，费亦不赀。随粮附征，势岂获已。又以缺分有繁简，公费有伸缩，俸廉不敷，须资弥补，就有杂项之加征，聊取盈为挹注。①

其中，"补平""补色"即解司、道库费用，员役辛工、解司运脚及纸笔心红各琐项即州县征收费用，而加征杂项，以资公费挹注者则为州县余平。咸丰年间，山东巡抚谭廷襄也称，钱粮开销"如征册、流串、柜书饭食、倾工火耗，以及解司添平、车脚等项"，以及州县办公需自行筹垫之款，不得不"借钱漕之赢，以济其不足"。可见，他将钱粮盈余分为征解费用与办公津贴两类。②《安徽全省财政说明书》则更清楚地指出，地丁盈余"分倾工、火耗、解费、府州县办公经费、房差辛工纸饭，及各上房规费各项"，"或系征收用款，或系官吏办公"，均属"地方行政经费"。③

　　正如时人所见，州县的地丁盈余支出，大致可分为地丁征解费用及官吏行政经费两大类。从湖北的情况来看，州县征收费用约占盈余支出的21.28%，但其中员役纸饭、赏项内包含有一般公务津贴，故真正用于征解的费用要低于此数。解司、道库费用，及院司道府各房费两项性质相似，均为州县上解之规费，充作布政司、粮道、知府等衙门的行政经费，尤其是参与钱粮收解、奏销事务的户、库房书吏的纸笔饭食，两项共占盈余支出的28.73%。剩下的州县余平基本留作本属办公之用，几占盈余之半。因此，后三项均可视作地方各级官吏的行政经费，合计占到盈余的78.72%。关于湖北省58州县地丁盈余的分配结构，参见表5-8：

---

① 《广西全省财政说明书》，《各论上·国税部·田赋类》，87～88页。
② 谭廷襄奏，咸丰十一年九月二十八日，朱批04-01-35-0288-005。
③ 《安徽全省财政说明书》，《岁入部·地丁》，11页。

表 5-8　1857 年湖北 58 州县地丁盈余分配统计　　　（单位：两）

| 款项 | 平均额数 | 每正银 1 两加征 | 比例(%) |
|---|---|---|---|
| 解司、道库费用 | 1735 | 0.081 | 20.38 |
| 院司道府各房费 | 710 | 0.033 | 8.35 |
| 州县征收费用 | 1811 | 0.084 | 21.28 |
| 州县余平 | 4256 | 0.198 | 49.99 |
| 地丁盈余（总计） | 8512 | 0.396 | 100.00 |

同期记载中可与湖北的情况相对照者，管见所及，仅有道光二十三年(1843)浙江乌程的收支账册，册中记录了是年该县地丁盈余的支出情况，详见表 5-9：

表 5-9　1843 年浙江乌程县地丁盈余支出统计

| 款项 | 名目 | 每正银 1 两加征（文） | 比例（%） |
|---|---|---|---|
| 解司、道库费用 | 火工、添平、提还官垫 | 198 | 26.72 |
| 上房费 | 上房 | 47 | 6.34 |
| 州县征收费用 | 门印、坐省、催征、册承、库承办公 | 154 | 20.78 |
| 州县余平 | 平余 | 342 | 46.16 |
| 地丁盈余（总计） |  | 741 | 100.00 |

资料来源：《浙江乌程县收支账册》，1843 年，《吴煦档案选编》第 7 辑，15～16 页。

各款名目中，"提还官垫"系州县提解司库之盈余，以弥补本省亏空。"坐省""催征""册承""库承"各款分别是坐省家人（常驻省城打探消息之长随）、征比幕友、经承册书、经承库书所得厘股钱。该县地丁盈余内，征收费用占 20.78%，各上司衙门费用、本县余平分别占 33.06%、46.16%，共计 79.22%。尽管乌程县地丁正额及盈余额数（112 769 两、64 842 两）与湖北各州县（平均 16 638 两、8152 两）差异较大，但二者的盈余分配结构却惊人地相似。笔者据此认为，在道咸之际州县的地丁盈余内，作为征收费用的部分至多不超过 20%，其余 80% 的款项则分润地方各级官吏，充当各该衙门的行政经费，其中由州县支配者至少占50%。

自雍正朝耗羡归公以后，耗羡成为地方政府的最重要的法定财源。各省地方官私征之火耗及各类盈余、规费被限以定额，作为耗羡统一提解司库，主要用于各官养廉银、吏役工食及地方公务开支。以湖北为例，通省耗羡内有定款定数之支出共计197 349两，其中省内各级官员养廉银171 090两，督抚两司及粮道衙门书吏饭食纸札，并各部奏销饭食银21 630两，两项共占97.65%。① 这些名目与地丁盈余的主要支项——各级官吏的行政经费，是基本一致的。但后者的规模（0.316 8两/两），却达到地丁耗羡（0.11两/两）的288%。这意味着，至道咸之际，作为法定行政经费的耗羡已经远不能满足地方政府的经费需求。湖北省内各级政府的公私经费，普遍取资于经制财政之外的地丁、漕粮盈余。

在勾勒出地丁盈余的分配结构后，我们需要进一步追问：在地丁银的征解过程中，盈余的分配是如何实现的，或者说盈余的分配由谁来主导。这一问题与州县的征解方式直接相关。正如王业键先生所指出的，晚清州县的钱粮征解，大致可分为内征内解、内征外解、外征内解、外征外解四类。② 但此种内外之别的具体含义，或可做进一步分析。所谓"内"是指州县官，"外"则通常指户、库等房书吏，特别是其中的经承、总书。如《河南全省财政说明书》所载，内征、内解者，即征收所需书吏纸笔饭食，长随、幕友分项，及解司所需倾工、火耗、解费悉出于州县平余之内，而外征、外解，则指以上征解费用由书吏代官包办。③ 可见，"内征"或"外解"不仅是由"内"或"外"主导征收、解运的过程，更意味着承担相应的费用，支配其中的盈余。

如果仅从《清册》来看，湖北州县的地丁盈余多由州县官支配，但其中也不乏程度不一的外解外征的记录。如襄阳县每地丁正银一两，知县获余平2钱3分1厘，书吏获外费4分5厘2毫，而司道府各房费，奏销、大计、交代费，以及解饷盘川、纸札三款费用，则于余平、外费内

---

①　光绪《钦定大清会典事例》卷170，《续修四库全书》第800册，731～732页。

②　王业键：《清代田赋刍论（1750—1911）》，52～56页。

③　《河南全省财政说明书》，《岁入部·田赋》，45页。

共同支销。① 可见，知县、书吏共同参与了盈余的分配。或者说征解中的"内"与"外"在这里是并存的。此外，完全由书吏主导的外征外解也同样存在。如麻城即典型一例，该县的盈余分配情况是，知县获余平 5917两，库房及户房、册房书吏分得外费银 2811 两零，此为收入。支出各项则均出自外费，其中解司道库费用、院司道府各房费分别由库吏及户书、册书负担，而州县征收费用则系三房共同开销。可见麻城县的钱粮征解全由各房包办，费用承担、盈余支配亦由书吏掌控。至于其在征解中的真实收入，应多于册内所载。②

事实上，由他种记载可知，在道咸之际的湖北，书吏把持征收之权而导致欺侵中饱，已成钱粮征收之积弊。咸丰八年(1858)，胡林翼观察到，"湖北近年钱漕征解多不足额"，缘地方官"因循怠玩，任听奸书蠹役把持舞弊，私收入己"，"甚有昏庸州县形同木偶，征收大权一寄诸总书、册书、里书之手"，以致太阿倒持，百弊丛生，"官不过稍分其余润，而小民之脂膏遂尽归书役之中饱，而国赋转致虚悬"。③ 在外征外解模式下，书吏的收入除常例之外费，更多地来源于正项的侵蚀与中饱(如当日盛行的捏报灾歉之弊)。所谓州县官"因循怠玩""形同木偶"，若除去感情色彩，正说明书吏在钱粮征解中的地位与作用。他们普遍参与甚至主导州县的地丁银管理，应是当日之常态。

## 三、小结

通过以上的讨论，我们可以清楚地观察到，道咸之际的地丁银管理，是一种中央集权控制下的分散管理。这首先表现为，地丁正项完全属于中央财政，地丁银从征收到解支的各环节，均被置于户部的严格控制之下。但另一方面，这种远距离的控制又须通过地方政府来实现，其中州县一级的作用至关重要。它们拥有地丁银的征收、经管以及初次分配等

---

① 《清册》，"襄阳县"。

② 《清册》，"麻城县"。在外征外解模式下，州县官只得固定之平余，对于书吏的收入多不知情，故外费的真实额数未必反映于《清册》内。

③ 《札各州县革除钱漕弊政》，《胡林翼集二·批札》，975 页。

重要事权。尽管州县官在名义上不过是中央财政的地方代管人，但实际上，他们却拥有不小的操作空间。这典型地表现为，地方政府对于正项的挪移、欠解和亏空是当日的普遍现象。如果再将目光转移到盈余，那么地丁银管理中的分散性就更为明显。本章展现的地丁盈余收支数据，不见于任何一种正式的财政报告。脱离于户部控制之外、由地方政府依据惯例自行支配的地丁盈余，可以视作实际意义上的"地方财政"。

而且，地丁银管理中的分散性，也表现在地方各级政府之间。布政使、粮道、知府虽督催属县照额征解钱粮，并按惯例分润规费，却并不完全了解州县的实际收支。《清册》这一文献的形成本身就说明，省城的巡抚、布政使必须通过属县自行呈报，并遣员调查，才有可能了解其收支状况。到了州县一级，由于征解之事程度不一地交由书吏包办，州县官也未必知悉本邑的收支实数。这意味着，从京城的户部到州县的户房，在高度集权的制度设计下，地丁银的管理呈现出逐级分散的重要特征，最基层的州县官甚至县内户书实际上掌握着地丁银的支配权。正是在这一背景下，出自州县之手的《清册》成为了解当日地丁银制度的绝佳史料。册内所载参差歧异的收支惯例，与田赋定章共同构成了地丁银管理的依据。

道咸之际，惯例之所以成为地丁银制度的重要组成，是由于原有的定制已无法适应现实，地方政府依据自身情况进行调整与变通成为必然。18世纪中期以降，人口的急速增长与物价的持续上涨，一方面使得政府的行政开支明显增加，另一方面又导致经制财政遭受了严重的隐性缩减。在社会经济环境的显著变动中，雍正年间确立的地丁银定制毫无作为，逐渐无法适应现实的需求。作为相应的补充，额外的收支日益成为制度的重要组成，这正是19世纪中前期的显著特征。从湖北的情况来看，在收入方面，至少高于法定标准35.7%的地丁征价成为官民认可的惯例，而在支出方面，正项之外的盈余充作地方各级政府的行政经费，以及地丁银的征收用款。这些费用本应从耗羡等正项内支销，却不得不通过地丁附加税来筹措。

关于此点，《安徽全省财政说明书》的作者曾评论道："雍正时火耗不过十分之一"，然"地方进化，则经费日繁"，至同治初年，皖省钱粮改定新章，"已至十之三四"。① 咸同之际，长江流域及沿海各督抚先后对本省"不合时宜"的地丁、漕粮定制进行了调整，以奏明立案的方式重订钱漕收支章程。这是清代继耗羡归公之后又一次全国性的田赋改革。而此次改革的依据，正是本章探讨的道咸之际的田赋收支惯例。

---

① 《安徽全省财政说明书》，《岁入部·地丁》，9 页。

# 第六章　改折与海运：胡林翼改革与 19 世纪后半期的湖北漕务

咸丰七、八年(1857—1858)间，湖北巡抚胡林翼于克复武昌后，推行漕粮改折减价为中心的漕务改革，时人视之为胡林翼抚鄂"第一美政"①。20 世纪 30 年代以来，夏鼐等学者普遍将其视作太平天国战争、咸同政局中的重要事件，强调其在收拾民心、筹措饷需等方面的政治意义。② 罗威廉等学者则从晚清督抚财权上升、中央—地方关系变动，以及漕政变迁的角度，对该事件做了深入的考察。③ 笔者认为，胡林翼改革湖北漕务一事，其意义不限于一省一时。如从清代田赋、漕运制度的演进来看，该事件的转折性意义，或未得到足够的认识，仍有进一步阐发之必要。

《清史稿》载："自乾、嘉以来，州县征收钱粮，多私行折价，一石有

---

①　汪士铎辑：《胡文忠公抚鄂记》，151 页。

②　夏鼐：《太平天国前后长江各省之田赋问题》，《清华学报》第 10 卷第 2 期，1935，409～474 页；刘广京：《清代的中兴》，费正清、刘广京编：《剑桥中国晚清史 1800—1911》上卷，中国社会科学院历史研究所编译室译，485～486、480～481 页，北京，中国社会科学出版社，1985；龙盛运：《湘军史稿》，192～194 页，成都，四川人民出版社，1990；李文治、江太新：《清代漕运》，411～414 页。

③　William Rowe, "Hu Lin-I's reform of the grain tribute system in Hupeh, 1855—1858," *Ch'ing shih wen-ti*, Vol.4, No.10 (1983)；戴鞍钢：《晚清湖北漕政述略》，《江汉论坛》1988 年第 10 期，71～73 页；吴琦：《清后期漕运衰亡的综合分析——兼评胡林翼漕运改革》，《中国农史》1990 年第 2 期，73～76 页；山本进：《清代後期湖広における財政改革》，《清代财政史研究》，7～40 页；近年的相关研究，以洪均最具代表性，参见洪均：《危局下的利益调整——论胡林翼整顿湖北漕政》，《江海学刊》2012 年第 6 期，155～162 页；洪均：《漕政视阈下的晚清财政变革——以湖北为例》，《中州学刊》2012 年第 6 期，146～152 页。

折钱至二十千者。咸丰中，胡林翼始定核收漕粮，每石不得过六千钱。"此后，山东、江苏、江西、河南、安徽等有漕省份纷纷效仿。① 该事件的意义，一是例应征运本色的漕粮，至此普遍折征折解；二是各省自雍正年间以来，始行重订钱漕征价，是为"第二次耗羡归公"。这两点成为晚清漕运、田赋制度变革之趋势、运作之惯例。本章将侧重以上角度，从更广阔的时空脉络中重新考察咸丰七年胡林翼的漕务改革。② 此外，笔者也特别关注与漕务改革密切相关，但先行研究注意不够的重要史事：咸丰末年湖北州县之清厘田粮及同光年间该省漕粮之采买海运。

## 一、咸丰七年胡林翼的漕务新章

自明永乐间迁都北京，漕粮河运成为延续明清两代四百余年的王朝定制。清代每岁将山东、河南、安徽、江苏、浙江、江西、湖北、湖南八省漕粮(米、麦、豆)400 余万石运至北京、通州，以供八旗兵丁口粮、官员俸米及皇室食用。有漕各省中，湖北距运河较远，且漕额最轻。该省额征漕粮(又称北漕)正耗米 16.3 万石有奇，由旗丁经长江、运河挽运京师。除给丁耗米外，实际交仓漕额 13.1 万石。另有南米正耗 13.8 万石有奇，由各州县解交荆州满营及各标绿营，留作本省兵糈。以上漕、南米石统征分解，共计 30 余万石，分隶省内 33 州县，多者赋额 2 万余石，少者仅数百石。

道光后期，湖北漕务积弊重重，如胡林翼所言：

> 湖北钱漕积弊，自道光二十年后，岁额征不及半，江陵、监利等县，则自道光二十年后，额征不及二分。而浮收之数，则每石竟至二十余千，州县书差恣意中饱，日甚一日，几于不可收拾。③

---

① 《清史稿》第 13 册，3541～3542 页。

② 胡林翼的漕务新章于咸丰七年议定、实施，咸丰八年奏准，系于咸丰七年或八年均可。本章统称为咸丰七年的漕务改革。

③ 《请旨革提违章征收之知州疏》，咸丰七年十二月初六日，《胡林翼集一·奏疏》，398～399 页。

一方面是漕粮的浮收勒折，无论本色、折色，均已达到极高的水平，各户负担亦多有不均。这又与漕务冗费的激增互为因果，后者包括旗丁之兑费、各上司衙门之漕规、房费，以及绅衿之漕规等。另一方面，州县虽浮收勒折，亦不堪负担上下冗费，不得不历年捏报灾歉，以蠲缓漕粮为腾挪之计，天庾正供因之缺额日甚。① 笔者根据历年的奏销档案，统计了19世纪前半期湖北的交仓漕额，见表6-1。

表 6-1　1799—1851 年湖北漕粮正耗米起运交仓额数统计

| 年份 | 额数（石） | 指数 | 年份 | 额数（石） | 指数 |
|---|---|---|---|---|---|
| 额征 | 131 863 | 100.00 | 道光十一年 | 48 097 | 36.47 |
| 嘉庆四年 | 114 823 | 87.08 | 十四年 | 115 214 | 87.37 |
| 十一年 | 132 249 | 100.29 | 十五年 | 59 057 | 44.79 |
| 十二年 | 96 496 | 73.18 | 十六年 | 117 740 | 89.29 |
| 十四年 | 125 132 | 94.90 | 十七年 | 122 516 | 92.91 |
| 十五年 | 125 604 | 95.25 | 十八年 | 122 146 | 92.63 |
| 十六年 | 87 864 | 66.63 | 十九年 | 127 200 | 96.46 |
| 十八年 | 125 776 | 95.38 | 二十年 | 96 200 | 72.95 |
| 二十一年 | 126 430 | 95.88 | **1831—1840 平均** | **101 021** | **76.61** |
| 二十二年 | 132 009 | 100.11 | 二十一年 | 79 460 | 60.26 |
| 二十三年 | 132 170 | 100.23 | 二十二年 | 101 170 | 76.72 |
| 二十五年 | 120 423 | 91.32 | 二十三年 | 116 150 | 88.08 |
| **1799—1820 平均** | **119 907** | **90.93** | 二十四年 | 95 228 | 72.22 |
| 道光二年 | 124 823 | 94.66 | 二十五年 | 114 800 | 87.06 |
| 五年 | 119 581 | 90.69 | 二十六年 | 112 045 | 84.97 |
| 六年 | 125 247 | 94.98 | 二十七年 | 123 580 | 93.72 |
| 七年 | 119 003 | 90.25 | 二十八年 | 61 916 | 46.95 |
| 八年 | 121 550 | 92.18 | 二十九年 | 38 648 | 29.31 |
| 九年 | 125 587 | 95.24 | 三十年 | 124 434 | 94.37 |
| 十年 | 122 901 | 93.20 | 咸丰元年 | 94 885 | 71.96 |
| **1822—1830 平均** | **122 670** | **93.03** | **1841—1851 平均** | **96 574** | **73.24** |

① 《革除漕务积弊并减定漕章密疏》，咸丰七年十月十四日，《胡林翼集一·奏疏》，364～366 页。

资料来源：清代抄档：《黄册·户部漕运类·起运船粮·各省（嘉庆二年至道光二十九年）》，中国社会科学院经济研究所图书馆藏；中国第一历史档案馆藏：户科题本 02-01-04-18333-012、02-01-04-19367-016、02-01-04-19544-021、02-01-04-19808-013、02-01-04-20424-017、02-01-04-20429-014、02-01-04-20531-006、02-01-04-20863-009、02-01-04-20922-011；录副 03-3146-015、03-3149-029、03-3154-097、03-4362-059；宫中档 405009901、405010316；朱批奏折 04-01-35-0278-045、04-01-35-0279-016、04-01-35-0279-061、04-01-35-0282-008、04-01-35-0283-060。

可见，19 世纪前四十年，交仓额数相对稳定，除少数被灾年份（嘉庆十六年，道光十一年、十五年）外，历年漕额均完九成以上。但如胡林翼所言，道光二十年(1840)成为此期的转捩点。此后交仓漕额起伏不定，呈明显下滑趋势。道咸之际的平均值仅及额征的七成零，尽管未如林翼所言"岁额征不及半"。这些缺额源于州县捏报灾歉。历年奏销档案中，胡林翼点名的监利、江陵等县多有因"溃淹冲压"缓征漕粮之记录。由于漕务冗费膨胀，地方官不堪负担日益浮高的漕运成本，只能以亏空正供来应对。同期，类似现象也发生在江苏、浙江等省，漕粮河运制度病入膏肓，濒临崩溃。①

咸丰二年(1852)十一月，太平军进入湖北，武昌、汉阳频陷频复，有漕各州县迭遭兵燹。同时，因军兴运道梗阻，清朝被迫暂停漕粮河运。咸丰三年(1853)七月，江西、湖南、湖北三省漕粮奉部议改以折色解京：花户仍同前完纳本色，地方官将所征米石变价解部，每石计银 1.3 两，是为漕折银。② 咸丰三、四等年份漕粮大多蠲缓。咸丰五年，部分州县

---

① 参见周健：《嘉道年间江南的漕弊》，《中华文史论丛》2011 年第 1 期，292～296 页；周健：《仓储与漕务：道咸之际江苏的漕粮海运》，《中华文史论丛》2015 年第 4 期，171～174 页。已收入本书第三、四章。

② 王庆云：《王文勤公奏稿》卷 4，81～83 页；《咸丰同治两朝上谕档》第 3 册，咸丰三年七月十四日，262～263 页。咸丰三年正值道光年间以来银贵物贱之势达到顶峰，银每两折钱 2000 余文，米价每石不过 1000 余文，1.3 两之折价合米 2 石以上，相当之高。但随着此后银价回落、米价上涨，同光年间，1.3 两的解部漕价又显得颇低。此为银钱比价影响财政收支之一例。曾国藩奏，同治二年九月二十二日，朱批 04-01-35-1216-010。

起征漕粮，尽数派拨荆州满营及各绿营兵米，然不足 1 万石。① 咸丰六年十一月，清军克复武昌、汉阳，楚境渐次平定，但因兵燹、被旱之故，漕粮仍多缓征。② 此数年中，各属漕折银“批解无几，随时提充军饷”，并未解京。③

　　胡林翼，字贶生，号润芝，湖南益阳人，道光十六年（1836）进士，选庶吉士，授翰林院编修。道咸之交任贵州知府、道员，屡擒盗匪，为湖南巡抚骆秉章奏调。咸丰五年，擢湖北布政使，署理湖北巡抚，率部与太平军战于武昌等地。咸丰六年十一月，清军克复武昌、汉阳后，实授湖北巡抚，主持鄂省军政大局。咸丰七年，湖北军务大体告竣，但仍需为省内及入江、皖作战各营提供饷需。是年胡林翼改革漕务，首先是出于筹饷的考虑，此外也较多顾及民生。此前的咸丰五年，湖南巡抚骆秉章为筹措饷需，被迫改定湖南钱漕章程，官绅合议，一县一价，取得较好的效果，是为咸同年间各省钱漕改革之始。湖北的漕务改革借鉴了湖南的经验，但更为积极主动。

　　咸丰七年三月，胡林翼与司道、首府议及漕务改革。④ 六月，复札饬粮道张曜孙清厘漕务积弊，“仿照湖南新改章程酌量办理，取中饱之资分益上下”。但各属情形不同，应分别删减，订立章程，胡林翼遂委张曜孙、武昌知府严澍森、汉阳知府如山等分赴有漕各府县，查明向来漕南收支实数，并传集当地绅耆，令其公议核减，再据其禀呈数目，订立漕粮新章。是年秋各属开征漕粮，已按新章办理：漕、南粮一律改折征收，每石定价 4000～6500 文不等；同时革除上下冗费，节省之款归公充饷。

---

　　① 《奏陈湖北粮道历年旷废情形乞敕部抄发档案疏》，咸丰六年四月初八日；《设局收捐米石筹济兵食民食疏》，咸丰六年十一月十八日，《胡林翼集一·奏疏》，119～120、178 页。

　　② 《查勘德安府属旱歉情形请乞缓征本年漕粮疏》，咸丰六年十二月初三日，《胡林翼集一·奏疏》，200～201 页。

　　③ 《请拨漕折等银资济军饷疏》，咸丰八年二月十八日，《胡林翼集一·奏疏》，429 页。

　　④ 本段据汪士铎：《胡文忠公抚鄂记》，110、118～121、150～151 页；《革除漕务积弊并减定漕章密疏》，咸丰七年十月十四日；《请旨革除违章征收之知州疏》，咸丰七年十二月初六日；《奏陈漕务章程办有成效疏》，咸丰八年六月十六日，《胡林翼集一·奏疏》，364～366、398～401、499～505 页。

各州县将各自新章出示通衢，刊石勒碑，以示永远遵行。同时，胡林翼分别于咸丰七年十月、十二月及八年六月，三次将新章之内容、办理之成效奏闻，颇得咸丰帝之赞许。

咸丰七年胡林翼的漕务改革旨在剔除中饱，裕饷便民。其实质是漕粮收支章程的重订，即征收层面的改折减价，支用层面的删除冗费、提解归公，以下分别述之。①

（1）改折减价。湖北漕南米石例应征运本色。咸丰三年起，湖北漕粮改以折色解部，但州县仍应征收本色。然而实际情况却与经制存在较大差距。嘉道以来，漕粮的本折兼收、浮收勒折成为常态。如胡林翼所见：

> 湖北有漕州县……向来漕、南合征分解，本色折色，参错兼收。其征本色也，每石或加五六斗、七八斗，或至加倍，最多有加至三石余者……其收折色也，因民间钱多银少，向俱收钱，每石折钱或六七千，或八九千，或十数千，最多竟有折至二十余千者。此外又有由单、串票、号钱、差费等项名目，或数百文，或千余文不等，需索多端。

可知，第一，漕粮以征收本色为定制，但折征制钱实占相当之比例。如咸宁漕南米额征6332石，内除花户自行上仓米830余石外，其余42%收本色米，58%征折色钱。② 崇阳漕南米石"约收本色十之六、收折色十之四"。③ 云梦漕粮"向例虽征本色，而民间完纳皆系折价"。④ 第二，无论本色、折色，均有程度较高的浮勒加征，并兼以种种名目的规费需索。当日各州县的漕粮征价，因改定新章前各府道之调查而记录在案。笔者根据因此而形成的《湖北全省征收钱粮漕米数目清册》，制为表6-2。⑤

---

① 本节论述漕务新章，除特别注明外，均据《奏陈漕务章程办有成效疏》，咸丰八年六月十六日，《胡林翼集一·奏疏》，499~505页。

② 光绪《咸宁县志》卷4《食货·田赋》，10页。

③ 同治《崇阳县志》卷4《食货·田赋》，16页。

④ 光绪《续云梦县志略》卷2《食货·田赋》，1页。

⑤ 《湖北全省征收钱粮漕米数目清册》，抄本，日本京都大学人文科学研究所图书馆藏。笔者在该文献的复制中，得到京都大学岩井茂树教授的大力帮助，谨致谢忱！

表 6-2　咸丰年间湖北各州县漕南米额征、征价、兑费统计

| 州县 | 北漕额征（石） | 南粮额征（石） | 向来每石征价（文、两） | 新章（文） | 兑费（两） |
|---|---|---|---|---|---|
| 江夏 | 7551 | 无 | 银 5.8 两，或钱 8000～12 000 文 | 6500 | 3000 |
| 武昌 | 7439 | 7496 | 每石外加斛面、水脚等 1.576 两 | 4400 | 5000 |
| 咸宁 | 3437 | 2895 | 7300 文，外加水脚 280 文 | 5500 | 3000 |
| 嘉鱼 | 2850 | 无 | 15 000 文 | 5500 | 1600 |
| 蒲圻 | 5139 | 4613 | 5860 文 | 5000 | 5000 |
| 崇阳 | 2744 | 2422 | 6000 文 | 4000 | 800 |
| 通城 | 3839 | 2883 | 5500～6000 文，另水脚、解费 400 文 | 4000 | 800 |
| 兴国州 | 9872 | 8250 | 6400 文 | 4200 | 5000 |
| 大冶 | 6563 | 无 | 6.82 两，外加水脚 800 余文 | 5000 | 3000 |
| 通山 | 960 | 无 | 5000 文 | 4800 | 无 |
| 汉阳 | 4609 | 4961 | 4～5 两或 7000～8000 文 | 5000 | 2000 |
| 汉川 | 无 | 2333 | 6800～9000 文，另有水脚钱 | 4200 | 无 |
| 黄陂 | 6012 | 5103 | 4～5 两 | 5800 | 6000 |
| 孝感 | 4057 | 3500 | 6000～10 000＋文 | 5600 | 4500 |
| 沔阳州 | 7289 | 5510 | 7000～10 000＋文 | 4000 | 1500 |
| 黄冈 | 14 433 | 11 225 | 大户 5.9 两；小户 4.8 两，又水脚 280 文 | 4500 | 8000 |
| 黄梅 | 2918 | 无 | 6800 文 | 4500 | 400 |
| 蕲州 | 10 599 | 8304 | 7960 文 | 4500 | 5000 |
| 蕲水 | 16 433 | 13 400 | 大户 4.8 两；小户 5.4～5.8 两 | 4500 | 10 000 |
| 罗田 | 3750 | 3194 | 9685 文 | 4500 | 1300 |
| 广济 | 5705 | 8914 | 6000～7000 文 | 4500 | 4000 |
| 潜江 | 1972 | 2884 | 7500 文，另收水脚 | 5000 | 1400 |
| 天门 | 4407 | 6828 | 9600 文 | 5000 | 4000 |
| 安陆 | 886 | 1202 | 9000 文，另收水脚 | 5600 | 1200 |
| 云梦 | 878 | 836 | 9700 文 | 5800 | 900 |

续表

| 州县 | 北漕额征（石） | 南粮额征（石） | 向来每石征价（文、两） | 新章（文） | 兑费（两） |
|---|---|---|---|---|---|
| 应城 | 1769 | 1384 | 9000 文，另收水脚 | 5800 | 1500 |
| 随州 | 1971 | 2303 | 12 000 文，另收水脚 | 6500 | 3000 |
| 应山 | 1528 | 1564 | 9000 文 | 6500 | 2000 |
| 江陵 | 5608 | 8777 | 11 000 文，另收水脚 300 文 | 5000 | 5000 |
| 公安 | 1581 | 2721 | 7500 文 | 5000 | 1000 |
| 石首 | 1035 | 2181 | 8000～9000 文 | 5000 | 300 |
| 监利 | 3820 | 3319 | 30 000 文有零，"通省蠹弊之最" | 5000 | 800 |
| 荆门州 | 9848 | 7012 | 7200 文 | 4800 | 5000 |
| 当阳 | 890 | 无 | 4800～5000 文 | 4400 | 无 |
| 总计 | 162 392 | 136 014 | 无 | 无 | 96 000 |

由表中"向来每石征价"一栏可见，确如胡林翼所称，漕粮征价多以钱计。且除漕额仅 890 石、960 石的小邑当阳、通山，各属征价普遍在 6 千文/石以上，另有"水脚""解费"（州县兑运漕粮之费）数百文不等。其中，多县漕价在 10 千文/石以上，监利甚至达到骇人的 30 千文/石，"为通省蠹弊之最"。但值得注意的是，以上征价反映的是各州县的较高水平，而非平均征价。如监利一县，漕粮"每石折价十五六串不等，远乡下户有完至二十余串不等者"。可见极高折价的承担者多是小户，多交折色，"什九皆粮书代纳"，以致"书差欺压，数至倍蓰"。大户"则以本色完纳，书吏不敢盈取"。① 高昂折价的背后，是漕粮负担的极端不均。

在胡林翼看来，征收本色虽为定制，然"积弊甚深"，又值漕船停运、折银解部之时，"与其令州县照旧征收，再行变价"，"不若一律改收折色，较易查察"。但各属征价"沿袭多年"，州县以漕粮盈余充作办漕及公务经费，亦有财政上的必要性。"必欲复一正一耗之旧，丝毫不容多取"，在当日也不可行。据此，胡林翼的对策是酌减既有征价。他饬令粮道、

① 同治《监利县志》卷 11《艺文志·书》，18～19 页；《致罗遵殿》，咸丰九年，《胡林翼集二·书牍》，233 页。

知府等"亲历各州县，查明历届征收实数，传集绅耆，令其公议核减"。然后，再据各属绅耆禀呈之数，"核其向日浮收之数，及地方之肥瘠（即财政状况），产米之多寡，米价、钱价之低昂高下，以明定折价之等差。所议之数适中者准之，为数尚多者，更痛减之"。这一办法参酌了漕粮征价的决定因素，也借鉴了湖南钱漕改章官绅合议、一县一价的成功经验，确实得到了落实。如咸丰七年秋，湖北粮道张曜孙赴监利定议减漕，邑绅王柏心等公议每石折价宜定为 6000 文，经胡林翼审核后，减定为 5000文/石。① 而在兴国州，邑绅陈光亨等将武昌府知府提议的 4240 文/石之折价，减定为 4000 文/石。②

由表 6-2 可见，各属核减后之新章，分为每石 4000 文、4200 文、4400 文、4500 文、4800 文、5000 文、5500 文、5600 文、5800 文、6000 文、6500 文共 11 档，其中折价为 4800～5000 文（11 县）、4400～4500 文（8 县）之州县最多，占通省半数以上。而且，该征价已包含水脚、耗米、券票等项，原有规费概行革除。此后州县征收漕南米石，不论大户小户，一律照以上减定新章折征，严禁于此外多收分文。对比前后征价，可知核减幅度不小，诚如胡林翼所言，"按其向年浮收之数，痛加删减，有较前减半者，有减过半并减去三四倍者"。③ 据称此举每年可为民间减省钱 140 余万千。

（2）删除冗费。在胡林翼的规划中，明定折价，为"清其流"，仍应"尽删冗费，以清其源"。漕务冗费的存在，是州县得以浮收勒折之借口，其名目如林翼所称：

> 向来漕运道通时，不无津贴，方能挽运入都，而丁船借此需索兑费，为数甚巨者，固无论矣。即现在停运免兑，帮费可省，而粮道有漕规，本管道府有漕规，丞倅、尹尉各官俱有漕规。院署有房费，司署有房费，粮道署及本管道府署书吏各有房费，此冗费之在

---

① 同治《监利县志》卷 11《艺文志·书》，17、19 页。
② 陈光亨：《养和堂遗集》卷 3，《清代诗文集汇编》第 595 册，42 页。
③ 《请旨革提违章征收之知州疏》，咸丰七年十二月初六日，《胡林翼集一·奏疏》，398 页。

上者。又有刁绅劣监，包揽完纳……民谓之曰蝗虫。更有挟州县浮勒之短，分州县浮勒之肥，一有不遂，相率告漕，甚或聚众哄仓，名虽为民请命，实则为己求财也，官谓之蝗虫费。种种蠹弊，盈千累百，无不于州县取之。①

河运时代，漕务冗费以兑费为大宗，即旗丁于水次交兑漕粮时，借口米色问题而勒索州县之规费，用于津贴挽运经费不敷，应付沿途各衙门需索。由表 6-2 可见，各属兑费额数与漕额成正比，普遍在数千两之谱。咸丰三年(1853)停运后，州县无须给付旗丁兑费，但仍需供应各上级衙门，如粮道、本管道府等漕规，巡抚、两司、粮道、本管道府书吏之房费。除在上之冗费外，州县另需打点干预漕事、包揽渔利之"刁生劣监"，后者常"挟州县浮勒之短"，告漕哄仓，以分润"蝗虫费"。19 世纪中期，类似的漕粮盈余分配结构存在于有漕各省。州县浮收所得，除本属办漕及公私支用外，更大的支项是仓场、漕运官僚系统、本省各上级衙门乃至地方绅衿之规费。道光后期，这些浮费规模空前膨胀，导致州县官民不堪负担，漕粮河运制度也因此趋于解体。②

漕粮既已停运，冗费遂有大幅裁减之可能。咸丰七年秋，湖北各州县将漕南费用实账具呈知府，各项浮费经后者裁减后公示，多录于方志之中。其中，上级衙门之漕规、房费，胡林翼饬令"概行裁革尽净，不留分毫"。如崇阳漕粮陋规共三项：一是院道府厅房差费，共 114 款，计银 865 两零、钱 1 307 893 文、米 141 石零，全数裁汰；二是道、府漕规 233 两，亦全数裁汰；三是县中办漕费用，即参与征收的各员役饭食，"自行痛加删减"。③ 咸宁县司道府厅衙门房费银 785 两零、粮道府厅漕规银 672 两均全数裁汰，县中费用自行实力删减。④ 沔阳州也是如此，粮道、道府漕规银 1398 两零、粮道等各上房规费 835 两零"全数删除"，

————

① 《革除漕务积弊并减定漕章密疏》，咸丰七年十月十四日，《胡林翼集一·奏疏》，365 页。

② 周健：《嘉道年间江南的漕弊》，《中华文史论丛》2011 年第 1 期，269～296 页。已收入本书第三章。

③ 同治《崇阳县志》卷 4《食货·田赋》，18～24 页。

④ 光绪《咸宁县志》卷 4《食货·田赋》，11～14 页。

本州用费 1627 两则"自行实力删除"。① 上级衙门房费、漕规全数裁汰，本属漕务费用酌情核减，是鄂省各州县普遍实行的政策。据各属方志显示，绝大多数州县并未开列本属费用之名目、额数，故从省、府之角度，只能要求其自行实力删减。

　　值得注意的是，改革并未向漕务冗费的最大宗——兑费开刀，反将其全数保留。胡林翼的解释是："现值暂停河运，此款若概行删除，将来复行兑运，帮丁无此津贴，不敷转运。"当日户部、有漕各省均有战后恢复漕运之预期，是以该款未便遽行删除，然"亦未可仍供州县中饱，应暂行提充军饷"。由各县方志可见，该款由州县解府后，大部分转送粮台充饷，通省共计 68 000 余两。又据表 6-2 兑费一栏（96 000 两）计算，此外另有 30 000 余两。该部分兑费之支项未见于奏疏，但胡林翼在与曾国藩的书信中明言：

　　　　湖北十三万北漕，某于一两三钱外，另提兑费约九万余，以三万养粮道、府，以六万余为近年之兵饷，即为异日之兑费。②

可见，此 3 万两兑费替代了已裁革的漕规、房费，充作粮道、知府衙门的公私经费。湖北以将来规复河运为由，将原支旗丁、仓漕官僚系统的大宗规费全数保留，充作本省军饷及地方行政经费。

　　（3）提解归公。取中饱之资，分益上下，才是厘清漕务积弊的目的。具体而言，是在核减浮收、剔除中饱后，将正项及节省各款提解粮道库，以充国帑及本省饷需等。所提款项主要有三：一是漕折银及节省兑费。在州县征收的每石 4000～6500 文漕价内，部定 1.3 两的漕折银属正项，应解交粮道库报拨，共计正耗银 214 200 余两。与之一并提解的，尚有节省兑费 68 000 余两。二是南粮折银及余银。与漕粮相同的是，南粮也一律以折色征解。州县于每石漕价内，解交粮道南折银 1.5 两，共计 206 500 余两。至粮道向旗、绿各营支放，每石实支 0.9 两、0.7 两，共 11 万～12 万余两。因此，南粮折银尚有余银 8 万～9 万两，提解藩库。

---

　　①　光绪《沔阳州志》卷 4《食货·赋役》，43～44 页。
　　②　《致曾国藩》，咸丰十年，《胡林翼集二·书牍》，533 页。

三是原漕南水脚及漕项钱粮。漕粮改折停运后，原充漕粮征收、运输经费及给丁津贴，均毋庸支销，节省归公。其中，漕南水脚一款，向系州县修仓铺垫、水陆脚价及漕书饭食之用，除漕书饭食外，均提解道库，计银 4 万余两。此外，原给丁漕项，包括随漕、浅船、军三、安家、帮津等项，计可节省银 12 万两，暂济粮台兵饷。

据胡林翼计算，经以上核减、裁革与提解，共可为民间减省钱 140 余万两，为国帑筹银 42 万余两（漕、南米折银），又节省提存本省银 31 万余两（兑费、南米余银、漕南水脚、漕项钱粮）。新章自咸丰七年九月议定，秋冬各属征漕，俱已奉行，花户完纳踊跃。当然，推行中亦不乏阻力。咸丰七年冬，荆门州知州方卓然征漕，于 4800 文/石之定价外，任听粮差勒收由单、串票等费，大户每票一二千文，小户每票五六百文。胡林翼访闻此事，立将方氏革任提审，以儆效尤。① 各县大户亦不乏"恃符观望"乃至"刁抗"者。② 然至咸丰八年六月十六日，胡林翼具奏新章办理卓有成效。七年份漕粮"除缓征外，均已全完"，南粮"向须延至一二年始能征完，今已完至九分，为数十年来所未有"。该折于六月二十三日奉朱批，交军机大臣会同户部议奏。

新章对于旧制的最大冲击，无疑是漕粮的改折定价。缘改折有违本色征运之定制，且道咸之际，江苏等省奏请改折，始终未获允准。此外，尽管湖北之漕粮浮收勒折已至极高的水平，重定漕价意味着负担的实际轻减；但当日定制，漕粮每石仅随征加一耗米，明定折价名义上仍属"加赋"。是故，胡林翼在咸丰七年十月出奏前，写下"知我罪我，惟不肖一人实执其咎"之语。其中的"罪"与"咎"显然是针对定价改折，特别是"加赋"而言的。③

然户部议覆湖北漕务新章时，该条却准如所奏办理，"严饬各州县遵

---

① 《请旨革提违章征收之知州疏》，咸丰七年十二月初六日，《胡林翼集一·奏疏》，398～399 页。

② 汪士铎：《胡文忠公抚鄂记》，134 页。

③ 光绪《武昌县志》卷 4《赋役》，14 页。罗威廉认为漕粮并未纳入"永不加赋"的范畴，因而更易于变通、调整，似不确。William Rowe, "Hu Lin-I's Reform of the Grain Tribute System in Hupei, 1855-1858", *Ch'ing shih wen-ti*, Vol. 4, No. 10, P35.

照改定钱数征收，不准于此外多收分文"。但计臣提醒到，此为停运之年，将来恢复本色征运，应预先筹划。且本色征运之弊，应严加查察，不得成为改折之理由。关于漕价、南折余银及节省各银暂行提充军需，户部亦表示认可。但强调各款征钱解银，应认真核算，统于春秋二拨造册报部，并于奏销案内造报查核。户部的意见建立在以下认识之上："漕粮折价，原系一时权宜之计，将来运河修复，仍当设法办解本色，以济京仓。"湖北的新章被视作权宜之计，由此得以获准。①

经过这一改革，在漕粮的分配结构中，中央、湖北省与省内各州县的位置均有变动。以武昌为例，该县漕南正耗米共计 14 935 石，漕价减定为每石 4400 文，合银 2.86 两，漕南米收入共计 42 714 两。支出方面，漕粮每石提解正耗米折银 1.43 两、兑费 0.67 两，共计 2.1 两；南粮每石提解正耗米折银 1.65 两、水脚 0.15 两，共计 1.8 两。这意味着，该县漕粮收入中，解京部分（漕折银）占 50%、解省部分（兑费）占 23.43%，其余 26.57% 留于本县支用。南粮收入中，解省部分为 62.94%，其余 37.06% 留于本县支用。②

首先，湖北省在与中央的漕粮收入分配中，占据了颇为有利的位置。咸丰三年以来，起解 1.3 两/石之漕折银取代了本色米石，鄂省负担大为减轻。而且，直至咸丰八年，因军需孔亟，漕折银均截留本省济饷，几未起解。更重要的是，由此节省的庞大的河运经费——水脚、漕项、兑费，也暂留本省支用，主要充作军饷，部分用于州县以上各级行政经费。其次，州县之漕南征价经省级政府重订核减，但同时上司漕规、房费等负担也得以裁汰，州县行政经费获得了相应的保证，"尚可稍资办公"。③由于武昌漕粮征价较低，若计算全省平均水平，留支州县部分将高于该县的 26.57%、37.06%。经过咸丰年间的漕务改革，相对于中央与州

---

① 《咸丰同治两朝上谕档》第 8 册，咸丰八年七月二十六日，349～356 页。
② 《湖北全省征收钱粮漕米清册》，"武昌县"。银钱折算按照清册中显示的"六五合银"（1538 文/两）计算。
③ 《请旨革提违章征收之知州疏》，咸丰七年十二月初六日，《胡林翼集一·奏疏》，401 页。

县，省一级政府的财权确有明显的提升。① 但也不可否认，湖北的漕粮收入仍在中央集权的财政管理之下。

## 二、清厘粮亩：革除征收积弊

咸丰八年(1858)，漕务章程既定，民众负担与漕粮的分配问题得以解决。与此同时，清厘粮亩，根除正赋缺额之弊，成为改革的另一重心。

当日湖北钱漕之病，在于粮亩欺侵隐匿。湖北自明万历九年清丈后，屡经丧乱。除少数县份曾于康熙年间推行清丈②，多数州县并无鱼鳞册、实征册，地方官缺乏催科所必需的地籍、户籍信息。在此背景下，州县普遍将钱漕征收交由各类书差包办。州县一级的经制胥吏——总书、柜书成为钱漕征解的总承包商，负责在奏销届限前垫缴赋额及相关费用，并将粮户之串票截出，交由册书、里书、粮差等在乡催征揽纳。此类人群并非经制吏役，属于"吃钱粮饭"的职业包揽人。他们经理所辖区域内田粮推收过割、钱粮造册之事，掌握载有各户粮亩信息的"厥经"(里书之钱粮私册)，县以下的征收不得不为其是赖。③ 如胡林翼所见，州县"任听奸书蠹役把持舞弊，私收入己，而上下两忙钱粮及南漕正额置之不顾"，甚至"征收大权一寄诸总书、册书、里书之手"。

书吏权重，太阿倒持，引发诸种弊端。一方面州县官吏以"捏灾"等方式侵蚀正赋，即无论收成如何，历年捏报灾歉，蠲缓钱漕，减少征解额数。另一方面，征收之际，即实遇荒歉，官吏亦蒙混私征，或索贿飞洒，中饱闾阎之输纳。如此欺侵舞弊，"官不过稍分其余润，而小民之脂

---

① William Rowe, "Hu Lin-I's Reform of the Grain Tribute System in Hupei, 1855-1858", *Ch'ing shih wen-ti*, Vol. 4, No. 10, pp. 74-76. 山本進：《清代後期湖広における財政改革》，《清代財政史研究》，19、28～29 页。

② 杨国安：《清代康熙年间两湖地区土地清丈与地籍编纂》，《中国史研究》2011 年第 4 期，159～177 页。

③ 杨国安：《册书与明清以来两湖乡村基层赋税征收》，《中国经济史研究》2005 年第 3 期，42～51 页；周健：《清代中后期田赋征收中的书差包征》，《中国社会历史评论》第 13 卷，已收入本书第十章。

膏遂尽归书役之中饱，而国赋转致虚悬"①。

咸丰七年秋，胡林翼便将矛头指向书吏。汉阳府知府如山禀称，钱漕大弊在"粮书之饱蚀包庇"，因"州县以粮书为爪牙，而甘受其愚；粮书以黎庶为鱼肉，而群遭其害"。林翼深以为然，批复：州县因征收册籍无凭，不得不姑容册书、粮书，"不如摘其尤者，立置重典"。② 在这一思路下，是年十一月，胡林翼制定章程八条，主要内容是：（1）裁革里书、册书及此等人役改名复充者；（2）花户亲身赴柜完纳，即日给串，严禁迟延勒揩，需索票钱；（3）串票需用印串，填写姓名、粮数、里分，严禁手写之墨串；（4）酌量地方远近，于县堂及四乡设置分柜征收。③ 章程的核心，在于彻底裁革包揽赋税之册书，由花户亲身赴柜，完纳钱漕。然而，单纯裁革册书并未触及征收制度的核心，关键问题仍在于他们手中的册籍。④ 咸丰八年五月十四日，胡林翼又札饬湖北各州县革除钱漕弊政，旨在收夺书差之权，使官民直接相交。他拟定的除弊之法有四，以下分别述之。⑤

（1）清丈。当日州县征册已失，应行清丈，重新造册。今拟"就各乡各垸中选派公正绅士，亲身督率，按亩丈量，不经保正、书差之手"。民知丈量既定，"所纳之赋纤毫归公，将必和盘托出，彼此相稽，而征册可定"，"书役无所行其挟制矣"。需要说明的是，此处拟行之清丈，是先由粮户自行陈报名下田地、钱漕，再由绅士负责稽查核对，据此造册。所谓"按亩丈量"，非为履亩实测。

（2）严推收。除书差垄断册籍外，州县无法直接征收，也因民间为躲避赋税，有意欺隐田亩。按清代民间典卖分析田产，事属常有，完粮之户随之变动，州县必须随时登记，方可保证稳定的税基。清制，田产交

---

① 《札各州县革除钱漕弊政》，《胡林翼集二·批札》，975 页。

② 《汉阳府禀陈钱漕积弊批》，《胡林翼集二·批札》，966 页。

③ 汪士铎：《胡文忠公抚鄂记》，126 页。

④ 对于是否彻底裁革册书，胡林翼亦有疑问，如咸丰七年批复咸丰县称："犯法者当惩，奉法者当留"，"书吏中亦有人才……非书差必不可用也"。批复江陵县则称，应将里书、册书"革除净尽"，设法追缴其底册。《咸丰县禀陈整顿钱粮革除册书批》《江陵县禀陈整顿钱漕积弊批》，《胡林翼集二·批札》，968、970 页。

⑤ 以下五段据《札各州县革除钱漕弊政》，《胡林翼集二·批札》，975～978 页。

易后买主应亲赴县署，推收过割，即将田产所有权及纳粮责任的转移登注于官方册籍。同时，交易契约亦应呈县盖印，粘贴契尾，以资凭证。州县则据契价，向买主征收每两3分之契税，称"税契""投税"。然当日湖北的普遍情况是，民间为躲避契税，"往往买田数年或数十年，竟不赴县房推收过割，只潜赴里书处开一户名，私相授受。更有田已更易数主，变产已经数世，而粮名未换，仍在旧户下完纳者，而官与粮书皆昏然不知"。故应严推收之制，以杜欺侵。买田之户"限十日内赴州县房过割投税"，若不肯推收，有意弊混，查出即将田产一半入官。保正邻右知情不报同坐，举报者则由州县奖励。

（3）清户柱。由于推收有名无实，册籍内的"花户"便不同于真实的粮户，二者存在十分复杂的对应关系。尤其是湖北民间为避"堤头""圩头"等水利差徭摊派（通常派予田粮较多之户），有意拆分户下之花名。由此，一粮户可能拥有数十花名，或一两钱粮分属于数个花户。所谓清户柱，即归并各粮户名下之花名，使得册籍内的花名与真实的粮户一一对应。归并之事，责成地方绅耆、保甲分区清查，登记各户之田亩、钱粮，取青苗簿、堤圩册核对。

（4）自封投柜。自封投柜为清代田赋完纳之定制，然乡居之户距城遥远，赴县投柜亦有守候、留难之不便，其钱漕多由书差包征垫纳。[1] 为杜绝包征之弊，胡林翼饬令小邑于城中设柜，大邑于四乡添设分柜，书差只准催令粮户自行赴柜，不准代其完纳。钱漕零星之小户，准其彼此附带银钱上柜，随即掣与串票。这一政策旨在恢复、完善投柜制度，以便粮户直接输纳。

以上诸条，以清丈最为关键，田亩既清，册籍重造，再辅以严推收、清户柱，州县掌握了征收所需之地籍、户籍，便可直接与粮户建立联系，书差包征不禁自革。胡林翼饬令各州县迅速禀复，此后每月下旬陈明办理情形，可宽以时日，限半年或十月内完成。然笔者翻检此期湖北各县方志，几未见该札文之刊载，也鲜有相关史事之记录。这与咸丰七年的

---

[1]　周健：《清代中后期田赋征收中的书差包征》，《中国社会历史评论》2013年卷，387～392页。已收入本书第十章。

漕务章程形成鲜明对照，可见革除征收弊政似未真正推行。①

　　各属之中，唯监利清丈田亩，厘清粮赋，历数年而成，最为突出。以下依据该县方志、地方官绅文集，重建其清厘田粮之实态，以补既有研究仅据札文立论之缺失。监利为湖北漕弊最甚之邑，该县田粮额数定于万历九年(1581)之清丈，崇祯末版籍因兵燹毁失。清初起科，多凭粮户陈报。康熙四十六年(1707)该县奉文清丈，"民噪而止"。故监邑"素乏鱼鳞、黄册，以廒经征籍为凭"。咸丰四年太平军占领后，"廒经大半遗失"。钱漕征收，权在册书，阖邑共千余人。监利粮额向分 33 里，康熙年间以来，因水利活动形成的村落联盟——"垸"，则成为赋役征派的实际单位，阖县 360 余垸，负担轻重不一。② 因经界不正，粮不归里，册书乘间飞洒诡寄，"以高乡之粮移入低乡，蒙混申报，"舞弊中饱。道光二十年(1840)后，每岁漕额大幅亏缺，甚至不及额征之二成。而漕粮每石勒折 15～16 千文，远乡下户有完至 20 余千文者。③

　　咸丰七年秋，该县漕粮折价经官绅合议，减定为每石 5000 文。而清查粮亩、分乡设柜的推行，则颇为棘手。是年开征后，册书称底册毁于兵燹，不肯呈缴。邑绅王柏心等拟"分乡设柜，听民就近完纳"，但苦于无册可稽。书吏又倡必包征包解，方可扫清全完，设柜征收，若误钱漕，咎在绅士，邑绅遂无敢身任此事者。增设乡柜既无法实现，粮户赴县投纳亦遭册书百计阻挠，留难索规，相率携钱以归。王柏心只得建议将著名蠹滑之册书重加惩治，以儆其余。④

　　是年十一月，胡林翼饬令清查粮亩，该县办理数月，不得要领。咸

----

① 　山本进指出，同光年间湖北各县方志普遍记载了胡林翼的漕务新章，可见该政策得到了落实，确有所见。氏著：《清代後期湖広における財政改革》，《清代财政史研究》，18 页。

② 　关于明清时期江汉平原的"垸"，参见张建民、鲁西奇主编：《历史时期长江中游地区人类活动与环境变迁专题研究》，348～439 页，武汉，武汉大学出版社，2011。

③ 　同治《监利县志》卷 4《田赋志》，1、5～6 页，卷 11《艺文志·书》，17～19 页；《请旨革提违章征收之知州疏》，咸丰七年十二月初六日，《胡林翼集一·奏疏》，399 页。

④ 　王柏心：《百柱堂全集》卷 37，《续修四库全书》第 1527 册，582 页。

丰八年五月，胡林翼札饬遍行清丈。知县吉云樵于县城设立总局，延邑绅入局襄助，诸绅讳结众怨，皆不愿至。① 至七月，始有举人游克钦、裴秉文，生员游学祺，从九职员龚树滋四人应招入局，又于各乡设分局十七所，由其推举督丈。开丈前，吉云樵定弃里归垸之议，并统一弓式。九月起全县通行丈量，是冬丈至十之六七。此后数年的重点是编造鱼鳞、归户二册，以为征收之据。咸丰九年六月，吉云樵离任，唐鹤九接纂。咸丰十年(1860)，唐令访察地势、博采群言，定阖邑田粮科则，鱼鳞、归户册始成，清丈初定。其后四任知县又筹款誊抄册籍副本，本县、藩署各存一。至同治四年(1865)，事竣撤局。身与监利清丈者，除总局四人、各公局五十九人外，又有督丈一千二百余人，及案书、弓手、书算、垸总、保甲万余人。筹办之初，民间多所观望，有浮言煽动者，道府乃议"拨兵以资弹压"。众局首"犯重难，任群谤，焦唇敝舌，早作夜思，断然不摇"，历时三年，费帑数万而竟成，确非易事。在时人看来，监利清丈"事属创办"，"在各州县为先"，经此役后，"鄂中钱粮，无监利之清者"。②

在上述史事的背后，笔者关注的是，当日之"清丈"，其含义究竟为何。咸丰七年，王柏心与胡林翼筹划清丈时称，"阖邑三百六十余垸，不能遍履也"，将请知县延访绅士，"使之各举其额，各烛其私，则凡所为隐匿诡寄者，当以次而发其覆"。③ 咸丰九年，监利册籍渐齐，胡林翼谕委员曰："先抽丈，验其与册符否；办定，核其与原额盈绌若何。"④清丈事毕，时人质疑该役，理由有二：一是"田粮定则，未尝履亩，但据填报，保无避就，一经注册，断难更正"；二是监利地势临江，田亩坍淤，

---

① 咸丰七年，王柏心(道光二十四年进士、曾任刑部主事)致信胡林翼论清厘田粮："至绅士助官厘剔，亦但可阴相毗赞，若使之居其名而结众怨，又有所避而不敢矣。"(同治《监利县志》卷11《艺文志·书》，20页)可知邑绅对挂衔清丈之态度，及民间对此之反弹。

② 同治《监利县志》卷4《田赋志》，6~9页；罗迪楚：《停琴余牍》，《官箴书集成》第9册，407、412页。

③ 同治《监利县志》卷11《艺文志·书》，20页。

④ 汪士铎：《胡文忠公抚鄂记》，174页。

垸分改易，所在多有，且距万历清丈几三百年，"求符旧额，不无牵强"。①

这些记载较为清楚地显示出，第一，咸丰末年监利之清丈，并非履亩实测，主要依据田主自行陈报。其程序大致是，先由督丈、保甲等乡役发给册式，业户将其田亩、钱漕信息填入，督丈等将负责区域之草册呈报各乡局。此后，委员、乡局局员再赴各垸实地查核，并利用民间的相互监督、告发，检验草册的真实性，清出隐匿田粮。最后，再将各草册额数汇总，制成定册。② 因履亩实测成本极高，需较长时间（数年至数十年不等），动用大量人力、物力方可完成。且不论技术尚未达标，即当日之行政理念，亦不推崇清丈，因此举颇为滋扰，极易引发流弊（如吏役借机讹索）。故在 20 世纪以前，业主自实、辅以官方查核，成为最常见、可行的清丈方法。③

第二，之所以如此操作，除上述考虑外，也因清丈旨在恢复钱漕旧额，而非掌握地亩的真实面积。赋额取决于各地亩之科则、各业户之粮额，需落实于册籍。故清丈历时三年，重心在于重造鱼鳞、归户二册。至咸丰十年，知县唐鹤九经实地考察，将低洼之区分别定为"溃垸""重溃垸"，田分三等，赋错九则，册籍乃定。由此，"亩有定粮，粮有定垸，钱漕、堤工俱可按册以征，而飞洒诡寄之端无自而起"。④ 当日清丈的实质，是将本邑钱漕旧额重新分配到各垸粮户名下，以改变钱漕缺额、负担不均之积习。

需要进一步追问的是，除业户自陈外，册籍由谁来制造。清丈后四十年，光绪二十四年（1898）前后任监利知县的罗迪楚，曾追溯咸丰以来该县的钱漕征收情况。他指出，清丈后"丈长"（即"督丈"，阖县 1200 余人）改名"知根"，当日全县计有 3000 余人。"知根者，谓知钱粮之根"。

---

① 同治《监利县志》卷 4《田赋志》，9、7 页。

② 乾嘉之际邻邑沔阳州的清丈，也是类似的流程。光绪《沔阳州志》卷 4《食货·赋役》，35 页。

③ 关于此点，何炳棣已经做了长时段的精彩论述。氏著：《中国历代土地数字考实》，21～52 页，台北，联经出版事业公司，1995。

④ 同治《监利县志》卷 4《田赋志》，7 页。

对于州县而言，催征钱漕"不用知根，遍地花户，无头脑矣"。因该群体"丈亩世传，家藏鳞册"，且民间买卖田亩，必由其推收过割。① 由此可知，咸丰年间时负责监利清丈、造册的，便是恶名昭著的册书、里书。咸丰七年，胡林翼批复江陵(监利邻邑、同为漕弊积重县份)知县时称："今明知操纵在于里书，乃仍着落里书造册，即使开载田亩坐落，试问信乎不信?"②这一现象的出现有其必然性，按胡林翼设想，清丈应由"各乡各垸中选派公正绅士，亲身督率，按亩丈量，不经保正、书差之手"，而民众将其田粮"和盘托出，彼此相稽，而征册可定"。③ 即不考虑绅士的利益(不愿结众怨，且不乏隐匿田粮者)，但就清丈之成本、技术而论，若仅由其"亲身督率"，则绝无实现之可能。即便监利清丈动员了书差、保正在内的万余人，仍需时三年以上。因此，手握田粮信息的册书，势必成为清丈的主力群体与关键角色。

是以清丈事毕，州县官手握册籍，但征收之权仍握知根之手。因官册无法及时更新信息，此后民间买田者仍不能如胡林翼所议，随时赴县投税过割。州县只能十年一办推收，而将揽收契税、办理过割之关键环节交予知根。故知根之弊，同于册书，始则中饱契税，继则隐匿钱漕。清丈后二十年第二次推收，知根侵蚀钱粮，"合计通县短去旧额不少"。至光绪二十四年第三次推收，更短数千两，捏灾报缓旧弊全作，"每岁应征实不过半而止"。④ 咸丰年间监利之清丈费时费帑，重造册籍，卒复旧额，成为湖北之典范。但无论清丈造册，抑或此后之推收过割、催征粮赋，仍不得不唯册书是赖。因此，清丈四十年后，旧弊复作，钱漕再次被大量侵蚀。

光绪十年，籍隶孝感的御史屠仁守观察到，自胡林翼奏定漕务新章后，日久生玩，夙弊潜滋。其为害最甚者，一是开征时粮差揭票下乡，每串票勒钱数百文至数千文；二是柜书经收，核算溢额，并有般脚、票

---

① 罗迪楚：《停琴余牍》，《官箴书集成》第 9 册，407、409、412 页。
② 《江陵县禀陈整顿钱漕积弊批》，《胡林翼集二·批札》，968 页。
③ 《札各州县革除钱漕弊政》，《胡林翼集二·批札》，976 页。
④ 罗迪楚：《停琴余牍》，《官箴书集成》第 9 册，407、412 页。

号等规费，任意浮收，且不即行给发串票，以致花户羁候。① 可见，粮户钱漕仍多由书差包征，即亲身赴柜，亦遭浮勒羁候。十余年后，罗迪楚也指出，监利征收钱漕，共有 14 柜，可见增设乡柜得到推行。然乡民完粮，"动逾数日，误农倩工，在街火食，往往正供有限，而缴用多过廿倍，并有往返数次不能了结者"，成本依然不低。柜书"又于其间揩券不给，勒归中饱"。因此，他认为，如"实为民打算"，则不可"徒务投柜美名而全用之"，应兼用书差包收。② 地方官较为务实的观察，反映出作为定制而被推崇的自封投柜实有其局限性，而颇受诟病的书差包征亦不乏"合理"之处。与漕务新章的卓有成效相比，胡林翼革除征收弊政的努力，并未真正触动田赋征收制度。书差包征依然是征纳中的主流，而乡柜之增设，成为较显著之变化。③

## 三、同光年间的漕粮折征与采买海运

咸丰八年(1858)，胡林翼奏准漕务新章，湖北大体确立了漕粮折征折解、截留充饷的运作方式，这是战时停漕背景下的权宜之计。部分学者虽已论及同光年间湖北漕粮的采买海运，但关于太平天国战后至甲午战前湖北的漕务运作，既有研究仍语焉不详。④ 本节将考察该期湖北的采买海运与漕折银起解，以展现 19 世纪后半期漕运制度之变迁。

湖北自军兴以来，饷需浩繁，漕粮因被扰被灾，请蠲请缓，"历年各属批解无几，随时提充军饷"。⑤ 咸丰七年改革漕务后，截漕充饷的局面仍未改变。当日湖北仍需支应征皖水陆各军饷需，咸丰七、八、九年漕

---

① 屠仁守：《屠光禄疏稿》卷 2，1922 年，9～10 页。
② 罗迪楚：《停琴余牍》，《官箴书集成》第 9 册，408 页。
③ 《湖北全省财政说明书》，《岁入部·协款·地丁》，2～3 页。
④ 倪玉平：《清代的漕粮海运与社会变迁》，267～271 页；洪均：《漕政视阈下的晚清财政变革——以湖北为例》，150～151 页。
⑤ 《请拨漕折等银资济军饷疏》，咸丰八年二月十八日，《胡林翼集一·奏疏》，429 页。

折银尽数解交粮台。①

咸丰十年八月，户部奏准，江西、湖南、湖北三省军务肃清，漕粮可照旧征收，应请每岁江西酌提漕折银 40 万两，湖南、湖北各提漕折银 10 万两，为京师采买粮米之用，务于年内解京。② 尽管湖广总督官文、巡抚胡林翼仍请缓解漕粮，然至同治元年初，也不得不将打了折扣后的 5 万两漕折银分批解京。③ 计臣以充实仓储为由，借助强制摊派，改变了湖北将漕粮充作"省帑"之局面。咸丰末年起，鄂省历年均有漕折银解京。虽然较诸户部的要求（咸丰十年起每岁 10 万两、同治元年起每岁 15 万两、同治五年起按漕额起解）仍有距离，但经过讨价还价与例行催解，仍能迫使湖北完成一定的起解额数。咸丰十一年，同治元年（1862）、三年、四年、五年，湖北分别解交漕折银 3 万、10 万、15 万、9 万、6 万两。④

来自户部的更大的压力，是恢复漕粮本色起运的要求。同治初年，战争基本结束，江浙分别于同治二年、四年恢复海运，江北亦于同治四年试行河运，漕粮海运、河运均已重启，解额逐年加增。在此背景下，京中户部、仓场及部分言官要求江广等省（江西、湖北、湖南三省）规复旧制的调门越来越高。在他们看来，折漕只是战时权宜之计，军务既已肃清，各省理应规复定章，逐渐加增本色征运，以实京师仓储。⑤

咸丰十一年起，计臣几乎每岁奏请湖北酌提本色漕米若干运京。湖

---

① 《奏陈湖北饷糈久匮邻饷万难筹拨疏》，咸丰十年四月十五日，《胡林翼集一·奏疏》，707～709 页。

② 《户部奏酌提各省漕折买米解京折（抄件）》，1860 年 9 月，《吴煦档案选编》第 6 辑，38～39 页。

③ 官文等奏，咸丰十年十二月初四日，宫中档 406013617；官文奏，同治元年二月十五日，朱批 04-01-01-0875-139。

④ 历年的最终解交额数应较此更高，因补解历年欠额常不注明。官文奏，同治元年二月二十日，朱批 04-01-35-0288-016；严树森奏，同治二年正月二十四日，朱批 04-01-35-0288-038；官文奏，同治四年，朱批 04-01-35-0288-079；官文奏，同治五年五月初四日，朱批 04-01-35-0971-050；《漕折实难按额扫解疏》，同治六年三月二十八日，《曾国荃全集》第 1 册，127～130 页，长沙，岳麓书社，2006。

⑤ 蒋彬蔚奏，同治五年三月初二日，录副 03-4864-010；柏寿奏，同治六年九月二十日，录副 03-4865-072；延煦等奏，同治十三年八月二十六日，军机处档 116676。

北则历年奏覆碍难征收本色，仍请循例折征。① 其理由无外乎以下几点：第一，咸丰二年运道梗阻，鄂省漕船已全数拆变于江苏清河境内，各州县仓厫亦皆损毁无存，如欲全数修复，巨款难筹。第二，黄河北徙，运道淤浅，雇用民船河运，难度极大。海运则路途遥远，储运环节众多，成本较高。且当日可用于运漕之沙船日渐稀少，即江浙二省海运，便已不敷雇觅。第三，咸丰七年以来，胡林翼奏准鄂漕全行改折，厘清漕务，奉行颇有成效。如部分或全部恢复本色征运，原有积弊势将潜滋暗长。更关键的是，历任湖北督抚均奏称，鄂省每岁被灾，米价昂贵，无论海运、河运，每石连运费需银 5 两以上，这与多数州县每石 4000～5000 文/石之折价、或 1.3 两之解部漕折存在巨大差距。② 同治七年，巡抚李瀚章便奏称：

> 若办河运……计每石不下五两。以部价一两三钱较之，解十万石之米，即有三十余万无著之款。既不能加之于民，又不能责之于官，部臣不准报销，疆臣无从赔补。③

问题的焦点在于，一旦恢复本色起运，大幅提高的成本将由谁来负担。显然征之于民的漕价难以提升，而部臣也不可能在正项内另出经费，故只能由本省筹措。然漕粮改折后，河运经费已用于本省军饷、行政开支等。这是湖北一再抵制恢复本色起运的关键所在。

然而，鄂省督抚也无法漠视京仓的需求。他们唯一认可的，是成本相对较低的采买（捐输）海运。咸丰八年，胡林翼在漕务新章中就提出，将来可行采买海运，以"裕漕赋"：将漕折银两"照数采买米石，委员雇备

---

① 本段据：官文等奏，同治元年二月二十日、同治二年四月二十四日、七月二十五日、同治三年十一月二十三日，朱批 04-01-35-0288-016、04-01-35-0288-041、04-01-35-0288-042、04-01-35-0288-053；《湖北本年新漕碍难筹征本色片》，同治五年八月二十五日，《新漕万难改征本色疏》，同治六年十月初二日，《曾国荃全集》第 1 册，61～62、158～160 页；李瀚章奏，同治七年三月初三日，录副 03-4866-025；郭柏荫奏，同治九年十月十四日，军机处档 103862。

② 湖北督抚常在议覆漕务时奏称，本年夏秋雨扬不时，灾歉频仍，以致米价高昂，民食维艰，即照常折征亦恐难以负担，这是当日惯用的捏灾之套路。

③ 李瀚章奏，同治七年三月初三日，录制 03-4866-025。

民船，运交江苏、上海海运局，并归海运运京"。① 这一方案在同治十三年得到实现。其中两个关键性的改变，一是轮船招商局的成立及其承揽漕运业务，二是户部同意了采买海运之方案。

同治十二年，京中又起筹划运道、规复河运之议，江广各省面临空前的压力。直隶总督李鸿章的覆奏，提出了较为务实的方案，直接影响了此后漕运的展开。他认为，河运成本较高，难度极大，不宜再复，不如逐渐推广海运。除办有成效之江浙二省外，江广各省漕粮可仍办折征，由招商局于南省采买，由沪运津。② 在沙船因外国轮船的冲击而日渐衰落之时，轮船招商局于同治十一年冬成立，初期以承运南省漕粮为重要业务。同治十二年，在李鸿章的运作下，招商局海运江浙两省同治十一年份漕粮近 20 万石至津。③ 在此背景下，李鸿章极力推动招商局承揽江广等省漕运，尤其是额漕较多的江西。④

户部在议覆李鸿章折时指出，江广采买窒碍难行，因每石 1.3 两之漕折银断不敷用。部臣依然坚持，应酌征本色若干运沪，由沙船或轮船解津。⑤ 江广三省督抚仍加抵制，奏请循例折征。但湖广总督李瀚章也提出了变通方案：

> 如将来需米之时，可否酌提漕折，由湖北汉镇采买，雇装轮船，至沪海运。其漕折一石之价，不敷买米，或请以现今解淮、解通之款，酌量通挪，俾资周转。⑥

他在坚持折征的同时，提议酌量采买海运。至于户部质疑的经费不敷问

① 《奏陈漕务章程办有成效疏》，咸丰八年六月十六日，《胡林翼集一·奏疏》，504～505 页。

② 《筹议黄运两河折》《请行海运片》，同治十二年闰六月初三日，《李鸿章全集·奏议五》，403～405 页。

③ 倪玉平：《清代漕粮海运与社会变迁》，249～259 页。

④ 《复江西刘仲良方伯》，同治十二年十一月十三日，《李鸿章全集·信函二》，615～616 页。

⑤ 《漕粮海运难行仍请循旧折征折》，同治十二年八月初四日，《刘坤一遗集》第 1 册，303 页，北京，中华书局，1959。

⑥ 李瀚章等奏，同治十二年九月十二日，朱批 04-01-35-0289-035。

题，可于漕项内通挪周转。这一建议成为次年湖北试行采买海运的基础。

同治十三年，来自京中的压力持续加增。八月，仓场侍郎延煦奏称，当日江苏、浙江、江北、山东每岁交仓漕额不过 120 余万石，以致兵米仅能支放二成。应请江广及河南等省自本届为始，"或酌征本色，或筹办采办"，极力多筹，每岁交仓 30 万～40 万石。[1] 同月，户部也提出了更具体的方案。他们引用上年李瀚章之建议，称江广采买可仿江浙成案，"以漕办漕，不动别项正款"。且该省为产米之区，采买成本可较江浙每石 2.3～2.5 两更为节省。至转运之法，亦可仿照江浙，由招商局轮船海运，"江西或于九江装兑，两湖或于汉口镇装兑，由江入海，直达天津"。户部奏请，江广本届新漕"或酌征本色若干，或试办采买若干"，无论海运、河运，"总以明年春间有米起运为断"。[2] 与上年不同的是，户部认可了采买之议，但对成本做出严格限定，且相关费用只能出漕粮项下。至于起运额数，则未做具体要求。九月十六日，相关上谕下达有漕各省督抚。[3]

一方面是京仓支放有虞，另一方面户部的要求也愈加宽松、可行，江广三省不得不做出妥协，均于同治十三年首次试办采买海运。[4] 湖广总督李瀚章奏称，湖北新漕仍请照咸丰七年章程，一律折征，亦遵部议酌提漕折银两，采买籼米 3 万石，由沪海运。当日鄂省米价较昂，将遣员于江皖产米之区采办，陆续运沪储栈，以备春间起运。以上采买、起运过程，均由轮船招商局委员盛宣怀、朱其昂等负责，鄂省不再派员帮办。至于最关键的采办价格，户部一再强调"必得较江浙成案大有节省"，李瀚章则辩称，湖北距上海二千余里，与江浙就近办运，难易悬殊，其米价、运费势难较江浙成案再为减少，然亦不于每石 2.5 两之外大为

①　延煦奏，同治十三年八月二十六日，军机处档 116676。

②　《江广等省漕粮请饬办本色由海运津疏》，同治十三年，盛康辑：《皇朝经世文续编》卷 49，33～34 页；载龄等奏，同治十三年九月十六日，军机处档 116885。

③　《咸丰同治两朝上谕档》24 册，同治十三年九月十六日，第 294 页。

④　《请试办采买漕米由海运通折》，同治十三年十一月初四日，《刘坤一遗集》第 1 册，342～344 页；王文韶奏，同治十三年十月二十九日，军机处档 117770。

加增。①

湖北同治十三年份采办海运之漕粮于光绪元年(1875)夏秋之间抵通交兑。② 是年鄂省计采办漕籼正米 3 万石，加以商船耗米、剥船食米、新增剥耗米，共计 32 917.5 石。每石采买成本，计为 2.35 两，低于江浙之成案。是年采运共动支银 77 356.125 两，其中漕粮正耗米折价内动支银42 900两，其余来自水脚银 4500 两、济运随浅正银 15 000 两，以及兑费银14 956.125两。③ 这也正是鄂省一再强调的"以漕办漕"："虽折征一石之银，不敷买米一石之用，第不敷之款系在各州县漕余内所提兑费凑集，并不动用未经办运漕粮正项，于解京漕折毫无亏损。"④从账面上看，湖北采买米石海运，额数较少，成本不高，且部分恢复了本色起运，有裨仓储，又不于正项内增加开支。因此，这一方案让京师与武昌均感到满意，折征兼筹采运成为甲午战前湖北漕粮征解之惯例。表 6-3 是该期湖北历年采办、解交之情况。

表 6-3　1874—1896 年湖北漕粮采买起运情况

| 年份 | 采办正米额数(石) | 动支经费(两) | 交用情况 |
|---|---|---|---|
| 同治十三年 | 3 万 | 2.35 两/石，共计 77 356 两零 | 全数运通交兑 |
| 光绪元年 | 3 万 | 2.35 两/石，共计 77 356 两零 | 全数运通交兑 |
| 二年 | 3 万 | 籼米 1 万石，2.35 两/石，粳米 2 万石，2.45 两/石，共计 79 551两 | 全数运通交兑 |
| 三年 | 3 万 | 籼米 2.55 两/石、粳米 2.65 两/石，共银 82 501 两 | 全数拨济晋省赈粮 |

---

① 李瀚章奏，同治十三年十月初十日，军机处档 117384；李瀚章等奏，光绪元年三月二十七日，录副 03-6297-035。

② 江广三省同治十三年份漕粮共计采买海运 13 万石，除湖北 3 万石外，江西 8 万石、湖南 2 万石，均由招商局采买承运。翁同爵等奏，光绪元年十二月十九日，录副 03-6298-003。

③ 翁同爵奏，光绪元年十一月二十五日，录副 03-6297-072。

④ 李瀚章奏，光绪三年九月初四日，朱批 04-01-35-0290-001。

续表

| 年份 | 采办正米额数（石） | 动支经费（两） | 交用情况 |
|---|---|---|---|
| 四年 | 3 万 | 籼米 1.9 万石，2.35 两/石，粳米 1.1 万石，2.45 两/石，共计 78 563 两 | 全数运通交兑 |
| 五年 | 3 万 | 2.35 两/石，共银 77 356 两 | 全数赈济直隶 |
| 六年 | 3 万 | 2.35 两/石，共银 77 356 两 | 不详 |
| 七年 | 3 万 | 2.35 两/石，共银 77 356 两 | 全数运通交兑 |
| 八年 | 3 万 | 2.35 两/石，共银 77 356 两 | 全数赈济顺天、直隶 |
| 九年 | 0 | 0 | 全数截留本省赈恤 |
| 十年 | 3 万 | 2.25 两/石，共银 74 064 两 | 全数运通交兑 |
| 十一年 | 3 万 | 籼米 2.18 两/石、粳米 2.28 两/石，共银 73 360 两 | 全数运通交兑 |
| 十二年 | 3 万 | 籼米 2.18 两/石、粳米 2.28 两/石，共银 73 930 两 | 全数运通交兑 |
| 十三年 | 0 | 0 | 全数截留本省赈济 |
| 十四年 | 3 万 | 2.18 两/石，共银 71 984 两 | 全数截拨山东赈灾 |
| 十五年 | 3 万 | 2.28 两/石，共银 75 664 两 | 全数运通交兑 |
| 十六年 | 3 万 | 2.18 两/石，共银 72 372 两 | 全数运通交兑 |
| 十七年 | 3 万 | 2.18 两/石，共银 72 372 两 | 全数运通交兑 |
| 十八年 | 0 | 共银 72 372 两 | 全数折银解晋赈济 |
| 十九年 | 3 万 | 2.18 两/石，共银 72 372 两 | 全数运通交兑 |
| 二十年 | 3 万 | 共银 72 372 两 | 全数折银解奉天赈济 |
| 二十一年 | 0 | | 全数截留本省赈恤 |
| 二十二年 | 0 | 0 | 全数截留本省赈恤 |

资料来源：录副 03-6297-072、03-6298-061、03-6300-007、03-6301-039、03-6302-022、03-6303-005、03-6302-064、03-6304-003、03-6304-061、03-6304-068、03-6306-114、03-6314-088、03-6252-006；朱批 04-01-35-0290-050、04-01-35-0291-015、04-01-02-0087-014、04-01-35-0292-016、04-01-35-0292-035、04-01-35-0293-029、04-01-35-0294-015、04-01-35-0295-002；宫中档 408007666；《张之洞全集》第 4 册，457 页，武汉，武汉出版社，2008；上海图书馆藏《盛宣怀档案》，043219。

甲午战前，湖北漕粮的采买海运大体延续了同治十三年的成案。每岁由招商局委员于江皖等地采买漕粮正米 3 万石，多数年份由沪海运至津，交兑通仓。[①] 光绪三年、五年、八年、十四年、十八年则拨运山西、直隶、山东等省，以充赈粮。这是由于，湖北采办漕额较少，运输便捷，可机动地发挥赈恤之功能。光绪九年、十三年，因鄂省被灾，并未采运，米价、运费一并截留，办理赈恤。至于经费支用，湖北也是历年遵循以漕办漕之原则，由漕粮、漕项款内动支。由历年奏报可见，采运成本基本固定在籼米每石 2.18 两或 2.35 两（粳米每石另加 0.1 两），总价 7 万余两。这实际上成为鄂省的采办例价。偶因采办地米价腾贵，也需督抚特别奏请，始能于奏销时酌加价银。[②]

随着光绪初年折征兼筹采运成为湖北漕务之惯例，该省漕折银也相对固定地解京，可见于历年之奏报：

表 6-4　1878—1894 年湖北起解动支漕折银额数统计　　（单位：两）

| 年份 | 解交漕折银数 | 采运动支银数 | 总计 |
|---|---|---|---|
| 光绪四年 | 110 000 | 78 563 | 188 563 |
| 五年 | 110 000 | 77 356 | 187 356 |
| 八年 | 80 000 | 不详 | 不详 |
| 十一年 | 110 000 | 73 360 | 183 360 |
| 十二年 | 133 000 | 73 930 | 206 930 |
| 十三年 | 100 000 | 漕粮截留 | 100 000 |
| 十四年 | 135 000 | 71 984 | 206 984 |
| 十五年 | 112 000 | 75 664 | 187 664 |
| 十六年 | 130 800 | 72 372 | 203 172 |
| 十七年 | 132 300 | 72 372 | 204 672 |
| 十八年 | 118 000 | 72 372 | 190 372 |
| 十九年 | 130 700 | 72 372 | 203 072 |
| 二十年 | 118 000 | 72 372 | 190 372 |

---

①　至光绪十八年(1892)为止，湖北的漕粮采运始终由招商局委员承揽，光绪十九年最后一次采运本色米石，改由本省委员办理。张之洞等奏，光绪十九年八月二十五日，朱批 04-01-35-0294-050。

②　李瀚章等奏，光绪四年三月十八日、八月十六日，录副 03-6300-032、03-6672-090。

资料来源："采运动支银数"见表 6-3，"解交漕折银数"据：录副 03-6302-064、03-6304-068；朱批 04-01-35-0290-065、04-01-35-0291-027、04-01-35-0291-069、04-01-35-0292-025、04-01-35-0293-005、04-01-35-0293-061、04-01-35-0294-050；宫中档 408007573、408007666、408007878。

至甲午战前，湖北每岁解交漕折银至少在 11 万～13 万两。[1] 再加上历年采买海运动支银数，每岁约计银 20 万两。这一数字可视作改折后湖北的漕粮解额。

甲午战后，受清朝财政状况的影响，湖北的漕务运作出现较大变动。首先是此前相对固定的采买海运变动频繁，逐渐终止。光绪十九年，湖北最后一次采办漕米 3 万石，运通交兑。光绪二十年份原拟采办之漕粮，全数折银解往奉天锦州、广宁赈济。是年未行海运，亦受甲午战争之影响。[2] 光绪二十一、二十二年两年，湖北被受水灾范围较广，此二年采买米价、运费全数截留，以充本省堤工、赈济之需。

湖北的漕粮采运终止于光绪二十三年。当日，清政府为偿还第三笔对日赔款，订立英德续借款。该条款规定，江苏、江西、安徽、浙江以及湖北五省部分区域之货厘、盐厘收入作为担保，每岁 500 万两。由于这些税收原用于京协饷或本省军费，故须从五省内及省外指拨若干经费拨补厘税。[3] 由此，光绪二十三年，湖北接户部咨文，宜昌盐厘每岁 100 万两由省内外各款抵补，其中包括本省采办米价、运费每岁银 7 万两，采买海运因之停止。[4]

然此后仍有反复，光绪二十五年三月，因八旗兵丁甲米支放不敷，户部又奏请折漕各省规复本色起运。湖广总督张之洞覆奏，湖北拟腾挪筹款，采运漕米 3 万石，尽管相关经费已用于抵补盐厘。[5] 此后，湖北

---

①　历年漕折银之尾欠均有补解，但其额数无从考订，故每岁实际解额较表中统计略高。

②　谭继洵奏，光绪二十年十二月初四日，录副 03-6314-091。

③　何汉威：《清季中央与各省财政关系的反思》，《"中央研究院"历史语言研究所集刊》第 72 本第 3 分，2001，617～628 页。

④　于荫霖：《会奏户部拨补湖北宜昌盐厘款多无著仍请改拨以济要需折》，光绪二十五年，《悚斋奏议》卷 5，《清代诗文集汇编》第 737 册，331 页。

⑤　张之洞奏，光绪二十五年四月二十四日，朱批 04-01-35-0300-022。

漕粮、漕项各款又奉拨 4.6 万两抵补宜昌盐厘、3.99 万两添造剥船。面对不顾本省财政状况的指拨摊派，张之洞奏称采运经费无出，请照案停办。然上谕仍令采运 3 万石，拨补盐厘之款由户部另行改拨。① 至光绪二十六年应行海运之时，庚子事起，京津失序。是年秋，湖北筹款 30 万两，购米 10 万石，运陕接济，其中 7 万两即为漕粮采运经费。② 光绪二十七年，清政府谕令停漕，除江浙两省每岁海运 100 万石外，各省河运、海运停止，漕粮一律以折色征解，湖北不再有采运本色米石之必要。③

从湖北漕粮采运经费用于偿付外债到除江浙外各省一律停漕，是一标志性的转折点。甲午乃至庚子以降，弥补财政的巨大缺口成为更加紧迫的需求，压过了以本色贡赋支应京仓的经制。这一点很明显地反映在清末湖北漕折、漕项经费的支出中。光绪二十六年起，户部对于漕折、漕项经费之管理似有加强之趋势，档案中出现了连续的奏销记录，甚至包括水脚、兑费。由这些档案可见，该期鄂省历年完解漕折、漕项银 28 万两左右。④ 就支出而言，光绪二十三年以后，湖北不再采运漕粮，漕折、漕项用于供应京饷、东北边防经费，抵补盐厘（即偿还英德续借款，该支项止于光绪二十五年）。⑤ 光绪二十七年《辛丑条约》签订，各省每岁新增 1880 万两之巨额赔款，其中湖北分摊 120 万两。是年十二月起，湖北新案赔款每年奉拨漕折银 16 万两，加增东北边防经费每年奉拨漕项银 1.6 万两，加补水每岁共计库平银 178 892 两。⑥ 此外，东北边防经费每

---

① 张之洞奏，光绪二十五年十二月二十六日，朱批 04-01-35-1221-007。

② 《购米运陕折》，光绪二十六年九月初九日，《张之洞全集》第 3 册，574～575 页。

③ 李文治、江太新：《清代漕运》，478～479 页。

④ 历年完解实数是：光绪二十五年 108 414 两、光绪二十九年 277 630 两、光绪三十年 284 208 两、光绪三十一年 280 866 两、光绪三十二年 272 470 两、光绪三十三年 282 723 两、宣统元年 238 571 两。

⑤ 张之洞奏，光绪二十五年四月二十四日，朱批 04-01-35-0300-022。光绪六年伊犁交涉，俄国在东北海岸武力恫吓，清廷筹划东北边防，每岁向各省、关摊派东北边防经费 200 万两。周育民：《晚清财政与社会变迁》，243 页。

⑥ 张之洞奏，光绪三十年十一月十九日，录副 03-6699-055；李岷琛奏，光绪三十三年九月初十日，录副 03-6704-066。

岁另拨漕项银 4.8 万两。① 光宣之际，湖北漕折、漕项银每岁指定摊派之支项即有 23 万两左右，主要用于凑还新案赔款，解供东北边防经费，此前还用于偿还外债。② 至 19、20 世纪之交，在国家财政万分支绌之下，原充贡赋及其运费的漕折、漕项，已与其支应京师俸饷之本意大相径庭。

## 四、小结

咸丰七年(1857)胡林翼改革湖北漕务一事在清代漕运与田赋制度中的转折性意义，既有研究或未足够留意。自是年的湖北开始，例应征收本色、实则私行勒折之漕粮，普遍按奏定征价改折银钱，是改革前后最为显著的变化。③

漕粮为天庾正供，例应征收本色，私行折征本为例所严禁，但却成为 18 世纪后期以来之惯例。道咸之间，州县征漕，折价漫无限制，甚至出现监利 20～30 余千/石的极端之例。浮收勒折的背后，是漕务浮费的极端膨胀、河运成本的不断攀高。道光二十八年(1848)，户部鉴于浮费日繁以致漕额亏缺日甚之现状，建议南漕粮酌折百万石，以漕折银于北省采买，或招商海运。④ 道光三十年，江苏巡抚傅绳勋两次奏请将苏州、松江、太仓三属漕粮 100 万石改折，每石征钱 4000 文，再以招商采买解决京师仓储问题。⑤ 道光末年，京中、京外均有改折采买之议，试图变通已陷入绝境的本色河运制度，然当日未敢轻易尝试。

咸丰三年(1853)，太平军梗阻运道，漕粮河运暂停，为变革提供了绝佳的契机。除江浙外，湖北等省漕粮奉命改折，且战时漕折银并不起

---

① 赵尔巽奏，光绪三十四年三月二十日，录副 03-6183-019；陈夔龙奏，光绪三十四年四月三十日，录副 03-6183-068。

② 《湖北全省财政说明书》，《岁入部·漕粮》，6 页。

③ 吴廷燮：《清财政考略》，19 页。

④ 《嘉庆道光两朝上谕档》第 53 册，道光二十八年十一月十二日、十一月十四日，400～406、412～414 页。

⑤ 傅绳勋奏，道光三十年六月二十七日、九月二十五日，录副 03-3154-010、朱批 04-01-35-0285-002。

解，而是留支本省饷需。由此，胡林翼奏准鄂省漕粮按减定漕价，改折
征收，限制此前之浮收，减轻了民众负担；又裁汰漕务冗费，将节省之
银提解省一级支配，保证了饷源之供应。胡林翼的思路是以改折来解决
本色征运中的诸多积弊，这与道光末年户部、傅绳勋的精神是一致的。
对此，咸丰七年以武昌知府身份参与改革之事、后任湖北巡抚的严树森
特别强调，胡林翼改折之议意在革除漕务锢弊，以之为"裕国便民之良
规"，"非因江流梗塞，运道不通，始有折征之举"。① 同光年间，折征折
解成为湖北等省漕务之惯例，但仍需每岁奏请，终究不同于经制。在鄂
省官员的表述中，漕粮改折颇具成效，民间相安已久，征银较诸收米，
利弊悬殊，也成为此后之共识。

如同治七年，湖广总督李瀚章分析本色征运之利弊：

> 朝廷立制之初，库藏充足，但期有米进京，原不计区区之利。
> 今四方多故，度支短绌，有不能不因时制宜、通盘筹算者。若改征
> 本色，则两省仅此二十二万余石正米运京，加之灾缓，必有不足，
> 而此数十万之款，皆尽抛散于无异之官吏丁胥，所得者少，所失
> 者多。②

在他看来，当日"四方多故，度支短绌"，"但期有米进京"便"不计区区之
利"的漕运定制，不得不"因时制宜、通盘筹算"。按湖北、湖南二省漕粮
正米不过 22 万余石，除去灾缓，实际交仓者更不及此。如恢复本色征
运，改折节省之款(湖北一省即 30 余万两)，仍将作为河运之成本(兑费、
漕规、房费、蝗虫费……)，"皆尽抛散于无异之官吏丁胥"。

这是颇为重要的观念变化，经过咸丰七年漕粮折征折解、冗费节省
归公后，湖北的漕粮收支已较前大为不同，督抚们确实有理由质疑漕运
不计成本的运作逻辑。在同光年间国家财政日渐支绌的背景下，他们不
得不更多地计较得失。无论是 1874—1897 年严格限制额数(3 万石)与成
本的采买海运，还是 1901 年以降彻底改折停运，都显示出漕务运作中核

---

① 官文、严树森奏，同治二年七月二十五日，朱批 04-01-35-017-0441。
② 李瀚章奏，同治七年三月初三日，录副 03-4866-025。

定成本、依赖市场的程度大为加深。明清两代漕运制度中不计成本的"贡赋逻辑"逐渐让位于"市场逻辑"，这才是咸同以降湖北及各省漕粮改折的意义所在。

从田赋制度的演变来看，改折也是漕粮的重新定价。此前为州县所擅、渐趋失控的定价权，再次收归省级督抚，可谓雍正朝之后的"第二次耗羡归公"。① 重定漕价的实质，是根据物价的变动、各级政府的经费需求，重新定义"石"这一单位的实际内涵。这固然是财政的合理化改革，也无疑属于"加赋"。时人便指出，乾嘉以来钱漕私行勒折，咸丰中胡林翼"始定核收漕粮银钱数，每石多不得过六千文，其与人书自谓近于加赋"。②

咸丰八年，胡林翼在写下"知我罪我，惟不肖一人实执其咎"后，将湖北 33 有漕州县向来征数及减定折价一一罗列于奏章。这一显违定制的新章既获奏准，便对各省产生了强大的示范效应。③ 咸丰十一年，江西布政使李桓筹划该省钱漕改章，称新章"仿湖北减漕章程办理"，"改折有湖北成案可援，减价非额外加赋可比"④。19 世纪末山东惠民县知县柳堂称，漕粮"自胡文忠公奏请改为折色，天下画一"⑤。继湖北之后，山东、江西、河南、安徽、江苏、浙江、江北等地督抚纷纷援引鄂省成案，奏定本省钱漕征价。原应征收本色、实则私行折征的一石漕粮，至此以奏案的形式，定为折收制钱 3000～6500 文，或纹银 1.9～3.3 两不等。

总体而言，直至光宣之际，咸丰八年胡林翼奏定每石 4000～6500 文之漕价仍"奉行罔越"，尽管征收中的规费需索并未完全绝迹。但更突出的问题，仍在于捏报灾歉与书差包征。据清季湖北清理财政局调查，"鄂

① 王业键最早提出，太平天国战争期间，清政府重新将决定实征税率的权力由州县转至省一级。氏著：《清代田赋刍论(1750—1911)》，45 页。

② 吴廷燮：《清财政考略》，19 页。

③ 晏爱红指出，咸丰五年湖南钱漕改章是"突破'不加赋'思想禁锢和政策禁区的第一次成功尝试"。氏著：《清咸丰五年"湘潭章程"考析》，《厦门大学学报》2010 年第 4 期，138～144 页。笔者认为，尽管湖南的改章先于湖北，但因奏报的隐讳与滞后，其对各省的示范效应远不及湖北。

④ 李桓：《宝韦斋类稿》卷 61，26 页；卷 11，1 页。

⑤ 柳堂：《宰惠纪略》卷 2，《官箴书集成》第 9 册，502 页。

省各厅县州之历办灾缓者，约居全省之半"，因沿江多湖，"水旱偏灾诚不能尽免"，但"误于习惯、视同常例以致宽办灾缓者，亦往往有之"。此种积弊，又与书差的把持舞弊直接相关。① 咸丰年间湖北的漕务改革，调整了不合时宜的漕粮收支结构，是财政合理化之举措。然在征收制度方面，仅有监利等县推行清丈，其意义也仅限于恢复田赋原额。田赋制度的根本问题——地籍不清，并未得到改变。书差包征、田赋缺额等弊因此长期存续，成为有清一代之痼疾。

---

① 《湖北全省财政说明书》，《岁入部》，3、6 页。

# 第七章　第二次耗羡归公：同治年间
## 江苏的钱漕改章

　　咸丰、同治年间，长江流域及东南各省督抚普遍推行了裁减浮收、核减额赋为主要内容的田赋改革。这场"减赋运动"对于清政府镇压太平天国及善后中兴意义重大，颇受史家重视。自 1935 年夏鼐先生发表宏文《太平天国前后长江各省之田赋问题》起，研究者普遍关注减赋的政治意义，即清朝通过减轻田赋负担，以收拾民心，平定内乱，巩固政权，办理善后。[①] 因此，既有研究重在考察各省督抚之事功，尤其是官方强调的"减浮""减赋"之额数及其意义。[②]

　　但从清代田赋与财政制度的演变来看，咸同年间的"减赋运动"，实有减浮、减赋之外的意义，这是先行研究较少注意的。《清财政考略》《清史稿》便强调咸同年间减定漕粮征价的转折性意义：咸丰八年(1858)，胡林翼奏准湖北漕粮改折征收，将乾嘉以来州县漕粮之私行浮勒，减定为每石不超过 6 千文。此后山东、江西、河南、安徽、浙江、江苏、江北

---

　　① 夏鼐：《太平天国前后长江各省之田赋问题》，《清华学报》第 10 卷第 2 期，1935 年 4 月，408～474 页。出自该文的"减赋运动"一语，被此后的研究普遍沿用。但时人所谓"减赋"，一般指江苏、浙江两省漕粮正额之核减。

　　② 朱庆永：《同治二年苏松二府减赋之原因及其经过》，《政治经济学报》第 3 卷第 3 期，1935 年 4 月，510～529 页；Mary Clabaugh Wright, *The Last Stand of Chinese Conservatism：The Tung-Chin Restoration*, 1862-1874, Stanford：Stanford University Press，1962，pp. 163-167；刘广京：《清代的中兴》，费正清编：《剑桥中国晚清史：1800—1911 年》上卷，483～494 页；刘克祥：《十九世纪五十至九十年代清政府的减赋和清赋运动》，《中国社会科学院经济研究所集刊》第 7 集，294～350 页；李文治、江太新：《清代漕运》，419～426 页；倪玉平：《清代漕粮海运与社会变迁》，178～195 页。

等省纷纷援照湖北之案，将钱漕改折定价。[1] 王业键从改定田赋实征税率这一角度，概观论及减赋运动与"耗羡归公"之间的相似性。佐佐木正哉、山本进等则分别以浙江、湖广为例，论述了"减赋运动"的财政合理化意义：裁减浮收、陋规，重建地方各级财政。[2] 笔者认为：这是继雍正年间"耗羡归公"之后，又一次由疆吏主导的田赋与财政制度改革。各省督抚通过漕粮改征折色、重订钱漕收支章程，对雍正年间确立的田赋定章进行了合理化改革，可谓清朝田赋收支章程的重构。咸同年间改定之新章，成为此后直至清末的田赋定章。在这一意义上，笔者称其为"钱漕改章"。[3]

本章以江苏为例，讨论咸同年间的钱漕改章。[4] 江苏的改章始于太平天国战争末期的同治二年(1863)，延续至同治后期，主持者为历任督抚藩司李鸿章、曾国藩、刘郇膏、丁日昌等。作为财赋重地，江苏之赋额在各省中居于首位。尤其是作为改章主要对象的漕粮，其规模更是远超他省。故江苏的改革，对于清朝田赋制度的影响力，非他省可比。[5] 其次，改章之后，江苏确立了一套独一无二的弹性征价制度，每岁根据米

① 吴廷燮：《清财政考略》，19 页；《清史稿》第 13 册，3541～3542 页。

② 王业键：《清代田赋刍论(1750—1911)》，44～46 页。佐々木正哉：《咸丰二年鄞县的抗粮暴动》，《近代中国研究》第 5 辑，222～239、258 页；［日］臼井佐知子：《同治年间江苏省的赋税改革与李鸿章》，《中华文史论丛》第 52 辑；山本进：《清代後期湖広における財政改革》，《清代財政史研究》，7～40 页。

③ "钱漕"为时人的常用语，指广义的田赋。其中，"钱"即广义的地丁钱粮，征收银、钱，包括地丁银、漕项银等；"漕"即广义的漕粮，例应征收本色米石，包括漕粮、白粮及南米等。

④ 本书所谓的"江苏"，是指清代江苏(苏州)布政使或苏松粮道所辖的苏州、松江、常州、镇江、太仓四府一州，又称"苏属"。与之相对的是江宁布政使或江安粮道所辖的江北各府，又称"江北""宁属"。其他省份的钱漕改章，参见周健：《清代的田赋与地方财政(1800—1911)》，博士学位论文，北京大学历史学系，2012，122～188 页；周健：《改折与海运：胡林翼改革与 19 世纪后半期的湖北漕务》，《清史研究》2018 年第 1 期，已收入本书第六章。

⑤ 太平天国战前，江苏额征漕白粮正耗米 1687148 石，占清朝额漕的 35.71%，远超位居第二的浙江之 917 155 石、19.41%。同治四年减赋后，江苏额征漕白粮正耗米 1 210 413 石。湖北于咸丰七年推行漕务改革，颇具示范意义，然其漕额仅止 131 939 石，约为江苏的 1/10。光绪《钦定户部漕运全书》，《续修四库全书》第 836 册，218～221 页。

价、银价酌定是年漕粮、地丁征价，经奏准后施行，该制也为他省所无。

关于同治年间江苏的钱漕改章，至今鲜有专门研究，即有论及，亦多语焉不详之处。① 江苏钱漕改章的核心内容是重构田赋收支章程，尤其是确立新的钱漕征价制度。这一变革需放在耗羨归公以来清代田赋制度的演进脉络中理解，也与晚清中央与省、州县财政关系之变动密切相关。本章将以上述问题为线索，重新考察同治年间江苏的钱漕改章。

## 一、同治年间钱漕新章之确立

江苏的钱漕改章始于同治初年，至同治四年（1865）大体定案，其重要背景是太平天国战争之善后。咸丰庚申（1860）以降，江南频经战乱，荡析已甚。同治二年初，江苏地方官绅于兵燹之余反思漕务、时局之弊，筹议"以核减浮额为理漕之纲，即以办理均赋为治漕之用"。核减重赋（即核减田赋正额，所谓"减赋"）是此期改革的重心，处理的是中央与省之间的田赋收入分配问题；减浮均赋也随之提上日程，针对的是嘉道以来的钱漕浮费问题，旨在重建州县一级的田赋收支结构。②

江苏的钱漕改章以漕粮为中心，这是由该省的财政结构、政务重心所决定的。③ 作为财赋之区，江苏的田赋收入位居各直省之首，所谓"江南重赋"，主要是指漕粮。太平天国战前，江苏漕粮岁额 168 万余石，占清朝额漕的 35.71%，远超其余有漕省份。因此，漕粮是该省最重要的赋税负担，漕粮征解成为当地官员最重要的公务之一。

19 世纪前半期，改革江南漕务积弊成为最重要的经世议题之一。当日的漕弊表现为浮费空前膨胀，严重侵蚀了漕粮正项。18 世纪中期以

---

① 管见所及，仅有臼井佐知子专文论述江苏的钱漕改章，但其重心在于绅士的角色、官绅关系，关于制度变革，则多语焉不详之处。臼井佐知子：《同治年间江苏省的赋税改革与李鸿章》，《中华文史论丛》第 52 辑。

② 周健：《同治初年江苏减赋新探》，《近代史研究》2017 年第 4 期，已收入本书第八章。

③ 以下三段：周健：《嘉道年间江南的漕弊》，《中华文史论丛》2011 年第 1 期；周健：《仓储与漕务：道咸之际江苏的漕粮海运》，《中华文史论丛》2015 年第 4 期。已收入本书第三、四章。

降，人口激增、物价上涨导致行政开支增加。至18、19世纪之交，耗羡归公确定的收支章程已不敷支用，各级政府普遍面临额定经费的结构性匮乏。江苏的财政结构，决定了漕粮盈余成为该省最重要的额外收入。一方面，旗丁兑运漕粮之际，向州县需索帮费，应付沿途规费及挽运之需。另一方面，州县遂借助漕粮之浮收勒折，筹措旗丁帮费、官绅漕规，并本属办漕及其他公私支用。

至征收之际，漕粮负担又不均衡地分摊至各户，此即大小户现象。绅衿大户不仅以较低的折价("短价")完漕，又可藉称荒歉减免若干成之负担("注荒")，并兼有包揽短交、需索规费之事。小户不仅须以较高的折价("长价")完漕，又难以享受"注荒"之利，承受日重一日的漕粮负担。至道光后期，随着负担两极分化的持续演进，小户多依附于大户，州县税基日益萎缩，漕粮难以足额征收。这一现象意味着，漕粮河运之成本因浮费膨胀而大幅提升，州县即便浮收勒折，也难以应对。地方官员遂历年捏报灾歉，江苏每岁亏缺起运漕额之数成，终于造成京仓不敷支放，河运制度濒于瓦解。道咸之际，中枢自上而下推动苏漕改行海运，意在以节省之费，弥补仓储亏缺。然州县一级的漕务浮费未获清厘，原有积弊遂难根本革除。

太平天国战前，江苏官绅也曾数次筹划漕粮改革，其主题是重定漕粮征价，兼有折征之议。嘉庆十四年(1809)、嘉庆二十五年(1820)，两江总督阿林保、孙玉庭先后提议"八折收漕"，即漕粮每石加征耗米2斗5升。[①] 道光三十年(1850)，江苏巡抚傅绳勋奏请苏州、松江、太仓三府州漕粮100万石改折征收，每石折钱4000文。[②] 然因主政者之因循、利益群体之反对，以上诸议均以事涉"加赋"为名，夭折于筹议阶段。真正的改革实践发生在咸丰三年(1853)。是年，江苏受太平军战事、小刀会起义冲击，地方社会面临失序。在巡抚许乃钊支持下，苏州绅士冯桂芬与苏州知府乔松年推动漕粮改折均赋，无分大小户，每石一律折征4000

---

① 阿林保等奏，嘉庆十四年九月初三日，录副03-1752-007；孙玉庭奏，嘉庆二十五年十一月二十四日，朱批04-01-35-0237-004。

② 傅绳勋奏，道光三十年六月二十七日，录副03-3154-010；傅绳勋奏，道光三十年九月二十五日，朱批04-01-35-0285-002。

文，除米价 2500 文外，另有办漕贴费 1000 文，州县公费 500 文。尽管这一应急性改革效果较为理想，然因触动经征官吏利益，仅只维持一年。①

同治元、二年之交，江苏克复可期，地方官绅于兵燹之余筹划核减重赋，裁减浮收也随之展开，这是道咸年间不曾有过的机遇。同治二年初，两江总督曾国藩在松江知府减赋除弊的禀文内批复：当日"正值（漕务）穷则必变之际，又遭兵燹非常之劫"，自当因时变通。裁减浮收应由苏松粮道议定：（1）漕粮如何分别本、折征收，并酌定征价；（2）上级各项陋规及大、小户名目，如何永远禁革，俟军务初定后再行具奏。② 这两点分别从收、支层面指向重定章程。然曾氏对此事相当谨慎，屡次强调此前他主持的江西钱漕改章之教训：遽行奏定、征价过低且通省划一，故效果不佳。因此，他与江苏巡抚李鸿章、苏松粮道郭嵩焘等人筹商苏属减浮定价时，一再建议可不必入奏，亦不必由督抚出示，但据各州县风俗民情，由官绅议定各自征价章程，如此反可经久。③

同治二年五月十一日，曾国藩、李鸿章奏请江苏减赋，又以附片并请清查漕粮积弊、裁除浮收浮费，这标志着钱漕改章正式进入议程。该片论清厘漕弊，将矛头对准大小户之弊。其奏称，嘉庆以来，漕粮浮收日重，然苏属世家大族独多，皆能以正额与州县相持，于是浮收均摊之小户。因此，大户之短欠实为州县浮收之要因，故请"以革除大小户名目为清厘浮收之原"。又以裁减钱漕陋规、减轻州县负担为禁止浮收之委。片中首次提出重订钱漕章程，其思路显然来自曾国藩："随各州县风土人情之宜，明立章程，酌定折价，绅衿平民一例完纳。"该奏片很快获准，

① 周健：《仓储与漕务：道咸之际江苏的漕粮海运》，《中华文史论丛》2015 年第 4 期，208～209 页；冯桂芬：《显志堂稿外集》卷 2《癸丑减赋记》，钞本，复旦大学图书馆藏，1～3 页。

② 《批署松江府方守传书禀苏省赋重请减一案》，同治二年二月二十四日，《曾国藩全集·批牍》，262 页。

③ 《复李鸿章》，同治二年四月二十三日，《复郭嵩焘》，同治二年五月初一日，《曾国藩全集·书信五》，3731、3749 页。

同治帝谕令江苏将裁革积弊、重订章程一事妥议具奏。①

然未待章程议定，同治二年冬，钱漕的减价折征便已展开。先是，咸丰十年(1860)，苏州、常州为太平军攻占，江苏漕粮因此停运两年。至同治二年冬，松江、太仓二府州肃清，所属华亭等八州县恢复漕粮征运，尽管额数较少。该区域地处滨海，"土性宜棉，向来产米不敷民食"，漕粮本多折征。且兵燹之后，田地抛荒，米价昂贵，石价至四五两。漕粮如全完本色，本地军民食用必形艰贵。更重要的是，各厅县仓廒多于战争中毁废，不便开仓征米。在此背景下，经布政使刘郇膏等议定，由李鸿章具奏，是年江苏漕粮请准本折兼征，听从民便。折价定为每石6450 文，较从前漕价及本地米价俱有轻减，绅民一律均平征收。每石征价内，4500 文用以采买米石，其余约 2000 文抵支春办白粮、运费及州县衙门公用。李鸿章重启钱漕征收、筹划天庚正供之举，颇得中枢赞赏，漕粮减价折征、由官采买之议遂顺利获准。②

同治三年，苏属漕粮征收仍限于松、太二属部分州县，故循上年成案，漕粮折价据当日米价酌定，一律均平征收。松江府州县每石年内折征 5450 文，迟至年外加收 500 文。太仓州嘉定、宝山二县每石折征无耗库平银 3.2 两。此二年中，松、太漕粮以折征为主，州县或概收折色，由官买米起运；或本折兼征，酌征部分本色。③

除漕粮外，松、太之地丁钱粮征价也有减定。18 世纪末期以来，江苏地丁银普遍折钱征纳，各处征价不一。刘郇膏根据各属向来征数，以"足敷办公"为标准裁减，酌中定价。其中，州县钱粮解司所需倾熔、火工两款规费一律减半。同治二、三年间，漕粮、地丁仅在松江、太仓酌征，苏州、常州、镇江等府尚未从战争中恢复，并未启征。此二年的减价改折仍属权宜之计，且当日米贵银贱，难以遽为定案。钱漕章程的改

---

① 《清查苏松漕粮积弊片》，同治二年五月十一日，《李鸿章全集·奏议一》，299～301 页。

② 《减价折征冬漕等片》，同治二年十二月十一日，《李鸿章全集·奏议一》，422～423 页；《重订江苏海运全案·原编》第 5 卷，28 页。

③ 《重订江苏海运全案·原编》第 6 卷，3～4、20～21 页；《奏陈漕粮海运章程折》，同治四年正月二十一日，《李鸿章全集·奏议二》，5 页。

定，须俟同治四年江苏减赋定案。①

在核定钱漕征价之前，苏属清厘了各项陋规，以减轻州县负担。其中最主要的，是裁革海运津贴。如前所述，漕粮河运时代，旗丁帮费成为州县漕务最沉重的负担，亦为浮收之源。道咸之际，江苏漕粮改行海运后，旗丁不再参与挽运，帮费却基本保留，由省一级按原有额数向各州县摊派，改充海运运费、耗米之需，易名海运津贴。这意味着，改行海运后，州县的支出结构未有大的变化，江苏地方官仍以海运津贴为借口，持续浮收勒折。② 且在同治四年之前，裁革海运津贴从未出现在江苏官员的相关议论中。

同治四年五月初二日，籍隶吴江的侍郎殷兆镛奏请裁革江苏海运津贴，裁撤该省厘捐，矛头直指李鸿章。殷兆镛奏称，他于福建试差途中经过浙江，访知浙省厘剔漕弊，"既除大小户名目，又复裁革津贴，实为浮收一途拔本塞源之善政"。此前一年，浙江奏准裁革海运津贴，相关经费改由漕截、行月及屯租各正项内动支，定为每石 8 钱。③ 殷氏认为，江苏之漕弊甚于浙江，亟应查照浙省章程，"裁去海运津贴，不使州县有所借口，以清浮收之源"④。这一事件造成江苏官绅之间的紧张，使得江苏督抚颇为被动，直接推动了海运津贴的裁革。

是年筹议之时，刘郇膏原拟将海运津贴纳入漕粮征价，每石随征 1 000 文，即仍由民间负担。⑤ 但李鸿章等最终决定在正项内筹措经费，取消海运津贴。同治四年九月初九日，李鸿章、刘郇膏覆奏裁革津贴一事。据称，苏省漕项额数远不及浙江，但距沪较近，海运经费定以每石 7 钱，勉强敷用。按苏省交仓漕粮 100 万石计算，共需经费 74.8 万两。这意味着，约有 74.8 万两的海运津贴不再浮征于民，转于随漕正项内动

---

①　《裁革钱漕积弊片》，同治四年五月十六日，《奏复苏松等属减赋折》，同治四年九月初九日，《李鸿章全集·奏议二》，91、297 页。

②　周健：《仓储与漕务：道咸之际江苏的漕粮海运》，《中华文史论丛》2015 年第 4 期，201～205 页。

③　《议减杭嘉湖三属漕粮大概情形折》，同治三年十月二十六日，《左宗棠全集·奏稿一》，564～566 页。

④　殷兆镛奏，同治四年五月初二日，录副 03-4863-030。

⑤　冯桂芬：《显志堂稿》卷 4《江苏减赋记》，《续修四库全书》第 1535 册，546 页。

支。这些款项包括：（1）节省河运给丁耗米、漕赠米、行月粮减剩，共可粜变得银336 700两；（2）苏松、江安粮道节省之六分漕项银（即漕项银内留省支用部分），分别为281 800余两、41 800余两；（3）苏、太等卫屯折漕项银19 100余两，月粮米折银10 400余两；（4）金山帮屯田津贴8 830两。以上四款共可得银698 630余两，不敷银49 300余两，于江苏各卫帮津租内酌提济用。再有不足，即于苏松粮道之四分漕项银（即漕项银内报部候拨部分）内随时凑拨。①

从账面上看，以上各款确实取代了海运津贴。然据当日经费动拨之常态，如此众多的款项极难按时、足额到位，而漕粮必须限时起运，运费不可稍有或缺。曾任江苏布政使的吴煦便认为，漕项银征解、奏销较缓，历年赋额"必两年后始能解清"，以此"缓款"抵海运之"急用"，"临时必致有米无银"，有误起运。② 后来的情况果然证实了吴煦的担忧，同治末年，各属漕项"积惯拖欠，任催不解"，江苏只得"于道库移挪筹垫，遂致库款支绌"。③ 光绪五年（1879），两江总督沈葆桢奏称，江苏海运运费"递年不敷甚巨，全赖藩库挪款垫用"。④ 可见，同治四年的海运经费筹措案未见实效，相关各款难以到位，仍赖藩、道库之挪移。因此，裁革海运津贴在节流方面的效果，似不应做太高估计。⑤

除海运津贴外，州县另有各级陋规之负担。同治二年三月，郭嵩焘详称："至于改定漕章，尤在先除陋规。"州县之漕粮盈余，分润者众多：上则有道府等衙门、同城文武漕规，及其所荐幕友、经纪脩金，下则有

---

① 《议裁海运津贴折》，同治四年九月初九日，《李鸿章全集·奏议二》，298～300页。

② 《吴煦函稿》，同治四年，《吴煦档案选编》第6辑，550～551页。臼井佐知子最早引用了该函稿，见臼井佐知子：《同治年间江苏省的赋税改革与李鸿章》，《中华文史论丛》第52辑，102～103页。

③ 《抚吴公牍》卷42《苏粮道申复奉提减漕轻赍会司催提属欠漕项凑解由》、卷43《苏粮道详通核历年漕项完欠分数请立案由》，《丁日昌集》上册，741～742、746页。

④ 沈葆桢奏，光绪五年六月二十八日，录副03-9486-027。

⑤ 晏爱红认为，江苏裁革海运津贴，"困扰国计民生二百余年的漕务积弊得以切实解决"，或仅据章程，稍欠实效之分析。晏爱红：《清同治四年江浙裁革海运津贴述论》，《清史研究》2011年第2期。

索规绅衿需要打点。① 郭氏指出，其所在粮道衙门旧规，"如临仓、领斛各款，名目繁多，皆取给于漕粮"。他建议由粮道衙门先行禁绝，仿照此前湖北、江西旧案，将陋规"列款裁禁，以垂永久"。②

但郭嵩焘不久即离任，其意见未被采纳。曾国藩的态度，则直接影响了此事之操作。同治四年初，常州府知府高㭎禀请革除知府陋规。曾国藩批复：革除陋规，另筹公费，自为善策，但难以推广各属，因经常之费不易筹措。他特别强调，不必将裁革陋规奏立定章。盖一旦如此办理，人皆视为分内固有之款，不肖者势必别求需索。此外，各属通行的章程效果未必理想，不若因地制宜，灵活办理，"酌立暂章"。③ 曾氏认为，以明定章程的方式裁减陋规，并不能真正限制陋规。且一旦奏定通省一律之章程，也会对实际操作形成束缚。这来自于他对江西钱漕改章的反思。

同治四年五月，李鸿章奏明江苏裁减钱漕浮收实数，称向来州县地丁银解司之倾熔、火工等规费一律减半饬提，漕粮陋规亦大加删减，以羡余所入"勉敷办公"为准。④ 是年九月议裁革海运津贴，李鸿章又称："州县向来征漕一切陋规名目极为繁琐"，经"各属核实裁减，只期勉敷办公之用"，裁减之数与海运津贴相埒，计银70余万两。⑤ 但该折并未开列陋规之款目，额数也表述得颇为含糊。这与此前湖北、江西之明定章程、详列款额，形成鲜明对照。当年十二月，赵烈文在友人处见《新漕删减浮费章程》一本，内载江苏州县酌留每岁办漕经费、日用、捐摊等必不可少之项，约银3.5万两，此外则作为浮费裁革。赵氏感慨："已删减者如是，未删减者可知；可形诸笔墨者如是，不可形诸笔墨者可知，牵中

---

① 周健：《嘉道年间江南的漕弊》，《中华文史论丛》2011年第1期，269～282页。

② 《江苏减赋全案》卷4，同治五年刻本，6页。

③ 《批代理常州府高守㭎禀请定郡守经费可否核准奏立定章由》，同治四年四月初一日，《曾国藩全集·批牍》，341页。

④ 《裁革钱漕积弊片》，同治四年五月十六日，《李鸿章全集·奏议二》，91页。倾熔、火工系州县钱粮解交藩司衙门之规费。其理由是，较诸州县征收，藩库收解时对于银两的平准、成色要求更高，故需额外多解。

⑤ 《议裁海运津贴折》，同治四年九月初九日，《李鸿章全集·奏议二》，299～300页。

如是，费多者可知。"①身为曾国藩重要幕僚的赵烈文，也只能从友人处一窥章程，估算浮费之规模，可见裁革陋规之细节确未形诸公牍，仅有"勉敷办公"这一大致标准。

至同治四年冬，海运津贴与钱漕陋规既革，浮收之源已除。同时，江苏减赋业已定案，苏州、常州等府也于是冬恢复漕粮征解。十二月十八日，李鸿章奏明是年江苏漕粮、地丁征收情形，大体确立了钱漕新章。② 其奏称：

> 国家维正之供，例有定额。虽浮勒必应严禁，而例所不贬、事所必需之款，仍不能不酌留有余，以资办公。

钱漕正项虽有定额，严禁浮勒，然衡诸当时实情与向来惯例，办公必需之款亦需酌留。所谓"例所不劾、事所必需之款"，大致有四类：

(1)漕粮以本色起解，质量有严格要求，然征自民间之米"断难一律干洁"，必须适当挑拣。且漕粮"自开仓以至兑运，既需时日，即有折耗"，此外尚有"仓厫铺垫、船只剥运之费"。

(2)当日各属仓厫未经修复者尚多，漕粮不得不兼征折色。且战前苏漕"向办折价"，因"零星小户及离城窎远之区，不能如期赴仓交米，是以变通折收，必须分派书差，随带册串，赴乡催缴"。如此办理，书差下乡之辛饭、盘费、油烛、纸张之需较多。且折价收齐之后，"时已交春，米价增昂"，采买米石有额外之赔垫。

(3)地丁、漕项钱粮，向有解省运费、倾熔、火工，以及印造两忙册籍、串票之费。

(4)摊捐之款(即来自各上级衙门的公务摊派)，其他州县办公必不可缺之需。

概而言之，即为本色、折色漕粮及地丁钱粮的征收用款，及州县的行政经费。由于当日财政结构的缺陷，上述必要之费既无法于正项内开

---

① 赵烈文：《能静居日记》第2册，同治四年十二月十三日，957页。
② 本段及下段据《查明苏松等属裁除浮收实数并本年征收钱漕情形折》，同治四年十二月十八日，《苏松等府裁减浮收折》，同治五年六月十三日，《李鸿章全集·奏议二》，382~383、479页。

支，州县官之养廉银、俸银更是远不敷用。因此，地方官取诸钱漕盈余，"以公济公"，成为官民认可之惯例。因此而产生的额外加征，通常不被简单地视作浮收。

同治四年苏属议定的钱漕征价，已包含以上费用。此外，李鸿章还参酌已经奏准的浙江、江西及安徽章程，议定征价如下：漕粮本色每石酌加余耗 3 斗，折色每石年内收钱 4500 文，迟至年外完纳，每石加至5000 文；地丁钱粮每两折钱 2000 文。尽管李鸿章并未解释以上数目的由来，然据时人描述，该征价系依据糙米、银钱市价算得。漕粮本色征价参酌浙江（每石加征 2 斗 5 升），定为每石加征余耗 3 斗。折色征价亦据此计算，开征时糙米市价约 3500 文/石，漕价加征 30%，定为 4500文/石。① 地丁征价则在 1400 文/两的银价基础上加征公费 600 文，定为2000 文/两。② 据李鸿章奏称，以上征价较江西、安徽、浙江三省章程"有绌无赢"，"较从前小户完数，所减几及一倍"。③ 但他特别注明：当年"米价较贵，银价较贱"，该征价"不能遽为成例，应俟均平之时，酌中定值，勒石永遵"。④

重定钱漕征价的意义不仅在于减价，更在于均赋。征价既定，"绅民一律遵完，不准再有大户名目"。关于新章推行，江苏督抚最担心的是，如"大户仍前包抗短欠"，则州县漕务必需之费无从取资，非挪移正帑，即浮勒小户，这正是嘉道以来之积习。自同治二年初议减浮，苏属官员便将大小户问题视作漕务积弊之最甚者。在他们的表述中，漕粮改行海

---

① 　光绪《无锡金匮县志》卷 38《艺文》，57 页；米价据王业键主持《清代粮价资料库》同治四年十一月苏州府糙米市价。

② 　《酌定上忙银价片》，同治七年三月十六日，《丁日昌集》上册，16 页。

③ 　咸同之际江西奏定的征价章程为：漕粮每石 3000 文，地丁银每两 2400 文。同治三年安徽奏定的征价章程为：漕粮每石 4000～6500 文，地丁每两 2200～2600文。同治三年浙江奏定的征价章程为：漕粮本色每石加征余耗 2 斗 5 升，南米折色每石不得过 5400 文，地丁银每两除解司 1.1 两外，酌加平余钱 300 余文不等。故所谓"有绌无赢"大体成立，但江西较低的漕粮征价，则是明显的例外。周健：《清代的田赋与地方财政（1800—1911）》，博士学位论文，北京大学历史学系，2012，152～155、160～162、167～169 页。

④ 　《查明苏松等属裁除浮收实数并本年征收钱漕情形折》，同治四年十二月十八日，《李鸿章全集·奏议二》，383 页。

运后，旗丁需索之弊已除，大户之包揽短欠便成为浮收之源。此次重定征价，大户负担有相应的提升，此前享有的短价、注荒等特殊利益势必受损。因此，绅衿的阻扰谤毁将是最大的阻力。

故同治四年十二月请定新章时，李鸿章也奏请"明降谕旨，永禁大小户名目，其包漕索规诸弊，一律从严禁革"，"如有大户仍前抗欠以及任意短交，无论京外职官、举贡生监，即当据实分别奏咨褫革勒追"。① 同日，李鸿章另片奏称，是年钱漕开征后，长洲县大户、前署浙江孝丰知县赵廷彩经再四催追，漕粮颗粒无完，地漕银仅缴十分之一，请先行革职，提案追究。② 如此办理，实因苏属大户巨室众多，"其力足以陵压州县，州县不敢校也"，甚至督抚亦不无忌惮，故需明降谕旨，以作护符。③

十二月十六日，同治帝有旨，嗣后江苏开征漕米、漕折，其大小户名目、包漕索规诸弊永远禁革。"如有京外职官、举贡生监仍藉大户为名，与各州县为难，营私抗玩，即著该省督抚奏请褫革，从严惩办"。各州县务当"秉公征收，亦不准于例定折价之外，稍有浮冒"，如"抑勒违则，从严参办"。④ 中枢的关注点在于永禁大小户名目，而是年"例定折价"已成为新的征收标准，钱漕新章就此议准。

然至同治四年末，钱漕新章仍只是暂章，新的征价制度尚在形成之中。其中的关键问题是钱漕征价(尤其是漕价)的调节。由于同治四年末的奏折未对新章中的加征部分做出解释，时人不乏批评之声。同治五年(1866)，镇洋绅士叶裕仁致书江苏布政使王大经称，是年漕价每石4500文，"以今米价计，几倍收矣"。州县因仓廒未建，"固已受改折之利，不复被以勒折之名，而公议浮收，尤属坦然无忌"。他认为，以4500文之

① 《查明苏松等属裁除浮收实数并本年征收钱漕情形折》，同治四年十二月十八日，《李鸿章全集·奏议二》，383页。

② 《惩处赵廷彩片》，同治四年十二月十八日，《李鸿章全集·奏议二》，379页。地漕银即地丁银、漕项银，后者与前者统征分解，充漕运经费，属于广义的地丁银范畴。

③ 《致曾国藩》，同治二年四月初三日，郭廷以编定：《郭嵩焘先生年谱》上册，246页，台北，"中央研究院"近代史研究所，1973。

④ 《咸丰同治两朝上谕档》第15册，同治四年十二月二十六日，607页。

价计之，州县于正供、津贴之外，"所需一岁支销，疑不须如此赢余"。①
叶氏敏锐地捕捉到了新章的冲击，即漕粮折征的合理化与法定征价的提
高，也注意到州县盈余之丰沛。冯桂芬也批评到，苏省督抚州县"可以仓
廒未建为辞，一概勒折"，折价远高于当日米价。他认为，理想的漕价方
案是：漕粮以本色征收，若征折色，"则交本年时值一石之价"。此外，
无论本折每石随交公费 500 文。② 同年，无锡绅士秦缃业也表达了相似
的态度。他指出，本年米价不过 2000 余文，若仍照上年的 4500 文征收，
"则不啻倍而且过之矣"。闻本年折价减为 4200 文/石，"外示体恤，实已
倍收"。据他计算，州县每石盈余 1300～1400 文，"所盈若此，尚得谓之
不浮收乎"。因此，秦缃业建议，漕粮征价当随米价浮动，不可永以
4500 文为准，否则米贱病民，米贵病官。他的变通方案是：漕粮每完米
1 石，外加 1000 文，以作津贴之费。如改折征收，折价"仍照（米粮）时
价合算，毋许稍有参差，而千钱之津贴如故"。如此无论本折，州县均可
获每石 1000 文之津贴，"绰乎有余矣"。③

　　秦缃业、冯桂芬是否影响到江苏督抚的决策，笔者未见相关记载。
但他们的方案（特别是秦氏之《折漕变通议》），确实与同治五年以降苏属
的漕粮定价机制不谋而合。同治五年十二月，李鸿章奏请因时变通，酌
定本年漕价。据称，现届新漕开征，"从前仓廒被毁者，修复仍多未齐"，
各厅州县漕粮请仍照上届成案，本折兼收，听从民便。本年各属秋成中
稔，米价较上年平减，漕粮征价"应即查照市价，酌量变通"：

　　　　拟请将今届冬漕完折色者，每石收制钱三千二百文，加公费钱
　　一千文，计较上年减收钱三百文。其完本色者，裁去应加余耗三斗，
　　亦改交公费钱一千文。如迟至年外，仍无分本折，均加收钱五百文，
　　以敷办公之用。④

是年漕价因米价下降，每石较上年核减 300 文，定为 4200 文，年外仍加

①　叶裕仁：《归盦文稿》卷 2，《清代诗文集汇编》第 634 册，64～65 页。
②　冯桂芬：《显志堂稿外集》卷 2《复金观察书》，39～40 页。
③　光绪《无锡金匮县志》卷 38《艺文》，57～59 页。
④　李鸿章等奏，同治五年十二月初六日，录副 03-4850-062。

收 500 文。随着这一调整，江苏开始确立新的定价方式：漕价＝正项＋公费(1000 文/石)。以该年为例，完折色者，漕价为米价 3200 文＋1000文＝4200 文；完本色者，每石之加征亦由上年的余耗 3 斗改为公费 1000文。如与上年相较，同治五年的显著变化在于明定公费。每石 1000 文成为固定的加征额数，由此确立了新的定价机制。1000 文之数据同治四年米价(3500 文/石)，从余耗 3 斗折算而来。此后米价逐年递减，1000 文之公费却保持不变，州县之盈余相当稳定。① 除公费外，漕粮向例每石随征费脚钱 52 文，但该款通常不计入漕价内。②

同治六、七两年(1867、1868)，江苏的漕粮征价制度得到进一步完善。同治六年末，曾国藩、丁日昌明确了公费的地位。曾氏奏称：随漕公费"系抵办漕一切要需"，若收不足额，势必贻误漕运。然刁顽之户恐"恃符把持，意图抗欠，其将漕米完纳，以公费为无关紧要，任意延抗"。自是年起，若粮户只完漕粮正项、不纳公费，即"比照抗粮之例，从严惩办"。③ 可见，江苏督抚担心绅衿以加征公费为借口，仍前抗欠短交。而经此确认，公费之地位已同于正项。同治七年，丁日昌又完善了米价的核定机制。按业户完漕先后不一，其间米价起伏波动，是以漕价"不得不折中酌定，期敷办公而仍不致多取于民"。④ 其操作方式，是由布政使、粮道博访米牙枭兴、业户折租各价，酌中定数。⑤

同治六、七年间，地丁征价也首次随银价变动做出调整。同治四年，地丁银每两征收 2000 文，其时银价约为 1400 文上下，故公费 600 文已足敷办公。至同治六年，银价大涨，每两易钱 1600 余文，州县公费遂形支绌。曾国藩奏称，如至七年上忙开征时，银价仍昂，应请酌增征价。⑥

---

① 宗源瀚：《江苏减漕始末》，盛康辑：《皇朝经世文续编》卷 37，45 页。

② 每石 52 文之脚费，雍正七年尹继善改革江苏漕务，每石随征漕费银 6 分，乾隆八年调整为每石 52 文。至 19 世纪中期，该款早已失去公费之意义，仅敷脚费之用。周健：《尹继善的"漕耗归公"与 18 世纪江苏漕务》，《史林》2016 年第 5 期，100～112 页。已收入本书第二章。

③ 曾国藩等奏，同治六年十二月十七日，录副 03-4865-089。

④ 《同治七年份冬漕折价疏》，同治七年，《丁日昌集》上册，51 页。

⑤ 光绪《昆新两县续修合志》卷 6《田赋二》，80 页。

⑥ 曾国藩等奏，同治六年十二月初二日，录副 03-4865-098。

然该议为户部所驳，司农覆奏："上下忙条银每两连公费收钱二千文，系属奏定之案，本届银价虽稍有增昂，不得再议加增，致竭民力。"尽管同治四年奏案中声明"银米翔贵，与时变通"，然对比同期下调漕价，酌增地丁征价显然阻力较大。至同治七年上忙，丁日昌再请酌增，是年银价持续增昂，每两易钱 1700 文，州县办公愈形支绌，纷纷禀请酌加。丁氏认为，"如照现在银价，须加钱三百文，惟念民困未苏，深恐力有未逮"，故"酌中定值"，请自本年上忙起，每石折征 2200 文。嗣后征价"总就市价为低昂，使官民两无亏累，始足以禁私加而免借口"。他特别强调，苏属州县征收钱粮，其分设乡柜、纸张串票、易银解省各环节，在在需费，悉于公费中支销，并不取之于民。故公费"非归州县之羡余，实禁浮收之枢纽"。① 该奏终获议准，同治七年上忙起，江苏地丁征价增至每两 2200 文。

除因银、米价变动之调整外，钱漕征价也根据区域差异做了调适。在通省一律的征价下，有两地略有不同：一是丹徒，一是嘉定、宝山。丹徒为苏省著名苦缺，地丁征价较低，民间每两只完 1496 文，向系征不敷解。同治五年，李鸿章已指出，该县未便照每两 2000 文征收，应于漕粮征价内"通筹挹注"。② 同治七年，该县钱漕一并启征，地丁征价过低的问题因此凸显。经丁日昌奏准，自是年起，丹徒漕价于通省征价外，"其随交公费每石加收钱五百文"，共计 1500 文，以维持较低的地丁征价惯例。③

嘉定、宝山的特殊性在于，早在同治五年之前，两县便已实行了类似于同治新章的漕粮征解与定价制度。嘉定自明前期以来，逐渐确立以棉业生产为核心的社会经济结构，其地产米较少，万历年间其漕粮已获永折。④ 清初以来，嘉、宝二县尚需起解白粮，向系民折官办，即由官

① 《酌定上忙银价片》，同治七年三月十六日，《丁日昌集》上册，16 页。

② 《苏松等府裁减浮收折》，同治五年六月十三日，《李鸿章全集·奏议二》，479 页。

③ 《丹徒加收漕粮公费片》，同治七年十二月二十三日，《丁日昌集》上册，51～52 页。

④ 吴滔：《明清嘉定的"折漕"过程及其双面效应》，《学习与探索》2012 年第 3 期。宝山县系雍正二年自嘉定县析出。

采办米石，再向民折征，每岁折价由官绅据当年市价会议核定。① 同治五年，苏属新章既定，嘉定职员廖寿丰遂于督察院呈请嘉、宝两县照通省漕价办理，无须官绅会议。经户部议准，定以每石折价 4500 文，年外加收 500 文。同治六年，知县汪福安以通省漕价酌减，请另定嘉定、宝山折价。经抚、藩议准，两县漕粮民折官办，年外开征，与他属年内开征不同，应历年另行奏请。是年，嘉定绅士王汝润记："闻今年以后，（白粮）京中颁价下来，以后不议。"②同治八年起，嘉、宝漕价较通省漕价酌加 500 文，年外加价定为 300 文，较他属少收 200 文，成为相对固定的惯例。③ 除数额上略有差异外，嘉、宝两县确立了与各属相同的定价逻辑。

至同治八年，苏属钱漕新章自草创试行，历经四届，递有改进，征收之际官民相安，卓有成效。是年，苏属初拟《征收条漕永远章程》。④同治九年冬，该章程勒石各州县，公示官民共同遵守，这意味着新章已成为永久章程。章程之内容包括：

(1)漕粮每岁开征前，藩司、粮道确访民牙枭丞、业户折租各价，酌中核定米价。除民折官办之嘉定、宝山另行定价外，各州县漕粮完折色者，每石按市价另加公费 1000 文，并照例随征费脚 52 文；完本色者，每米一石之外，随征公费、费脚 1052 文，其年外均加 500 文。漕粮本折兼收，听从民便。

(2)地丁银每两照市价折钱征收外，另加公费 600 文。征价随银价涨落，随时增减，并将奏定征价明示柜前，业户遵照完纳。

(3)业户应完钱漕，除正供、公费、脚费外，别无应收银米，如有多

---

①　嘉定绅士王汝润便记述了咸同之际每岁知县与邑绅议定白粮征价之情形。王汝润：《馥芬居日记》，《清代日记汇抄》，190～199 页，上海，上海人民出版社，1982。

②　王汝润：《馥芬居日记》，《清代日记汇抄》，199 页。

③　光绪《钦定户部漕运全书》卷 2，《续修四库全书》第 836 册，225 页；《江苏苏属财政说明书》，《岁入部·田赋》，27 页；光绪《嘉定县志》卷 3《赋法沿革》，35 页。

④　冯桂芬：《显志堂稿外集》卷 3《征收条漕永远章程勒石示谕》，21～23 页。

收颗粒分文，分别官参吏办；倘业户短缴抗玩，亦从严究办。①

同治中期，江苏依据嘉道以来的钱漕折征惯例，确立了每岁根据银米市价核定田赋征价的弹性定价机制。其中政府的盈余相对固定，市价增减由业户负担。经奏明立案后，田赋的法定征价得到显著提升，其中公费之地位基本等同于正项，额数至少达到正项的 30%（漕粮）、43%（地丁）。

## 二、同治、光绪年间钱漕征价制度之实态

光宣之际，江苏清理财政局在该省《财政说明书》中写到，同治年间以来，江苏地丁征价"定章分忙奏报，以时价之涨落为低昂"，漕粮则"本折兼纳，听从民便"，折价"以每届漕米启征时之糙米市价为准奏定"。②可见，同治中期确立之钱漕新章，实际已成为晚清之"定制"。在当日以固定化为基本原则的田赋运作中，此种定价机制显得颇为特别。王业键最早发现了该制度的独特性，并对其基本特征做了论述。③但在同光年间，江苏的钱漕新章究竟如何运作，其实效又如何，这一问题尚待详细解答。本节考察该时期江苏钱漕征价制度之实态，着重关注历年钱漕征价的调整、业户的实际负担及其差异，及漕粮改折征解等问题。

### （一）钱漕征价及其变动

同治四、五年间，江苏奏准地丁银依据 1400 文/两之银价，另加公费600 文，每两折收 2000 文，并声明如遇银价翔贵，因时变通。从此后的情形来看，是年银价恰为此后 30 余年的最低点。就在同光之际的近 10 年（1866—1874）中，因进口铜价下跌，银价显著提升，涨幅达 400～500 文/两。④由此，江苏地丁征价在同治后期经历了两次上调，相关情况见表 7-1：

① 光绪《昆新两县续修合志》卷 6《田赋二》，80～81 页。
② 《江苏苏属财政说明书》，《岁入部·田赋》，19、27～28 页。
③ 王业键：《清代田赋刍论(1750—1911)》，149～156 页。王业键先生主要利用民国《川沙县志》及"南开物价指数"，重建江苏历年钱漕征价与物价之关系。现在，我们可以利用清代档案与王先生主持建立的"清代粮价资料库"，推进这一问题的讨论。
④ 王宏斌：《清代价值尺度：货币比价研究》，291～309 页，北京，生活·读书·新知三联书店，2015。

表 7-1　1865—1900 年江苏地丁征价、银钱比价　（单位：文/两）

| 年份 | 地丁征价 | 银钱比价 | 公费 | 年份 | 地丁征价 | 银钱比价 | 公费 |
|---|---|---|---|---|---|---|---|
| 同治四年 | 2000 | 1400 | 600 | 光绪九年 | 2200 | 1708 | 492 |
| 同治五年 | 2000 | 1400 | 600 | 光绪十年 | 2200 | 1690 | 510 |
| 同治六年 | 2000 | 1600 | 400 | 光绪十一年 | 2200 | 1702 | 498 |
| 同治七年 | 2200 | 1700 | 500 | 光绪十二年 | 2200 | 1665 | 535 |
| 同治八年 | 2200 | 1700 | 500 | 光绪十三年 | 2200 | 1577 | 623 |
| 同治九年 | 2200 | 1700 | 500 | 光绪十四年 | 2200 | 1584 | 616 |
| 同治十年 | 2200 | 1800＋ | 400－ | 光绪十五年 | 2200 | 1557 | 643 |
| 同治十一年 | 2400 | 1800 | 600 | 光绪十六年 | 2200 | 1540 | 660 |
| 同治十二年 | 2400 | 1800 | 600 | 光绪十七年 | 2200 | 1525 | 675 |
| 同治十三年 | 2400 | 1775 | 625 | 光绪十八年 | 2200 | 1544 | 656 |
| 光绪元年 | 2400 | 1795 | 605 | 光绪十九年 | 2200 | 1598 | 602 |
| 光绪二年 | 2400 | 1761 | 639 | 光绪二十年 | 2200 | 1540 | 660 |
| 光绪三年 | 2200 | 1719 | 481 | 光绪二十一年 | 2200 | 1500 | 700 |
| 光绪四年 | 2200 | 1626 | 574 | 光绪二十二年 | 2000 | 1483 | 517 |
| 光绪五年 | 2200 | 1617 | 583 | 光绪二十三年 | 2000 | 1332 | 668 |
| 光绪六年 | 2200 | 1660 | 540 | 光绪二十四年 | 2000 | 1343 | 603 |
| 光绪七年 | 2200 | 1687 | 513 | 光绪二十五年 | 2000 | 1363 | 582 |
| 光绪八年 | 2200 | 1661 | 539 | 光绪二十六年 | 2000 | 1362 | 584 |

资料来源：曾国藩等奏，同治六年十二月初二日，录副 03-4865-098；《丁日昌集》上册，16 页；曾国藩奏，同治十年十二月初六日，录副 03-4857-057；沈葆桢奏，光绪三年十一月十六日，录副 03-6197-040；赵舒翘奏，光绪二十二年三月二十七日，朱批 04-01-35-0110-020；奎俊折奏，光绪二十四年正月三十日，朱批 04-01-35-0859-024；罗玉东：《中国厘金史》，528 页。

说明：1898—1900 年，中央每年于江苏各州县地丁盈余内每两酌提 3～5 分不等，以充四国借款之需，此处按最常见的提取 4 分计算。

同治七年，银价大昂，每两易钱 1700 余文，丁日昌以州县办公支绌为由，奏准七年上忙为始，每两按 2200 文征收。此后银价持续增昂，同治十年(1871)贵至每两 1800 余文。是年，曾国藩奏称，若仍照 2200 文征收，"则所余不足四百文，抵支各项公费，不敷甚巨"，奏准十一年上忙起，每两按 2400 文征收。[1] 由表 7-1 可见，同治十年的银价恰是此后

---

[1]　曾国藩等奏，同治十年十二月初六日，录副 03-4857-057。

30 年的最高点，地丁征价也相应达到此期最高点。上调征价的诉求来自州县官员，他们试图向业户转嫁银贵的压力，以保证公费不因此缩减。中央政府也尊重了江苏地方官员的利益，准许三年之内两次酌增征价，业户负担则因此加重。然而，同样面对银贵之情形，同年浙江奏请按市价调整地丁征价，却未获允准。①

同光之交，江苏州县公费仍保持在每两 600 文以上，而银价则渐趋回落。光绪三年（1877），两江总督沈葆桢奏称，"近日省城市肆银价骤减，较之以前相去悬殊"，如照前定征价，"民间输纳未免受亏"。他奏准自光绪三年下忙起，钱粮每两减收 200 文，按 2200 文征收。同时，沈氏强调，"钱粮折价本应随时长落"，请自下年为始，每届二、八月上、下忙期，由督抚督同布政使查明市价，据此核准钱粮征价，分别奏报一次。② 由此，光绪四年（1878）起，江苏巡抚根据上、下忙期银价奏定地丁征价，成为该省定制。

此后近 20 年，江苏地丁征价始终维持在 2200 文，而银价则持续下落，光绪十三年（1887）起尤为明显。缘 19 世纪八九十年代，受铸币滇铜短缺、国际银价下跌的影响，各地普遍出现银贱钱荒的情况。③ 银价显著下落，而州县仍按光绪初年定价征收，其盈余遂有隐性之加增。清季江苏咨议局议员蒋近垣便观察到，同治四年定价时，"银本不贱，官之赢余亦不甚厚，迨光绪十年后，银价渐落，官乃愈肥，民愈瘠矣"。④ 由表 7-1 确可见，光绪十三年起，州县公费维持在 600 文以上，光绪二十一年达到顶点（700 文）。

在甲午战前的 30 年间，苏属地丁征价相对固定，仅少数年份进行了

---

① 户部对于浙省的议覆称，按照银钱市价调整地丁征价，管理成本颇高，不如"仍照定例收银，可垂永久"。此种固定化的管理实为当日之常态，由此更可反思，何以江苏建立了弹性定价制度。《浙江省钱粮按市价征收》，同治十年六月十二日，《户部档案漕务》，钞本，日本东洋文库藏。

② 沈葆桢等奏，光绪三年十一月十六日，录副 03-6197-040。

③ 何汉威：《从银贱钱荒到铜元泛滥——清末新货币的发行及其影响》，《"中央研究院"历史语言研究所集刊》第 62 本第 3 分，392～415 页。

④ 《江苏咨议局研究会报告》，桑兵主编：《辛亥革命稀见文献汇编》第 37 册，415 页，北京，国家图书馆出版社等，2011。

200 文的上下调整，其下调尤其迟缓。相较而言，漕粮折价的变动则要灵敏得多，可谓"一岁一税率"，因"糙米市价岁有变迁"也。① 据现存档案可知，每岁十一月冬漕开征之际，江苏督抚循例奏请本年漕粮本折兼征，并根据是年收成、米价，奏定漕粮征价。从运作层面来看，始自同治四年的漕粮本折兼征、每岁奏定折价已成为新的征价"制度"。但此种历年奏请的办理方式又意味着，在中枢看来，这仍然属于惯例或成案的范畴，终究不同于经制。笔者据历年督抚奏报之漕粮征价与糙米市价，制为表 7-2：

**表 7-2　1865—1900 年江苏漕粮折价、糙米市价及盈余统计**

（单位：文/石）

| 年份 | 漕粮折价 | 米价 | 盈余 | 年份 | 漕粮折价 | 米价 | 盈余 |
|---|---|---|---|---|---|---|---|
| 同治四年 | 3500＋1000 | 3696 | 804 | 光绪九年 | 2300＋1000 | 2513 | 787 |
| 同治五年 | 3200＋1000 | 3232 | 968 | 光绪十年 | 2200＋1000 | 2334 | 866 |
| 同治六年 | 2400＋1000 | 2432 | 968 | 光绪十一年 | 2400＋1000 | 2623 | 777 |
| 同治七年 | 2400＋1000 | 2678 | 722 | 光绪十二年 | 2600＋1000 | 3052 | 548 |
| 同治八年 | 2900＋1000 | 3307 | 593 | 光绪十三年 | 2300＋1000 | 2418 | 882 |
| 同治九年 | 2700＋1000 | 2890 | 810 | 光绪十四年 | 2300＋1000 | 2422 | 878 |
| 同治十年 | 2700＋1000 | 2907 | 793 | 光绪十五年 | 2300＋1000 | 2758 | 542 |
| 同治十一年 | 2600＋1000 | 2808 | 792 | 光绪十六年 | 2400＋1000 | 2657 | 743 |
| 同治十二年 | 2800＋1000 | 2849 | 951 | 光绪十七年 | 2400＋1000 | 2627 | 773 |
| 同治十三年 | 2400＋1000 | 2600 | 800 | 光绪十八年 | 2500＋1000 | 2772 | 728 |
| 光绪元年 | 2500＋1000 | 2441 | 1059 | 光绪十九年 | 2500＋1000 | 2835 | 665 |
| 光绪二年 | 2600＋1000 | 2483 | 1117 | 光绪二十年 | 2400＋1000 | 2805 | 595 |
| 光绪三年 | 3000＋1000 | 3458 | 542 | 光绪二十一年 | 2400＋1000 | 2850 | 550 |
| 光绪四年 | 2500＋1000 | 2663 | 837 | 光绪二十二年 | 2700＋1000 | 3260 | 440 |
| 光绪五年 | 2400＋1000 | 2168 | 1232 | 光绪二十三年 | 2900＋1000 | 3532 | 368 |
| 光绪六年 | 2200＋1000 | 1908 | 1292 | 光绪二十四年 | 3150＋1000 | 3524 | 572 |
| 光绪七年 | 2300＋1000 | 2167 | 1133 | 光绪二十五年 | 3200＋1000 | 3615 | 530 |
| 光绪八年 | 2400＋1000 | 2408 | 992 | 光绪二十六年 | 2750＋1000 | 3187 | 509 |

资料来源：漕粮折价据督抚历年年末奏报，以时间为序，仅列档号。《李鸿章全

---

① 《江苏苏属财政说明书》，《岁入部·田赋》，28 页。

集・奏议二》，479、585～586 页；录副 03-4865-098；《丁日昌集》上册，51、85 页；朱批 04-01-35-0289-011；录副 03-4869-050、03-4869-168；朱批 04-01-35-0289-040、04-01-35-0289-073；录副 03-6297-064、03-6298-072、03-6299-072、03-6300-070、03-6301-099、03-6302-074；民国《重修金坛县志》卷 4《赋役志》，12 页；录副 03-6304-088、03-6212-040、03-6306-102、03-6307-106；朱批 04-01-35-0290-072；宫中档 408013400；朱批 04-01-35-0291-077、04-01-35-0292-032、04-01-35-0293-011、04-01-35-0293-071、04-01-35-0294-062、04-01-35-0295-056、04-01-35-0296-054、04-01-35-0297-053、04-01-35-0298-057、04-01-35-0299-053；录副 03-6319-094。

　　说明：米价为苏州府十一月糙米市价，据王业键编：《清代粮价资料库》，http：//mhdb. mh. sinica. edu. tw/foodprice/。1898—1900 年，中央每年于江苏各州县漕粮盈余内每石酌提 3～5 分不等，以充四国借款之需，此处按最常见的提取 4 分计算。

　　与银价的变动趋势相反，同治四年战争刚刚结束，米价恰为此后 30 余年之顶点。随着战后的恢复，米价逐渐下落，光绪前中期稳定在每石 2400 文左右。至 19 世纪末，又有显著提升。在历年督抚奏定的漕粮折价中，尽管米价部分与糙米市价存在一定差异，但其上下行的变动趋势是相当吻合的。[①] 尤其是在米价变动幅度较大的年份，如同治四年至七年、光绪三年、光绪二十二年至光绪二十六年，漕粮折价均有相对灵敏的调整。

　　这一弹性的定价机制，与当时田赋征价的固定性原则相当不同，其确立与疆吏的个人因素直接相关。同治四年江苏奏请新章之际，声明当日米贵钱贱，"应俟均平之时，酌中定值，勒石永遵"。[②] 户部议复也强调，该征价应令"各属永远遵守，不准丝毫浮溢"。[③] "酌中定值""永远遵守"显示出，在最初的设计中，苏属章程与他省的固定征价并无不同。此后同治五、六年因米价平减大幅下调漕价，对于弹性征价制度的确立至为关键。

　　同治六年冬，米价为 2400 文左右，较此前两年减至 800 文以上。曾

---

　　① 存在差异的原因在于：（1）表 7-2 中糙米市价统计的是苏州府的数据，而奏定漕价时督抚系参照无锡、金匮等县糙米市价，酌中议价，详见下文；（2）糙米市价以银计，再折算为钱，而漕价例以钱计，前者常较后者高 100～200 文。《江苏苏属财政说明书》，《岁入部・田赋》，28 页。

　　② 李鸿章等奏，同治四年十二月十八日，朱批 04-01-35-0288-073。

　　③ 光绪《钦定大清会典事例》卷 201，《续修四库全书》第 801 册，311 页。

国藩提议核减漕价，但应留有余地，定为每石 3800 文。他认为，除米价外，每石至少再收公费 1200 文，"以为州县运费等款之用"。嗣后米贱之年，每石征收 3800～3900 文为率，米贵之年亦收至 4200 文为止，则小民输将、州县办公均不为累。若本年征价核减过多，将来米贵，再求加增，必不可得，漕务即无法办理。在曾氏看来，漕价的变动应在 300～400 文的范围内，核减尤应谨慎，不必紧跟米价。丁日昌则坚持将漕价定为每石 3400 文，并要求开征之初州县每石另行优减 200 文。由表 7-2 可见，3400 文即是米价(2400 文)加公费(1000 文)而得。是年漕价奏定为每石 3400 文，较上年核减 800 文，是表 7-2 统计的 35 年中幅度最大的一次下调。①

在米价大幅下落的同治六年，丁日昌坚持将漕价做相应下调，延续了当年米价＋定额公费的漕粮定价机制。② 这意味着：总体而言，漕价赶得上同光年间通货膨胀的步伐，或曰州县的漕粮收入相对稳定。③ 然据表 7-2，我们可以发现州县漕粮收入在甲午前后实有明显的变动。光绪二十年(1894)以前，盈余普遍在 800 文左右，光绪初年甚至连续数年超过 1000 文。然至甲午以降，盈余额数减幅明显，其中光绪二十三年(1897)仅有 368 文，为此期最低。据江南方志所载，同光年间"谷鲜出境"，"米多价贱"，州县漕价"与市价格外从宽"，采办漕米"亦易措手"。光绪十五年(1889)后，"比岁荒歉"，米价渐涨。至甲午战后，"海禁大开，米粮外溢"，以致"钱荒米贵，年甚一年"。然漕价之提升不及米价之上涨，故业户多以折色完纳，州县买米起运，"须将随收公费贴补，方敷购米之用"，盈余自然所剩无几。④ 如光绪二十四年(1898)，苏省漕价按每石 3150 文计算，而州县采办糙粳米，需银 4.1～4.2 元，合钱 3700～3800 文，每石短绌 600～700 文，须于公费内贴补。⑤

---

① 《加丁日昌片》，同治六年十一月二十九日，《曾国藩全集·书信九》，6489 页；曾国藩奏，同治六年十二月初二日，录副 03-4865-098。

② 冯桂芬：《显志堂稿外集》卷 2《复金眉生安清书》，41 页。

③ 王业键：《清代田赋刍论(1750—1911)》，148～159 页。

④ 民国《上海续县志》卷 30《杂记三·遗事》，7 页；民国《光宣宜荆续志》卷 3《田赋》，8 页。

⑤ 刘坤一奏，光绪二十五年五月二十六日，朱批 04-01-35-0116-039。

甲午战后，盈余的缩减也发生在地丁钱粮领域。光绪二十二、二十三年，江苏等多省对同治年间议定的钱漕征价进行了调整，核减地丁征价，提解钱漕盈余。这一方面是由于钱价增昂，州县盈余因此加增。更重要的是，甲午战后，清朝财政收支的平衡被巨额的赔款、外债负担打破，剔除中饱、提解归公，成为中枢重要的筹款思路。① 在此背景下，光绪二十二年，江苏巡抚赵舒翘奏称，"因市廛现钱不敷周转"，银两市价较上年减少。自光绪二十二年上忙起，江苏地丁征价奏准酌减 200 文，每两征收 2000 文。②

更值得注意的现象，是钱漕盈余的提解。光绪二十三年六月，户部奏准各省查照此前一年江西成案，钱漕一律减征提用，筹措四国借款。江苏巡抚奎俊覆奏，当日江苏地丁征价甫经减至每两 2000 文，州县每解司银一两连同补平、火耗，需钱 1700 余文，所余公费仅 200 余文。漕粮的情况更为严峻，光绪二十三年漕价定以每石 2900 文，然米价骤涨，州县采办每石需银 4.1～4.2 元以上，"即以随收之公费全行贴补，尚属不敷"。幸而是年漕粮奉旨改折 30 万石，州县负担得以轻减。因此，以当时之钱漕征价，州县办公、办运维艰，不可再减。然为度支计，请按各属征数多寡，酌量提解钱漕公费。自光绪二十四年起，上缺 8 县每地丁 1 两、漕粮 1 石各提银 5 分，中缺 11 州县各提 4 分，下缺 10 厅县各提 3 分，计每岁提存 10 万两。③

奎俊的覆奏虽有"哭穷"之嫌，却也道出 19 世纪末江苏州县的窘迫。一方面，随着甲午战后钱荒米贵趋势的加剧，地丁、漕粮盈余显著缩减。另一方面，在财政危局之下，中央政府开始积极介入钱漕征价的议定，

① 周健：《清代的田赋与地方财政（1800—1911）》，博士学位论文，北京大学历史学系，2012，190～194 页。

② 各州县中，丹徒因地丁征价无法调整，光绪二十一年起暂免漕粮续加公费 500 文/石，二十三年，该款永远减免。赵舒翘奏，光绪二十二年三月二十七日，朱批 04-01-35-0110-020；赵舒翘奏，光绪二十一年十二月二十二日、光绪二十二年十月二十一日，朱批 04-01-35-0109-049、04-01-35-0279-041；刘坤一奏，光绪二十三年十二月初九日，朱批 04-01-35-0298-062。

③ 奎俊奏，光绪二十四年正月三十日，朱批 04-01-35-0858-024；《江苏苏属财政说明书》，《岁入部·杂收入》，48 页。

核减地丁征价，限制钱漕征价之提升。同时，中枢又以摊派方式强制提解州县之钱漕盈余，以为筹款之策。自甲午以迄清末，在中央政府的财政压迫下，江苏州县的钱漕盈余被不断侵蚀，用以偿还外债、赔款，支应新政开支，逐渐成为户部控制下的额定财政。① 这意味着，钱漕新章不再能为地方政府提供必需的公务经费，失去了同治年间设制之本意。

## (二)从大户、小户到租业、自业

同治五年起，钱漕新章既定，道咸以前苏属漫无限制的抬价勒折之弊基本得到抑制，这是时人较为一致的观察。如同治八年，冯桂芬指出，嗣是以来，钱漕章程遵行不变，"州县不闻赔累，闾阎同切欢呼"，"官民相安无事，为兵燹以前数十年所未有"。② 本节将讨论，同光年间，征收中新章的实效究竟如何，是否真正实现了减价均平之设想。

江苏每岁奏定之漕价虽通省一律，然在实际征收中，该征价仅是基准，各属仍可酌情变通。除年外加价，苏省还拟定了限内优减之制：开仓后若干日内完漕，每石可优减 200 文，鼓励业户尽早完纳。③ 尽管该制从未出现于奏章之上，但自同治后期起，已成为苏属州县之惯例。④ 如同治五年，江苏奏定漕价 4200 文/石，镇洋年内每石征收 3700 文，约有 500 文之优减，年外每石 4700 文。⑤ 太仓征收钱漕，则有更详尽的分限减让之制，头限每洋银 1 元，可按市价多折钱 50 文，二限 30 文，三限 20 文，以示奖劝。⑥ 无锡、金匮为聚米之区，米价较他属低廉，"向来征漕由县酌定期限，于公费内减收钱一二百文"。光绪三十年(1904)

---

① 周健：《清代的田赋与地方财政(1800—1911)》，博士学位论文，北京大学历史学系，2012，189～216 页。

② 冯桂芬：《显志堂稿外集》卷 3《征收条漕永远章程勒石示谕》，21～22 页。

③ 冯桂芬：《显志堂稿外集》卷 3《征收条漕永远章程勒石示谕》，22 页。

④ 《加丁日昌片》，同治六年十一月二十九日，《曾国藩全集·书信九》，6489 页；《苏台杂录》，《申报》，光绪十年十二月初五日，2 版；《粮书舞弊》，《申报》，光绪十三年二月十三日，2 版。

⑤ 《潘吴公牍》卷 3《札饬复查镇洋补征银米并扣科银米提解充饷由》，《丁日昌集》上册，359 页。

⑥ 李向东等标点：《徐兆玮日记》第 1 册，光绪二十五年六月二十六日，92 页，合肥，黄山书社，2013。

冬，漕价奏定后米价渐减，两县以每石减让公费 400 文征收。① 可见，各州县可在通省漕价基础上因地制宜地变通，其中年外加价与限内优减之制为此提供了相当的空间。

尽管新章推行后，已罕有 19 世纪前半期肆行定价、浮收勒折之事。但征价外的浮收并未绝迹，主要表现为借货币折算舞弊，其中以短作洋价最为常见。同光年间，苏属民间完纳钱漕，通常以制钱，赋额多者需以洋银，即以墨西哥银元（"鹰/墨洋"）、西班牙银元（"本洋"）完纳。征收之际，官吏将小民所完洋银折算为制钱时，普遍低于市价，称"短价"。同治八年，丁日昌访知：苏属州县征收钱漕，按市价折钱者"不过数处"，"其余洋价均有短作"，每洋银 1 元，短 5 文、10 文至 30 文不等。其尤甚者，如昆山本洋每元短至 50 文，新阳短至 60 文，两县墨洋甚至短作 60 文。② 光绪十年（1884），江阴征漕"捻低银元钱价"，每元较厘局钱价短少 70～80 文，该县贡生具禀学政饬查。③ 光绪二十五年（1899），徐兆玮观察到，太仓征收钱漕，墨银 1 元市价折钱 900 文，柜收止作 860～870 文，此为弊之甚者。④ 以上记载均属极端之例，然以该期银价计之，浮收程度仍在 5% 以下。可见，州县征收基本遵守新章，同时利用币制缺陷获取额外之盈余。⑤

同治新章的意义，一方面确立了相对固定而又不乏弹性的征价，另一方面则指向钱漕负担的均平。大小户之弊是否得以厘清，是影响新章实效的关键。光绪二年，署名愚移山人者观察到，同治年间改章后，苏属大小户之弊仍不能免。大户完粮，少者额赋之三四成，多者亦不过八九成，"视职之大小、人之强弱以定等差"。这与战前"一以贵贱强弱定钱粮收数之多寡"，并无二致。常熟、昭文大户，完漕"类皆不交公费"，或

---

① 陆元鼎折奏，光绪三十一年十一月十日，宫中档 408012375。

② 《抚吴公牍》卷 29《申禁需索串票递呈相验各项杂费由》，《丁日昌集》上册，648 页。

③ 民国《江阴续县志》卷 26《杂识》，21 页。

④ 《徐兆玮日记》第 1 册，光绪二十五年六月二十六日，92 页。

⑤ 臼井佐知子认为，江苏钱漕改章后，浮收不但未能裁减，加上合法化的部分，浮收反而增大了，似缺乏史料依据。臼井佐知子：《同治年间江苏省的赋税改革与李鸿章》，《中华文史论丛》第 52 辑，103 页。

公费以本色折算。华亭、娄县大户地丁钱粮"并不以钱折纳"，而以银两缴纳，稍加一二成公费，谓之"绅户银"。虽钱漕折钱已成定制，但大户仍有以本色或银两完纳、短欠额赋之特权，"总之有势力者，莫不以包抗为能事"。更可注意的是，愚移山人观察到，大户"偶有完数稍多者，人咸非笑之"。此语尤可玩味，足见当日风气未因新章而改易，"积习相延，牢不可破"。①

　　同光年间的诸多记载都显示出，改定新章之后，大小户之别并未彻底消失。同治五年，常熟小户柯悟迟写道："自此条漕折色，在苏省统归一价，不分大小户，然而吾常、昭终不能净尽。"他观察到，尽管征价划一，但征纳中大户仍可短欠舞弊。如大户名下有花名十户，只完七八户之粮即可，"其二三户仍可蒂欠"；小户则要"户户清完，价无推敲"。同治六年，他又记：小户自业之田，钱漕征纳"仍由经造经手，焉能尽如新例"？而大户征价较短，"尚可捺缓二三分，总是利弊"。② 同年，曾国藩观察到，改定新章后，"大户如潘曾玮、冯桂芬等，仍抗租不完"，故州县不得不借盈余以资弥补。③ 潘、冯两氏均为江苏减赋的关键人物，其短欠漕粮影响了新章的效果。光绪初年，陶煦观察到，青浦"纳赋者无绅无民"，"一亩之田，一以粮一斗为奇、银一钱三分有奇为准"。"元和则城与乡、强与弱，已有所谓大小户者"，大户约十之三四。吴江则积弊较甚，"有十数顷之家而所完无几者，有一二亩之家，而横征倍之者，凡禁革大小户之上谕宪示，无复顾问"。④ 可见，即在苏、松二府内，各县情形也颇为不同。吴江、震泽、常熟、昭文等县绅衿包揽短欠之风亦较盛。

　　同治四年以降，苏属大小户名目虽经禁革，绅民负担不均之事实则依旧，不过改易名目，时人称为租业、自业。自业者，自耕农、自种小户之谓；租业则指租佃地主、大户。两者因身份地位不同，以致完纳方式及实际负担亦不相同。自业者无法获得易知由单，故不能自行上柜完

---

① 愚移山人：《论减赋收粮情形》，《申报》，光绪二年十月初三日，1 版。

② 柯悟迟：《漏网喁鱼集》，103～105 页。

③ 赵烈文：《能静居日记》第 2 册，同治六年八月二十一日，1093 页。

④ 陶煦：《租核》，赵靖、易梦虹主编：《中国近代经济思想资料选辑》上册，396～397 页，北京，中华书局，1982。

纳，只能由经造包揽征解。每届漕粮开征，总书将串票掣出，分发各图书差("经造")，由后者持串向自业各户征收。其漕粮需十分全完，或另有额外之负担。如长洲、元和等县，经造向自业小户发派由单，"每亩索费钱二百文"。常熟、昭文自业户完漕，"不以斗石计，而以亩计，每亩较实征定额浮收钱二百余文，为经造之盈余"。据徐兆玮估计，两县自业之漕不下 2 万石，"此皆小康之家，怯懦畏事，甘受总书、经造之鱼肉，甘于定额外加缴四五成"。①

租业者能领易知由单，可按单输米上仓，其漕粮无自业之浮勒，并可捏熟作荒，常年仅纳赋额之四五成至六七成，"每视其人与官吏之交情为差"，此外多包揽族戚、友朋钱漕。光绪二十五年初，徐兆玮将上年钱粮洋银 20 元送交总书，又至县仓上纳漕粮 150 石，并代完友人漕粮 10 余石，按七成完纳。② 可见，身为租业的徐氏钱漕额数较巨，均系直接赴县完纳。他以七成代完友人之漕，则本人完纳之折扣应会更低。是年，钦差刚毅赴苏属清赋，严厉打击绅衿包揽短欠，租业之漕需完至额赋之八九成，可见平日短欠之巨。③

在徐兆玮看来，实现大小户之均平，应先除揩单之弊：革除租业、自业名目，按户发给易知由单，使各户得以自行上柜完纳，不准粮差、经造包征包缴。④ 显然，这需要重建当日的征收制度，革除书差包征之制。时人对于大小户之弊的症结早有洞察：苏松等地"缙绅巨族，冠盖相望"，"州县图旦夕之安，惟恐得罪于巨室，因之心存隐忍，莫敢谁何"。"偶有强干之员力图整顿，卒为绅衿、书役所中伤，或捏造谣言，或借词

① 徐兆玮：《清赋说·劝民》《清赋说·劝绅》，《虹隐楼诗文集》下册，915～918 页，上海，华东师范大学出版社，2016；《元和县永禁私用大斛收取租佃及散给由单役费碑》，光绪六年，《江苏省明清以来碑刻资料选集》，262～263 页，北京，生活·读书·新知三联书店，1959；《震邑灾况》，《申报》，光绪八年十一月二十三日，2 版；《佃民苦况》，《申报》，光绪十一年十月十六日，2 版；陶煦：《租核》，赵靖、易梦虹主编：《中国近代经济思想资料选辑》上册，400 页。

② 《徐兆玮日记》第 1 册，光绪二十五年正月初八、初九、二十三日，33、37 页。

③ 徐兆玮：《清赋说·劝绅》，《虹隐楼诗文集》下册，915～916 页。

④ 徐兆玮：《清赋说·劝民》，《虹隐楼诗文集》下册，918 页。

上控，务使不安其位而始快，后来者方引以为戒，安肯再蹈覆辙"。① 绅民负担不均的问题，根植于江南之社会结构与社会风习，实难因一纸谕禁而彻底改观。另一方面，改定新章后，虽无道咸年间之肆行浮勒，但战后未经垦复之荒田长期存在，地方官吏借此捏报荒歉，征多解少，亏空正项。故绅衿仍得持州县之短长，分润其钱漕盈余，短欠包揽之风仍盛。虽经光绪二十五年刚毅清赋之整顿，但直至清末，苏州之常熟、昭文，常州之无锡、金匮、宜兴、荆溪等县，此风仍未尽绝。②

## （三）漕粮的改折

如对比太平天国战前，同治新章的最大变动，当属漕粮准许征收折色。按漕粮为天庚正供，京仓为根本之计，例应征运本色。江南之漕不仅额数远超他省，所产粳米，坚致耐久，非他处之籼米、稷粟可比。故中枢对于江苏漕米之额数、质量均有严格要求，例不改折，立法綦严。清代前期，漕粮折银征解有定制者大体有三类：永折、灰石改折（江浙两省部分漕粮折解为工部灰石之用）及民折官办（部分不近水次或产米较少之州县，如江苏之嘉定、宝山）。至歉岁受灾省区，亦有临时之漕粮改折。③ 此外的改折，则为例所严禁。

然而，至迟在18世纪后期，漕粮私征折色已十分常见。从民的角度来看，明清以来，随着农业的商品化趋势，江南的棉纺织业、蚕桑业发展迅速。至18世纪，松江、太仓、苏州等地民间食用普遍依赖两湖、安徽等省输入米粮，完纳钱漕则多依赖棉纺织业收入，并非全以地亩所产缴纳。从州县的角度来看，漕粮例于十一、十二月开征，次年春季至春夏之交始行交兑起运，其间长达数月。因此，江南的地方官部分征收折色，或将所征米石先行发卖，迨起运时，再"令牙行包办"，均是常见的

---

① 愚移山人：《论减赋收粮情形》，《申报》，光绪二年十月初三日，1版；《论绅衿包抗钱粮》，《申报》，光绪二十五年七月二十日，1版。

② 《江苏苏属财政说明书》，《岁入部·田赋》，20页。

③ 光绪《钦定户部漕运全书》卷2，《续修四库全书》第836册，222～225页；王庆云：《石渠余纪》，160～165页。

变通方式。① 如 19 世纪中期，无锡、金匮二县官吏每岁勒令米行采办漕白粮数千石，可见当日漕粮征解中的市场化程度。②

更重要的是，乾嘉之际以降，江南的地方官普遍以漕粮盈余解决额定经费的结构性匮乏。除本色浮收外，州县官吏更以各种理由制造折征的机会，每岁开仓收米之期常不过十日、半月，甚至三五日即封厫折征。缘当日之折征实为勒折，即强迫业户按照高于市价的、以银钱计算的折价完纳漕粮，此为州县获取漕羡的重要手段。嘉道以来，折征成为漕粮征纳的主要方式，小户被迫以数倍粮价之折价完漕，颇为时人诟病。以上诸种，均在例禁浮收勒折的背景下发生，足见 19 世纪前期田赋征纳经制与实态间的巨大差异。③

同治二年，江苏漕粮之折征始于松江、太仓。二属地处海滨，本多植棉，产米较少，漕粮向多征收折色。更重要的是，战乱之后，各县仓厫多已废毁，无处存储米石。因此，同治二、三年，江苏奏请漕粮本折兼征，自然得以获准。盖因户部将改征折色视为"一时权宜"，而非"经久之法"。然当李鸿章奏请太仓、镇洋二州县仿照嘉定、宝山之例，漕粮永改折色征解，便遭户部议驳。④

同治四年起，漕粮征收范围扩展至苏州、常州等府。各县被毁仓厫未能一律复建，成为循照前案办理的首要理由。同光之际，江苏督抚历年奏请漕粮本折兼征，均如此表述。如同治十二年，李宗羲奏称：兹届漕粮开征之际，"各该州县仓厫被毁者，虽据陆续议禀兴建，因地方元气未复，筹款维艰，尚未能一律完备，惟有循照历届成案……本折兼收"。⑤

核诸晚清民国江苏方志，督抚所言确属实情。多部志书显示，苏松等府州县仓厫普遍毁于咸丰十年太平军攻占苏常之役，战后部分州县未

① 冯桂芬：《显志堂稿》卷 10《均赋议》，《续修四库全书》第 1536 册，1 页。

② 《无锡、金匮两县严禁派办漕粮的碑文》，咸丰八年九月，无锡市粮食局编：《无锡粮食志》，348～349 页，长春，吉林科学技术出版社，1990。

③ 周健：《嘉道年间江南的漕弊》，《中华文史论丛》2011 年第 1 期，253～261 页。

④ 《太仓镇洋二属改征折色折》，同治四年五月十六日，《李鸿章全集·奏议二》，87～89 页；光绪《钦定大清会典事例》卷 201，《续修四库全书》第 801 册，311 页。

⑤ 李宗羲等奏，同治十二年十一月十一日，朱批 04-01-35-0289-040。

再重建，漕粮尽数改征折色。如吴江之总收官仓"乱废未建，历年漕米概科折色，分设城柜及各乡柜，人尽称便"。在光绪五年纂修的方志中，作者仍强调，"然旧制不可没，一时之权宜未可为经常之法也"①。可见，作为一时权宜的折征，此时已取代本色征纳之经制。溧阳也是如此，漕仓毁后未建，自同治六年漕粮启征，"全征折色"。②

另有不少州县于同治后期至光绪年间复建仓廒。如震泽克复后"漕收未有仓"，民之输纳皆以钱。经战后历任知县捐廉筹款 5000 余串，于同治十二年复建积谷仓，"凡屋若干楹"。重建碑文中强调了复建仓廒对于恢复本色旧制之意义："国家维正之供，米也，非钱也；漕收之以钱，权也，非常也。当今百废具举之际，旧制尤不可不复。"③尽管如此，该记载仍显示出，复建经费筹措之不易，仓廒规模也相对有限，这并非震泽之特例。同治六、七年间，新阳知县冯渭重建该县漕仓，取资漕粮公费、养廉银，未勒民出捐，因此获得嘉奖，可见后者为当日之常态。然重建之仓廒共计 40 间，远小于该县宣德、弘治(600 余间)及乾隆年间(250 余间)之规模。重建之后，漕仓也未能发挥原有的作用。缘同治四年以降，苏松太漕额核减 1/3，且多征折色，即本色米石亦"随收随兑"，无须仓储。光绪年间，该仓"废置不用，日形圮毁"，光绪三十二年(1906)赁作他用。④ 同治七年，江阴重建毁于兵燹的盈安仓，"建屋一百余间"。该县距上海较远，漕粮多折征后就近采买，故该仓"无米可贮，空无人居"，光绪十年改作县丞、典史公署。⑤ 至光绪三十一年，江苏州县仓廒"大都坍损渗漏，不堪储米"，另有改建习艺所者。⑥

类似记载颇为不少，它们反映出，一方面，州县仓廒多毁于太平天国之役，战后元气未复，百废待兴，修建并非易事。即使仓廒复建，规模也多不如前。这确实是同治四年以降漕粮准征折色的客观原因。另一

---

① 光绪《吴江续县志》卷 2《营建一》，3 页。

② 光绪《溧阳续县志》卷 4《食货志·漕运》，22 页。

③ 《震泽镇志续稿》卷 4《公署》，77～78 页，扬州，广陵书社，2009。

④ 光绪《昆新两县续修合志》卷 48《艺文六》，32～33 页；民国《昆新两县续补合志》卷 2《公署》，3 页。

⑤ 民国《江阴续县志》卷 3《建置·仓储》，2 页。

⑥ 陆元鼎等奏，光绪三十一年十一月十日，宫中档 408012375。

方面，在此背景下，折色征收逐渐成为常例，州县储存米谷之需求大不如前。故重建之仓厫作用也相对有限，甚至有废置圮毁者。可见，自同光之际，仓厫废毁未建与漕粮改折征收二者互为因果，使得折色征收成为中枢认可之成案。江苏督抚最后一次以"州县被毁仓厫仍未能一律建复"为由，奏请漕粮本折兼征，时在光绪十六年（1890），此时距战争结束已26年。① 次年，"循照历届成案"即为奏请本折兼征的理由，成案终成惯例。②

尽管督抚的表述始终是漕粮本折兼征，言下之意是本色仍属经制，折色不过权宜变通。但在实践层面，折色征纳已成为同光年间的主流。同治九年，户部抱怨，江苏征漕"州县舍米而征银"，至起运时以银易米，采办委员"吝惜银价，迟回观望，只求籴米之减价"，以致漕粮受兑逾期。③ 据张之洞观察，光绪年间苏属漕粮"固有全收本色、全收折色、本折兼收之异"。但全完本色者，只有苏州府数县，其余州县"收本色者，为时不过旬余，为数不及一半，余皆统收折色"。至于松江、常州、镇江、太仓等府州，"虽有本折兼完之说，而完本者更不及一二成，且有向来全完折色者"。④ 如光绪年间，苏州府常熟、昭文二县每岁起运漕粮7万余石，"厫收不过二万余石，其五万石皆以银元改折"。⑤ 同期，常州府宜兴、荆溪二县每岁征漕，开仓不过7日。光绪十五年以降，民间完漕，"必舍其所获之谷，辗转以完折色"，"开仓几若具文，后竟废置"。⑥ 在本折兼征之州县，业户每岁依据"岁获之丰歉"、"米价之低昂"，决定以本色或折色完纳。而州县以缩短开仓期限、从严挑剔米色等手段，限制本色征纳之比例。总体而言，光宣之交，苏属漕粮本色、折色完纳之比例约为1：9。⑦

---

① 沈秉成等奏，光绪十六年十一月初九日，朱批 04-01-35-0292-032。
② 刘坤一等奏，光绪十七年十一月十三日，朱批 04-01-35-0293-011。
③ 户部奏，同治九年，军机处折件 104518。
④ 《筹议南漕改折办法折》，光绪二十二年正月初九日，《张之洞全集》第3册，361页。
⑤ 徐兆玮：《清赋说·劝吏》，《虹隐楼诗文集》下册，919页。
⑥ 民国《光宣宜荆续志》卷3《田赋》，8页。
⑦ 《江苏苏属财政说明书》，《岁入部·田赋》，28页。

折征既为主流，漕务的运作方式也因之改变，州县多不在本属仓廒征收漕粮，而是于上海周边就近采买起运。太平天国战后，江苏、浙江二省恢复海运，漕粮由上海运至天津。此外，光绪十一至二十一年间（1885—1895），出于海运安全及维持经制的考虑，江苏又于每岁所征漕粮中拨出 5 万～10 万石，与江北漕粮一并河运。自光绪十四年起，常州府无锡、金匮二县成为江苏、浙江二省漕粮的主要采买地。① 无锡、金匮位于运河沿线，又邻近若干产米区。太平天国战后，该地逐渐取代受战争严重影响的苏州，成为江南最重要的米粮贸易中心。锡金非产米之区，而系聚米之所，常州、镇江、江宁府属州县、江北高邮、宝应一带，以及邻省安徽所产粳籼米多汇集于此。故该地米多价低，且米色齐一，易于充作漕粮解兑，江苏州县遂"群向无锡订购"。每年农历十月间，各州县办漕师爷纷赴无锡、金匮，与当地大粮行议定价格，签订合同，次年漕粮起运时，由粮行雇船运沪交清。② 光宣之际，江苏每岁海运漕粮60 万石，其中约 40 万石系于无锡采办。以致江苏官绅议定，每岁由无锡、金匮商会逐日报告当地十月、十一月米价，作为议定江苏漕粮征价之标准。③ 在漕粮改折征收并统一由上海起运的制度背景下，江苏州县借助新的粮食市场进行常态化的漕粮采办，漕务运作的基本面貌因此大为不同。④

更重要的变化是，至 19 世纪末，漕粮的折征推动了折解。甲午战后，清朝财政万分支绌，南漕改折成为重要的变法议题。议者认为，将江苏、浙江、江北额漕 140 余万石改以银两解部，每岁可节省靡费数百万两，以济财用之急需。海运与粮食贸易的发达，也使得以招商采买解决京师食米问题成为可能之事。光绪二十一至二十四年，张之洞、瑞洵

---

① 金匮县系雍正三年自无锡县析出，1912 年复并入无锡，故两县原为一县。

② 《无锡粮食志》，25～26、39～41 页；羊冀成等编：《无锡米市调查》，序言、1～2 页，社会经济调查所，1934。

③ 《江苏谘议局研究会报告》，桑兵主编：《辛亥革命稀见文献汇编》第 37 册，426～427 页；《江苏苏属财政说明书》，《岁入部·田赋》，28 页。

④ 除无锡、金匮外，常熟、昭文二县也是江苏漕粮的采办地，但重要性远不如前者。

等多次奏请江苏漕粮仿照湖北等省成案，改以银两解部。[1] 而江苏光绪二十、二十三、二十六年份漕粮均折银 30 余万石，以充海防经费，并偿还外债，也是漕粮支用层面前所未有的变化。[2] 尽管如此，中枢出于慎重旧章、顾虑京师食米的考虑，仍令江苏保持相当额数的本色漕米交仓。光绪二十七年(1901)起，各省一律停漕，改解银两，但江苏每岁所征漕粮，仍需海运米 60 万石，其余则解交折色，凑抵庚子赔款。

## 三、小结

既有的赋役制度史研究给人的大体印象是，自雍正朝耗羡归公、摊丁入地之后，清朝的田赋制度便无大的变动。这部分是由于，在既有研究中，田赋制度基本是一个明清史问题，极少与 1840 年以降的晚清史、近代史相联系。然笔者认为，咸丰、同治年间实为清代田赋制度变革的重要阶段。

本章以同治年间的江苏为例，指出该省之"减赋""减浮"实有财政合理化的意义，可称之为"第二次耗羡归公"。自同治二年试行于松江、太仓，至同治四、五年间奏准立案，江苏逐渐确立起一套区别于他省的弹性征价制度：每年由藩司、粮道根据糙米、银钱市价，酌定漕粮、地丁征价，经督抚奏准后，通饬各州县照此征收。这意味着，确立于雍正年间、至迟在 19 世纪初已无法满足实际需求的田赋定章，得到了合理的调整。漕粮准许本折兼收，每石折征 3200～4500 文；地丁钱粮每两折征 2000～2400 文。这直接改变了漕粮征收本色的定章，也以折的方式重新定义了每石、每两的实际内涵，提高了漕粮、地丁银的实征税率，可谓合理的"加赋"。钱漕征价新章来自于 19 世纪前半期的征纳惯例，但改章之后，州县官吏不再能借口经费不敷，任意抬价浮收，田赋的定价权重新集中到省级政府。而州县可从新章中获得稳定的公费(漕粮每石 1000

---

① 李文治、江太新：《清代漕运》，470～478 页。

② 张之洞等奏，光绪二十一年三月二十七日，录副 03-6315-033；刘坤一等奏，光绪二十四年二月初四日，朱批 04-01-35-0299-004；刘坤一等奏，光绪二十七年三月初七日，录副 03-6320-021。

文、地丁每两 600 文)，除征收费用外，多数用于本署及省内各上级衙门的行政经费。同时，通过裁革海运津贴、裁减陋规，州县的额外负担得到轻减。收支两方面的合理化调整，在相当程度上消除了钱漕浮收的结构性成因。

上述的钱漕改章不只发生在江苏。咸丰五年至同治七年间(1855—1868)，在太平天国战中及战后，湖南、湖北、江西、山东、河南、安徽、浙江、广东、江北各省督抚为筹措军饷、维持善后，先后推行以田赋为中心的赋税整理。改折漕粮(包括米粮)，重订漕粮、地丁征价，并为省以下州县等各级政府设置公费，也是以上省份普遍经历的改革进程。① 继雍正年间之后，清朝的田赋收支章程被再次重订，新章也成为此后至清末的田赋定章。在时人看来，咸同年间由各省督抚主导、因时调整收支结构的合理化改革，与雍正年间耗羡归公一脉相承。光宣之际，安徽清理财政局科员称："雍正二年已提火耗为养廉，安省自同治初前江督曾国藩定章，又酌加十分之二三"，此因"地方进化，则经费日繁"。当日"各项新政，经费浩繁"，仍应"化私为公、酌定附加"，此"与雍正时提耗作廉、同治初年定章办公之意，固无违异"。② 正是在此意义上，笔者称咸同年间的钱漕改章为"第二次耗羡归公"。③

就同光年间的实效来看，江苏州县官吏大体遵照新章征收钱漕。尽管借助货币兑换的额外加征长期存在，但程度相对较轻，罕有嘉道年间肆行定价、浮收勒折之事。当日最为突出的问题，则是田赋负担不均。尽管中枢、督抚一再严谕禁革大、小户，但绅民两歧之现象仍长期存续，不过改易名目而已。绅衿包揽短欠之弊未得清厘，以致同治新章在均赋

---

① 周健：《清代的田赋与地方财政(1800—1911)》，博士学位论文，北京大学历史学系，2012，122~188 页。

② 《安徽全省财政说明书》，《岁入部·地丁》，9~10 页。

③ 钱漕改章不同于耗羡归公者，在于钱漕盈余主要用于公费，并未作为新的养廉银发放，尽管后者已经有名无实。此承何汉威教授指点，谨致谢忱！其次，钱漕盈余不似耗羡需提解至省一级，而是主要由州县支配。再者，钱漕盈余也不同于19 世纪以降的耗羡，它终究没有成为正项的一部分，其定位颇有暧昧之处。

这一点上难有成效。这是因为，同治改章的意义，主要在于调整不合时宜的收支定章，对于书差包征为主的征收结构及随之而来的征收积弊，则少有触动。①

如从田赋制度的运作来看，江苏的钱漕征价尤其是漕粮的定价机制相当值得注意。同光年间，江苏的漕粮征价紧扣市场波动，一岁一税率。这是由于，在新的征价制度下，民间普遍以制钱、银元折纳漕粮，政府再于无锡、金匮及上海等地采买米石，海运至津。漕粮征解已与上海、江南的粮食市场紧密联系在一起。笔者绝不否认，太平天国战前，江苏的漕务运作中从来就有市场因素存在，但那毕竟是本色征收经制下的私行变通。同治以降，漕粮改折的奏准、弹性定价制度的确立，则从制度层面确认与推进了漕务的市场化趋势。② 如对比当日之常态——固定化的田赋定价机制、不计成本的漕务运作逻辑，可知此为关键性的变革。

在制度演进的脉络之外，我们尤应注意：在清季财政状况恶化的背景下，中央政府过度集中财权，直接影响了钱漕新章的运作。甲午战后，清朝的财政收支平衡被打破。财政危局之下，中央政府开始介入田赋定价与盈余分配，一方面核减或限制钱漕征价的提升；更重要的是，中枢一再以强制摊派的方式，提解州县的钱漕盈余，以为筹款之策。自甲午以迄清末，在中央的财政压迫与银价腾贵的双重作用下，江苏的钱漕盈余被不断侵蚀，用于外债、赔款及新政开支，不再能为州县政府提供必

---

① 在重订钱漕新章的同时，江苏也进行了田粮清厘，试图重建田赋征收制度。同治初年至末年，各州县不止一次推行清粮、清丈。由于技术、成本方面的种种困境，各属清丈多交由书差操作，州县官并未从中掌握征收必需的地籍、户籍信息。正因为如此，尽管江苏进行了重建征收制度的诸种尝试，书差包征依然是钱漕征纳的主要方式。此详另文。

② 在太平天国战前的江苏及有漕各省，漕粮征收中折色虽已占相当比重。但当日以本色征收为唯一合法形式，折征终属例所严禁的私行勒折，官吏肆行定价，积弊重重。在漕粮解支方面，除特殊情况与少数州县外，本色米石改折银两，几乎从未被允许。至于漕粮的运输，也完全是旗丁负责的军运，不同于19世纪中期以降的商运。因此，尽管当日漕务运作中存在市场化因素，但与同光以降相较，其程度与逻辑有着显著的差异。

需的公务经费。① 清季不断加剧的财政压力，终于导致中央与地方(省、州县)在田赋分配中彻底失衡，州县财政面临崩溃之境地，钱漕新章也因此失去设制之本意。这一现象，有助于我们更全面地理解清季中央与省、州县之间的财政关系，而不仅仅以"督抚专权""内轻外重"一概论之。

---

① 王业键认为，中央政府并未打算将咸同年间各省改定之新章纳入国家的财政经制中，符合经制的要求使得中央失去了对于钱漕盈余的控制。王业键：《清代田赋刍论(1750—1911)》，46 页。笔者认为，在当时中枢的制度设计中，新章确实不同于经制，仍属惯例、成案。但清季江苏及他省的例子显然说明，中央政府借助强制摊派，可在相当程度上介入盈余的分配。

# 第八章　江南重赋的终结：同治初年江苏减赋新探

宋元以来，尤其是明初以降，江南苏州、松江等府承担了远超其他省区的重赋。江南之重赋，对于明清国家财政及区域社会经济、地方行政均有重要而深远之影响。然至太平天国战争末期至战后初期（1863—1865），经江苏地方官绅努力经营，该省重赋获得大幅核减，计减去米粮543 126石，约占原额的26.77％。"同治减赋"作为有清一代最大规模的额赋核减，具有双重意义：既是太平天国善后、"同治中兴"的标志性事件，时人视之为"荡平东南第一德政"①，也是明清江南重赋问题的最终缓解，所谓"五百年民困，一旦以苏"。②

自20世纪30年代以来，夏鼐、朱庆永、Frank A. Lojewski、刘广京、刘克祥、臼井佐知子、李文治、江太新、徐茂明等学者，从清政府平定与善后、官绅关系、绅士的角色、土地与租税制度、农民负担等不同的角度，重建了该事件的缘由、始末。他们依据的文献主要是公牍汇编《江苏减赋全案》以及相关人物冯桂芬、李鸿章、曾国藩等人的文集、书

---

① 李鸿章《请减苏松太浮粮疏》按语，盛康辑：《皇朝经世文续编》卷37，19页。

② 类似表述多见于方志、笔记，此据陈其元：《庸闲斋笔记》，141页，北京，中华书局，1989。

信。① 由于史料利用的关系，以上考察多取政治、事件史路径，对于减赋涉及的"问题"关注或有不足。另一方面，江南/苏松重赋一直是明清史、赋役制度史研究中的重要问题，但相关研究主要集中于明代，仅森正夫、范金民等少数学者讨论了清康乾年间的减赋议论与实践。② 作为重赋问题重要一环的同治减赋，尽管进入了相关研究的视野，却并未在这一脉络中详细讨论。

由此，笔者希望尽可能结合以上两个学术脉络，兼及人物、史事与制度，从更广阔的视野重新审视同治初年的江苏减赋。首先，就事件本身来看，仍有一些重要史实尚待重新认识。如既有研究较多关注冯桂芬等苏州绅士在事件中的影响力，而对江苏督抚司道的主导性作用相对忽视。笔者认为，需要更全面地呈现官绅两方及各自内部的不同考量、不同方案，方可准确地认识减赋的出发点及其实际意义。其次，减赋涉及的核心问题是漕粮的起运交仓额数，即中央—省级政府间的田赋收入分配。这些数字的背后是江南漕务的运作，尤其是州县的漕粮征兑。本章依据历年督抚的题奏，重建1780—1900年的120余年间江苏起运交仓漕

① 夏鼐：《太平天国前后长江各省之田赋问题》，《清华学报》第10卷2期，1935，409～474页；朱庆永：《同治二年苏松二府减赋之原因及其经过》，《政治经济学报》第3卷3期，1935，510～529页；Frank A. Lojewski, "Confucian Reformers and Local Vested Interests: the Su-Sung-Tai Tax Reduction of 1863 and Its Aftermath", PhD. Dissertation, University of California, Davis, 1973；刘广京：《清代的中兴》，费正清编：《剑桥中国晚清史：1800—1911年》上卷，487～492页；刘克祥：《十九世纪五十至九十年代清政府的减赋和清赋运动》，《中国社会科学院经济研究所集刊》第7集，294～350页；臼井佐知子：《同治四年江蘇省における賦税改革》，《東洋史研究》第45卷2号，1986，104～129页；臼井佐知子：《同治年间江苏省的赋税改革与李鸿章》，《中华文史论丛》第52辑，1993，85～110页；李文治、江太新：《清代漕运》，419～426页；徐茂明：《国家与地方关系中的士绅家族——以晚清江南减赋为中心》，《苏州大学学报(哲学社会科学版)》2007年第4期，108～114页。
② 代表性研究如：森正夫：《明代江南土地制度研究》，伍跃、张学锋等译，南京，江苏人民出版社，2014；森正夫：《清初の"蘇松浮糧"に関する諸動向》，《森正夫明清史論集》第1卷，159～208页，东京，汲古書院，2006；范金民：《明清江南重赋问题述论》，《赋税甲天下：明清江南社会经济探析》，23～55页，北京，生活·读书·新知三联书店，2013；范金民、夏维中：《苏州地区社会经济史(明清卷)》，361～369页，南京，南京大学出版社，1993。

额之数据，勾勒其间漕务变迁之轨迹。其目的是摆脱事件研究的局限，将同治减赋置于清中后期乃至更长时段的脉络中，以观察其在制度层面的实际意义。同时，也借此对咸同以降漕粮在财政结构中的位置、清政府对于传统财源的重视程度与管控能力等问题略做探讨。

## 一、同治二年减赋之酝酿与初奏

有清一代，核减江南/苏松重赋之论，康熙年间为一高峰。嘉道以来，江南漕务积弊重重，地方官绅屡有减浮均赋之改革实践。同治初年的减赋之议，是在太平天国战争末期、苏属即将克复之际，作为善后之策提出的。同治元年（1862）八月，时任江苏布政使曾国荃致信已授苏松粮道的郭嵩焘，劝其赴苏，共襄善政："闻吴中苦于苛赋久矣，必借二三有道君子，乘此极乱之后呼吁于朝廷，改弦更张，酌减农夫之半，以苏民困。"同月，又致信曾任苏州知府的黄冕称，当于金陵克复后"减重赋以收人心而培国脉"。① 管见所及，这是同治二年前后有关减赋的最早议论。

稍后，肩负催科重任的府县官员提出了更为具体的减赋要求。同治二年（1863）正月初十日，署松江府知府方传书禀请核减苏省漕粮，缘松江府较早克复，完善州县较多，即将面临在兵燹之余开征钱漕的压力。禀文主要论及三点：（1）"苏省漕赋之重，甲于天下"，此因南宋以来苏松官田逐渐扩张，及明嘉靖间均平官民田科则所致。清初以来，苏松钱粮虽获酌减，然漕赋屡次请减，均遭户部议驳。（2）今昔情势不同，兵燹之余，江南"地多荆棘"，"所在丘墟"，亟宜休养生息，培养元气，应于此时奏请"将苏省各属漕粮酌量裁减"。（3）重赋有名无实，地方官普遍"借灾暗减"，漕粮积欠甚多，漕务弊端百出，故减赋必先除弊。② 方传书对于江苏漕务的认识颇有深度，其观点也多为后来者继承。

此前一年（1862）三月，经苏松绅士冯桂芬、钱鼎铭等乞师迎请，曾

---

① 《与郭筠仙》《与黄南坡》，同治元年八月，《曾国荃全集》第 3 册，233、242 页，长沙，岳麓书社，2006。

② 《江苏减赋全案》卷 5，25～26 页。

国藩命李鸿章率淮军数千人由安庆赴沪，意在攻取苏州、常州。抵沪后，李鸿章授江苏巡抚，他大幅调整了江苏的官僚系统，减赋相关的重要人物如苏松粮道郭嵩焘、署理布政使刘郇膏等均由其奏保，冯桂芬等绅士也于此时奏调入幕。① 此外，以上诸人还拥有共同的师承及同年关系，李鸿章、郭嵩焘及刘郇膏均为道光二十七年进士，冯桂芬为道光二十年榜眼，其主考官同为苏州籍大学士、军机大臣潘世恩。减赋一事中沟通官绅的重要人物潘曾玮，则是潘世恩之子。② 同治二年初，官僚派系、科举网络以及战争状态下密切的官绅合作，将减赋的相关人物联系在一起。

同治二年正月，方传书的建议得到李鸿章之首肯，称减赋实为"救时急务"，宜"趁此兵燹之际，剀切上陈"，令松太等属官员妥议详覆。③ 二月，身在安庆的两江总督曾国藩也对此表示赞同，称"(漕务)正值穷则必变之际，又遭兵燹非常之劫"，"自当大减浮粮"。但他认为此事应俟金陵、苏常"一律荡平"，军务初定后，再行具奏，目下应请苏松粮道郭嵩焘"体察情形，详考得失"。④ 曾、李二人的审慎有其原因。同治二年初，清军虽已克复松江府属大部及嘉定、常熟、昭文等县，但苏州府大部、常州府包括金陵仍为太平军所踞，军事才是江南政务的重心。

与此同时，苏松绅士的倡议与筹划，则推动减赋一事进入了实际运作。其中，冯桂芬、吴云等人发挥了最为关键的作用。冯桂芬，字林一，籍隶江苏吴县，曾任翰林院编修、詹事府中允。冯氏素以经济见长，道光以来留心江苏漕务三十余年。咸丰三年(1853)，曾在江苏巡抚许乃钊支持下，推动苏属钱漕"均赋"。然改革仅行一年，冯氏也因此遭忌。同治元年，避居沪上的冯桂芬为实现肃清东南漕弊之夙愿，应李鸿章之邀，

① 《初到上海复陈防剿事宜折》《奏保郭嵩焘片》，同治元年四月十八日，《奏调冯桂芬等片》，同治元年五月初九日，《李鸿章全集·奏议一》，3～4、7、23 页。
② 臼井佐知子：《同治年间江苏省的赋税改革与李鸿章》，《中华文史论丛》第52辑，89～90 页。
③ 《江苏减赋全案》卷5，25～26 页。
④ 《批署松江府方守传书禀苏省赋重请减一案》，同治二年二月二十四日，《曾国藩全集·批牍》，262 页。

入其幕中。此后，他成为同治二年减赋初奏的关键人物。① 吴云，籍隶浙江归安，咸丰年间曾任苏州知府，总理江北大营筹饷事务。他曾在咸丰八年上书两江总督何桂清，请奏减重赋。同治二年二月初一日，苏松粮道郭嵩焘与潘曾玮拜访罢职寓沪的吴云，询以清理沙洲之事。吴云力陈不可，请其改革"江南第一秕政"——浮粮重赋，以尽粮道之责。他向郭氏呈上咸丰年间未获允准的减赋禀稿，建议从速详请奏办，先自松江府办起。李鸿章对吴云的文稿大为赞赏，遂命郭嵩焘办理此事，由冯桂芬撰写详文、奏稿。②

尽管冯、吴二人在当日及事后的记载中，将其对减赋的倡导追溯至咸丰乃至道光年间。但就道咸之际的文献与史事来看，包括冯、吴在内的江南官绅的关注点，基本在于减浮均赋（裁减漕务浮费，均平漕粮负担），几未有提及减赋（核减漕粮正额）者。故同治二年重议减赋，确因兵燹之余筹划善后这一重要背景。

同治二年五月十一日减赋出奏前，督抚司道曾国藩、李鸿章、郭嵩焘、刘郇膏，与苏松绅士冯桂芬、吴云、潘曾玮等，以及江苏部分府县官员就相关细节反复筹商。三月初二日，冯桂芬所拟详稿已由郭嵩焘具呈曾国藩③，而减赋出奏则迟至两月后的五月十一日。这一时间差主要源于各方在出奏时机及请减额数等问题上的分歧。吴云提议减赋之初，力主此事"以速奏为是"。因当日苏、常尚为太平军所据，漕粮已停运近三载，此时奏请，"部臣不能以有损正供议驳"。迨全省肃清，"则司农职掌度支，综核出入，亦不能不恪遵成宪，准驳实无把握"。他认为，苏州、松江、太仓三属漕额可按科则适中的常州府核减，如此则立言有据。冯桂芬则认为，若以常州为准，苏松二府漕额将骤减三分之二，似难获准。不若进呈此前三十年江苏交仓漕额清单，以近十年之实数为基准，

　　① 冯桂芬：《显志堂稿》卷4《江苏减赋记》、卷5《复许滇生书》，《续修四库全书》第1535册，543～544、571页。

　　② 吴云：《两罍轩尺牍》卷5，光绪十年刻本，12～16页；冯桂芬：《显志堂稿·吴云序》，《续修四库全书》第1535册，443～444页。

　　③ 《郭嵩焘日记》第2卷，同治二年三月初二日，94页，长沙，湖南人民出版社，1981。

均匀牵算，核定减额。如此则所减为虚额，无损实征，可免部驳。这一主张得到郭嵩焘的认可，然战后档册不全，查核稽延，折稿屡定屡改，一时难以出奏。另一方面，刘郇膏等地方官员又力主减赋"必俟苏城克复、全省肃清，归于善后案内奏办，方为文从字顺"。曾国藩对减赋也一度持慎重论调，认为奏疏当俟苏州克复，"与红旗同去尤妙"。①

另一个延缓出奏的难题是减浮额与减浮收的关系。同治二年筹议之初，"减赋"的内容实际上涵盖了两者。冯桂芬力主将其一并写入疏稿，共同出奏。刘郇膏、松江府知府黄芳等地方官员则认为，减赋才是当日重心所在，浮收则难于尽裁。李鸿章向曾国藩请示时，也建议"先恳圣恩裁汰浮额"，浮收如何删汰，可"次第具奏"。② 四月末，曾国藩收到冯桂芬所拟奏稿后，将此节敲定："第一疏宜专论浮额，不论浮收"；核减浮收"断不可遽奏"，将来办理时但求实效，不必拘泥形式。盖曾国藩对于两者有不同的预期，他后来写道："减额赋则为百世不刊之典，减浮收则无十年不敝之法。"至此，江苏确定了减赋"专办裁减浮额"之策，出奏在即。减赋的内涵被确定为减浮额，与"减浮(收)"相对。③

就在上海、苏州、安庆三地书信往还之际，清军在江南的战事进展颇为顺利，这也成为减赋之助力。④ 同治二年春，清军在戈登洋枪队配合下，先后于三月十六日、四月十六日克复太仓州城及昆山、新阳二县，呈合围苏州之势。⑤ 在苏属渐次厘清的背景下，京中率先就减赋之事出奏。四月二十日，光禄寺卿潘祖荫奏请因时制赋，酌定新章，称言：江

---

① 吴云：《两罍轩尺牍》卷1，10、13～14页；卷5，16页。冯桂芬：《显志堂稿》第4卷《江苏减赋记》，《续修四库全书》第1535册，544页；《复李鸿章》，同治二年四月二十三日，《曾国藩全集·书信五》，3731页。

② 《上曾中堂》，同治二年四月二十日，《李鸿章全集·信函一》，226页。

③ 《复李鸿章》，同治二年四月二十三日，《复郭嵩焘》，同治二年五月初一日，《曾国藩全集·书信五》，3731、3749页；《复史致谔》，同治二年九月初七日，《曾国藩全集·书信六》，4018页。

④ 《查明苏松等属冬漕未能征收起运缘由折》，同治元年十一月十八日，《收复常熟昭文攻克福山许浦折》，同治元年十二月初十日，《李鸿章全集·奏议一》，165、168～169页。

⑤ 《克复太仓州折》，同治二年三月十六日，《克复昆新折》，同治二年四月十六日，《李鸿章全集·奏议一》，236、279～281页。

苏额赋本重，当日兵燹频经，残破之余，漕粮定额势难征完，应于此时"酌减旧赋，更定新章"，请旨饬下曾国藩、李鸿章"妥议章程，切实清厘"。潘祖荫并未提出具体方案，他主张将漕赋核减至一可完纳之额数，宣布中外，则京师仓储可实，江南之民亦将踊跃来归。① 潘氏籍隶苏州吴县，为潘世恩之孙，潘曾纬之侄，他的出奏显与苏沪的减赋计划相配合。四月二十三日，福建道监察御史丁寿昌也奏请永减苏杭等府漕额，称兵燹之余，江南各属克复后须招集流亡，培养元气，漕粮难以足额。且当日战事正酣，小民多迁延观望，减赋实有"收民心"的重要意义："欲寒今日之贼胆，必先收今日之民心；欲收今日之民心，必先减最重之粮额。"他奏请将苏松常镇太杭嘉湖七府一州漕额永减三分之一，如此则"大兵所到，自有破竹之势，东南可指麾而定"。② 丁寿昌籍隶江苏山阳，道光二十七年进士，为潘世恩门生，李鸿章、郭嵩焘、刘郁膏同年，咸同之际任户部主事。与潘祖荫相较，他更直接地将减赋与民心、战局相联系。从两位京官的籍贯、科举网络及其他相关记载来看，其减赋奏请很可能是江苏官绅主动运作的结果。③ 四月二十三日，同治帝有谕：潘、丁二折一并交由户部议奏。④ 也是在四五月间，经吴云、潘曾玮等绅士的推动劝说，江苏督抚决定迅速出奏，不宜过迟。⑤ 五月十一日，由冯桂芬所撰，曾国藩、李鸿章联衔的裁减苏松太浮赋一疏，由上海发出。核减浮收之内容，则以清查漕粮积弊为题，作为该折的附片。

　　冯桂芬所拟减赋奏疏计有四千余字，"援古证今，无微不晰"，时人视为"中兴来第一文字"，又称"得以乞朝廷汪濊之恩，三分减一者，皆疏

---

①　潘祖荫奏，同治二年四月二十日，录副 03-4846-039。

②　丁寿昌奏，同治二年四月二十三日，录副 03-4862-075。

③　同治二年四月，吴云便将减赋一事告知籍隶江苏溧阳的仓场侍郎宋晋，请其"俯赐加察，遇事扶持"。《两罍轩尺牍》卷 1，10～11 页。

④　《咸丰同治两朝上谕档》第 13 册，同治二年四月二十三日，179 页。

⑤　《上曾中堂》，同治二年四月二十日，《李鸿章全集·信函一》，226 页；《复李鸿章》，同治二年四月二十三日，《复郭嵩焘》，同治二年五月初一日，《曾国藩全集·书信五》，3731、3749 页；吴云：《两罍轩尺牍》卷 1，16～17 页；冯桂芬：《显志堂稿》卷 4《江苏减赋记》，《续修四库全书》第 1535 册，544 页。

之功也"。① 该疏不仅吸收明清以来经世之士对于江南重赋的认识，也代表了当日官绅对此的见解与对策。下文以该奏疏为中心，结合时人的相关议论，从制度层面探讨重赋问题，包括重赋之源流、当日漕赋征解之实态，以及减赋的诸种方案。②

何以减赋？最根本的理由，自是苏松负担"十八省未有之重赋"，"上溯之，则比元多三倍，比宋多七倍；旁证之，则比毗连之常州多三倍，比同省之镇江等府多四五倍，比他省多一二十倍不等"。③ 以此种时、空比较的方式说明当日苏松赋额之重，是时人常见的表述，其比例大体准确。关于重赋之源流，冯桂芬归因于宋明以来江南官田的扩张及官民田赋额的均摊化，这一认识的思想资源是清初江南官绅请减浮粮之论，尤其是昆山顾炎武之《苏松二府田赋之重》(作于康熙初年)，④ 以及吸收了亭林思想的昆山周梦颜之《苏松历代财赋考》(作于康熙三十八年)。⑤

顾炎武以及同治初年减赋官绅普遍认为，苏松重赋"极重难返之势，始于景定，迄于洪武"，经历了以下的发展脉络。⑥ 南宋景定四年(1263)，丞相贾似道行公田法，官买两浙、江东西官民户逾限之田，充作公田，按较重的私租额征收，增加税额230万石，此为江南官田扩张之肇端。元代继承宋代江南之官田，且政府继续掠夺民田，以官田的形式赏赐勋贵。明初洪武年间，朱元璋出于打击政敌、维持政权以及抑制

① 《复郭嵩焘》，同治二年五月初一日，《曾国藩全集·书信五》，3749页；李鸿章：《请减苏松太浮粮疏》按语，《皇朝经世文续编》卷37，19页；陶煦：《租核》，赵靖、易梦虹主编：《中国近代经济思想资料选辑》上册，385页。

② 除特别注明外，本节引用的减赋奏疏，均来自《裁减苏松太粮赋浮额折》，同治二年五月十一日，《李鸿章全集·奏议一》，296～299页。

③ 《裁减苏松太粮赋浮额折》，同治二年五月十一日，《李鸿章全集·奏议一》，296页。

④ 冯桂芬对于重赋源流的表述，从思想到措辞都借鉴了《苏松二府田赋之重》。顾炎武著，黄汝成集释，栾保群、吕宗力校点：《日知录集释》上，593～608页，上海，上海古籍出版社，2006。

⑤ 冯桂芬对《苏松历代财赋考》极为推崇，称其"曾收入四库馆，于重赋始末言之颇为详尽"，特请李鸿章与奏疏一并进呈。

⑥ 本段及下段据：森正夫：《明代江南土地制度研究》；范金民、夏维中：《苏州地区社会经济史(明清卷)》，31～39、44～53、172～181页；范金民：《明清江南重赋问题述论》，《赋税甲天下：明清江南社会经济探析》，23～55页。

豪强兼并、舞弊等考虑，在继承宋元官田基础上，大量籍没富民田土，江南官田激增。至洪武末年，苏州府计有官民田地 95 417 顷，其中洪武年间籍没之官田则占 31.64％。且官田科则远超民田，前者每亩征税约 0.437 石，后者仅为 0.043 石。因此，如减赋奏疏中所称，宣德五年(1430)苏州府税粮 2 779 109 石，其中官田税粮 95.47％，民田税粮 4.53％。这显示出，明初政府通过规模空前的籍没，使苏松赋额达到登峰造极的高度，奠定了明清江南重赋的基础。

明初以降另一关键发展阶段，是嘉靖年间"均粮"导致的官田重赋的普遍化。宣德年间，应天巡抚周忱分别核减苏、松二府税粮 27.46％、22.2％，并允许重则官田折征，重赋得到一定程度的轻减。嘉靖十七年(1538)，苏州府知府王仪展开以"均粮""征一"为内容的税粮改革，松江、常州等府也有类似举措。"均粮"扒平了此前悬殊的官、民田科则，实现了税粮负担的均等化，"自官田之七斗、六斗，下至民田之五升，通为一则"。但这也意味着，面积占三分之一以上之民田，科则大大提高。"均粮"以后，官田名目被取消，但其重赋均摊于全部田地、全体粮户。由此，苏松科则轻重不视"土田之肥瘠"，"独以官田多少为差"。①

清朝平定江南后，田赋承明万历年间之原额。② 顺治十八年(1661)有谕：故明仇怨地方，或一处钱粮加重，我朝未可踵行。明初因陈友谅抗师而加赋之江西袁州、瑞州二府，经奏准后恢复了宋元旧额。在时人看来，苏松也存在同样的问题(朱元璋怒民附张士诚，加重苏松税粮，此明清之成说)，然当日并未上奏。且顺治中期后，考成之例日益严格，田赋积欠大量存在。至康熙前期，"浮粮之议"呼声高涨，为减轻考成压力与民众负担，江南官绅不断就减赋具奏请愿。然 17 世纪后半期兵事不断，国用匮乏，尚不具备减赋的条件，该期之奏请均遭议驳。至雍正三年(1725)，户部尚书怡亲王允祥请减苏松浮粮，始奉旨减免苏州府钱粮 30 万两、松江府 15 万两，共计 45 万两。乾隆二年(1737)，又奉特旨，减免苏松钱粮 20 万两。然 18 世纪前期的核减仅针对银两，米粮则始终

① 冯桂芬：《显志堂稿》卷 9《拟请再减赋额折》，《续修四库全书》第 1535 册，667 页。

② 本段据范金民、夏维中：《苏州地区社会经济史(明清卷)》，361～369 页。

未获核减。

潘祖荫对此的解释是"时值承平，变更匪易"。这一方面是因为"苏松为繁富之区"，小民仍可以棉纺织业、丝织业收入籴谷纳赋。而在支用方面，苏松之米粮通过漕运供应京仓，"外有额征之粮，即内有额支之米"。部臣出于慎重国计的考虑，始终"以正供不可减为定论也"。① 然在同治初年兵燹之余，以上两点较承平之时均有大变动。

其一是财赋之区，已成榛莽。在冯桂芬看来，太平军攻陷苏常，其惨状远接南宋建炎四年(1130)金兀术攻常州之故事，为"七百年未有之大难"。当日新复各州县，"向时著名市镇，全成焦土，孔道左右，蹂躏尤甚"；至太平军所据州县，"亦皆连阡累陌，一片荆榛"。与之相伴随的是户口的流亡，"虽穷乡僻壤，亦复人烟寥落"。向来暴敛横征之吏"至此而亦无骨可敲，无髓可吸矣"。② 此时势难再科以数倍他处之重赋，而减赋则有招抚流亡、开垦荒田及与太平天国竞争民心之意义。

其二是漕粮停运。咸丰十年太平军占领苏常，该年份江苏漕粮仅有象征性的起运，此后咸丰十一年、同治元年份漕粮则全行蠲免停运。③ 至同治二年初，苏漕停运已近三载。其间京仓竭蹶已极，俸米减成，甲米轮放，"支应各项于无可措发之际，亦俱通融办理"。江苏官绅普遍认为，此际奏请减赋，支用层面无所掣肘，户部不便以有损正供议驳，较易乘时更张。兵燹之余，"今昔势异"，延续数百年之重赋遂有"因时变通"之必要。④

至于重赋如何变通，各方意见颇多分歧，其中冯桂芬的方案最终写入奏疏。他的基本思路是，比较近三十年江苏交仓漕额，以最近的咸丰年间之额数为标准，核减难以解交之"虚额"。在奏疏中，他描述了清初

---

① 潘祖荫奏，同治二年四月二十日，录副 03-4846-039。

② 《裁减苏讼太粮赋浮额折》，同治二年五月十一日，《李鸿章全集·奏议一》，297、299 页。

③ 周健：《仓储与漕务：道咸之际江苏的漕粮海运》，《中华文史论丛》2015 年第 4 期，197 页。已收入本书第四章。

④ 潘祖荫奏，同治二年四月二十日，录副 03-4846-039；丁寿昌奏，同治二年四月二十三日，录副 03-4862-075；《江苏减赋全案》卷 5，25 页；吴云：《两罍轩尺牍》卷 5，15～16 页。

至 19 世纪 50 年代苏漕交仓额数的变动趋势：清初赋额虽重，但多逋欠，重赋有名无实。此后至 18 世纪后半期，承平百余年，东南殷富，百姓饶裕，遂无不完之税，"故乾隆中年以后，办全漕者数十年"。笔者搜集了 1781—1860 年江苏巡抚、漕运总督题、奏的漕白粮交仓额数，以十年或二十年为期统计年平均值（见表 8-1），以检视冯桂芬的观察。①

表 8-1　1781—1860 年江苏漕白粮交仓额数统计

| 年代 | 额数（石） | 指数 | 备注 |
|---|---|---|---|
| 额征 | 1 638 419.00 | 100 | |
| 乾隆四十六年至嘉庆五年(1781—1800) | 1 393 099.76 | 85.03 | 乾隆四十六年、嘉庆元年苏属仅征苏州一府漕白粮，其余各府州全行蠲免 |
| 嘉庆六年至嘉庆二十五年(1801—1820) | 1 549 149.32 | 94.55 | |
| 道光元年至道光十年(1821—1830) | 1 490 981.13 | 91.00 | 道光三年大水 |
| 道光十一年至道光二十年(1831—1840) | 1 329 350.03 | 81.14 | 道光十三年大水，此后常年捏报灾歉 |
| 道光二十一年至道光三十年(1841—1850) | 951 187.93 | 58.06 | 道光二十九年大水 |
| 咸丰元年至咸丰十年(1851—1860) | 664 696.00 | 40.57 | |

资料来源：户科题本 02-01-04-17213-018、02-01-04-17213-016、02-01-04-17286-007、 02-01-04-17484-008、 02-01-04-17530-016、 02-01-04-17589-021、 02-01-04-17673-022、02-01-04-17750-016、02-01-04-17904-007、02-01-04-18033-008、02-01-04-18329-023、02-01-04-18463-007、02-01-04-18557-033、02-01-04-18721-025、02-01-04-18807-006、 02-01-04-19243-003、 02-01-04-19360-017、 02-01-04-19457-013、02-01-04-19542-001、02-01-04-19621-007、02-01-04-19800-023、02-01-04-19894-014、02-01-04-19970-003、02-01-04-20012-012、02-01-04-20133-012、02-01-04-20192-010、02-01-04-20289-011、02-01-04-20425-011、02-01-04-20468-027、02-01-04-20526-002、02-01-04-20711-012、02-01-04-20796-004、02-01-04-20921-010、02-01-04-20986-010、02-01-04-21047-013、02-01-04-21164-010、02-01-04-21264-015、02-01-04-21445-038；

① 本书的漕粮为广义概念，又可细分为漕、白粮。江苏苏、松、常、太三府一州专设白粮一项，系征糯米或白粳，专供宫廷食用，是漕粮内最重要的一部分。

录副 03-3150-006、03-3153-019、03-4862-084；朱批 04-01-35-0285-035；宫中档 405009883、406001548、406000166；军机处档 081310；周健：《仓储与漕务：道咸之际江苏的漕粮海运》，《中华文史论丛》2015 年第 4 期，190～191 页，表 4。

1781—1820 的四十年间，江苏漕粮总体上实现了全完("办全漕")，多数年份的交仓额数在 160 万石左右，即便某年漕粮因灾蠲缓，此后数年也基本如数带征。但 1781—1800 年间的交仓数仅为额征的 85.03％，原因主要在于期间的两次漕粮蠲免以及数据的不完整。① 此后二十年 (1801—1820)的平交仓额数接近 95％，漕粮制度的运行仍处于较为理想的状态。

"办全漕者数十年"的背后是 18 世纪后期的长期繁荣。至 19 世纪 20 年代，清代的经济状况出现逆转，进入所谓"道光萧条"。即白银外流、气候变动等因素导致了银贵钱贱、物价陡落、交易停滞、赋税短欠、商民皆困、社会冲突加剧等现象。经济萧条在苏松地区有十分明显的反映，其中全球气候剧变导致的癸未(1823)、癸巳(1833)两次严重水灾，成为该区域重要的时间节点。② 对此，冯桂芬观察敏锐，他指出："至道光癸未大水，元气顿耗，商利减而农利从之，于是民渐自富而之贫。"由于严重的水灾，道光三年(1823)的起运交仓仅 307 678.83 石，但是年缓征之漕粮，此后数年仍分别带运。故就整体而言，此期十年(1821—1830)已开始呈现长期下滑趋势，但仍维持着相对较高的水平(149 万石零，额征的 91％)，确如冯桂芬所称，"尤勉强支吾者十年"。③

更为明显的下滑出现在 1831 年开始的三十年间，这正是冯氏据以核定减额的三十年。减赋奏疏称："迨癸巳大水而后，始无岁不荒，无县不缓，以国家蠲减旷典，遂为年例。"所谓"无岁不荒"、蠲减成为常例是指

---

① 1781、1796 两年，江苏漕白粮除苏州一府外全行蠲免，分别起运 547 724.04、745 958.46 石，仅为往年的 33.43％、45.53％。嘉庆《松江府志》卷 26《田赋》，16、18 页。

② 吴承明：《中国的现代化：市场与社会》，238～288 页；王业键：《清代经济史论文集》(二)，256～287 页；李伯重：《"道光萧条"与"癸未大水"——经济衰退、气候剧变及 19 世纪的危机在松江》，《社会科学》2007 年第 6 期，173～178 页。

③ 《裁减苏松太粮赋浮额折》，同治二年五月十一日，《李鸿章全集·奏议一》，297 页。

此期之"捏灾"，即江南地方官历年捏报灾歉，缓征部分漕粮，以减少起运的额数。而积年缓征之漕通常难以带征，最终作为积欠蠲免，故捏灾实为亏空正项之手段。冯桂芬指出，捏灾始自道光十三年大水后，始行者为两江总督陶澍、江苏巡抚林则徐，"诚以赋重民穷有不能支持之势"，不得已"为此暗减之术。"①丁寿昌也奏称，道光中期以来，江南州县"因征收不足，规避处分，多报灾荒分数，照例缓征"，"实与减额无异"。②

且历年实际起运的漕粮中，还包括"官垫民欠"的部分。所谓官垫民欠，又称"漕尾"，即州县为顾考成，在漕船开行前垫款采买未完之漕米，交帮起运。由于所垫漕米难以续征归补，且州县垫款也通常来自挪移，故官垫民欠亦为亏空之一端。因此，江苏历年题奏之漕额，应除去官垫民欠之虚数，始得征收之实数。③ 据冯桂芬的观察，官垫民欠一款，道光初年"数仅分厘"，1833年以降"驯至一二成"。④

不只是冯桂芬，镇江府知府金以诚也观察到，江苏四府一州漕粮，每年应起运160万石有奇，"今歉缓递推，每年起运不过一百万石上下，是额漕已暗减三分之一矣"。且"名为起运正漕一百万石，其实征完者不过六七十万石"，其余三四十万，皆系挪动征存漕项买米运之。合计捏报灾歉、官垫民欠两项，漕粮额征"已暗减十之五六矣"。⑤ 这一比例或稍夸张，但金氏由幕而官，亲身参与漕粮征解，其对起运漕额的真实含义有着相当深刻的理解。

冯桂芬的细致之处，在于他依据漕运总督衙门的案卷，统计了1831—1860年江苏的交仓额数。⑥ 他在奏疏中如此描述此期运数的下滑：

---

① 《裁减苏松太粮赋浮额折》，同治二年五月十一日，《李鸿章全集·奏议一》，297 页。

② 丁寿昌奏，同治二年四月二十三日，录副 03-4862-075。

③ 关于"捏灾""官垫民欠"，参见周健：《嘉道年间江南的漕弊》，《中华文史论丛》2011 年第 1 期，282～292 页。已收入本书第三章。

④ 《裁减苏松太粮赋浮额折》，同治二年五月十一日，《李鸿章全集·奏议一》，297 页。

⑤ 《江苏减赋全案》卷 5，30 页。

⑥ 这些数据随减赋折一并进呈，见清单，同治二年五月十一日，录副 03-4862-084。

1831—1840 年共起运 1300 余万石，内除官垫民欠，得正额之七八成；1841—1850 年共起运 900 余万石，除官垫民欠，得正额之五六成；1851—1860 年共起运 700 余万石，除官垫民欠，仅得正额之四成而已。这些变动趋势与具体额数，确可得证于表 8-1。其中前两个十年的平均额数（1 334 275.4 石、950 421.5 石）与表 8-1（1 329 350.03 石、951 187.93 石）基本一致。但 1851—1860 年的额数（751 488 石）则明显高于表 8-1（664 696 石）。这是由于，他将咸丰三年后江南清军为筹饷作战而大量截留之漕粮计入运数之内。但笔者发现，当日截留之漕米普遍折银充饷，甚至未必如数征收，似难计入。①

但冯桂芬如此"处理"数据，也是有意为之。在他的设想中，咸丰朝十年的交仓额数，与减定后之赋额直接相关。他统计到，"咸丰十年中百万以上者仅一年"，即起运额数最多的咸丰元年（1 046 255 石）。其余九年中，"八十万以上者六年"，其中咸丰五、七、八、九等四年在 90 万石以上。但他也指出，历年额数内均含 10 余万石的官垫民欠。故兵燹（指咸丰十年）前十年，民间每岁完漕实数至多不过 90 万石，这应当成为减定后之赋额。冯桂芬的理由是，在征收方面，"完善之江苏，仅有此数"，且"不援近年最少之数，不假借垫欠虚数"，已是当日之上限。从支用层面来看，"咸丰十年以前，历年如是"，照此核减，未尝有减于京仓。②

当然，冯氏如此立论，相当程度上是出于表述策略的考虑。他的初稿原拟"径请常镇不减，苏松太减半"，将重则减至 1 斗/亩，轻则减至 0.5 斗/亩。据此核减，苏属赋额减幅达 36.44%。旁人指出，康熙二十四年（1685）巡抚汤斌请减一二分而不得，今骤请减半，恐难获准，"不如先进三十年比较单，但请酌中定额"。冯氏"深韪其言"，遂改为酌中定额。③

事实上，同治初年减赋官绅提出各自方案时，多少都对康熙以来的

① 周健：《仓储与漕务：道咸之际江苏的漕粮海运》，《中华文史论丛》2015 年第 4 期，181～197 页。已收入本书第四章。

② 《裁减苏松太粮赋浮额折》，同治二年五月十一日，《李鸿章全集·奏议一》，298 页。

③ 冯桂芬：《显志堂稿》卷 4《江苏减赋记》，《续修四库全书》第 1535 册，544 页。

减赋议论有所参考、借鉴。大致而言，清初的减赋方案可分三种：按科则核减、按赋额核减与按欠额核减。按科则核减的典型，一是恢复宋元旧额，盖清人认为苏松重赋为有明秕政；二是苏松按照常州（或常镇、常镇嘉湖）科则定额。缘苏常二府壤地相错，地利相同，然前者之科则约为后者之三倍。然恢复宋元旧额（该提法颇含糊）意味着核减赋额的 2/3 乃至 6/7，照常州起科，幅度也在减半以上。故尽管康熙年间周梦颜等士人力主此说，但多数地方官员认为恢复宋元旧额"事势难行"，即照常州起科也颇有难度，按额核减成为更现实的方案。

康熙五年（1666），江苏巡抚韩世琦的核减奏疏如下："仿佛元时制赋旧额，兼照各省现征大例，准与酌量大赐减省；如云目前军国多需，势难多减，则亦依常州接壤之科则；再若万万不能，亦祈于十分之中，稍减其二三。"①康熙二十四年，巡抚汤斌则奏称，"不敢远引宋元之说，亦不敢比常、镇、嘉、湖之例"，但请将苏松钱粮"各照科则量减一二分"，"或将赋额最重州县另立劝惩之典，不与小县一例考成"。② 可见，照额酌减二三分或一二分，是当日较为实际的请减方案。且减额之请常伴随考成的放宽。按苏松大县钱粮额数以数十万计，州县征收按完成分数议处。清初严格按照《赋役全书》管理收支，康熙年间又将存留大量改为起运，地方官的考成压力较明代骤增。因此，放宽考成要求（如完七八分即为上考）以减轻州县的经征压力，实为减赋之变通。

第三种方案是按欠额核减。康熙十三年，江苏布政使慕天颜奏称，苏松每岁逋欠累累，实因粮额过浮，万难足额征收。当日因浮粮所致之民欠每岁 20 余万，请照此核减，因其为"催征不得之虚数，于岁入无损，于民困可苏"。③

回到 150 余年后，吴云所主张的，正是苏松太"照常州科则一律定赋"，他认为此较冯桂芬之方案，立言更为有据，措辞亦觉得体。④ 但冯

---

① 乾隆《苏州府志》卷 10《田赋》，11 页。

② 范志亭、范哲辑校：《汤斌集》上册，59～60 页，郑州，中州古籍出版社，2003。

③ 乾隆《苏州府志》卷 10《田赋》，12～13 页。

④ 吴云：《两罍轩尺牍》卷 1，10、13 页。

氏认为，如此将"骤减赋额三分之二"，过于轻率，未敢写入奏章。刘郇膏则力主知府金以诚的方案：其一，量减赋额，苏松太二成，常镇一成，严禁捏报灾荒；其二，明定十分考成之例，地方官征完七分以上者，免其特参，按分计考。如此核减后，尚余130万石，再征完七分以上，可得100万石。① 尽管冯桂芬对此评价极低②，然该论实近汤斌之说，确有可行性。其中常镇核减一成，成为同治二年户部议准的方案；明定考成之例，也成为同治四年减赋请益的替代方案(详后)。③ 此外，主张按额核减的另有丁寿昌，他请将苏属、浙省漕粮一律核减三分之一。④ 这一减数对于减赋之结局实有重要影响。

冯桂芬的方案，思路上近似慕天颜的核减虚额，"于虚额则大减，于实征则无减"之措辞也与之相类。与其主张接近的，另有方传书，他禀称，苏属漕额应参照道咸之际成案，以完数最多的咸丰七年为标准，"减其本不能完之虚额"，并将漕项米石随正起运。⑤ 他的主张很可能在四五月间影响了减赋奏疏的最终修改。

在五月十一日的奏疏中，最关键的请减额数部分是如此表述的：

> 以咸丰中较多之七年为准，折衷定数，总期与旧额本轻、无庸议减之常镇二属通融核计，仍得每年起运交仓漕白正耗米一百万石以下、九十万石以上，著为定额，即以此后开征之年为始，永远遵行，不准更有垫完民欠名目。……又嗣后非大旱大水、实在荒歉者，不准捏灾，著为令。

其中的含义主要有三层：(1)仅减苏松太二府一州漕粮，常镇二府赋额相对较轻，毋庸议减；(2)苏属漕额应以咸丰七年交仓额数为准核减，此后每岁起运交仓90万~100万石；(3)严禁再有官垫民欠，捏报灾荒，剔除征数中的虚额。咸丰七年苏漕起运912 291石，并非咸丰朝完数最多

---

① 《江苏减赋全案》卷5，30~31页。
② 冯桂芬：《显志堂稿》卷4《江苏减赋记》，544页。
③ 宗源瀚：《江苏减漕始末》，盛康辑：《皇朝经世文续编》卷37，45页。
④ 丁寿昌奏，同治二年四月二十三日，录副03-4862-075。
⑤ 《江苏减赋全案》卷5，27页。

之年，但与疏中每岁"民完实数不过九十万"之表述相符。可见，"一百万石以下、九十万石以上"的实际含义，应为 90 万石有零。

减赋一折于五月二十四日获准。是日有明发上谕：东南自经兵燹，凋敝已极，自应将数百年来浮粮积弊，痛加核减。苏松太三府州粮额，著曾国藩、李鸿章"督饬司道设局，分别查明各州县情形，折衷议减，总期与旧额本轻毋庸议减之常州、镇江二属通融核计，著为定额"，自此后开征之年为始，永远遵行。① 可见上谕虽同意核减，但并未援引原折的请减额数，而是令江苏查明情形，折衷议减。时人认为，这是由于原折额数"笼统而未分晰"，上谕遂"不能定其数"，而户部因此介入，对减赋一事施加了决定性的影响。②

先是，户部遵旨议覆潘祖荫、丁寿昌二人的减赋奏疏，五月二十四日，又收到曾、李奏疏之上谕。六月三日，户部上一折一片覆奏。计臣奏称，苏松太三属漕粮已奉特恩准予量减，应请督抚将各州县原定额数及议减成数造具清册，由该部覆核后，再请施行。他们强调，"正供定额关系岁需，下恤民生，仍当上筹国计"，该督抚等通盘筹划，应使"立法期于久远，而制用无碍常经"。由此，户部又将减赋的决定权牢牢握于手中。

对于核减额数这一关键问题，计臣对冯桂芬的方案提出异议。其一，苏松太三属漕额 121 万余石，常镇二府 45 万余石，如照所请减为 90 余万石，则苏松太止存原额十分之四，而常镇维持原额，"未免不得其平"。其二，京师历来仰食东南，"若竟以额运正供骤减十分之六，国家度支有定，既难设法补苴，而核之西北待食情形，亦恐入不敷出"。故户部奏请：(1)将苏松太三属漕粮统按原额减去三分之一，各州县赋额、科则互异，应令各照旧额轻重，按亩分别议减。(2)常镇二府被扰较重，其漕额虽轻于苏松，较他省究属过重，请按原额酌减十分之一。如此分别核减，常镇与苏松太赋额不甚相悬，而江苏漕额仍存 120 余万石，仓储尚能接济，民力亦可稍纾。(3)作为补偿，准予原奏中未敢另请的漕粮蠲免，各

---

① 《咸丰同治两朝上谕档》第 13 册，同治二年五月二十四日，244～245 页。

② 宗源瀚：《江苏减漕始末》，《皇朝经世文续编》卷 37，43 页。

州县钱粮次第宽免一年；其残破尤甚地方，"如流亡未尽复、田野未尽垦者"，可于一年后再行酌量分成蠲免，统俟两三年后再照减定额数办理。①

同日，即有户部覆奏为内容的上谕字寄东南督抚，同治二年苏省减赋初奏至此告一段落。② 这一结果显然无法令江苏官绅满意。在核减额数这一关键问题上，京城与江南的着眼点完全不同：督抚、绅士依据此前十年的交仓实数，提出了可能完纳之上限，认为所减不过难以解交之虚额；而户部的考虑始终在于"国计""度支"，以维持制用常经为原则，未敢过多裁减，坚守120余万之漕额。

## 二、同治四年减赋定案

面对近30万石漕米的落差，江苏官绅在第一时间就开始酝酿减赋请益。然而，直至两年后，他们始将请益之事理清头绪，再次出奏。这一时间间隔的产生，系由多方因素造成，如苏常战事尚未结束，钱漕多有蠲免，启征范围较小。但至为关键的一点，则是减赋官绅的人事纠葛与观点歧异。

同治二年六月，主持减赋事务且与官绅两方关系融洽的郭嵩焘离苏松粮道任，就任两淮盐运使。在此前后，李鸿章、曾国藩、冯桂芬等均试图挽留，拟奏请郭氏署任苏藩，专办减赋之事。他们一致认为，减赋一案甫经郭氏发端，须由其驻局主持，继任者未必熟悉苏属漕务。③ 但不久后，郭嵩焘终由两淮盐运使升任广东巡抚，未再参与此事。与此同时，江苏减赋局奉旨开办，由署理布政使刘郇膏督办局务。刘郇膏，字松岩，籍隶河南太康，道光二十七年进士，咸丰八年任上海知县，同治元年由知府超署江苏按察使。是年三月李鸿章赴沪后，令其委办上海营

---

① 倭仁等奏，同治二年六月初三日，军机处档 088916、088917。

② 《咸丰同治两朝上谕档》第 13 册，同治二年六月初三日，257 页。

③ 《上曾中堂》，同治二年六月初九日，《李鸿章全集·信函一》，239、241 页；《复郭嵩焘》，同治二年六月二十日；《复李鸿章》，同治二年六月二十一日，《曾国藩全集·书信六》，3885、3887 页。

务，又奏保其兼理江苏布政使。同治二年十月，再荐其署理布政使，办
理征漕、筹饷等事。① 主持者的更替，直接影响了减赋的进程与结局。

先是，由于谕准之减数未达预期，难以办到，且五月十一日之奏疏
存在纰漏，冯桂芬、郭嵩焘拟再奏请益。这一提议也得到李鸿章、曾国
藩的认可。② 冯桂芬奉李鸿章之命，缮就疏稿，主张苏松太漕粮再减一
成，钱粮照漕粮成数并减，减额按科则轻重分配。③ 然而刘郇膏对此持
不同意见，力阻按冯氏疏稿出奏。同治二年末，冯桂芬辞李鸿章幕府，
但仍参与减赋一事。同治三年至同治四年五月间，刘郇膏、曾国藩成为
减赋的主要决策者，李鸿章则居中协调。期间，刘、曾二人各执己见，
往复论辩，多有僵持，减赋定案颇为曲折。以下分别讨论各方在减漕请
益、并减钱粮、普减抑或递减这三大问题上的意见分歧、相互驳难，及
最终之共识。

## （一）减漕请益与并减钱粮

六月三日上谕既至，冯桂芬、郭嵩焘一致认为，苏松太漕额仍偏重，
减数尚须请益。在冯氏看来，苏松完善之咸丰年间，岁运 70 万～80 万
石，残破之余，转须 120 余万石，势不可行。部议 120 余万之数，自道
光二十年以来，豁除官垫民欠，仅道光二十七年尚敷此数。咸丰七至九
年间，布政使王有龄冒掊克聚敛之名，全力筹措，交仓额数显著提升，
但均不过百万。冯桂芬始终坚持比例之说，即参照历年运数加以核减。
他的请益方案，最初是五折，后调整为三分减一之外再减一成，即所谓
五七折。④ 曾国藩也一度同意，苏松太应于三分减一之外，"再减一成半

---

① 《初到上海复陈防剿事宜折》，同治元年四月十八日；《擢用刘郇膏黄芳片》，
同治元年九月十九日；《刘郇膏署理江苏藩司片》，同治二年十月四日，《李鸿章全
集·奏议一》，4、114、370 页。

② 冯桂芬：《显志堂稿》卷 4《江苏减赋记》，《续修四库全书》第 1535 册，545
页；《复史致谔》，同治二年九月初七日，《曾国藩全集·书信六》，4017 页。

③ 冯桂芬：《显志堂稿》卷 9《拟请再减额赋疏》，《续修四库全书》第 1535 册，
667～668 页。

④ 冯桂芬：《显志堂稿》卷 9《拟请再减额赋疏》、卷 5《启李宫保论减赋》《三启
李宫保》，《续修四库全书》第 1535 册，667、563、567 页。

成"，将最重之科则减至每亩 1 斗，则与常州亩科 0.6～0.7 斗、镇江 0.5 斗不甚相悬，较符部议。①

对于冯、曾的意见，刘郇膏"大不谓然"，这直接导致了减赋请益的搁置。② 同治三年初，刘郇膏禀称，苏绅所言"专主顾恤民生，而未能兼权国计"，若按五折或五七折核减，天庾短缺太甚，且与部议相悖。他的意见是，减漕不再请益，但并减丁银，以衰多益寡。苏松太悉遵部议三分减一之成数，而常镇除丹徒一县外，漕额竟可毋庸议减。其思路是，减漕一律以 0.8 斗/亩为准绳，苏松太三属州县科则较重，故大加核减，然低于此之轻则田亩亦不减；常镇除丹徒外，各州县科则普遍在此标准之下，故毋庸议减。

在刘郇膏的计划中，减漕不再请益，甚至不惜缩减，是为了并减地（丁）、漕（项）钱粮，盖后者更有核减之必要。按苏松太钱粮虽经雍乾年间两次核减，赋额仍巨，而常镇并未议减，官民均以钱粮为累。且此前历年办理灾歉，无不钱粮、漕粮并蠲，当日苏绅也以并减钱粮为请。故刘郇膏认为，苏属四府一州地漕钱粮，应一律核减三分之一。综上，刘郇膏的核减方案是，苏属钱漕各有偏重，应通牵合办，苏松太则钱漕并减，多减漕粮，常镇则专减钱粮。对于后者而言，这意味着收回此前获减之一成漕粮，易以三成钱粮。③

对于刘郇膏不再减漕之主张，冯桂芬三次致书李鸿章，请求尽快出奏，并将拟定的方案调整为六折，以示迁就。④ 同为疆吏的曾国藩，则出于保证天庾正供之考虑，表示认可，以为五折、五七折之说"皆不可行"。曾氏这一关键性的意见，使减漕请益在同治三年三月便画上了句号。⑤ 然对于常镇易漕为银的奇特方案，曾、冯均表示强烈反对。他们认为，常镇减银不减米，不特显驳已降之谕旨，亦与五月十一日之原奏

① 《复史致谔》，同治二年九月初七日、同治二年十二月初七日，《曾国藩全集·书信六》，4017、4210 页。

② 《复广东抚台郭》，同治三年正月初一日，《李鸿章全集·信函一》，287 页。

③ 《江苏减赋全案》卷 5，1～3、9 页。

④ 冯桂芬：《显志堂稿》卷 5《启李宫保论减赋》《再启李宫保》《三启李宫保》，《续修四库全书》第 1535 册，563～567 页。

⑤ 《江苏减赋全案》卷 3，11 页。

不符，不成政体。如此出奏，恐遭部驳，银、米均难获减。且减漕十分之一之说，常镇传播已广，一旦收回成命，将大拂民心。

在共同的异议背后，两人的钱粮核减方案是大相径庭的。冯桂芬认为，苏属钱粮应一律按减漕请益分数核减，奏疏"以减米为重，而附入减银，词气较为浑融"。① 曾国藩则认为，此前请减漕粮获准，"已属非常旷典"，若再请减钱粮，"乞恩太滥"，不应再行渎请。同治三年四月，曾国藩的态度转变为与同治二年之部议保持一致，核减漕粮、钱粮均不再请益。他甚至在详文中批复，"如意见两歧，本部堂即当单衔具奏"，以示对此的坚持。② 然刘郇膏并未照此缮改详稿，曾国藩则专注于金陵的战事，此事继续僵持。直至同治四年元二月间，为求当年办结减赋之事、启征钱漕，刘郇膏亲赴金陵面见曾国藩，请其裁定各节。曾氏终于做出退让，勉强认可核减钱粮之议，"减去不能征之虚额，定一不准短之实数，永革捏报例灾之弊政"。但他仍将刘郇膏禀请的核减分数——十分之二五（已较初议之十分之三稍减），改定为十分之二。③

## （二）漕粮普减抑或递减

与减赋请益相较，各方在漕粮减额分配上的分歧与争论更为激烈，当然两者是相互关联的。按苏松太田亩科则繁复，轻重悬殊，最重者亩科 4 斗 2 升有奇，至轻者亩科仅 9 勺，共计二百数十则。基于田赋制度的这一特征，刘郇膏、冯桂芬等均主张按则递减。同治三年初，刘郇膏禀称，核减之法应按则稽核，重则多减，轻则少减，递及 8 升/亩之轻则

---

① 冯桂芬：《显志堂稿》卷 5《再启李宫保》，《续修四库全书》第 1535 册，565～566 页。

② 《江苏减赋全案》卷 3，11～12、14～16 页；《批苏州刘藩司郇膏等会禀江苏减漕预商两详稿》，同治三年四月二十七日，《批督办减赋局苏州刘藩司郇膏会详苏松等五属额征钱粮减成征收请奏由》，同治三年六月十二日，《曾国藩全集·批牍》，317、321 页。

③ 《江苏减赋全案》卷 5，15、18～19 页；《上曾中堂》，同治四年正月初五日、同治四年二月十四日，《李鸿章全集·信函一》，359、365 页；《复李鸿章》，同治四年正月二十九日，《曾国藩全集·书信七》，4937 页；冯桂芬：《显志堂稿》卷 4《江苏减赋记》，《续修四库全书》第 1535 册，545 页。

为止。按照这一设想，苏松太在三分减一的总数下，对重则大加核减，一律减至每亩 1 斗以内。常镇除丹徒之重则(1 斗 5 升/亩)，其余普遍在亩科 8 升以下，毋庸议减。① 可见，刘郇膏的通牵核减之法，意在尽量缩减苏松太与常镇之间的差距。

但在曾国藩看来，区域间的赋额轻重本为常态，不可强求划一。若行通牵核减，衰多益寡之间，胥吏得以上下其手，流弊甚多。他主张普律均减，不因科则而分等级。苏松太科则重至 1 斗 9 升以上者，轻至 3 升以下者，均减三分之一；常镇则虽重如丹徒者，亦仅减十分之一。"遍张晓谕，妇竖皆知，庶大小户群沾减赋之恩，胥役亦无从舞弊。"曾国藩对此的解释是：

> 论立法之迹，轻则与重则同减，似未得事理之平；论立法之意，内守一定之部议，外布一定之通章，庶足以齐不齐之人心，息纷争之物议。

可见，刘郇膏立足于赋税制度，追寻"事理之平"，而曾国藩的着眼点，是在严守部议的原则下，均摊减额，将利益普律均沾，以稳定秩序。为此，他计算了刘郇膏的核减方案，如以 8 升为标准，苏松太科则在此以上者仅 89 则，在此以下者达到 172 则，"是应减之则三分居一，不应减之则三分居二，即不应减之户亦必三分居二矣。"减赋如此不均，"岂不舆论哗然，激成巨案，谁能当此重咎"！②

对于曾国藩的质疑，刘郇膏禀覆，8 升以下不减之则数虽多，均系轻则。如以田亩面积计算，不减者尚不及通省三分之二，其粮额不及通省三分之一。他强调，核减之法自以不问轻重、一律均摊，最为简便易行。但均摊为减粮，非减浮粮，核减浮粮，则应将有限之减分落实于重则，去其太甚。他一再援引周忱、慕天颜核减浮粮之成案，作为递减之依据。

---

① 《江苏减赋全案》卷 5，1～2、4～6 页。
② 《江苏减赋全案》卷 3，11～12、14～15 页。

由于刘郇膏的固执坚持，甚至"以去就争之"，曾国藩勉强做出退让。① 同治三年四月，曾国藩致书刘郇膏称，极轻之则可不必照成普减，如苏松太 5 升以下、常镇 3 升以下轻则，可不必按三分减一、十分减一统减。"庶减赋之户极多，不减之户极少，免致心怨口诅，激成巨案。"② 稍后，他又在前案基础上有所调整，称常镇不减 3 升以下轻则，"细思仍属不妥"，仍应不论轻、重则，一律普减十分之一。至于苏松太，他不再拘执己见，普减或递减，请李鸿章定夺。③ 在此基础上，李鸿章、刘郇膏与曾国藩达成了共识，常镇与苏松太分案办理，后者递减，这成为此后之基调。④

但苏松太如何递减，直至同治四年初，各方仍存在不小的分歧。曾国藩出于利益均沾的考虑，坚持苏松太至轻之则亦应核减十分之一，"俾轻则者不至再生觖望"。冯桂芬代表的苏绅，则主张减至 9 升之则为止，匀出轻则，以多减重则。刘郇膏的方案在二者之间，他认为应递减 5 升以上各则。至同治四年三月，经李鸿章多次居中协调，刘郇膏的意见终为曾国藩所接受，成为最终的核减方案：苏松太与常镇分案办理，前者按科则递减，5 升/亩以下轻则不减，统以三分减一为率；后者一律普减十分之一。⑤ 由于苏松太之额赋(121 万石)数倍常镇(45 万石)，故该方案仍以递减为主，辅以普减。

如上所述，同治四年初，曾国藩经与刘郇膏"再三商榷"，终将减赋请益的三个问题大体议定：(1)减漕不再请益；(2)另请核减钱粮；(3)苏松太按则核减，以三分之一为率，常镇普减十分之一。在(1)(2)两点中，

---

① 赵烈文：《能静居日记》第 2 册，同治六年九月初六日，1105 页。

② 《江苏减赋全案》卷 3，15 页。

③ 《批苏州刘藩司郇膏等会禀江苏减漕预商两详稿》，同治三年四月二十七日，《批督办减赋局苏州刘藩司郇膏会详苏松等五属额征钱粮减成征收请奏由》，同治三年六月十二日，《曾国藩全集·批牍》，317、321 页；《致冯桂芬》，同治三年九月初五日，《曾国藩全集·书信七》，4736 页。

④ 《上曾中堂》，同治三年九月十三日，《李鸿章全集·信函一》，340 页；《江苏减赋全案》卷 5，15～16 页。

⑤ 《江苏减赋全案》卷 5，18～19 页；《复李鸿章》，同治四年正月二十九日，《曾国藩全集·书信七》，4937 页；《致曾中堂》，同治四年二月十四日、三月初四日，《李鸿章全集·信函一》，365、371 页。

刘郇膏改变了曾国藩的初衷，而第(3)点亦是曾氏在刘氏方案之上的折中与调整。冯桂芬便称，曾国藩在同治四年曲从刘郇膏之意，除驳去常镇不减漕一条外，余悉如刘郇膏所详办理，相关奏疏即出其手。[①] 宗源瀚也认为，刘郇膏"引减赋为己任"，曾国藩"虽先与驳难，后亦奖其治事之忠，委曲从之"。[②] 可见，郭嵩焘离任后，刘郇膏逐渐主导了减赋大政，相当程度上改变了曾国藩严守部议、均摊减额的态度。曾氏虽"勉如所请"，但事后对刘氏其人颇有保留，并称递减之议"至今舆论甚不以为然"。[③]

另一方面，作为同治二年减赋初奏的关键人物，冯桂芬在此期仍能借助李鸿章表达意见，但难以对决策产生实质性的影响。这是由于，李鸿章认为，减赋须布政使经画，故并未越过刘郇膏而将冯桂芬所拟奏疏呈上。他的角色更像是官绅之间、刘与曾两位决策人之间的协调者，常常"势处两难"，多将争议交由曾国藩"折衷定论"。[④] 更重要的是，冯桂芬、刘郇膏均以减赋为己任，但彼此龃龉，多有不满。然细核刘、冯各自之方案，两者在并减钱粮、按则递减等问题上实多共识。一个有趣的例子是，冯桂芬向友人阐述其递减之说时，特别强调此非"附和方伯"也。[⑤] 如果说曾国藩的意见是维持度支之常经，以平均主义的方式平摊减额，更多考虑平民小户之利益与秩序之安定，那么，冯桂芬、刘郇膏则试图均平区域内部、科则之间的差异，其递减之法相对倾向于绅富大户。二人之分歧，似不可以官吏"维持政府的财政收入"与绅士"维护地方利益"的原则性对立来简单区分。[⑥] 毋宁说，刘郇膏作为疆吏，更多"兼权国计"，并虑及州县之负担。

苏州、江宁两地就减赋请益达成共识后，同治四年五月十六日，刘

---

① 冯桂芬：《显志堂稿》卷4《江苏减赋记》，545页。

② 宗源瀚：《江苏减漕始末》，盛康辑：《皇朝经世文续编》卷37，41~42页。

③ 赵烈文：《能静居日记》第2册，同治六年九月初六日，1105页。

④ 《复庞侍郎》，同治三年二月二十一日，《李鸿章全集·信函一》，295页。

⑤ 冯桂芬：《显志堂稿》卷5《与友人书》，《续修四库全书》第1535册，584页。

⑥ 这是臼井佐知子的观点，参见氏著：《同治四年江蘇省における賦税改革》，《東洋史研究》第45卷2号，109~110、116页。

郇膏撰拟、曾国藩、李鸿章改定并联衔具名的奏疏由苏州发出。①据奏称，江苏自同治二年六月设局办理减赋以来，官绅众议纷纭，现经详细筹商，除减漕额数以部议为断、不再请益外，另有两点所请：核减之法宜稍示变通，而尤应并减钱粮。

并减钱粮是该折之主旨。刘郇膏指出，江苏地丁、漕项钱粮本与漕米同源，每岁额征正银215万两零，然"自道光癸巳大水以后，无岁不歉，无岁不缓，数十年来旧额几同虚设"。以道光二十一年至咸丰十年为例，二十年中奏销完数最多者为咸丰八年，然地丁仅完91.3万两，漕项亦不过30万两，连盐课、驿站、俸银等款并计，钱粮共征银130余万两，不过完至六分三四厘。承平之时尚止此数，今各属疮痍未复，地漕钱粮自应援案一体核减。且从州县奏销着眼，亦有并减钱粮之必要。庚申以前，苏属州县历年报灾，钱粮至多完六七成，即可视作全完。同治二年漕粮既减，又严禁捏灾、垫欠，州县出路尽绝。若不并减钱粮，必致奏销考成难以敷衍，或仍蹈捏灾请缓之故辙。②

因此，刘郇膏的思路是，以此前二十年完数为准，核减虚额，保证实征，革除例灾积弊。不过，他最初据"较原额不过六七成而止"拟定的十分减三，又经曾国藩核减一成，在奏疏中表述为：请将苏属地漕钱粮一体酌减，其总数以十分之二为断。如对照同治二年冯桂芬之疏稿，可发现二人论证减赋的基本思路，颇多相似之处。当然，刘郇膏身为疆吏，着眼点在于州县的征解负担与考成压力。

此外，该疏还奏请变通核减之法。刘郇膏指出，此前行普减多有局限，雍乾年间，苏松共核减钱粮65万两，为数不少，然奉行者未"稽科则之轻重，寓调剂之权衡，乃按额验算，均匀摊派"，以至"轻者益轻，重者仍重"。故此次核减漕粮，务当去弊之太甚，行按则议减之法。请将苏松太与常镇分案办理，于部议减数内稍示变通：前者漕粮按则递减，不减五升以下之轻则，统以三分减一为率；后者则按十分减一之数一律普减。

该折五月二十一日到京，奉旨交户部妥议。六月二十五日，管理户

---

① 以下四段据《苏省地漕钱粮一体酌减折》，同治四年五月十六日，《李鸿章全集·奏议二》，89～91页。

② 《江苏减赋全案》卷5，21、9页，卷4，8～9页。

部大学士倭仁等将并减钱粮之议"痛驳"。① 司农的覆奏仍是常见论调，国家制用有常，总当通筹全局，量入为出。江苏地漕钱粮计银 215 万两有奇，俱有固定支项，碍难议减。其中漕项一款，额征 60 余万两，用于漕粮海运开销，历年均有不敷，须另提海运津贴(取自浮收)。故减一分漕项，即多一分浮收。地丁一款，额征 140 余万两，用于兵饷、赏恤、河工、驿站、浙课、铜价、俸工役食、织造颜料布匹、祭品坊仪以及水旱赈恤等多项。其供本省之用，尚虞不给，况另有部库提项、邻省协济等款。若再核减二成，必致转输无术，另设名目，加征于民。

户部也参考了同期浙江之成案，强调"恤民之政，不在减定额，而在裁浮收"。同治三年十月，闽浙总督左宗棠奏请浙省漕粮核减三分之一，地漕钱粮以不减正额、裁革浮收为原则，因该项"或关系饷需，或抵支兵食"，碍难核减。② 至同治四年六月，浙省仅杭州、绍兴、嘉兴、湖州四府，已核减钱粮浮收 57.7 万余两，而四府钱粮正额为 182.4 万余两。户部因此称，江苏情形与浙省相似，亟宜参照，"以核减浮收为第一义"，而钱粮正额照常征解。至苏松太与常镇分案核减，准如所奏办理，该省应将各属漕粮原额及议减成数分晰造册，送部查核。当日之上谕，将江苏核减钱粮的要求转化为删减浮收的命令，著令仿照浙江办法，斟酌情形，核实删减。③

李鸿章收到上谕后，致信刘郇膏称，请减钱粮一疏遭"痛驳"，盖"部中书迁，不深悉外省情形，辄援浙事相绳，岂知浙固取巧耶"。然"天语煌煌，恐不可以力争"，"将来钱粮考成、奏销难办，只有多捏灾欠"。④ 同治四年六月，曾国藩督师北上剿捻，不再过问此事。李鸿章署理两江总督，刘郇膏则以布政使护理江苏巡抚，此后减赋一事几为其一人主导。核减钱粮遭议驳后，他给出的补救方案是"钱粮照欠开参"。⑤

---

① 倭仁等奏，同治四年六月二十五日，录副 03-4848-006。

② 《议减杭嘉湖三属漕粮大概情形折》，同治三年十月二十六日，《左宗棠全集·奏稿一》，566 页。

③ 《咸丰同治两朝上谕档》第 15 册，同治四年六月二十五日，314～315 页。

④ 《复曾中堂》《复刘护院》，同治四年七月初九日，《李鸿章全集·信函一》，410、411 页。

⑤ 《复刘护院》，同治四年八月初一日，《李鸿章全集·信函一》，419 页。

同治四年九月初九日，李鸿章、刘郇膏再上两折，分别针对五月十六日奏议的后续问题。其一是苏属经征地丁钱粮请申明定例，按分计考，据实开参。① 从字面来理解，其意在于加强奏销考成的管理，是对地方官的约束。然就制度的运作来看，其实际含义却是缓解州县之压力。清制，钱粮奏销届限，应十分全完，各州县核其完欠额数，按分计考。例定欠额不及一分者，停其升转，罚俸一年，欠一分至四分者分别降一级至四级，皆令戴罪催征，欠五分以上者革职。② 然苏属地丁奏销，并不行按分计考之例，独迫以全完。盖地处财赋重地，上司"务以全完为职称"，以为操之不急，则州县无所惩。有欠完者"辄持疏严劾，号于众曰，不全完者有如某某，而按分数计考成之例竟废"。在特参的严酷压力下，地方官不得已通过浮收、挪移补足欠额。道光中期以降，又发明出常态化的捏报灾歉，实现纸面上的"十分全完"。正如金以诚所称，钱漕亏缺及其背后的捏灾、挪移之弊，实为"全完之说有以启之，特参之严有以迫之也"。对此，金氏在同治二年曾禀称，除核减漕额外，应明定处分，改变一例特参之惯例。他建议另定章程，征不足七分者，以惰征特参；征完七分以上者，免其特参，按未完分数议处。③

同治四年九月刘郇膏奏请申明定例，也是基于这一思路：以准许奏销开欠、按分议处作为钱粮难以减额的变通方案。当然，刘郇膏在奏疏中将此意隐藏，代之以计臣更能接受的措辞："若不明定考成，何以惩惰征而重催科。"④应请申明定例，各州县经征地丁钱粮，"俟查办奏销时，即将考成遵照定例一律办理，如有照额未能全完者，均按其已完数目据实造册题报，仍将未完银两按分计考"。在核减钱粮遭驳后，李鸿章的反应、刘郇膏的对策，都直观地反映出减赋的动机在于减轻地方官的征解压力，无论是核减额赋抑或按分计考，奏销必须得以应付。此外，刘郇膏在该折中也遵旨汇报了本省裁减钱粮浮收之情形，称裁减银数"如照

---

① 李鸿章等奏，同治四年九月初九日，朱批 04-01-35-0086-061。

② 光绪《钦定大清会典事例》卷 173，《续修四库全书》第 800 册，763 页。

③ 宗源瀚：《江苏减漕始末》，《皇朝经世文续编》卷 37，44 页；《江苏减赋全案》卷 5，29～30 页。

④ 宗源瀚：《江苏减漕始末》，《皇朝经世文续编》卷 37，43、45 页。

额全完之年总在六七十万上下"。该折于九月十八日获准。

其二则是减赋额数的确定，即拟定苏属减赋章程，将各府州原额及减定额数造册具呈。在该奏疏中，刘郇膏重点论述了留支各款米粮应与漕粮一体核减，这与江浙两省漕粮制度的差异有关。① 按浙江一省，仅杭州、嘉兴、湖州三府编征漕白粮，多系起运之项，其余宁绍等府编征南米，尽属留支之项，二者界限自清，故浙省仅议减漕粮，不涉及南米。江苏四府一州编征米粮 202 万余石，其中起运项下的漕白粮、赠五米(漕运耗米)，以及存留项下的南粮(本省兵米)、行月粮(旗丁津贴)、局米(苏州织造机匠口粮)、恤米(养济院孤贫之用)，系一串征收，分款解支。同治二年谕旨虽未指明南米并减与否，然两款断难分别，故刘郇膏奏请江苏各属米粮，无分起运、存留，一律按部议成数验派扣减。

据此，江苏减赋的最终成果是：额征本色米 2 029 174.73 石，减定后存 1 486 048.19 石，计核减 543 126.54 石，约占原额的 26.77%，各府州核减情况见下表 8-2：

表 8-2　1865 年江苏各府州减赋额数统计　　　　(单位：石)

| 府州 | 苏州 | 松江 | 太仓 | 常州 | 镇江 | 总计 |
|---|---|---|---|---|---|---|
| 减赋前<br>(道光九年) | 877 564.95 | 427 461.39 | 153 432.74 | 355 980.56 | 214 735.07 | 2 029 174.73 |
| 减赋后<br>(同治四年) | 550 932.61 | 310 916.76 | 110 554.75 | 320 382.51 | 193 261.56 | 1 486 048.19 |
| 核减比例<br>(%) | 37.22 | 27.26 | 27.95 | 10.00 | 10.00 | 26.77 |

资料来源：《江苏减赋全案》卷 7，1、4、48、65、75、78 页。

可见，苏州府额赋最重，共减去原额的 37.22%。核减幅度最大的县份也均来自该府，长洲、元和、吴江、震泽四县赋额俱在 10 万石以上，分别核减 43.09%、43.60%、40.94%、40.53%。太仓州属嘉定、宝山二县因科则俱在 5 升以下，是年未获核减。②

各府州县间减额的差别，源于按则递减的思路，各科则的核减情况，

---

① 李鸿章、刘郇膏奏，同治四年九月初九日，朱批 04-01-35-0288-067。

② 清单，同治四年九月初九日，录副 03-4863-114、03-4863-007；宗源瀚：《江苏减漕始末》，《皇朝经世文续编》卷 37，41 页。

详见表 8-3：

表 8-3　1865 年江苏各府州减赋科则明细

| 府州 | 原科则 | 核减后科则 | 说明 |
|---|---|---|---|
| 苏州、松江、太仓 | 吴县 4.256 斗，元和 3.145 斗、2.097 斗，长洲 2.602 斗，共 4 则 | 1.1 斗 | 极重科则大加核减 |
| | 1.626～1.965 斗，共 11 则 | 1.0～1.1 斗 | 苏松太上中各则递减 |
| | 1.047～1.572 斗，共 50 则 | 0.9～1.0 斗 | 同上 |
| | 0.928～1.04 斗，共 18 则 | 0.8～0.9 斗 | 同上 |
| | 0.78～0.921 斗，共 24 则 | 0.7～0.8 斗 | 同上 |
| | 0.666～0.773 斗，共 22 则 | 0.6～0.7 斗 | 同上 |
| | 0.515～0.66 斗，共 30 则 | 0.5～0.6 斗 | 同上 |
| | 0.503～0.513 斗，共 3 则 | 0.4～0.5 斗 | 同上 |
| | 0.5 斗以下各则 | 不加核减 | 苏松太轻则不减 |
| 常州、镇江 | 丹徒 1.525 斗、1.508 斗、1.49 斗 3 则，其余州县 0.033～0.78 斗，共 30 则 | 普减十分之一 | 常镇二府普减十分之一 |

资料来源：清单，同治四年九月初九日，录副 03-4863-113、03-4863-011。

可见，苏松太按则递减，其中吴县、元和、长洲三县极重之四则，为通省浮粮之最，然其地不过 4 亩，额赋不过 2 石，一概减为亩科 1.1 斗。此外，亩科 0.503～1.965 斗之上、中各则，共计 158 则，各按轻重递减四分、三分至数厘不等。亩科 0.5 斗以下轻则概不议减。常镇二府科则较轻，一律普减十分之一。尽管丹徒一县亦有 1.5 斗左右之重则，然因其地亩、赋额相对有限，故未多加核减。[1]

同治四年十一月初五日，上述减赋章程经户部议准。当日上谕强调，经此次核减，该省务当认真征解，不准再有官垫民欠名目，非实在旱潦为灾，不准请蠲请缓。[2] 至此，江苏减赋一事基本定案，经过近三年的筹划、运作，该省获得额赋 543 126 石之核减。

---

[1]　清单，同治四年九月初九日，录副 03-4863-113、03-4863-011。

[2]　倭仁等奏，同治四年十一月初五日，录副 03-4863-084；《咸丰同治两朝上谕档》第 15 册，同治四年十一月初五日，526～527 页。

## 三、减赋之后：同光年间的漕粮征解

　　减赋完成后，苏省将相关文牍编纂为《江苏减赋全案》，于同治五年刊刻，以标榜其事功。先行研究也多依据该文献，以同治四年为考察的终点。然而，如跳出政治事件的局限，聚焦于事件背后的"问题"，则有必要将目光移至减赋定案之后。事实上，时人讨论减赋时，也多着眼于未来，以核减后能否以及如何办到某一额数为出发点。由此，本节考察19世纪60年代以降江苏的漕粮征解，从更长时段来理解同治减赋的成就与局限。

　　战时江苏恢复漕粮征解，始于同治二年。此前，漕粮征运受到战争的严重影响。咸丰十年苏常为太平军占领，漕粮仅象征性地起运 32 884石。咸丰十一年、同治元年两年，苏漕全行蠲免停运。同期，浙漕也因战争停运，而湖广、江西、安徽、江北、河南诸省漕粮早在咸丰三年便已改折充饷。当日京师仓储仅依赖山东、奉天等省粟米，其压力可想而知。故在停漕的咸丰十一年、同治元年，户部要求江苏每年招商采办粳米 20 万石运津，以筹补京仓。① 当日米价翔贵，每石连运费成本高达 5两以上，采买之负担不轻。同治元年，巡抚薛焕承认粳籼米 11.3 万石，实际兑解 94 790 石。同治二年，李鸿章筹办捐输京米，先后兑解粳籼米9 万石，改折解部 1 万石。② 对于户部的采办任务，江苏连续两年都是勉强完交五成。

　　但在司农看来，采买终究是不得已的变通之策。同治元年起，他们便催促江苏在克复州县恢复征漕。③ 在户部的压力下，同治二年冬，江

---

　　① 薛焕奏，同治元年三月初六日，朱批 04-01-35-0288-017；倭仁等奏，同治元年十二月二十二日，录副 03-4952-056。

　　② 薛焕奏，同治元年三月初六日，朱批 04-01-35-0288-017、录副 03-4952-009；《商船运米请将米价由津先行划抵片》，同治元年闰八月二十三日；《复陈筹备京米情形折》，同治二年正月十二日；《筹办京米章程折》，同治二年四月初七日；《捐办京仓米石员董请奖折》，同治三年八月初五日，《李鸿章全集·奏议一》，103、202~203、271~273、558 页。

　　③ 倭仁等奏，同治元年闰八月二十日，录副 03-4862-008。

苏恢复漕粮征解。当日苏州甫经克复，常、镇仍在交战中，故仅于松江、太仓二属 8 厅州县减成酌征。是年共计海运交仓漕粮 117 069 石，与此前两年的采办额数大体接近。① 同治三年，松江、太仓二属 12 厅州县启征漕粮。苏州府仍行蠲免，但自同治二年起办理租捐，即业户将租息减半征收，以其中三分之二报捐政府，以充军饷及善后经费。② 同治三年，江苏以该府租捐采买米 102 000 石搭运，起运额数大幅提升，共计 304 853 石。同治四年，经户部奏请，苏州府停办租捐，恢复漕粮征解。③ 此外，常州府无锡等三县也启征漕粮，是年江苏共计起运交仓米 354 285 石。

至同治六年，较晚克复的常、镇各州县也多已过蠲免年限。苏属 31 厅州县中，仅有丹阳、金坛等县，因毗连江宁，被扰较重，且垦荒、清粮缓慢，尚未恢复征漕。但自是年起，这些县亦办理"抵征"，作为变通，即按亩征收制钱 160～200 文不等，部分采买米石起运，部分拨入地丁济饷。同治六年至光绪七年间，丹阳、金坛等县历年抵征采买米 9000～30 000 石不等，随漕粮一并起运。这意味着，同治六年起，苏属各州县均对京师仓储有所贡献，历年交仓情况见下表 8-4。

可见，江苏自同治二年恢复漕粮征解，交仓额数呈显著的上升趋势。至同治十三年，已由最初的 117 069 石增至 716 532 石，达到减赋后额征之六成。户部在历年催办新漕的奏疏中，也注意到该期漕额"逐渐加增"，由额征的"尚不及半""仅及十分之五"，提升至"十分之六""十分之六七"。④ 然从表 8-4 亦可见，这一上升趋势在光绪初年停滞了。1870 年便已达到的 70 万石左右、额征六成的交仓额数，在此后二十年未有大的提升。1871—1880、1881—1890 年平均额数、指数分别为 700 034、57.83% 与 721 858、59.64%，增幅相当有限。这一交仓漕额不仅远逊于 121 万石之额征，与冯桂芬设想的 90 余万石亦有相当的差距。

---

① 以下历年交仓额数，均来自表 8-4。
② 李鸿章奏，同治四年四月十四日，《李鸿章全集·奏议二》，62～63 页。
③ 倭仁等奏，同治四年八月二十五日，录副 03-4863-068。
④ 《重订江苏海运全案·续编》卷 3，1 页；卷 4，1 页；卷 6，1 页；卷 7，1 页；《重订江苏海运全案·新编》卷 3，1 页；卷 5，1 页。

表 8-4　1863—1899 年江苏漕白粮起运交仓额数

| 年份 | 额数（石） | 指数 | 年份 | 额数（石） | 指数 |
|---|---|---|---|---|---|
| 减赋后额征 | 1 210 412 | 100.00 | 光绪七年 | 724 712 | 59.87 |
| 同治二年 | 117 069 | 9.67 | 光绪八年 | 745 743 | 61.61 |
| 同治三年 | 304 853 | 25.19 | 光绪九年 | 702 820 | 58.06 |
| 同治四年 | 354 285 | 29.27 | 光绪十年 | 756 402 | 62.49 |
| 同治五年 | 494 400 | 40.85 | 光绪十一年 | 745 525 | 61.59 |
| 同治六年 | 590 268 | 48.77 | 光绪十二年 | 792 856 | 65.50 |
| 同治七年 | 655 080 | 54.12 | 光绪十三年 | 789 500 | 65.23 |
| 同治八年 | 635 542 | 52.51 | 光绪十四年 | 726 000 | 59.98 |
| 同治九年 | 708 229 | 58.51 | 光绪十五年 | 466 179 | 38.51 |
| **以上八年平均** | **482 466** | **39.85** | 光绪十六年 | 768 842 | 63.52 |
| 同治十年 | 692 138 | 57.18 | **以上十年平均** | **721 858** | **59.64** |
| 同治十一年 | 727 890 | 60.14 | 光绪十七年 | 776 142 | 64.12 |
| 同治十二年 | 682 227 | 56.36 | 光绪十八年 | 741 300 | 61.24 |
| 同治十三年 | 716 532 | 59.20 | 光绪十九年 | 788 515 | 65.14 |
| 光绪元年 | 658 440 | 54.40 | 光绪二十年 | 754 923 | 62.37 |
| 光绪二年 | 692 546 | 57.22 | 光绪二十一年 | 803 184 | 66.36 |
| 光绪三年 | 678 068 | 56.02 | 光绪二十二年 | 797 161 | 65.86 |
| 光绪四年 | 702 895 | 58.07 | 光绪二十三年 | 778 869 | 64.35 |
| 光绪五年 | 726 217 | 60.00 | 光绪二十四年 | 807 617 | 66.72 |
| 光绪六年 | 723 387 | 59.76 | 光绪二十五年 | 922 226 | 76.19 |
| **以上十年平均** | **700 034** | **57.83** | **以上九年平均** | **796 660** | **65.82** |

说明：所统计者为漕白粮正耗米起运交仓数（含截留赈灾或改折者），不含津剥食耗米、二升余米等。

资料来源：《李鸿章全集·奏议一》，487 页；《李鸿章全集·奏议二》，368～369、583、596～600 页；《丁日昌集》上，53、90 页；录副 03-4869-040、03-4869-022、03-4869-085、03-4869-180、03-6297-082、03-6297-084、03-6299-001、03-6299-002、03-6299-005、03-6300-001、03-6300-001、03-6301-002、03-6301-003、03-6302-005、03-6302-006、03-6303-001、03-6303-002、03-6304-004、03-6304-005、03-6304-097、03-6306-007、03-6307-011、03-6309-008、03-6315-033、03-6265-008；朱批 04-01-35-0289-051、04-01-35-0289-068、04-01-35-0289-048、04-01-35-0289-064、04-01-35-0290-021、04-01-35-0290-037、04-0135-0291-035、04-01-35-0292-002、04-01-35-0292-044、04-01-35-0293-025、04-01-35-0294-014、04-01-35-0295-001、04-01-35-0296-072、04-01-35-0298-001、04-01-35-0299-004、04-01-35-0300-004；宫中档 408013343、408010326；军机处档 118636。

减赋之后，漕粮缺额何以仍然持续、大量存在？江苏督抚历年奏报起运交仓米数，始终以"荒歉"二字来解释。光绪二十三年（1897），此时"承平"已逾三十年，而交仓额数较同治末年提升有限，两江总督刘坤一奏称：

> 苏省漕额久蒙恩旨永减，现值京仓需米孔殷，极应力筹足额，加征起运，以裕支放。无如苏州等属自遭兵燹，荒田尚多，节经饬属设法招垦，虽报增新垦不少，只以频年歉收，农佃工本不继，一时骤难复额。而本年应征原复熟及届征新垦各田，因入夏以后，雨水过多，交秋后又复雨多晴少，低平各田所种禾棉被淹受伤，收成实形减歉。①

此三十年间，征不足额的理由始终是以下两条：一是兵燹之余，垦荒成本较高，虽有垦复，荒田尚多；二是夏秋之际旸雨不时，低田受淹，高田受旱，频年歉收。对此，光绪中期任江苏巡抚、后以钦差赴苏整顿财政的刚毅，曾一针见血地道出内情：苏属漕粮缺额，"说者每借词于兵燹之后，田多荒芜之故，溯计江南肃清至今业已三十余年，真正荒田固属不少，其中以熟作荒、侵蚀弊混者，各属往往有之"。②

苏属自咸同间被兵后，膏腴尽成榛莽，田地类多荒废。其中，镇江、常州二府靠近江宁，被扰较重，荒田最多，苏州府次之，松江、太仓又次之。同治三年平定后，清政府即设局招垦，但至同光之交，未垦荒田尚复不少。其原因确如刘坤一所称，兵燹之余，户口流亡，需招徕客民佃种，然垦荒工本倍费，租息甚微，且一经垦熟，即升科纳赋。垦荒获利无多，荒田遂无人承种，甚有垦熟复抛荒者。同治七年（1868），巡抚丁日昌奏称，苏属抛荒、坍没田亩约计 59 490 余顷，居原额的 25%。③次年，总督马新贻议定垦荒章程，展缓垦熟田亩之升科期限，保证垦户

---

① 刘坤一奏，光绪二十三年十二月二十六日，朱批 04-01-35-0298-069。
② 刚毅奏，光绪二十五年五月十日，宫中档 408003913。
③ 丁日昌奏，同治七年十二月十四日，录副 03-4958-083。

之权利，熟田有所加增。① 至光绪五年（1879），苏属计有各类荒田 51
200 余顷，减至原额的 20％。② 光绪十二年，巡抚卫荣光奏称，苏属至
今荒田累累，仍居通省田额二成以上。其中苏州熟田仅止十之六七，显
有以熟作荒之弊。经其清查，仅该府便查出捏荒田地 7850 余顷，是年漕
额因此加增 3 万余石。③

　　光绪二十四年（1898），苏属仍有荒田 41 585 顷，占原额亩数的
16.38％。④ 次年，钦使刚毅奉中枢之命，赴苏整顿财政，筹措饷需，以
清理田赋为重要举措。⑤ 他了解到，苏属钱漕积弊，在于官吏匿报熟田、
绅户包揽抗欠，额赋常年短欠。各府州中，松江、常州、太仓征数早逾
九成，镇江仅征七成。苏州府积弊最甚，熟田已逾九成，而征数则不过
六成。如该府常熟、昭文二县，减赋后"频岁灾缓，加以荒莱未尽垦辟，
酌征之数总不能逾十分之六分"。所谓"酌征"，即州县与布政使议定漕粮
实征额数。每届开征，知县带领漕总赴省缮递说帖，"必以灾歉为辞，请
较前岁短解数千石"，布政使以正供为重，不会轻易允准。⑥ 可见，19 世
纪末年，苏属州县详报漕额，所据并非额征，而是上年解额，且可借口
灾歉，较前岁短解。在此基础上，布政使详报暨督抚奏报起运交仓额数，
也同样依据"酌征"原理。盖自咸丰四年（1854）起，江苏漕粮海运只需就

---

　　① 马新贻、张兆栋奏，同治八年五月十四日，录副 03-9552-046、03-9552-
047。

　　② 《查实江苏各属荒熟田地报部折》，光绪六年八月初十日，《刘坤一遗集》第 2
册，570 页。

　　③ 卫荣光奏，光绪十二年四月初九日，录副 03-6717-013；《卫荣光致阎敬
铭》，《清代名人书札》第 5 册，1111 页，北京，北京师范大学出版社，2009。

　　④ 《江苏苏属财政说明书》，《岁入部·田赋》，16 页。

　　⑤ 关于此事，参见何汉威：《从清末刚毅、铁良南巡看中央和地方的关系》，
《"中央研究院"历史语言研究所集刊》第 68 本 1 分，1997，63～76 页；范金民：《清
末刚毅江苏清赋之考察》，《明清论丛》第 15 辑，286～306 页，北京，紫禁城出版社，
2015；赵思渊：《清末苏南赋税征收与地方社会——以光绪二十五年刚毅南巡清理田
赋为中心》，《中国社会经济史研究》2011 年第 4 期，73～84 页。后两文利用了近年
新刊的《徐兆玮日记》。

　　⑥ 刚毅等奏，光绪二十五年七月初一日，宫中档 408003925、408003921；《徐
兆玮日记》第 1 册，光绪二十五年六月二十二日、七月二十四日，89、101 页。

数起运，不再恪守筹补足额之原则。① 通览同光年间的奏报，交仓漕额只以上届或上两届额数为标准。如较上年额数"有盈无绌"，只称"实已悉心搜括，不遗余力"即可。一旦较上年减运，则以"水旱失调，收成减歉"为由，亦可就数起运。在表 8-4 统计的 37 年中，仅同治八年、十一年、十二年三年，苏属以采买补足了较前减运之差额。由此，我们便可理解，何以同治末年起，交仓漕额便停滞不前。在此背景下，刚毅赴苏整顿积弊，于苏州、常州二府清理出隐匿熟田 18 000 余顷，约占田亩原额的 7.1%，由此增征漕粮 149 420 石。此后至宣统年间，苏属漕粮历年均有清赋增征一项，每岁十余万石。②

确如刚毅所称，同光年间江苏的漕粮缺额，"固由荒田未尽垦辟，实亦捏熟作荒，居其大半"。清末据清理财政局调查，至宣统元年（1909）秋勘，苏属仍有未尽垦辟之荒田 32 885 余顷，占原额的 12.95%。③ 然而，在荒田未能全额垦复的背景下，"捏熟作荒"也应运而生，它既包括隐匿已垦之熟田，也包括以捏报灾歉进行"酌征"。隐匿熟田、清赋增征的大量存在，意味着本应起运的漕米为食利者中饱，"由于州县之匿报者有之，由于绅户之包抗者有之，由于书差之侵蚀者有之"。官吏绅衿分润捏熟作荒之利，使得积弊长期存续。④

同治二年，冯桂芬力主减赋请益，称漕额若不能减至较为现实的 100 万石，其中必多"虚额"，而"出路"仍不能绝：

> 留虚额何用，亦为若辈濬利源，为小民竭膏血而已。户部之言曰：流亡未尽复，田禾未尽垦，已明明代开一出路。此后将以田荒易岁荒，檗芽已伏，官吏绅衿攒食于荒田之中，而安分小户独完三分有二之实粮，隐然从前弊政缩本。开垦必不力，逋负必加多，岁运大远于百万，永无整顿之望。

---

① 周健：《仓储与漕务：道咸之际江苏的漕粮海运》，《中华文史论丛》2015 年第 4 期，188～193 页。已收入本书第四章。

② 鹿传霖、陆元鼎奏，光绪二十五年十二月二十六日，宫中档 408010323；《江苏苏属财政说明书》，《岁入部·田赋》，15～16 页。

③ 《江苏苏属财政说明书》，《岁入部·田赋》，16 页。

④ 刚毅等奏，光绪二十五年七月初一日，宫中档 408003925。

冯氏担忧的是，部议之减定额数"虽神仙亦办不到"，又允许未垦荒田蠲免漕粮，则捏报灾歉之积习必将延续。"官吏绅衿攒食于荒田之中"，而天庾正供势必受损。他预言的垦荒不力、逋欠增多，岁运远低于百万石，不幸成为同光年间的常态。[1]

至光绪中期，对同治减赋颇有研究、曾任湖州、嘉兴知府的宗源瀚，便证实了冯桂芬的忧虑。他认为，户部坚持难以完解之定额，与"虚灾虚歉"之延续直接相关：

> 百二十万之米数、二百十五万之银数，（户部）既不考寇乱以前曾否办此，又不问寇难以后能否办此，而但持侃侃之论定案。至今二十余年矣，实征之数起运米及银均不满百万，虚灾虚歉，一如曩时，而且过之。

他观察到，减赋之后，"定额虚悬，征解不足"，故"不得不设法，以遁于额之外"，捏报灾歉之弊较战前更甚。地方官吏创造出更多名目，灾则有"薄收"，有"不敷工本"，有"未届征限"；歉则有"较量"，有"稍次"，有"缓征之歉"，有"减成之歉"。而"名目愈众，途径愈岐"，官吏中饱正供，肥其囊橐；而绅衿举贡得以挟州县之短长，包揽抗欠一如曩日。由此造成恶性循环，食利群体利益愈坚，"荒歉之名目愈以增多"，而漕粮"征数愈以不足"。[2] 回到同治四年，李鸿章得知减赋请益遭驳后，第一时间致信刘郇膏："将来钱粮考成、奏销难办，只有多捏灾欠。"[3]

## 四、小结

同治初年的江苏，减赋之议得以在乾隆初年后重提，并最终落实为米粮54万余石之核减，其重要背景是兵燹非常之劫。咸丰庚申以降，江南频经兵燹，荡析已甚，重赋不得不因时变通。同治元、二年之交，江

---

① 冯桂芬：《显志堂稿》卷5《启李宫保论减赋》，《续修四库全书》第1535册，563～564页。

② 宗源瀚：《江苏减漕始末》，盛康辑：《皇朝经世文续编》卷37，42～43页。

③ 《复刘护院》，同治四年七月初九日，《李鸿章全集·信函一》，411页。

南克复可期，江苏官绅于此时提议减赋，一方面意在谋其善后，培养元气，另一方面则是出于收拾民心、速平"变乱"之考虑。除时局外，江南漕务亦值穷则必变之际。道光年间以来，在银贵物贱、经济萧条之背景下，漕务浮费空前膨胀，极大提高了河运成本，以致州县常年捏灾暗减，交仓额数持续下滑。同时，漕粮负担重且不均，征收中民变频发。在时人看来，这与太平军占领江南直接相关。兵燹之余，江苏官绅反思漕务、时局之弊，将"额征过重"视作致弊之源，筹划"以核减浮粮为理漕之纲"，这是道咸年间不曾有过的机遇。

　　同治初年的减赋大政，毫无疑问是在官绅合力之下展开的。先行研究注重苏州绅士的筹划与推动，强调其对地方（尤其是绅富大户）利益的维护，这是问题的一面。然而，减赋一事始于府县官员的禀请，其运作也始终由李鸿章、曾国藩、刘郇膏等决策者主导。更重要的是，笔者认为，有必要从重赋压力下地方官员的应对这一角度，来思考减赋的发生与发展。① 尽管"恤民生""苏民困"等表述多见于相关文献，也是减赋的动机之一，但其含义相对抽象。在核减额数等关键问题的讨论中，官员完成额赋的能力，始终是首要的考虑因素。无论是冯桂芬抑或刘郇膏，均是从地方官的角度来思考漕粮能办多少，奏销能否应付。为经征官员减负，才是更为实际的考虑，也是减赋的重要动因。清季江苏地方官便认为，同治初年江苏督抚改定赋额，实为"借减赋之名，适以行恤官之策"。②

　　正是基于这一思路，同治二年、四年江苏奏请核减漕粮、钱粮，均以咸丰年间的实征额数为依据。地方官绅普遍认为，减赋不过是豁除难以完解之虚额，不仅有益于民生，亦未尝减于国用。然户部并不考虑实

----

　　① 范金民在明清江南重赋研究中，注意到政府对于重赋的缓解与补偏措施，其论雍正二年江苏升州析县便是典型一例。这一思路对于笔者多有启发。范金民：《明清江南重赋问题述论》，《赋税甲天下：明清江南社会经济探析》，49～55 页；范金民：《政繁赋重，划界分疆：清代雍正年间江苏升州析县之考察》，《社会科学》2010 年第 5 期，131～142 页。

　　② 《敬陈希望于新苏抚》，《申报》，宣统元年五月二十四日，3 版。

征额数，一以制用无碍常经为原则，坚持赋额的有限核减。尽管减赋之请在第一时间便获允准，但江苏的请减漕额却被大幅缩减，酝酿近两年的并减钱粮亦遭议驳。

减赋后三十余年间，额赋仍常年虚悬，交仓漕额始终不及减定后额征之七成。这些缺额部分缘于战后未尽垦复之荒田，然地方官吏借此捏报荒歉，亏空正供，则占更大比例。缘户部议覆减赋时，允许未垦之荒田蠲免钱漕，而江苏督抚在减赋议定、漕粮启征之际，也未对田亩的荒熟做有针对性的区分。由此，州县官吏得以延续战前之积习，仍在荒歉二字上做文章。此种现象的根本原因在于，当日中央与地方政府均无意通过土地清丈，彻底清厘田赋，以提升收入，这使得减赋的实际意义大打折扣。①

尽管如此，同治减赋仍是有清一代幅度最大的正赋核减，明初以降数百年来江南的重赋问题至此可谓终结。这确实是值得表彰的事功，但仍有必要跳出时人标榜的"盛举""旷典"，从晚清财政结构的变动来重新审视。咸同以降，清朝的财政结构发生了显著的变化，此前占绝对优势的田赋重要性相对下降，其在岁入中的比重，由1753年的73.5%下降至1908年的35%②，同期厘金、洋税等新式税收的比重则日渐加增。同治减赋便是这一趋势的典型表征，1871—1899年江苏的交仓漕额，仅为18世纪中期赋额的45%。与此同时，江苏的厘金收入自同治三年起增幅显著，岁入200万～300万两，成为本省及中央政府的重要财源。③ 时人论及筹饷，普遍认为"征农莫如征商"，这固然是"贵农贱商"观念之反映。但更重要的是，既然厘金可以满足中央与省级政府日益加增的经费需求，且征收成本远低于田赋，各级政府遂以前者为重，对于后者的态度则相

---

① 江苏在核减额赋的同时，也通过裁减浮费、禁革大小户等措施重订了钱漕收支章程。但各州县之清粮、清丈则成效有限，既有的田赋征收模式几无改变。此事详见本书第七章。

② 王业键：《清代田赋刍论(1750—1911)》，87～108页。

③ 罗玉东：《中国厘金史》，237～259页。

对消极。① 这可以解释为什么太平天国战争至甲午战前的数十年间，江苏等省的田赋征额呈现持续的低迷，各级政府既无勇气，也无动力对于田赋制度进行彻底的整顿，以恢复 19 世纪中期以前的征收水平。及至甲午战后，清朝的财政收支平衡被破坏，中央政府整顿财政、集中财权之趋势亦颇为明显。由此，江苏的漕粮征额在 19 世纪末 20 世纪初显著提升，以应付外债、赔款、练兵之急需，此待另文详论。

---

① 夏鼐指出，厘金的出现是田赋核减得以实现的重要原因。参见氏著：《太平天国前后长江各省之田赋问题》，《清华学报》第 10 卷第 2 期，432～434 页。笔者认为，这一因素持续影响至战后相当长的时间。与之相关的是，咸同以降新式税收对传统税源的影响与冲击，税收结构由农业为主转向工商业为主引发的社会变迁等问题，都值得进一步思考。

# 第九章　中央与地方间的失衡：
## 　　　光宣之际的平余提解与钱漕加捐

　　咸同年间以降，清朝的财政发生了相当显著的变动，主要表现在两方面，一是财政的收支结构，二是中央与各省的财政关系。就财政结构而言，咸丰年间登场的新财源——厘金、洋关税在国家财政中的地位与作用逐渐加重，而田赋的重要性则明显下降。道光末年（1850 年前后），清朝的财政收入主要来自田赋、盐税及常关税等项。其中，田赋收入的比重具有绝对性的优势，占岁入的 70％ 以上。而至光绪三十四年（1908），洋关税、厘金的规模已经逼近甚至超过田赋，三者稳居收入栏的前三位。[①] 这意味着，在清末六十年间，田赋收入的增长速度远不及其他税种。来自工商业等领域的税收在国家财政中逐渐占据优势地位，也是发生在 19 世纪的日本、印度等亚洲国家的共同趋势。[②]

　　另一方面，新财源的登场也引发了晚清财政管理制度的重要变革。[③]其中最为史家关注的，便是督抚控制下的"省级财政"的形成，或者说各省外销经费规模的扩张，这被视作晚清"督抚权重"或中央—地方关系变动的

---

　　① 由于额外财政的存在，很难对清末的财政收入结构进行精确的估计。王业键认为，在 1908 年，田赋收入占清朝岁入的 35％ 左右，仍据有不可挑战的地位。但笔者认为，王著对洋关税、厘金等收入的外销部分估计或有不足，以致田赋的比重可能略有偏高。王业键：《清代田赋刍论（1750—1911）》，87～108 页。

　　② 王业键：《清代田赋刍论（1750—1911）》，87～108 页；何烈：《清咸、同时期的财政》，277～310 页；陈锋：《清代的财政政策与货币政策研究》，364～403 页。

　　③ 陈锋：《清代的财政政策与货币政策研究》，561～574 页；周育民：《晚清财政与社会变迁》，287～296 页；岩井茂樹：《中国近世财政史の研究》，118～204 页；刘增合：《地方游离于中央：晚清"地方财政"形态与意识疏证——兼评陈锋教授〈清代财政政策与货币政策研究〉》，《中国社会经济史研究》2009 年第 1 期。

重要表现。这一变革始于太平军兴之际，咸丰三年，在筹饷维艰之际，解协饷制度的运作由此前的"估""拨"改为硬性摊派。这标志着户部对于外省财政的了解及调控能力的下降，中央集权的财政管理开始松动。在此背景下，各省不得不自行筹款，以应付战争、洋务等大宗开支。这些经费主要来自于厘金、洋关税等新税种，各省在收支管理方面具有相当的自主权。以厘金为例，一方面各省只需每半年奏报其收支情况，户部很难通过类似田赋奏销来进行管控。因此，大量的厘金收入并不报部，而是由各省自行支销，这便是所谓"外销"。另一方面，督抚在省内设置厘局、厘卡，以管理厘金的收支，这些机构的办事人员基本由督抚任命。也就是说，督抚在原有的布政司—道府—州县之外，另立了一个相对独立的省以下的财政、行政系统。既有研究多认为，外销经费的扩张与各类局、所的设置，标志着相对独立的省级财政的形成，以及清朝中央集权的财政管理的衰落。

需要注意的是，以上诸种变化主要发生在经制之外的新式税种及其管理体系之内，对于藩司—州县的田赋管理影响相对有限。且笔者认为，值得重视的是，在上述趋势外，自甲午以迄清末，中央政府对于田赋收入的集权管理也得到了某种加强。晚清中央与各省之间错综复杂的财政关系不能以非此即彼的零和游戏视之。①

此期田赋制度最值得注意的动向，是甲午战后清朝财政收支的长期平衡被激增的赔款、外债负担打破，中央政府一再以强制摊派的方式，提取各省州县的钱漕盈余，以为筹款之策。也就是说，此期的变动主要发生在田赋的支出层面，即盈余分配的调整。继咸同年间奏准立案后，钱漕盈余开始进入国家财政，成为"内销款项"。而在收入层面，钱漕征价在光宣之际也略有调整，主要表现为光绪二十三年（1897）间的减征，以及庚子事变后的规复与加捐。由于该时期田赋制度的演变均起因于战

---

①　这是何汉威的反思："过去我们讨论十九世纪中叶以降中央和各省的财政关系时，大多强调在督抚主导下的新生财政机构所出现的脱序；相较下，对于各方所作的整合努力，则甚为忽略。事实上，在宣统元年清政府成立清理财政处整顿全国财政前，不单中央对省的财政机构有所整合；类似的情况也见于省与州县的互动，尽管成绩因主客观条件不同而高下有别。"氏著：《清季中央与各省财政关系的反思》，《"中央研究院"历史语言研究所集刊》第72本第3分，597页。

争后的赔款与外债，故晚清财政史、政治史的既有研究，多已对相关史实作了概观式的描述。① 本章的学术目的，在于从筹款的角度观察此期田赋收支之调整，描述中央—省财政关系之变动，以及州县财政在此过程中所受的影响。

## 一、甲午至庚子间的钱漕减征与提解平余

清季田赋收支层面的诸种变革及其实效，均与货币因素——银钱比价的变动——直接相关。甲午战后，各省多对咸同年间议定的钱漕征价做了新一轮的调整，其原因在于银价的下落。按咸同年间各省的钱漕征收新章普遍以钱计，根据当日银钱比价的一般水平(1600 文/两左右)折算。迨同治末年，银价较前大幅上扬，浙江、江西、江苏等省以州县征解不敷为由，提高了钱漕征价。光绪初年以降，银价呈现长期下跌趋势，各省州县仍以原价征收，钱漕盈余实有隐性之加增。甲午战后三年间，银贱钱贵的程度明显加剧，部分省县甚至每银 1 两仅合钱 1100～1200文。② 光绪二十二年(1896)，针对征价只随银价加增、不随之议减的情况，多位言官奏请各省按时价核减钱漕征价，这对山东、江西二省产生了直接的作用力。

---

① 代表性研究可参见罗玉东：《光绪朝补救财政之方策》，《中国近代经济史研究集刊》第 1 卷第 2 期，1933，189～270 页；徐义生编：《中国近代外债史统计资料(1853—1927)》，78～87 页，北京，中华书局，1962；王树槐：《庚子赔款》，163～183 页，台北，"中央研究院"近代史研究所，1974；周育民：《晚清财政与社会变迁》，372～375、387～401 页。

② 王宏斌：《清代价值尺度：货币比价研究》，310～323 页；何汉威：《从银贱钱荒到铜元泛滥——清末新货币的发行及其影响》，《"中央研究院"历史语言研究所集刊》第 62 本第 3 分，408～411 页。何汉威指出，19 世纪 80 年代以降中国大部分地区出现银贱钱荒的情况，其主因在于：(1)制钱币材(主要是滇铜)供应短缺；(2)各国实施金本位，国际银价相对金价下跌，以致用银表示的物价节节上升；(3)各省滥铸银币，造成银钱比价进一步滑落。其中甲午战后数年间银贱钱荒的加剧，便与当日各省铸币厂滥铸银币，特别是成色低下的银辅币有直接的关系。

## （一）光绪二十二年山东、江西核减征价

光绪二十二年五月初二日，给事中戴恩溥奏称山东州县钱粮收数浮多，应请一律核减。他指出，东省钱粮自嘉庆初年起普遍折征，其弊在于"其始乘银价稍昂，定一至多钱数，迨银价低落，而钱数不减分文"，州县"相率效尤，日甚一日"。如莱州府属掖县、平度、胶州、高密、即墨等县每两折收京钱5600～5900文不等，系同治八、九年间所定。当日银价每两合京钱3800～3900文，而近日每两仅合2600余文，则钱粮收至一倍有余，"是朝廷未尝加赋，而州县不啻重征矣"。此前巡抚李秉衡于掖县知县被参案内奏称，该县钱粮收数浮多，饬司酌减，戴恩溥奏请将山东州县一体核减，速订章程。① 同日，光绪帝有谕：著李秉衡确查征收数目，如有浮多，一律从实核减。②

在该折推动下，是年七月，李秉衡重定东省钱粮征价，他奏称当日征价较银价实有浮多，应自是年下忙起，通省州县地丁征价一律减为每两折收京钱4800文，一切火耗、加平、解费等项均在其内，不准另加分文，向来征价不及此数者仍照旧完纳。③ 光绪二十三年，李秉衡又规范了东省漕粮征价，将卷尾、斛尖、样盘等名目的本色浮收概行禁革，规定漕米畸零尾数只准卷勺成合，不准卷合成升。至折色征价，则重申咸同之际所订章程，每石正米折收京钱12 000文，随征一五耗米折收1800文，共计13 800文。④ 同年，李秉衡将奏准在案的酌减钱粮、漕粮告示通饬立碑。⑤ 因咸丰十一年(1861)东省钱漕改章效果欠佳，光绪二十二

---

① 戴恩溥奏，光绪二十二年五月初二日，录副03-6254-025。
② 《光绪朝上谕档》第22册，光绪二十二年五月初二日，98～99页。
③ 《奏核减山东通省钱粮折收钱数折》，光绪二十二年七月二十八日，戚其章辑校：《李秉衡集》，378～380页，济南，齐鲁书社，1993。
④ 《奏明山东减收钱粮折数及厘定收漕章程通饬立碑折》，光绪二十三年正月初十日，《李秉衡集》，417～418页。
⑤ 《奏陈东省酌减钱漕办理情形折》，光绪二十三年四月初八日，《李秉衡集》，430～432页。

年重定征价可视为当日改革的延续。①

　　另一个典型的例子是江西。光绪二十二年八月，御史华辉奏请核减江西丁漕征价，据称江省钱漕多以钱折纳，同治初年定章地丁每两收钱2400文、漕粮每石收钱3000文。后因银价增昂，至同治十二年(1873)，两项分别增至2682文/两、3420文/石，当日户部议覆内注明："俟银价稍减，再归原定钱数征收"。而近年银价大减，每两仅合钱1400余文，州县征收地丁一两、漕粮一石分别可获盈余500文及700余文。华辉奏请参照同治十二年户部奏案，或是年山东钱漕新章，重定征价，"或仍归原定钱数征收，或将易银盈余钱数悉行裁减"。同日，光绪帝谕令江西巡抚德寿"体察情形，酌量办理"。②

　　光绪二十二年十月十八日，德寿复奏称：江省丁漕，除龙泉、乐安、上饶等属向以银两、洋银完纳外，各州县均系折钱完纳。州县易银上解，确有盈余。值此时势艰难、民力拮据之际，应请自次年上忙起，变通丁漕章程。其内容有二：一是酌减征价，除征银各属外，各州县地丁每两核减100文，征收2582文，漕粮每石核减140文，征收3280文；二是酌提丁漕平余，当日为筹措俄法英德四国借款，江西每岁须负担24万两，司道各库难以挪拨，故请责令各属地丁每两提解平余银7分，漕粮每石加解平余银1钱，统归司库凑解四国借款。③至是年十二月底，江省共提解司库丁漕平余98 604两，分批解交江海关道，归还四国借款。④

---

①　如李希圣便认为："整顿钱粮，左文襄创之于湖南，胡文忠仿之于湖北，其后左文襄行之于浙江，李鸿章仿之于江苏。近闻李秉衡复仿之于山东，皆为国家增数十万之入款，为民间省数十万之出款，利国利民，而不利于中饱。"可见光绪二十二年山东的改革与咸同年间钱漕改章的连续性。李希圣：《光绪会计录·例言》，光绪二十二年印本，4页。

②　华辉奏，光绪二十二年八月二十三日，录副03-6255-049；《光绪朝上谕档》第22册，光绪二十二年八月二十三日，184～185页。

③　德寿奏，光绪二十二年十月十八日，朱批04-01-35-0858-011。

④　德寿奏，光绪二十三年正月二十八日，朱批04-01-35-0858-028。

## （二）光绪二十三年核减征价、提解平余充四国借款

光绪二十一年马关议和后，清朝须在数年内向日本偿付 2.3 亿两的巨款。为此，清政府不得不向列强订立巨额外债合同，这便是光绪二十一年至二十四年间的俄法借款、英德借款及英德续借款，赔款转化为巨额的外债负担。此后，清政府岁增外债支出一千数百万至二千数百万两，清朝的财政收支平衡因此遭长期破坏。光绪二十二年五月，户部奏定摊派各省偿还俄法、英德两项借款。计臣奏称，每岁应还借款约计 1200 万两，其中 1000 万两派令各海关、各省司库分认，各 500 万两。各直省分别负担 15 万至 62 万两不等，该款由各督抚于所收地丁、盐课、盐厘、杂税项下，除常年应解京饷等中央专项经费外，"其余无论何款，俱准酌量提划，各照分认数目，按期解交江海关道，汇总付还俄法、英德两款本息"。①

正是在这一背景下，剔除冗费中饱，提解归公，以应时艰，成为当日普遍的理财思路。光绪二十二年，江西因四国借款提解钱漕盈余，是晚清财政史上田赋盈余充作中央财源的首次。此后，户部试图以江西的成案为典范，将其推广至各省。光绪二十三年六月二十日，给事中庞鸿书奏称江浙等省地丁折价与市价悬殊，请饬核减，以钱折纳者，每两至多较市价加四五百文，以银完纳者，每两酌加三四钱为限。② 户部在议覆折内，奏请行令各省就本地钱粮完纳情形，暨向来征收章程，查明较市价大有浮多者，酌量议减，以银完纳及漕粮征价亦一律酌减。又附片奏称，续借洋款本息虚悬，饬照江西成案分别减征提用，各省照本地情形一体仿办。八月初九日，该折奉旨：依议。自是至光绪二十四年，各督抚先后提出了本省的减征、提解方案，以下一一引述。

**安徽**　早在光绪二十二年安徽办理清赋之际，巡抚福润就主动奏请

---

① 罗玉东：《光绪朝补救财政之方策》，《中国近代经济史研究集刊》第 1 卷第 2 期，215、219～221 页；汤象龙：《民国以前的赔款是如何偿付的》，《中国近代经济史研究集刊》第 3 卷第 2 期，1935，270～272、281 页。

② 《遵议江浙等省浮收地丁条银折价事宜疏》，光绪二十三年，《万国公报》卷107，15 页；《随手档》，光绪二十三年六月二十日。

核减本省钱粮征价，称近年钱价日涨，与征价大相悬殊，请将各州县以制钱折纳之钱粮征价每两酌减 100 文。① 光绪二十三年十月，巡抚邓华熙又参照江西成案，将漕粮征价每石核减 100 文，并提解地丁平余每两 7 分、漕粮平余每石 1 钱，计提地丁平余 17 200 余两，漕粮平余 22 000 余两，共 39 200 余两，悉数留于本省凑解四国借款。每岁提解之数列于春秋拨册内咨部备查。②

**山东**　光绪二十二年，东省钱漕甫经核减，且该省河患频仍，甲午战后海防未撤，州县用款繁钜，故巡抚李秉衡奏准免提钱漕盈余。③

**河南**　豫省提解平余始于光绪二十二年。是年，御史李擢英奏陈，河南地丁浮收过多，应请每两统一征收 1.6 两，除正耗银 1.15 两外，再提 0.1 两解部充公。④ 巡抚刘树堂覆奏称，各州县钱粮盈余无多，且难限以定章。但可稍作变通，仿照上年筹饷成案，每岁由杞县等 34 优缺捐提银 8 万两，分批解凑应摊借款。⑤ 至光绪二十三年十二月，针对户部的奏咨，刘树堂覆奏称，第一，豫省地丁银钱兼征，银价涨落无常，因请照旧征收，毋庸核减。至提用平余，请照此前成案，于杞县等 65 厅州县地丁平余内提解银 10 万两，分批解凑本省应摊洋款。第二，豫省漕粮于同治初年定章，每石解司银 3.3、3 两不等，至同治九年(1870)，因银价昂贵，分别减至每石 3、2.8 两。近年银价下落，应请各州县规复旧章，每石分别加复 0.3、0.2 两，约计每岁可得 4.5 万两，凑拨续借洋款。这样，河南为本省所摊四国借款，每岁共计提解钱漕盈余 14.5 万两。⑥

**湖南**　光绪二十三年十二月，巡抚陈宝箴覆奏称，湘省州县钱漕征价，及钱纳、银纳章程，均系因地制宜，参差不齐，其中澧州等三直隶

① 福润奏，光绪二十二年十月二十六日，朱批 04-01-35-0111-011。
② 邓华熙奏，光绪二十三年十月十八日，朱批 04-01-35-0113-029；邓华熙奏，光绪二十四年十一月初一日，朱批 04-01-35-0115-031。
③ 李秉衡奏，光绪二十三年十月二十一日，朱批 04-01-35-0113-030。
④ 李擢英奏，光绪二十二年八月初九日，录副 03-6255-037。
⑤ 刘树堂奏，光绪二十二年十一月初九日，朱批 04-01-35-0111-016。
⑥ 刘树堂奏，光绪二十三年十二月十五日，朱批 04-01-35-0113-056；《河南全省财政说明书》，《附编·因尽征尽解而自然消减之款》，4～8 页。

州、南洲厅及道州等 21 州县地丁俱系折钱，应请每两减征 100 文，提解钱价平余银 7 分；又澧州厅、南洲厅及荼陵等 15 厅州县漕粮俱系折钱，应请每石减征 140 文，再提解钱价平余银 1 钱。①

**福建**　闽浙总督边宝泉奏称，福建地丁、米粮征价自同治初年核定后，并无浮多，其以钱折纳者每两盈余不过百余文至数百文不等，以洋银折纳者系按市价，故钱粮征价减无可减，亦提无可提。②

**山西、甘肃、陕西**　山西巡抚胡聘之奏称，晋省钱粮多系银纳，即间有折钱者，亦按时价涨落，并无浮多，无可减收提用。本省情形与江西不同，难以仿照办理。③陕甘总督陶模、陕西巡抚魏光焘也分别奏称，甘肃、陕西二省地瘠民贫，钱粮额数较少，民间完纳，除正耗外，随征各款系随时价增减，并无浮多，况陕西地丁征价于同治年间历经核减，应请免于减征、提解。④

**浙江**　同治初年，浙省所订钱粮章程系以钱计。光绪二十二年夏，该省银价顿贱，征价未变，金华府永康县有京控钱粮浮收事。光绪二十三年，该府酌减永康、金华二县钱粮征价。同年，因接八月初九日户部奏咨，布政使恽祖翼"量缺之大小、出纳之多寡"，再次核减各属地漕钱粮征价，多数州县每两减征 40～200 余文，征钱一千八九百至二千余文不等。该省漕粮同治定章征收本色，每石加征二五耗米，本年以之变价稍有盈余，可遵照部章每石提银 1 钱，计可得银 4 万两。但巡抚廖寿丰称此次仅为试办，下届能否照办，须参酌米价再行办理。⑤

**苏属**　前章已指出，同治四年（1865）以降，苏属历年钱漕征价均据银、米市价奏定，并非一成不变。光绪二十二年，因银价下落，该省地丁每两减征 200 文，定为每两 2000 文。故巡抚奎俊奏请钱漕征价毋庸议

---

①　《遵议湘省丁漕征收减提情形折》，光绪二十三年十二月十八日，汪叔子、张求会编：《陈宝箴集》上，586～591 页，北京，中华书局，2003。

②　边宝泉奏，光绪二十四年正月二十八日，朱批 04-01-35-0114-015。

③　胡聘之奏，光绪二十四年二月十五日，朱批 04-01-35-0114-018。

④　陶模奏，光绪二十三年十一月二十七日，录副 03-6257-037；魏光焘奏，光绪二十四年三月二十八日，录副 03-6258-052。

⑤　恽祖翼：《疆恕斋三种·浙游续识》，1～4 页；廖寿丰奏，光绪二十四年正月二十日，朱批 04-01-35-1041-005。

减。但为筹款计，请按各属征数多寡，于钱漕公费内酌量分提，其上缺8县每银一两、米一石各提银5分，中缺11州县各提4分，下缺10厅县各提3分，按上年征数可得银10万余两，专款造报，听候拨用。①

**宁属** 两江总督刘坤一奏称，当日宁属银价在1300～1600文不等，较之征价确有节省。自光绪二十二年奉派四国借款，本省藩司已饬提各属钱漕盈余。既经部咨，应请以钱折收州县地丁每两减收100文，漕粮仍照旧不减，但按实征米数每石提银平余200文，解司拨济四国借款。②

**湖北** 鄂省全照江西成案办理，地丁钱粮除银纳州县外，每两一律减征100文，漕粮自咸丰年间改章后均折钱征收，每石一律减征140文。至钱漕平余，除郧阳、施南、宜昌三府外，各属地丁每两提银7分，漕、南米每石提银1钱。但至光绪二十四年张之洞奏报之时，通省提解总数尚未汇齐查清。③

**四川** 护理四川总督文光奏称，川省钱粮正额仅只66万余两，各属多以银纳，折钱者不过十分之二，征价多在一千八九百至二千零不等，未能仿照江西成案，应请照旧办理。④

就以上奏报来看，光绪二十三年的钱漕减征与提解平余共涉及13省，其中东南沿海及长江流域诸省普遍参照江西成案进行减提。可以说，这是咸同年间钱漕改章后首次全国范围内的征价变动。其背景在于光绪二十二年前后银价的大幅下落，州县政府因此获得了更多的钱漕盈余。另一方面，甲午战后，时局艰危，需款孔亟，剔除中饱、分归上下这一传统的理财思路在此时转化为钱漕的减征、提解。其中，更值得注意的变动是平余的提解，钱漕盈余在咸同年间奏明立案、获得合法的地位后，此时又被充作偿还外债的专款，实际上成为"内销"之款。尽管数万两的规模在各省钱漕收入中所占份额相对有限，但却成为各省洋款经费的重

---

① 奎俊奏，光绪二十四年正月三十日，朱批04-01-35-0859-024；《江苏苏属财政说明书》，《岁入部·杂收入》，48页。

② 《酌减宁属地丁钱价并提平余折》，光绪二十四年三月二十一日，《刘坤一遗集》第3册，1016～1018页。

③ 《奏陈减征丁漕提解平余折》，光绪二十四年闰三月十六日，《张之洞全集》第3册，481～482页。

④ 文光奏，光绪二十四年九月十三日，朱批04-01-35-1044-030。

要来源之一。其比例因各省财政收入结构不同，互有差异，其中，河南一省先后提解盈余共计 21.5 万，占该省洋款负担的 52.12％。① 中央政府染指田赋正项之外的盈余，是甲午战后因外债负担激增，清朝财政收支失衡的典型表现。此后，户部以摊派的方式提解钱漕盈余，成为一种主要的筹款模式，在清末十年被不断复制。

## (三)光绪二十四、二十五年提解学堂经费、核减征价

光绪二十四年(1898)，中央政府再拟提解钱漕盈余，以充学堂经费。按是年奉上谕，各直省自省城以至府厅州县设立西学大小学堂，以育人才，但各省多苦于经费无出。是年四月三十日，御史徐士佳奏请饬下户部行令各省，核减地丁征价，每两只准折收制钱 1700 文，另带征 100 文，名曰学堂经费，专备开办西学之用。② 户部议覆该折后，咨各省于现有征数内量为核减外，每银一两、米一石各提制钱 50 文，另款存储，以为学堂经费。

就现有记载来看，仅有河南、江西、浙江三省覆奏，照户部所议办理。光绪二十四年八月，河南巡抚刘树堂奏称，学堂经费一项，将于次年开征后办理。③ 江西则议定自光绪二十四年八月起地丁每两、漕粮每石提银 4 分，每岁约银 6 万余两，以为学堂经费之用。④ 浙江除瘠缺免提外，其余各属按照实征额数，浙西杭嘉湖三府漕粮每石提钱 150 文，浙东各府地漕每两提钱 20、30 或 50 文不等，每年共计 10 万串左右，省会学堂及各府县小学堂各用一半。⑤ 其余省份或未覆奏，或称州县盈余

---

① 裕长奏，光绪二十五年十一月二十一日，录副 03-6651-044；《河南全省财政说明书》，《附编·因尽征尽解而自然消减之款》，4～9 页。

② 徐士佳奏，光绪二十四年四月三十日，录副 03-9459-022；具奏日期系笔者据《随手档》考订。

③ 刘树堂奏，光绪二十四年八月初六日，朱批 04-01-35-0115-001。

④ 翁曾桂奏，光绪二十四年九月十八日奉朱批，录副 03-9458-023。

⑤ 恽祖翼：《疆恕斋三种·浙游续识》，42 页；《浙江全省财政说明书》，《岁入部·收款·杂款》，23～24 页。

无多，难以再行提解。① 由于府厅州县各级设立西学堂之议在戊戌政变后作罢，即提解该经费的河南、江西二省也将该项移作摊还四国借款、北洋军饷之用。② 因此，提解学堂经费之议并未得到真正的落实。

核减征价成为此期钱漕改革的主题。光绪二十四年间，因言官之奏议，光绪帝两次谕令各省核减、重定钱漕征价，其焦点仍在于征价与市价的差距。八月初四日，御史李擢英奏称，各省州县钱漕大抵以钱作银，任意折算。上年经庞鸿书奏请减征后，除山东、江西外，各省均未认真办理，本年银价日减，每两仅合钱 1100 文上下，而州县征收则每两二千八九百至三四千文不等。应请各省将钱漕征价认真核减，每两较前减收 500～600 文。③ 同日有谕：各督抚应严饬所属按照现时银价，将钱漕征价大加核减，不准仍前浮滥。④ 该议遭到各省督抚的普遍抵制。他们均覆奏称，钱漕征价与银钱市价差距并无上谕所称之悬殊，且上年已将征价核减，并经提解平余，若再行核减，州县办公必至不敷，应请仍照旧征收。⑤

光绪二十四年十二月十一日，又有言官奏称，各省丁漕原有定额，现时银价低落，征价与市价差异悬殊，浮收之数甚至倍于正项。应请将现有征价折合银两，酌提若干作为地方办公之用，另定火耗、解费，其余均实征实解，涓滴归公。如此每年可增钱漕三分之一。所谓"实征实解"的主要意图是加赋，即在承认既有钱计征价的基础上，重新分配盈余，将更多的款项提解归公，以增加钱漕正项。当日军机大臣面奉谕旨：

① 文光奏，光绪二十四年九月十三日，朱批 04-01-35-1044-030；张之洞奏，光绪二十五年正月十六日，录副 03-7203-006。

② 裕长奏，光绪二十五年十一月二十一日，录副 03-6651-044；松寿奏，光绪二十五年九月初二日，朱批 04-01-01-1035-079。

③ 李擢英奏，光绪二十四年八月初四日，录副 03-6261-067；具奏者、日期系笔者据《随手档》考订。

④ 《光绪朝上谕档》第 24 册，光绪二十四年八月初四日，411 页。

⑤ 刘树堂奏，光绪二十四年十月初九日，朱批 04-01-35-0115-015；廖寿丰奏，光绪二十四年十月十九日，朱批 04-01-35-0115-021；邓华熙奏，光绪二十四年十一月初一日，朱批 04-01-35-0115-031；《宁属粮折实难再减折》，光绪二十四年十一月十五日，《刘坤一遗集》第 3 册，1073～1074 页；文兴奏，光绪二十五年四月初八日，朱批 04-01-35-0116-027。

各省丁漕钱数折合银两，参差不齐，自应酌中定价，以归划一。著军机大臣会同户部妥议具奏。① 也就是说，该上谕将改制的重心转为酌中制定划一之征价。

十二月十六日，军机大臣会同户部覆奏称，自光绪二十三年庞鸿书奏请核减钱漕征价，户部数次提出减征、提解之案，但各省照办者，除江西之外，仅有江苏、安徽、浙江、河南、湖南、湖北等省，未加办理者应一律减征提解，奏明报部。至酌中定价一条，各省银钱市价虽有参差，但不至大相悬绝，惟折银火耗轻重不同，运解远近不同，因之折钱多寡不一。计臣认为，与其酌中定价，不若以银钱时价为衡，而将火耗、运脚限以定数。请饬下各省督抚转饬各属查照本地银钱市价，参以向来章程，将地丁一两、漕米一石按时价核定征价，加以折合库平足色纹银所需火耗及运送脚费，定以至多不过若干，由督抚通盘核算，酌中奏定数目，照此征收。② 计臣的意图是将各省钱漕的定价权收归户部，即各省根据银钱时价议定通省划一之征价，并奏明立案，此后若有涨落，应随时奏明办理。而在同日的上谕中，该议被表述为"每年酌中奏定数目征收，以归画一"，即各省征价须一年一奏。③

光绪二十五年间，各省多就酌中定价之事覆奏。但仅有直隶、河南二省遵谕重新限定征价。直隶系光绪二十三年未办理减征提解之省份。总督裕禄奏称，直隶、顺天府属各厅州县钱粮每两征钱一千四百文至二千七八百文不等，应酌中定为每两征银1.43两，以时价合钱1859文，再宽为筹备，折钱2000文。如此，折价较高的良乡、保定等46县每两减征一二百至七八百文不等，其余折价较低及以银征收之98厅州县均仍其旧。④ 同年，又裁减永平、宣化二府屯粮本色浮收，重定州县粜变解价，按市价解司充饷。⑤ 至河南重定征价，则系是年御史刘家模的弹章所促动。刘氏奏称，豫省丁漕征价过重，奉旨酌中定价后，并未办理，

---

① 《光绪朝上谕档》第24册，光绪二十四年十二月十六日，622～623页。
② 世铎等奏，光绪二十四年十二月十六日，录副03-9534-106。
③ 《光绪朝上谕档》第24册，光绪二十四年十二月十六日，622页。
④ 裕禄奏，光绪二十五年八月初七日，朱批04-01-35-0116-058。
⑤ 裕禄奏，光绪二十五年十一月初五日，朱批04-01-35-0117-031。

应仿照直隶、山东成案，地丁每两连提解盈余，至多不得过钱 2400 文，合银加征不得过 5 钱，一律照章办理。① 巡抚裕长覆奏称，豫省地丁征价已经核减，并一再提解平余，每两仅有盈余三四百文，难以再行核减。经再四筹酌，除征数本少者悉仍其旧外，其余完钱州县每两征价至多不得过 2600 文，汝宁、光州所属征价内向含差徭，每两不得过 3000 文，较前共减去 128 000 余串。② 可见，豫、直二省也只是重定了部分州县的征价上限，并未落实酌中奏定征价之议。

此外，苏属自同治四年起，本有历年据时价奏定钱漕征价之成例，与他省情形不同，故请仍照旧办理。③ 其余各省则普遍对减征及酌中议定划一征价表示异议。疆吏们多指出，本省征价自咸同年间定章后，奉行三十余年，官民称便，未便更张。且光绪二十三年前后已分别减征、提解在案，盈余无多，难以再行核减。他们普遍强调：第一，州县折银解司之价不同于市价，因银号商贩多借机抬高折价，故州县征收，实有市价外之负担。且当日银价已渐趋上涨，州县钱价平余更为缩减。第二，除火耗、运费，州县办公经费亦多借钱漕盈余，以资挹注，若再提解，势必赔累。而对于酌中奏定划一征价，他们一致认为并无施行之可能。浙江巡抚刘树堂的表述便具有相当的代表性：

> 各属折征数目，旧章本自参差，良以火耗多寡、运解远近，诚如部议，不能尽同。因之收数向难一律，是以两次核减，均各就旧章，去其所长，因其所短，酌中核定，未能强令从同。至银钱市价、地方冲僻不同，即价值低昂不一，若就一处为衡，窃恐未易平允，且即一县之中，贵贱亦所时有。奏定之后，设有涨落，部议虽仍准

----

① 刘家模奏，光绪二十五年九月十一日，录副 03-6317-067。

② 裕长奏，光绪二十五年十月二十九日，朱批 04-01-35-0117-026；《河南全省财政说明书》，《岁入部·田赋》，43 页。

③ 刘坤一奏，光绪二十五年五月二十六日，朱批 04-01-35-0116-039。本段另据以下史料：毓贤奏，光绪二十五年五月二十九日，朱批 04-01-35-0116-041；邓华熙奏，光绪二十五年六月二十日，朱批 04-01-35-0116-047；《宁属漕米业经分别提减折》，光绪二十五年七月十二日，《刘坤一遗集》第 3 册，1144～1145 页；朱批 04-01-35-0116-051；刘树堂奏，光绪二十六年二月十四日，朱批 04-01-35-0118-020。

奏明办理，然未免事涉纷更，抑且前后不一，转恐有所借口，办理
不无窒碍。

尽管刘树堂所述多有因循、推诿，如当日江苏即实行通省划一、历年奏
定之征价，但亦不无道理。如本书第五章所论，由于财政收支状况（表现
为各地之"旧章"）、银钱市价互异，省内各州县征价参差不齐是一种常
态。与其强令划一征收，不若因仍旧章。如其所言，浙省同治初年及光
绪二十三年两次核减，均系各照旧章办理。也就是说，即使省一级的抚、
藩衙门也很难对所属州县的钱漕征价进行统一、集中的管理。由此，光
绪二十四、二十五年间，户部核减各省田赋征价、收夺定价权的努力以
失败告终。

## 二、庚子至清末的钱漕规复、加捐与提解平余

如果说甲午战后各省的田赋征收的普遍趋势是征价下调，那么庚子
以降，由于负担赔款、办理新政，钱漕不但普遍规复原价征收，尚且另
行加征各种粮捐、亩捐。如《清史稿·食货志》载：

> （光绪）二十年，中日之战，赔兵费二万万。二十六年，拳匪肇
> 祸，复赔各国兵费四万五千万。其后练新军，兴教育，创巡警，需
> 款尤多，大都就地自筹。四川因解赔款，而按粮津贴、捐输之外，
> 又有赔款新捐。两江、闽、浙、湖北、河南、陕西、新疆于丁漕例
> 征外，曰赔款捐，曰规复钱价，曰规复差徭，曰加收耗羡，名称虽
> 殊，实与加赋无大异也。①

可见，各省所谓"津贴""捐输""赔款捐""规复钱价""规复差徭""加收耗
羡"诸种名目，其实质均属"加赋"，这始于庚子赔款的筹措。

### （一）光绪二十七年加捐、提解以充庚子赔款

光绪二十七年七月二十五日，清政府与俄、德、英、法、日、美、

---

① 《清史稿》第 13 册，3543 页。

意、比、奥、荷、西等国订立辛丑条约，允付偿款 4.5 亿海关两，以弥补各国在庚子事件中的损失，谓之庚子赔款，又称"新案（约）赔款"。是年八月，户部奏陈筹措赔款一事，称此次和约赔款前九年每岁应还本利银 18 829 500 两。为筹此巨款，应"于出款力求裁减，入款再求加增"。据计臣统计，通过裁减虎神营、神机营等诸军饷，部库可筹款 300 余万两。各省应通过以下方式筹款：（1）房间捐输、按粮捐输；（2）地丁酌提盈余；（3）盐斤加价，每斤再加 4 文；（4）土药、茶、糖、烟、酒抽厘加收三成，每岁可筹银 1800 余万两。该款硬派于各省，责令按期报解，其数额据省份大小、财力多寡为断。其中，以江苏每岁 250 万两最巨，贵州 20 万两最少，多数省份应摊赔款在 100 万两左右。自派定之后，各省应按户部所开裁减、加增各办法，因地制宜，妥速筹办。由此产生的结果是，此期筹款的重心由中央移至各省。①

在户部所拟四条筹款方案中，有两条与田赋相关。一是"房间捐输、按粮捐输"，即铺捐与粮捐，此条当日广东已电奏开办，"如果妥定章程，办有端绪，尚属筹款大宗，拟通饬各省一体酌量试办"。所谓按粮捐输，即以捐输之名，行田赋加征之实，以示不同于加赋，如咸丰以降四川之例。光绪二十七年间，广东巡抚德寿电奏行在军机处，请仿照四川捐输，办理粤省随粮捐输。初议按地丁、米粮征价带征三成。嗣以抽收过重，且各属平羡不一，征收互异，不能整齐划一，于光绪二十九年起，改照银米正额，带收三成。②

另一条是酌提地丁盈余，户部奏称："地丁收钱，酌提盈余，剔除中饱，山东已奏准办理，臣部亦抄录原奏，行咨各省仿办，现拟再行通饬各省，切实遵办。"山东奏准办理，事在光绪二十七年六月，护理巡抚胡廷幹奏请于地丁剔除中饱，酌提盈余，以集巨款，而济时艰。他指出，东省钱号州县征价已于光绪二十二年间经李秉衡核减，而银号州县征纳

---

① 罗玉东：《光绪朝补救财政之方策》，《中国近代经济史研究集刊》第 1 卷第 2 期，242~244 页；汤象龙：《民国以前的赔款是如何偿付的》，《中国近代经济史研究集刊》第 3 卷第 2 期，273~276 页。

② 德寿奏，光绪二十八年十月二十八日，朱批 04-01-35-0703-085；《广东全省财政说明书》，《岁入部·田赋上》，60 页。

多由包户之手，中饱甚巨，应请一律改为征钱，均照李秉衡所定 2400 文/两征收。① 除正耗、火耗、解费外，其盈余一律提解司库，计每两酌提 3 钱至 3 钱 5 分不等，总计每岁可集款 50 万两上下。② 也就是说，对于从田赋项下筹款，户部提出了两种方案：一是按粮捐输，即钱漕加捐；二是提解地丁盈余，分别以广东、山东为模板。光绪二十七、二十八年间，各省普遍就此覆奏，以下分别引述各省筹款方案中与田赋相关者。

**山东**　除提解地丁盈余外，东省也自漕粮项下筹措赔款。光绪二十七年七月初二日，清廷谕令江苏、浙江、山东三省海运、河运一律停止，漕粮概解折色，其节省运费并漕务浮费一并提解归公，以济时艰。③ 八月，巡抚袁世凯奏称，东省漕米、兵米改折，可筹节省运费及归公浮费 30 万两。这样，东省于钱漕盈余及漕粮节省运费内共筹款 80 余万两。④ 而在光绪二十六年，为筹措武卫右军先锋队月饷，袁世凯已先后于本省钱号州县地丁每两提银 1～2 钱，有漕州县漕粮每石提银 3 钱，共计 24 万～25 万两。该款也部分用于赔款之费。⑤

**山西**　光绪二十七年六月，山西巡抚岑春煊预筹本省赔款经费，拟开征"按亩摊捐"，每钱粮一两随捐银 1 钱 5 分，每岁共可得银 37 万～38 万两，专作赔款之用。⑥

**苏属**　苏属按照户部所拟地丁收钱，酌提盈余一条，规复地漕征价，即恢复光绪二十二年核减之每两 200 文，仍照每两 2200 文征收。此 200

---

①　所谓"银号"是指地丁银征价以银计之州县，"钱号"则指征价以钱计之州县，至花户完纳，无论银号、钱号，仍多以制钱。

②　胡廷幹奏，光绪二十七年六月初十日，朱批 04-01-35-0120-018。

③　该谕发布后不久，京师粮价大涨，清廷又改变计划，令江浙两省每年仍筹运漕粮 100 万石接济京师，其中江苏 60 万石、浙江 40 万石，其余额漕一律改解折色。参见李文治、江太新：《清代漕运》，478～480 页。

④　《东省漕粮改折节提运费浮费归公折》，光绪二十七年八月二十九日；《遵照部议筹摊赔款折》，光绪二十七年九月十九日，《袁世凯奏议》上，298～300、314～316 页，天津，天津古籍出版社，1987。

⑤　《遵旨筹饷练兵酌拟办法折》，光绪二十六年三月初七日，《袁世凯奏议》上，87～90 页；《山东全省财政说明书》，《岁入部·杂款》，13～15 页。

⑥　张人骏奏，光绪三十二年三月初一日，录副 03-9647-021；《山西全省财政说明书》，《山西全省财政沿革利弊说明书》，17 页，经济学会，1915。

文作为"规复银价"，由州县易银解司，专款存储。以当日实征额数，每岁可得钱 40 余万串，合银 30 万两。①

**宁属** 两江总督刘坤一奏称，宁属情形与山东不同，应仿照苏属办法，将光绪二十四年间地丁每两减征之 100 文照旧征收，漕粮则在每石提解 200 文之外，再提 200 文，共计 400 文。以上两项共可得银 7 万余两，统由司库专款存储，以备赔款、新政要需。②

**江西** 江西于丁漕内加征亩捐，地丁每两加征 200 文，除规复光绪二十三年酌减之 100 文外，实加 100 文；漕粮每石加征 300 文，除规复减征之 140 文外，实加征 160 文，以上均按每钱 1000 文折银 7 钱 4 分解司。两项每岁可得钱 40 余万串，合银 20 余万两。③

**湖北** 鄂省的方案基本照搬江西，也是规复丁漕征价并加提平余。即将光绪二十三年间减征之地丁每两 100 文、漕粮每石 140 文规复征收，合计每岁得银数万两。此外，光绪二十三年为筹四国借款提解地丁每两 7 分、漕粮每石 1 钱之平余，各属每岁实解者甚属有限，令于原议额数之外，再分别等次酌量加提，约计可得银 10 余万两。④

**浙江** 浙省之按粮捐输，开征粮捐，议定各属应征地漕钱粮，无论新征旧欠，一律按照实征之数每两加捐钱 300 文，总计每岁可得钱 70 余万串。⑤

**安徽** 皖省之按粮捐输，仿照此前江西、浙江办法，规复光绪二十三年减征之地丁每两、漕粮每石各 100 文，另加捐钱 200 文，钱漕每两、每石分别加收 300 文。按近年实征额计算，每岁可筹银 29 万～30 万两。

① 聂缉椝奏，光绪二十七年十一月庚寅，朱寿朋编：《光绪朝东华录》第 4 册，4797 页，北京，中华书局，1958；《江苏苏属财政说明书》，《岁入部·田赋》，15、18 页。

② 《宁属丁漕分别征提储备赔款折》，光绪二十七年十一月初六日，《刘坤一遗集》第 3 册，1314～1315 页。

③ 《江西全省财政说明书》，《岁入部·丁漕兵屯杂款》，28 页；瑞良奏，光绪三十三年十二月初七日，朱批 04-01-35-0130-006。

④ 《规复丁漕减征并加提平余、酌抽契税凑解赔款折》，光绪二十八年正月初九日，《张之洞全集》第 4 册，51～52 页。

⑤ 任道镕奏，光绪二十八年二月二十五日，朱批 04-01-35-0862-073；《浙江全省财政说明书》，《岁入部·收款·杂捐》，47 页。

此外，又提解州县盈余 78 000 两，以充赔款之用。①

**陕西**　陕西的情况不同于以上各省，其赔款经费来自"规复差徭"。差徭是华北、西北州县额外收入的主要来源，兼有赋、役双重性质：其名目普遍为各级政府公务之需，近似徭役之遗存，形式上则多随地丁钱粮带征，类似田赋附加税。陕省差徭负担较重，每岁 100 余万串。光绪初年，巡抚谭钟麟递减至 60 万串，此后经一再裁减，仍留 20 万串有奇。光绪二十八年，为筹赔款之费，护理巡抚李绍棻奏准酌加旧有差徭，各州县一律征收，普遍按地丁每两加征 4 钱。除留支供差外，余银约 40 万两，指定充作赔款之用，名曰"规复差徭"或"赔款差徭"。②

**河南**　巡抚锡良奏请仿照此前江苏、陕西规复银价、差徭之案，将钱粮照旧价征收，盈余提解赔款之用。先是，光绪二十五年间，因御史刘家模之奏，巡抚裕长定以各属钱粮征价每两以 2600 及 3000 文(汝宁、光州)为上限，共减钱 128 000 余千。至是则仍请按照旧数酌量加收，汝宁、光州每两减征 300～900 文者，一律规复 300 文，其减征 300 文以下者，一律照旧加复。以上共可得钱 10 万余千，按时价合银 8 万余两。③

**福建**　闽省照按粮捐输一条，议定随粮捐一项，计地丁银一钱、粮米一斗各收捐 40 文，即完纳地丁一两或粮米一石者，各加征粮捐 400 文，每岁共计得银 339 000 两零。④

**四川**　川省自同治元年起开始办理按粮捐输。至光绪二十七年，又于原派捐输外，再按年加派 100 万两，名曰"新加捐输"。⑤

**新疆**　巡抚饶应祺奏准，新疆粮石不分本折每石加征耗银 1 钱

---

①　聂缉椝奏，光绪二十八年正月十九日，录副 03-6273-005；《安徽全省财政说明书》，《岁入部·杂捐》，23 页；《岁入部·杂款》，44～45 页。

②　《陕西全省财政说明书》，《岁入部·协济款及田赋类》，98、102～103 页。

③　《豫省赔款拟酌复钱粮旧价折》，光绪二十八年三月二十七日，中国科学院历史研究所第三所工具书组整理：《锡良遗稿·奏稿》第 1 册，210～211 页，北京，中华书局，1959。

④　崇善奏，光绪二十九年六月甲寅，《光绪朝东华录》第 5 册，5046 页；《福建全省财政说明书》，《岁入部·杂捐类》，2～3 页，经济学会，1915。

⑤　《四川全省财政说明书》，《新加捐输》，6 页。

5 分。①

再将以上各省相关情况整理为下表 9-1：

表 9-1　各省筹措庚子赔款加征田赋、提解盈余额数统计

| 省份 | 加征田赋 | 提解盈余 | 田赋项下筹款总额 |
|---|---|---|---|
| 广东 | 地丁每两、米粮每石照正额加征三成 | 无 | 不详 |
| 山东 | 无 | 地丁银号州县改为钱号，每两提银 3～3.5 钱不等；提解漕粮浮费、节省运费 | 80 万两(地丁盈余 50 万两、漕粮盈余、运费 30 万两) |
| 山西 | 地丁每两捐银 1.5 钱 | 无 | 37 万～38 万两 |
| 江苏苏属 | 地丁每两规复 200 文 | 无 | 30 万两 |
| 江苏宁属 | 地丁每两规复 100 文 | 漕粮每石加提 200 文 | 7 万两 |
| 江西 | 地丁每两加捐 200 文(规复 100 文，实加 100 文)；漕粮每石加捐 300 文(规复 140 文，实加 160 文) | 无 | 20 余万两 |
| 湖北 | 地丁每两规复 100 文，漕粮每石规复 140 文 | 加提丁漕盈余 10 余万两 | 不详 |
| 浙江 | 地丁钱粮每两加捐 300 文 | 无 | 70 余万串 |
| 安徽 | 地丁每两加捐 300 文(规复 100 文，实加 200 文)；漕粮每石加捐 300 文(规复 100 文，实加 200 文) | 提解盈余 78 000 两 | 不详 |
| 陕西 | 地丁每两加征规复差徭 4 钱 | 无 | 40 万两 |
| 河南 | 地丁每两至多规复 300 文 | 无 | 8 万余两 |
| 福建 | 地丁每两、米粮每石加捐 400 文 | 无 | 339 000 余两 |
| 四川 | 地丁新加捐输 | 无 | 100 万两 |
| 新疆 | 粮石每两加收耗羡 1.5 钱 | 无 | 不详 |

---

① 《新疆全省财政说明书》，《田赋》，14 页，经济学会，1915。

在分摊庚子赔款的 19 省中，除直隶、湖南、甘肃、广西、云南、贵州 6 省外，其余 13 省均于田赋项下筹款。① 所用方式主要是随粮加捐，即向粮户按额征收附加税，除山东外，各省均照此办理。其次是提解盈余，应由州县官承担，共有 4 省，其中山东于田赋项下所筹 80 万两，几乎全部来自丁漕盈余。按光绪二十二年间，山东征价甫经核减，历任巡抚也一再奏称并无盈余可提。然至光绪二十七年间，却于钱漕内筹措巨款 80 万两。其中或有部分属于州县隐匿的盈余，但数量绝不至如此之巨。② 这意味着，奏折中所谓的提解盈余，势必转化为加征，实与加赋无异。如河南巡抚锡良就指出，州县公务支项较多，"银价涨落无定，取于下者既为核减，归于上者又有加提，办公已形竭蹶"，若再行加提盈余，"恐官多赔累，仍将剥蚀民间"。③ 提解盈余名义上是将赔款摊派至州县，由其自筹经费，但就当日州县的财政状况来看，官困必致民累，故此举实与按粮加捐无异。

可以认为，提解丁漕盈余不过是田赋加征在奏折中的另一种表述而已。且各省的钱漕加征，也无一例外地避免加赋之名，多称之曰"按粮捐输""加捐"，以示该款为绅民主动捐助，属于捐输，不同于正项。此外，各省提高既有征价，也多用"规复"一语，以示该款曾经核减，此为恢复征收旧价，不同于加征。但诚如《清史稿》所载："名称虽殊，实与加赋无大异也。"以各种名目来遮掩加赋之实，足见当日官员对于加赋一事，仍有相当之顾虑。如光绪二十七年，河南初议本省筹款章程，盐斤加价、契税、货厘各项，并奏停武卫右军协饷，仅得所摊赔款之七成，其余二三成无从罗掘。巡抚锡良奏称，筹款事关全局安危，"惟有姑作剜肉医创之想，因将部议条内按粮捐输一节，熟思审处，深恐筹虑稍有未周，办理必难允当"，"尤未敢失之操切，致激事变"。因此，他奏请将其余三成

---

① 以上 6 省除湖南、直隶外，均属边远贫瘠省份，所摊赔款最少，每岁不过 20 万～30 万两。其中，广西所筹款项，部分来自官员报效，可视作另一种形式的提解盈余，也与田赋相关。

② 特别是将银号州县一律改以征钱，每两酌提 3～3.5 钱一节，几无操作之可能，更无法从中筹款 50 余万两。

③ 《豫省新摊赔款筹办情形折》，光绪二十七年十二月初二日，《锡良遗稿·奏稿》第 1 册，152 页。

赔款减免，以纾民力。① 嗣准部咨，仍令照原摊之数筹拨。次年，锡良又奏称，本省赔款无可再筹，不得不酌复钱粮旧价，提归公用。他称此为"万不得已之举"，一俟赔款届满，即将钱粮照旧减征。② 由此事可见，对于当日的疆吏而言，考虑到加赋可能引起的反弹（"办理必难""致激事变"），相对于盐税、厘金等间接税，田赋附加税成为最后的选择。同时，他们也无一例外地注明，一俟赔款事竣，该项加征即行停止。如湖南的赔款经费主要来自盐斤加价与土药税加征，并不取资于钱漕。对此，巡抚俞廉三奏称：

> （按粮捐输）公帑不过涓滴之增，而加赋遂为怨咨之府，不如盐捐可按日匀抽，出于不觉。臣再三考察，实见各项捐输，惟盐斤加抽最无流弊。③

此固与湘省的收入结构有关（钱漕额数较少），但也是疆吏权衡利弊（加赋可能带来不良后果）后的选择。

尽管如此，由于每岁新增约 2000 万两赔款支出，各省仍不得不于田赋等主要税项下分别罗掘。据王树槐统计，来自田赋加捐的收入占各省赔款总额的 20.53%，少于盐斤加价（27.41%），及烟酒税、土药税为主的货物税（22.1%）。④ 罗玉东则估计，田赋加捐约占赔款总额的六分之一强。⑤ 综上言之，来自田赋项下的加捐与盈余占各省赔款经费的 20% 左右，似不为过。具体到各省，无论每两加捐数、提解盈余数，还是田赋项下筹款总额，均存在较大的省际差异，这与各省财政收入结构（田赋所占比重）、财政状况及摊派赔款额数直接相关。其中，四川、山东、陕

---

① 《豫省新摊赔款筹办情形折》，光绪二十七年十二月初二日，《锡良遗稿·奏稿》第 1 册，151～154 页。

② 《豫省赔款拟酌复钱粮旧价折》，光绪二十八年三月二十七日，《锡良遗稿·奏稿》第 1 册，210～211 页。

③ 俞廉三奏，光绪二十八年六月二十四日，朱批 04-01-35-0863-060。

④ 王树槐：《庚子赔款》，163～183 页。需要说明的是，王著将"提解盈余"一款另归入"撙节及挪用"项下。

⑤ 罗玉东：《光绪朝补救财政之方策》，《中国近代经济史研究集刊》第 1 卷第 2 期，246～248 页。

西三省的每两加捐数、粮捐总数在各省中名列前茅，田赋成为其赔款经费的主要来源。此外，广东、福建、山西、新疆等省田赋征价亦有大幅上涨。

但应注意的是，这仅是纸面上的筹款方案，并未完全落实。此后数年内，部分省份在筹解赔款时，也以他种收入取代了田赋加捐。清季各省由田赋项下筹措新案赔款，毫无疑问地增加了粮户的负担，此点多为先行研究所强调，但其程度、效果，仍有待于进一步分析。若从田赋制度的演变来看，庚子赔款加捐的意义在于，这是晚清首次在全国范围内正式开征田赋附加税，它不同于咸同年间四川一地开征津贴、捐输，以及各省重定钱漕征价。在财政收支严重失衡的背景下，永不加赋的底线事实上已经失守。

此后十年中，随着新政事业的推进，各省普遍为此开征新的田赋附加税名目，主要是"学堂捐"与"警捐"，福建、四川、云南三省另有"铁路捐"之征。至光绪三十四年清廷宣布"预备立宪"之后，少数省区还出现了名为"自治捐""新政捐"的附加税。[①] 限于篇幅，本书无法对该问题展开论述。但笔者认为，相对于加捐造成的田赋负担的增加，其对田赋制度的冲击——地方开始获得田赋的定价权，省乃至州县各级均可因事于田赋附加税内筹款——影响更为深远，民国以降田赋附加税的恶性膨胀即肇因于此。

## （二）光绪二十九、三十年提解优缺盈余以充练兵经费

庚子之变后，特别是日俄战争期间，练兵筹饷成为清朝政治的主题。光绪二十九年清廷设立练兵处，整齐军制，拟于近畿筹练新军。在练兵经费的筹措上，中央政府又延续了此前向各省摊派定额之法。光绪二十九年十一月初六日，光绪帝下谕筹措北洋练兵经费，称言：

> 现在国步艰虞，百废待举，而库储一空如洗，无米何能为炊，如不设法经营，将大局日危，上下交困，后患何堪设想。查近年银

---

① 王业键：《清代田赋刍论(1750—1911)》，83～86 页。

> 价低落，各省不甚悬殊，其向以制钱折征丁漕各州县，浮收甚多，
> 而应征之房田契税报解者，什不及一。……在各督抚每以保全优缺、
> 优差，留为调剂地步，不肯实力清厘。

当此国势阽危之际，著各督抚自光绪三十年起，"将所属优缺、优差浮收款目彻底确查，酌提归公，并将房田税契切实整顿，岁增之款各按省分派定额数，源源报解"。除东三省及疆、甘、黔六省外，各省每岁应解银10万至35万两不等，共计320万两。如地方情形实有为难，"准其在本省各项原有中饱陋规内酌量筹补，必须筹足定额为度，不准稍有短欠"。同日，又谕各省仿照直隶之案（每年抽收80余万两），实力整顿烟酒税，分别派定税额60万至80万两不等，每岁共计646万两。① 在户部拟筹的966万练兵经费中，优缺、优差浮收中饱占了一定比例。如上谕所言，优缺浮收主要指丁漕盈余，即钱价平余。而优差浮收则指各盐、厘局卡之盈余。计臣们认为，各省州县仍存在大量的丁漕盈余，试图向各省摊派定额的平余负担，以此筹措练兵经费。以下是各省酌提优缺丁漕盈余的相关情况。

**山东、河南** 豫、东二省地处近畿，是最早练军筹饷的省份。在光绪二十九年十一月的上谕发布前，二省已分别添练新军，就地筹款。光绪二十六年，山东为筹武卫右军先锋队月饷，分别于地丁每两酌提盈余1~2钱，漕粮每石酌提盈余3钱。此后银价减落，所提经费不敷，至光绪二十九年，东省再于地丁每两加提盈余1钱，共得银18万余两，漕粮每石加提盈余1钱，均充作武卫右军先锋队月饷。②

同年，河南巡抚张人骏拟仿照光绪二十七年山东筹措赔款之案，将河内等45银号州县钱粮一律改以征钱，每两收钱2400文，所得盈余解司充饷，每岁预计筹款30万~40万两。除地丁盈余外，另提祥符等53有漕州县漕余111 618两。但是年豫省部分州县因钱粮滋事，故地丁改

---

① 《光绪朝上谕档》第29册，光绪二十九年十一月初六日，336~338页。
② 周馥奏，光绪二十九年九月十九日，录副03-6275-091；《山东全省财政说明书》，《岁入部·杂款》，13~15页。

钱征收之议并未施行。① 至光绪二十九年十二月奉筹饷上谕后，巡抚陈夔龙议于缺分稍优之杞县 76 州县，每岁再提银 5 万两。由此可见，此前张人骏所议提解盈余数显然过高。除丁漕盈余外，豫省另于盐斤加价及百货厘局等优差再加厘剔，每岁提归公银 2 万～3 万两。②

**直隶**　直隶每岁奉摊练兵经费 30 万两，总督袁世凯奏称，田赋项下仅粮租盈余可提银 2 万两，宣化府属屯粮巣价可提银 2 万两，"钱粮浮收之项，实已无可再提"。此外 26 万两，则从田房契税（15 万两）、优缺盈余（5 万两）、盐税（2 万两），及撙节河工经费（4 万余两）内筹措。③

**安徽**　巡抚诚勋奏称，皖省州县盈余所剩无几，拟由巡抚、两司、道府各员分别报效银万两至数百两不等，并于怀宁等 53 优缺州县酌提盈余 51 900 余两，两款每岁共计 80 200 余两。至田房契税，则照原价加倍征收，与酌提归公银一并凑足 10 万两。这与皖省所摊每岁 15 万两的盈余额仍有不小的差距。④

**江西**　江省拟于地丁每两再提银 4 分，漕粮每石再提银 5 分，名曰练兵经费，按常年征数每岁可得银 67 000～68 000 两。另漕粮项下向有折坐支耗米银 12 000 余两，为串簿纸张、驳船仓役等费，原归州县支销，亦悉数提解。以上两款每年共可得银 8 万两。除酌提优缺盈余外，该省又由各府州县报效 8 万两，烟酒税厘银筹银 4 万两，凑足本省奉摊 20 万两之数。⑤

**江苏**　巡抚端方奏称，钱漕中饱已严札清查，"然州县办公所需，不能不留为有余，恐亦所得无几"，可见苏省州县盈余已经量为缩减。尽管

————————

　　① 　张人骏奏，光绪二十九年正月初五日，朱批 04-01-01-1061-018；张人骏奏，光绪二十九年闰五月初六日，朱批 04-01-01-1061-061。

　　② 　陈夔龙：《酌提优缺优差经费并办当契捐折》，光绪二十九年十二月十七日，《庸盦尚书奏议》卷 3，1913 年印本，25～28 页；《河南全省财政说明书》，《附编·因尽征尽解而自然销减之款》，18～20 页。

　　③ 　《遵旨筹提归公银两折》，光绪二十九年十二月二十一日，《袁世凯奏议》中册，906～907 页。

　　④ 　诚勋奏，光绪三十年三月二十八日，朱批 04-01-35-0582-017。

　　⑤ 　夏旹奏，光绪三十年五月初二日，朱批 04-01-35-0582-025；胡廷幹奏，光绪三十一年八月初一日，朱批 04-01-01-1073-008。

如此，苏、宁二属仍认解加提丁漕盈余共计 21 万两。①

**浙江**　浙省每岁认解练兵经费 30 万两，包括差缺浮收、烟酒等项。其中，出自田赋之款计有提解丁漕盈余 120 500 两(浙西三府漕粮平余、浙东八府地丁平余各半)，节省漕粮运费 28 207 两零，以及院司道报效(出自廉俸、公费)14 400 余两。②

以上除江、浙、鲁三省因钱漕额数较巨，认解盈余稍多，其余诸省所提盈余不过数万两，不仅与户部所派额数差距明显，更是远低于此前赔款案内的盈余提解额数。即便是这些为数不多的款项，各省也普遍强调，当日盈余实已无可再提，此系以练兵大局为重，于万难之中设法筹济之款。③ 此外各省均奏称，难以于酌提盈余及烟酒项下筹足所摊练兵经费，不得不别筹的款。且光绪三十年应解之款，各省多不及按所拟方案筹办，普遍挪移本省库款，或借用洋款解交。④

或因提解优缺盈余之议效果不佳，光绪三十年六月初二日，户部又谕令各省将钱漕征收情况开列简明表册。该谕称，"方今时事多艰，民生重困，而官吏壅蔽，下情不通，甚至地方钱粮浮收中饱，以完作欠，百弊丛生"，著令各督抚将各属征收钱粮情况开列简明表册，内载：

> 该州县钱粮正额若干，现在实征若干，向系收银者注明每赋一
> 两正耗各收银若干，或系收钱折银，或系收银元作银，均注明每银
> 一两折收若干。每漕米一石收本色者正耗各收米若干，收折色者每

---

① 端方：《练兵要需请推广鼓铸折》，光绪三十年七月，《端忠敏公奏稿》卷 4，12～13 页，台北，文海出版社，1967。

② 聂缉椝奏，光绪三十年十一月十五日，朱批 04-01-01-1068-053；《浙江全省财政说明书》，《岁入部·收款·杂款》，21～23 页。

③ 据何汉威统计，江苏、山东等六省认解的优缺、优差盈余，至多占户部所派额数的 60%，少者仅有 40%。氏著：《从银贱钱荒到铜元泛滥——清末新货币的发行及其影响》，《"中央研究院"历史语言研究所集刊》第 62 本第 3 分，425 页。

④ 张人骏奏，光绪三十年二月初八日，朱批 04-01-01-1067-026；《筹拨练兵的款折》，光绪三十年七月十六日，《张之洞全集》第 4 册，188～189 页；升允奏，光绪三十年七月十九日，朱批 04-01-01-1068-006；《筹解本年练兵经费片》，光绪三十一年四月初五日，《锡良遗稿·奏稿》第 1 册，479～480 页；张曾敭奏，光绪三十一年九月初八日，朱批 04-01-01-1074-004；岑春煊奏，宣统元年四月初八日，朱批 04-01-01-1387-036。

石收银钱若干。此外有无陋规杂费，逐一登明，据实声叙，各令和
盘托出。不准含混遗漏。

该表册由各省奏报，经户部核对后刊入官报，"俾众共知，借以察官方而
通民隐"。① 这是试图彻底调查州县钱漕征收之细节，摸清其收支实态，
并将其公开，引入民众监督。显然，户部的意图仍在于尽可能地挖掘州
县的中饱盈余，将之彻底提解，以充练兵经费。各省奉到该谕后，多将
本省钱漕征额、征价及征纳方式详细奏明，但一致强调，征价历经核减、
提解，所余仅敷征解及办公之用，并无陋规杂费可提。②

　　总体而言，各省未能按照光绪二十九年上谕所派额数解交练兵经费。
就光绪三十年至三十二年的情况来看，各省的认解额平均占到所派的七
成，而实际解交之款约为派定额数的五成。这在相当程度上是由于练兵
经费及他项解款负担之重，令各省难以应付。但经过一番讨价还价，中
央仍能借助摊派从各省抽提为数不菲的经费。③ 至各省所解练兵经费的
来源，也不同于户部的设计。在整顿烟酒税、田房契税方面，除了直隶、
东三省、四川、广东外，其余省份并未积极推行。而酌提优缺盈余一项，
如前文所论，亦仅有少数省份响应，且认解之额普遍低于摊派额。与之
相关的开呈钱漕简明清册一条，户部更是未有涓滴之入。各省认解的练
兵经费，主要来自于发行货币，即本省铜元余利。光绪三十一年，各省
解交练兵经费 600 万两，其中约 270 万两出自铜元余利。但该项非能即
时提取，须俟厂成开工后，始可提取。此后，因恃铜元余利补助军饷之

---

① 《光绪朝上谕档》第 30 册，光绪三十年六月初二日，109 页。
② 袁世凯奏，光绪三十年十一月十一日，录副 03-6279-011；陈夔龙：《查覆
豫省各属经征钱漕情形折》，光绪三十年十二月初八日，《庸盦尚书奏议》卷 5，9～11
页；胡廷幹奏，光绪三十一年二月初五日，朱批 04-01-35-0126-036；聂缉椝，光绪
三十一年二月二十五日，朱批 04-01-35-0126-042；《查明川省征收地丁情形折》，光
绪三十一年四月初六日，《锡良遗稿·奏稿》第 1 册，487～488 页；张曾敭奏，光绪
三十一年四月十二日，朱批 04-01-35-0126-053；林绍年奏，光绪三十一年四月十六
日，朱批 04-01-35-0126-054；丁振铎奏，光绪三十一年五月初十日，朱批 04-01-35-
0126-057；岑春煊奏，光绪三十一年六月十五日，朱批 04-01-35-0126-072。
③ 何汉威：《清季中央与各省财政关系的反思》，《"中央研究院"历史语言研究
所集刊》第 72 本第 3 分，615～616 页。

省过多，导致铜元充斥，市价大跌，复议停铸。① 这一现象说明，至光绪三十年筹措练兵经费之时，清朝各旧有税项多已无可开掘，以致严重依赖铸币收入这一新财源。就田赋而言，经四国借款、新案赔款两次提解，此时州县盈余确已提无可提。在光绪三十年以降各省所筹练兵经费中，丁漕平余所占比重甚低，即最明显的表现。况丁漕盈余形成的货币条件——银贱钱贵的趋势，也于此时发生逆转。此后，州县之盈余一转而变为赔累。

## 三、从银贱钱贵到银贵钱贱：州县的财政困境

光绪二十二年至二十九年间，各省得以一再从田赋内筹措四国借款、新案赔款以及练兵经费，很大程度上是由于银贱钱贵的趋势，即银价相对下落而可获钱价之平余。② 缘咸同之际各省所议钱漕征价，多以每两1600 文甚至 1800 文作为银钱兑换的标准。迨光绪二十二年，银价一度跌落至每两易钱 1100～1200 文，而在光绪二十六至三十年间，纹银每两也不过折钱 1300 余文。然至光绪三十一年以降，银钱比价发生了戏剧性的变化。20 世纪初年，各省普遍因赔款及新政经费的筹款压力滥铸铜元，而此前长期下跌的国际银价突于 1903—1906 年的三年间上涨近两成，在此背景下，制钱、铜元币值剧跌，银价则节节上涨。③ 银贵钱贱成为清季光宣之交的一般状态。这一转变可参见表 9-2：

① 罗玉东：《光绪朝补救财政之方策》，《中国近代经济史研究集刊》第 1 卷第 2 期，252 页；何汉威：《从银贱钱荒到铜元泛滥——清末新货币的发行及其影响》，《"中央研究院"历史语言研究所集刊》第 62 本第 3 分，423～427 页。

② 关于光宣之交铜元贬值对于州县财政的影响，何汉威已做了极为详尽深入的考察，本节在借鉴该研究的基础上，利用档案史料对部分省区再作申论。何汉威：《从银贱钱荒到铜元泛滥——清末新货币的发行及其影响》，《"中央研究院"历史语言研究所集刊》第 62 本第 3 分，449～464 页。

③ 何汉威：《从银贱钱荒到铜元泛滥——清末新货币的发行及其影响》，《"中央研究院"历史语言研究所集刊》第 62 本第 3 分，451 页。

**表 9-2 1900—1911 年江苏、江西银钱比价统计** （单位：文/两）

| 年份 | 江苏 | | 江西 | |
|---|---|---|---|---|
| | 上半年 | 下半年 | 上半年 | 下半年 |
| 光绪二十六年 | 1362 | 1362 | 1429 | 1429 |
| 二十七年 | 1375 | 1359 | 1429 | 1408 |
| 二十八年 | 1356 | 1353 | 1389 | 1389 |
| 二十九年 | 1323 | 1312 | 1333 | 1333 |
| 三十年 | 1329 | 1340 | 1370 | 1370 |
| 三十一年 | 1413 | 1425 | 1563 | 1692 |
| 三十二年 | 1503 | 1507 | 1724 | 1721 |
| 三十三年 | 1534 | 1538 | 1724 | 1754 |
| 三十四年 | 1600 | 1900 | 1850 | 1900 |
| 宣统元年 | 2000 | 2000 | 2000 | 2080 |
| 二年 | 1900 | 1710 | 1805 | 1805 |
| 三年 | 1800 | 1700 | 1700 | 1700 |

资料来源：罗玉东：《中国厘金史》，528 页。

由上表可以清楚地观察到，银价在光绪二十六至三十年间相对稳定，自光绪三十一年起骤增数百文，此后历年上涨，在宣统元年达到顶峰，突破 2000 文/两的大关。这一趋势并非局部现象，银价的上涨风潮由江西、江苏，迅速波及浙江、安徽、湖南、湖北、山东、直隶、广东、广西、福建等中东部省区，甚至吉林、察哈尔等边远省区也受到严重的冲击。[①]

货币因素的剧烈变动，对于州县一级财政的影响可以说是毁灭性的。此前各省的地丁、漕粮内正杂各款几乎均是征钱解银，即征收一以钱计，而支出则无论是正项，或是提款、粮捐，均以银两为单位。由于银钱贵贱的转换，州县的钱漕收入大幅缩水，而支出则因之骤增。更严重的是，自光绪二十三年以来历次所提钱漕盈余均为钱价平余，而至光绪末年，不仅平余因银贵消失殆尽，州县甚至还要因此背负额外的负担，盈余瞬

① 王宏斌：《清代价值尺度：货币比价研究》，365～373 页。

间转化为赔累。以下笔者将以江苏、江西等省为例，描述清末州县的财政困境，反思此前历次筹款的实效。

## (一)江苏

苏属是唯一分忙奏报银价、确定地丁征价的省份，故该省对于银价的变动最为敏感。光绪三十二年三月，两江总督周馥便奏请调整地丁征价。按苏属于同治四年减浮案内奏明，地丁每两征钱 2000 文，其中 1400 文为当日每两银价，600 文为随征公费。同治七年，银价上涨，每两易钱 1700 文，苏属征价遂改为每两征钱 2200 文。迨同治十年，银价更涨至每两 1800 余文，征价又上调至每两 2400 文。此后，光绪三年、二十二年间，因银价下落，各减征 200 文，又恢复至每两 2000 文的水平。光绪二十八年，为筹还新案赔款，苏属规复光绪二十二年核减之每两 200 文。然至光绪三十一年，苏属各州县已感受到了随银价骤涨而来的财政压力：

> 上年(光绪三十一年)银价骤涨，数月之间，每两易钱由一千四百余文涨至一千六百八九十文，而各属折价仍每两二千文，其书吏之辛工、差保之盘费、饭食，易银上兑之倾镕、火耗、宝申、解费，近又另有奏提报拨之三、四、五分平余，及常年办公经费，靡不取给于羡余。银价一涨，不敷抵支。

由于银价每两骤增 200 余文，州县的田赋盈余随之缩水，而征解费用、办公经费，及提解练兵经费等支出依旧，地方官遂有不敷抵支之叹。他们纷纷禀请免解规复之 200 文，或免提 3~5 分之平余。因此，光绪三十二年三月，周馥奏请，当日银价接近于同治七年的水平，请援照苏属变通征价之成案，自是年上忙起，将赔款规复之 200 文拨还州县，庶办公不致亏累。而应解赔款经费，则照浙江随粮征收之例(每两加征粮捐 300 文)，另行带征 200 文。尽管周馥称，如此变通是将征价上调至每两 2200

文（即赔款之 200 文不属于征价），但实际上粮户负担的却是 2400 文。①

同年，该议为户部所驳，其理由一是苏属前因赔款甚急而规复银价，并未加征，今则"因调剂属员而另取于民"，以致"国家受厚敛之名，黎庶增无穷之累，而凡各州厅县则坐收现成之利，以饱其橐"；二是银贵为"一时一地之偶异"，殊非定论。计臣将苏属拨还规复银价之议解读为"加赋"及"调剂（见好）属员"，足见他们完全不认可地方政府的需求。② 此后，计臣基本延续了这一思路，一再将变通征价之事议驳，以致苏属不得不先后六次奏请。此事亦可见当日州县财政之窘境。

光绪三十二年闰四月，周馥、巡抚陈夔龙再以相同的内容出奏，折内对于银价骤涨下州县的处境做了更具体的说明："上年苏省银价自秋徂冬，每两易钱骤增至一千六百八九十文，已与同治七年不相上下，实为三十年来所未有。"至各属征收地丁，"解正项银一两连补平、火耗计需钱一千八百余文，所余公费仅一百数十文，较同治四年所定每两公费六百文，相去已多"。况与同治年间相较，除常年办公及征解经费外，更有奉提之每两 3 分、4 分、5 分平余，以及地方新政用款。各州县实已备感拮据，办公竭蹶。③

光绪三十二年，苏属两次奏请拨还规复银价，均遭议驳。光绪三十三年八月，两江总督端方又提出两种替代方案，以筹补救。其一是免提丁漕平余。当日苏属地丁每两、漕粮每石各提平余 3、4、5 分不等，每年共计十万余两，系专供拨补厘金，充作赔款之用。漕粮盈余每石提钱 108 文，每年共八九万两，系专解部库，拨充新军之用。目下各属亏累不堪，已无盈余可提，应请暂免提解。但端方随即指出，该款事关军糈、

---

① 周馥等奏，光绪三十二年三月初一日，录副 03-9538-008。光绪二十七年苏属奏请规复钱价以筹赔款一折内，明确指出"每两仍收钱二千二百文"。而至光绪三十二年时，周馥与户部均称当日征价为每两 2000 文，概在前者看来，一方面加征之 200 文充作赔款经费，并非州县收入，另一方面也试图在表述中"降低"既有征价，以便所奏变通方案顺利获准。然在户部看来，规复之 200 文由经征之员所解，系属提解盈余，并非加捐。

② 户部奏，光绪三十二年四月辛丑，《光绪朝东华录》第 5 册，5507～5508 页。

③ 陈夔龙：《遵饬酌加折漕价值折》，光绪三十二年闰四月十七日，《庸盦尚书奏议》卷 7，9～10 页。

偿款，目下部库、司库似均难筹款拨补。其二是地丁征银解银，该办法"虽似较上年之请加二百文为数稍多，惟银价贵贱各有其时，贵既不至累官，贱即可以便民"，因此"两无窒碍"。然在当日银贵的背景下，该策显然将大大提高粮户的负担。端方最后奏称，若以上两策均有未协，则请仍照上年之议，将规复银价200文拨还州县，另行带征赔款经费。如能于此三策中酌行其一，则可于当日大局裨补良多。① 然端方所拟三策，仍为度支部所驳。部臣认为，所提丁漕平余"不容稍有移挪"，改钱征银，则征价较加征200文更高，均毋庸议。当日银价虽高于同治四年定价之时，地丁每两公费600文虽有亏耗，但仍有300文之多，再加漕费杂款，办公当无不敷支用。在部臣看来，目下银贵之势，多由铜元充斥，苏属应随时酌量盈虚，设法整顿。此外，地丁银批解藩库之折耗，以及道府各署一切杂费，凡出自州县者，均足以致累，应由督抚确切查明，分别裁减。显然，计臣仍不认可提高征价或减免赔款、新政提款这两种方式。②

因此，同年十一月，端方第四次奏请苏属地丁每两加征200文。该折对于此前部臣的议覆逐一做出回应，多论及当日州县收支之细节。如计臣称地丁每两300文并漕款盈余已敷支用，端方覆奏称，仅奉提3、4、5分平余，解兑正银随解公费，及征收柜用、辛工、纸张三项，每两已需200文上下。此外，更有府署公费、本署幕友脩脯、收发委员薪水、一切员役工食，以及提牢禁卒夫役饭食、监押寄禁犯人批差之口粮、递解人犯舟费、仵作辛工等，每年约需钱一万数千串。通盘合计，每两须有盈余五百数十文，方足开支。至漕粮公费每石1000文，支款则有漕务各费，如运兑水脚折耗、麻袋费、收漕柜用、书役辛工赏犒等，有各类提捐，如奉提3、4、5分平余，108文漕费以及本省各款摊捐，统计每届须钱数万串。且近年米价常高于漕粮折价，州县买米解交尚须贴赔，故公费实系有绌而无盈。至部臣提及的解司及道府公费，前者银一两随解3分2厘1毫零，充司道署办公经费及各员役饭食，后者各属每岁解

---

① 端方：《补救州县亏累办法折》，光绪三十三年八月，《端忠敏公奏稿》卷9，14～17页。

② 度支部奏，光绪三十三年九月戊午，《光绪朝东华录》第5册，5763～5764页。

府约洋 2000 元，系奏定在案。以上两款公费均无可裁减。由丁漕盈余的支出细目可见，州县支项除嘉道之际以来的一般行政支出外，又增加了赔款、新政提款，以及漕价贴赔等项，而其盈余所入又因银贵锐减，故其财政陷入窘境，确系实情。为此，端方仍请将每两加征 200 文之议暂行试办一年，如一年之后银价低于 1400 文/两，当即奏停。①

尽管试办加征 200 文之议终获部臣核准，但这一补救措施仍赶不上银价的飞涨。至光绪三十四年间，银价由上年的每两 1600 余文骤增至 1850～1860 文，地丁银解司，每两连倾镕、火耗需钱 1900 余文，以致苏属各州县联名禀称，此前获加之 200 文"仍如未加，且所加之数尚不能敌所长之数"。州县苦累依旧，各属收钱解银，每两已不敷钱十余文，而办公经费尚全然无著，据称向日粮额、盈余较多之优缺，今则"大缺大赔，小缺小赔"，历年因公赔累，"大者五六万金，小亦二三万金"。同时，宁属各州县因之前未议加价，其赔累情形同于苏属。② 此后银价继续上扬，宣统元年间已涨至每两易钱二千零数十文，一年之内，银价递增五六百文之多。据当年各州县所呈丁漕收支简表显示，"大县岁赔二三万串，小县岁赔一二万串"。以致自光绪三十四年以来，"委缺力辞者十余人，在任求去者数十县"，地方官因此"谈虎变色，捧檄增愁"。端方认为，至宣统元年，银贵所造成的财政困境，已经严重威胁到地方吏治问题。是故，光绪三十四年及宣统元年三月，他两次奏请苏、宁二属地丁钱粮改为征银解银，此外每两随收公费钱 600 文，苏属另带收抵解赔款钱 200 文。该议终因度支部及本籍京官的反对而未能准行。但即使反对该议的前农工商部侍郎唐文治也承认，"目下州县办公竭蹶，确系实情"，唯应通过清理财政、匀定公费来解决。③

州县财政竭蹶的直接后果，便是出自钱价平余的各项提款的大量欠

---

① 端方奏，光绪三十三年十一月二十日，朱批 04-01-35-0129-073。

② 端方：《杜官亏而重吏治折》，光绪三十四年九月，《端忠敏公奏议》卷 13，1～2 页；《苏属各州县会禀督抚藩文（为地丁收银解银事）》，《申报》，光绪三十四年七月廿二日，10 版。

③ 端方：《请征银解银另收公费折》，宣统元年三月，《端忠敏公奏议》卷 14，9～13 页；唐文治电奏，宣统二年四月初三日，《中国近代货币史资料·清政府统治时期(1840—1911)》下册，984～985 页。

解。宣统元年，护理两江总督樊增祥奏称，银贵一方面造成州县所解练兵经费的缩水，缘解款均以钱计，州县即如数解司，亦仅为原任之数的十分之六；另一方面，州县亏欠累累，无力如数将提款解司。而练兵经费又不容短欠，故自光绪三十一至三十三年间，苏省练兵经费出自丁漕盈余者，虽年清年款，然均系藩库设法筹垫，至今虚悬无著。其三十四年之款，藩库亦仅垫银 5 万两。正如樊增祥所称，"将以解足责之州县，则公亏已巨，本无中饱可提，将以垫解责诸藩司，则库项早虚，更无余款可动"。因此，他奏请将江苏每岁 21 万两的练兵经费暂行减半提解。①考虑到练兵经费的重要性，度支部的议覆是：须另筹的款，方可免提丁漕盈余。故在宣统年间，练兵等提解之款的实际状况是"州县徒有亏欠之名，司库实受困穷之累"。②

## (二)江西

如果说江苏的变通主要是针对相对较低的征价，那么江西的问题就在于较重的提解负担。按江省自同治初年议定丁漕新章：地丁每两征银 1.5 两，漕粮每石征银 1.9 两，数年后改为征钱。至同治十二年(1873)，确定为地丁每两征钱 2682 文，合银 1.49 两，漕粮每石折钱 3420 文，合银 1.9 两。光绪二十二年间，因银价低廉，巡抚德寿将江省丁漕分别减征、提解，地丁每两减征 100 文，即 2582 文，漕粮每石减征 140 文，即 3280 文。此外，地丁每两、漕粮每石分别提解钱价平余银 7 分、1 钱，以凑解四国借款。光绪二十四年，地丁每两、漕粮每石又各提平余银 4 分，以充学堂经费。光绪三十年，再提每两 4 分、每石 5 分，以充练兵经费。此外，征钱各属复于丁漕平余内报效练兵经费 68 000 两。③尽管以上诸项提款为数较巨，但因当日银价较低，钱价平余尚敷州县办公之用。

自光绪三十一年春夏之间，银价渐涨，州县平余减少，迭请免解部分提款。三十二年，银价更涨至每两易钱 1620～1630 文。五月，巡抚吴

---

① 樊增祥、瑞澂奏，宣统元年六月初一日，朱批 04-01-01-1097-107。

② 《江苏苏属财政说明书》，《岁入部·杂收入》，52 页。

③ 民国《南昌县志》卷 10《赋役上》，12～13 页。

重熹奏请江省丁漕征银解银，并提高征价至地丁每两 1.7 两、漕粮每石 2.4 两。① 然该议尚未核议，吴氏便已交卸离任。光绪三十三年，巡抚瑞良两次奏称州县丁漕征解不敷，请求规复同治十二年旧价。是年江省银价仍维持高位，省城每两约易钱 1667 文，偏僻州县更高。州县照章征解丁漕正项，提解盈余，已颇为吃力，除征解开销外，"非但毫无盈余堪资办公，兼有多征一分钱粮，即多增一分赔累之处"。以至于地方官"从前视大缺为善地，今则视大缺为畏途"，在任之员纷纷禀求交卸，"接署则又延不赴任，并有托词告退者"。当日江省牧令不堪银贵赔累之情形，与江苏何其相似。

　　诚如瑞良所称，州县经征丁漕，入不敷出，"实由于提款过多所致"。按同治十二年定章时，地丁每两 1.49 两内，除正耗银 1.1 两、提补捐款 1 钱、知府公费 5 分外，原留州县办公经费 2 钱 4 分，至光绪三十年，经历次提解后每两仅余 9 分。漕粮每石 1.9 两内，除漕折银 1.3 两、提补捐款银 2 钱、粮道公费 2 分、知府公费 5 分外，原留州县办公 3 钱 3 分，经历次提解后仅余办公银 1 钱 4 分。是当日州县盈余，已不及同治定章时的十分之四。但这些提款均关凑还借款，及解充学堂、练兵要需，未便免提。经瑞良两次奏请，江省获准自光绪三十四年起规复光绪二十二年核减之地丁每两 100 文、漕粮每石 140 文。②

　　然至宣统元年，由于银价腾贵加剧，规复征价仍无助于缓解窘境。是年，江省银价涨至每两 2000 文以外，高于此前规复的同治十二年银价 200 文。当日州县经征丁漕，地丁每两征钱 2682 文，以时价仅合银 1.341 两，漕粮每石征收 3420 文，合银 1.71 两。而州县解司，地丁每两计有正耗银 1.1 两，并提补捐款、知府公费，以及四国借款、学堂、练兵等项提款共 3 钱，总计 1.4 两。漕粮每石计有漕折正银 1.3 两，并提补捐款、粮道、知府公费，以及四国借款、学堂、练兵等提款共 4 钱 6 分，总计每石 1.76 两。出入相抵，地丁每两、漕粮每石分别不敷银 5 分

_____

① 《赣抚奏请丁漕征银解银》，《申报》，光绪三十二年五月廿三日，3 版。
② 瑞良奏，光绪三十三年五月初二日，朱批 04-01-35-0129-001、04-01-35-0131-085，以上两件为同一折的前后两部分；瑞良奏，光绪三十三年八月二十七日，朱批 04-01-35-0129-036；民国《南昌县志》卷 10《赋役上》，13 页。

9 厘、5 分不等。而州县征解各费尚不在内，至捐摊本省教案各款，及本署一切办公费用，更属无著。这意味着，从账面上看，江西州县的丁漕收入已不敷正项及提款的解支。事实上，此前一年，因州县无力筹解，历请减免，江省藩司已详定征钱各属暂缓提解每岁四国借款 17 万～18 万两，学堂、练兵等款 13 万余两，各款每岁 31 万余两的经费缺口均由藩库挪款垫解。光绪三十四年系以官银号余利 10 万两挪垫，宣统元年又加增统税 11 万两，仍不敷银 6 万～7 万两。由于提解各款的重要性，州县丁漕收支的不敷实际上转由司库来负担了。为此，宣统元年，冯汝骙奏请仿照江苏的变通之法，将江省丁漕两项改为征银解银。①

## (三)其余各省

江苏、江西之外，湖北、湖南、浙江、安徽、山东、河南等各省也因铜元充斥，银价上涨，州县丁漕征解不敷，各项提款、加捐亏欠累累，有名无实，纷纷奏请免于提解。如宣统元年的湖北，地丁完银之州县"尚可支持"，完钱者"日形竭蹶"，漕粮则一律征钱。"昔年每钱一千易银八九钱，今则仅易银五钱有零，大县有征钱十万串者，即少入银四万两"，其"粮额愈多，赔累愈甚"。"兼之新政殷繁，在在均须经费，州县疲于因应，在任者动求交卸，新委者视为畏途，岌岌情形，通省一致"。鄂省计有提解丁漕平余 54 825 两(充四国借款)，丁漕规复钱 78 578 串(充新案赔款)，因州县"平余无著，纷纷短解，已属有名无实"。该省遂奏请将此二款一律裁除，由藩司另行筹款抵解。②

同年，邻省湖南也面临着相同的处境。湘省应提之丁漕平余，计有光绪二十三年提解钱价平余，及光绪三十年报效练兵经费两款，共计 31 700 余两。"年来市面银价腾涨，每钱一千仅易库平银五钱一二分"，州县丁漕征钱者"平余无几，甚至不敷易解"，"以故应提各款虽文告屡催，

---

① 冯汝骙，宣统元年九月初六日，朱批 04-01-35-0133-002；《江西全省财政说明书》，《岁入部·丁漕兵屯杂款》，31～32 页。

② 陈夔龙：《司局州县入不敷出酌加契捐折》，宣统元年二月二十一日；《请免湖北州县摊捐提解各款折》，宣统元年八月十二日，《庸盦尚书奏议》卷 10，48～49 页；卷 12，28～31 页；《湖北省赋税源流》，2 页。

各州厅县多报解不前"。宣统元年，巡抚岑春蓂奏准将提解平余之款一律停免，另由盐厘、契税等款内补解。①

在光宣之际的浙江，因铜元充斥，银价盛涨，州县大半赔累，"昔之优缺尽成瘠区，且负担愈重，赔累尤甚"。各牧令"鉴于前事，引退不遑，甚或委檄朝膺，病呈夕进"。该省丁漕盈余提款，包括光绪二十四年学堂经费 10 万串、光绪三十年练兵经费 148 700 余两。当日该款已难如数收齐，"或有全数欠解者，或有照数短解者，或有逾朝未解者"。据浙省清理财政局调查光绪三十四年征数，练兵经费不及三分之二，学堂经费不及三分之一，提款欠解累累。宣统二年，浙省奏准免提练兵经费，其款由外省拨补浙东厘金一项抵补。②

安徽的情况也颇为类似，皖省计有丁漕加捐每岁 40 万串（光绪二十七年新案赔款），及光绪二十三年（四国借款）、二十五年（汇丰磅款）、二十七年（新案赔款）、三十年（练兵经费）历次提款、归公等银 218 200 余两。光绪末年以来，皖省银价由每两 1200～1300 文骤增至 2000 文以上，州县折银解款，赔累不堪，其加捐、提款解数锐减，类皆有名无实。据巡抚朱家宝奏称，丁漕加捐一项计钱 40 万串，光绪三十年以前可易银 33 万～34 万两，而至宣统年间，同样的钱数仅合银 21 万～22 万两，收入骤减三成。故光绪三十四年起，该省一方面奏请免提盈余、归公等款，同时又请将丁漕加捐改银征收，以增加收入，后者经御史谏阻，为度支部所驳。③

更为典型的例子是山东与河南。鲁、豫二省的财政结构较为单一，以地丁、漕粮为收入大宗，盈余提解额数也因此在各省中位居前列。是故，光宣之际，二省州县普遍面临丁漕征不敷解，亏累不堪的状况。光

---

① 岑春蓂奏，宣统元年四月初八日，朱批 04-01-35-1387-036；《清朝续文献通考》卷 5《田赋五》，考 7540。

② 增韫奏，宣统元年十一月二十八日，朱批 04-01-35-1387-044；增韫奏，宣统二年五月初三日，朱批 04-01-01-1113-001；《浙江全省财政说明书》，《岁入部·收款·杂款》，21～26 页；《岁出部·解款·练兵经费》，3～4 页；《清朝续文献通考》卷 5《田赋五》，考 7545。

③ 《安徽全省财政说明书》，《岁入部·杂捐》，23～24 页；《岁入部·杂款》，44～46 页；《清朝续文献通考》卷 5《田赋五》，考 7542。

绪三十三年，山东大缺州县，征银一两连盈余须解一两五钱，以当日
1600 文/两的银价计之，州县所征须尽数解司。而"火耗、解费、书差赏
额，均在赔累之内"，其"上司之供给、幕友之薪水、委员之酬应、合署
之伙食，更无所出"。是以当日"每出一缺，悬一牌示，多有托故不赴任
者"。① 相应地，各属提款也多"报解寥寥，已成无著"。如光绪三十四年
间，德州等 41 县应解旧案地丁盈余(充新军饷银)174 984 两零，仅解银
29 936 两零，欠解 82.89%。章邱等 28 州县应解新案地丁盈余(充新案赔
款、新军饷银)732 725 两零，实解银 123 669 两零，欠解 83.12%。章邱
等 63 州县应解漕粮盈余(充新案赔款、新军饷银)141 167 两零，实解银
11 960 两零，欠解率高达 91.53%。② 鉴于各属亏累异常，提款几成空
名，宣统元年，巡抚袁树勋奏准将其一律豁除，改作州县公费，并另筹
的款抵解赔款、练兵经费。③

　　河南自光绪二十三年至三十年间，共提解丁漕盈余七次，计银 40 余
万两，其规模远高于一般省份。表 9-3 是历次提款的相关情况：

表 9-3　1897—1904 年河南历次提解丁漕盈余额数统计　(单位：两)

| 年份 | 款目 | 摊派范围 | 每岁额数 | 光绪三十二年实收 | 三十三年实收 | 三十四年实收 |
|---|---|---|---|---|---|---|
| 光绪二十三年 | 地丁平余充四国借款 | 65 州县 | 100 000 | 102 609 | 101 482 | 83 505 |
| 二十三年 | 漕折加复充四国借款 | 42 有漕州县 | 44 000～45 000 | 46 417 | 44 910 | 46 882 |
| 二十四年 | 丁漕平余充学堂经费 | 79 厅州县 | 75 000 | 66 491 | 74 546 | 64 953 |
| 二十八年 | 漕余充本省军需 | 53 有漕州县 | 111 618 | 98 986 | 89 209 | 73 140 |

① 《铜元流弊(山东)》，《申报》，光绪三十三年三月初八日，11 版。
② 《山东全省财政说明书》，《岁入部·杂款》，13～15 页。
③ 袁树勋奏，宣统元年闰二月十八日，朱批 04-01-30-0475-046。

续表

| 年份 | 款目 | 摊派范围 | 每岁额数 | 光绪三十二年实收 | 三十三年实收 | 三十四年实收 |
|------|------|----------|----------|------------------|--------------|--------------|
| 二十八年 | 提优缺盈余充苦缺津贴 | 38 优缺州县 | 34 500 | 29 813 | 29 619 | 28 679 |
| 三十年 | 车马差徭余款充本省军需 | 38 州县 | 23 000 | 23 157 | 22 859 | 23 469 |
| 三十年 | 丁漕平余充练兵经费 | 76 优缺州县 | 50 000 | 42 441 | 48 243 | 44 221 |
| 总计 | | | 438 618 | 409 914 | 410 868 | 364 849 |

资料来源：《河南全省财政说明书》，《附编·因尽征尽解而自然销减之款》，3～20 页。

由上表可见，在光绪后期中央的历次财政摊派中，豫省均有相应的丁漕盈余提解，其额数亦较他省为多。此外，本省的新军饷需、苦缺津贴亦取资于优缺盈余。光绪三十年以前，银价较廉，豫省州县丁漕盈余甚多，故"公费提其余，军需提其余，摊还洋款、设立学堂，莫不提其余"，然"日积月累，提款愈多，余款无几"。再加以光宣之交银价陡涨，州县丁漕"遂有征不敷解之势"。"其称瘠苦者，固不免有亏累之虞，即向称优缺各处，办公亦时形竭蹶"，其原因即在于"平余既提，而银价复日渐增涨"也。这也反映在上表 9-3 中，尽管光绪三十二至三十四年间，各属大致能够解交所摊提款的八九成不等（这其中应该包含有部分藩库垫款），但在光绪三十四年，提款收数呈现明显的下滑趋势，较前减少一成有余。至宣统元年，由于州县不堪负担，豫省两次减免了部分州县的四国借款及练兵经费提款，共计 61 850 两。[1]

## 四、小结

光绪末年，因铜元充斥，银价腾昂，州县丁漕征钱解银，赔累不堪，

---

[1] 《河南全省财政说明书》，《岁入部·田赋》，66 页；《附编·因尽征尽解而自然消减之款》，21～23 页。

不特公费无出，各项提款、加捐亦欠解甚巨，有名无实。在此种情况下，各省请求变通丁漕征价之议（提高钱计征价或改以征银），因部臣、本省京官之反对，始终难以获准。仅江苏、江西经反复奏请，准予规复此前核减之征价，但这甚至赶不上光宣之交的银价增长。是故，疆吏们不得不奏请免提丁漕盈余，由司库另筹的款，抵解本省所摊外债、赔款及练兵经费。这意味着，自光绪二十三年摊还四国借款起，中央政府于田赋项下筹款的努力彻底归于失败。这是由于，这些巨额的丁漕盈余并非出自赋税整理，而是来源于银贱钱荒背景下的钱价平余。也就是说，此盈余非为稳定的财源，而是特定货币条件下的产物。至光绪末年，银钱贵贱发生逆转，丁漕盈余也随之消失。

对于此期提款的消长，时人已多有反思。如河南清理财政局局员认为，提款或增或减之原因，"在各厅州县平余之丰啬"，而平余之丰啬，又取决于"银价之涨落"。对此，他们反思道："公家收入之盈朒，与地方官缺分之肥瘠，一听转移于不可定之银价，宜财政日以紊淆，而吏治亦卒受其影响也。"[1]安徽清理财政局局员也对此中利弊做了更清晰的分析。他们指出，东南诸省自同治年间确定丁漕征价以钱计，此后盈亏靡常，一系诸银钱之贵贱。钱贵之时，光绪二十三、二十七年两次酌提平余，皆为钱余。近年因银贵钱贱，州县公费拮据，提款无著。其弊无非"币制之本位未定"也。[2] 田赋收支与地方财政的困境最终被归结为币制问题。

清代的币制是一种银钱复本位制，在田赋征解中，州县普遍以钱征收，而解交钱漕则以银为准。特别是咸同年间各省重订钱漕新章后，这样的征解方式更成为一种相对固定的制度。所谓钱价平余正是在州县征钱解银的制度下产生的。至 19、20 世纪之交，各省普遍开铸铜元、银币，清季的货币体系更为复杂，转变为多元本位。而田赋征纳中主要使用洋银、铜元，纳赋货币与会计单位之间存在着相当大的距离。也就是说，粮户完纳钱漕，须将铜元、洋银折算成表示征价的制钱、银两。这成为地方政府转嫁中央的财政压力的重要手段。州县通常借此提高银两、

---

[1] 《河南全省财政说明书》，《附编·因尽征尽解而自然消减之款》，23 页。
[2] 《安徽全省财政说明书》，《岁入部·地丁》，6～7 页。

制钱对于铜元、洋银的折算率，或者限制日益贬值的铜元的使用（拒收、限成使用铜元，或将铜元打折计算），以便在银贵赔累的情况下维持田赋收入。民间对此则多有反弹，官民在此点上的龃龉，常常成为清季抗粮暴动的重要诱因。①

　　因此，无论是中央政府向各省摊派丁漕盈余，抑或州县从粮户手中获取盈余，均是在货币转换上做文章，所谓"州县以为利，绅民以为弊，国家又因其弊中之利而酌提之"。至光宣之交，由于货币条件的变动，"向以为利者，今皆受其病，病官病民卒至病国"。时人已清楚地意识到，"欲杜其弊，诚非划一币制不可"②。所谓划一币制，即由中央政府统一发行新型国币（银元），将此前以银两、制钱计算之收支一律折合为国币。具体到田赋征解，这意味着统一会计单位与纳赋货币，无论征收、解支一律以银元计算，取消各种因货币转换而产生的盈余、规费。同时，重新制定田赋征价，确立固定的附加税率，以作为地方政府的办公经费。在统一币制的基础上，划分田赋收入中的"国家税"与"地方税"，是清季各省解决田赋收支与地方财政困境的最佳方案。然此方案未及施行，便有辛亥之鼎革。

---

　　①　何汉威：《从银贱钱荒到铜元泛滥——清末新货币的发行及其影响》，451～454、477～479页。

　　②　《安徽全省财政说明书》，《岁入部·地丁》，7页。

# 第十章 自封投柜与书差包征：
# 清代中后期的田赋征收

州县公事，无不乐于糊涂而恶于清澈者，于田赋为尤甚。

——冯桂芬

1936 年，史家陈登原在《中国田赋史》一书开篇，述及幼年在故乡浙江余姚亲历之田赋往事。当其八九岁时（1908－1909），当地洋银一元约合制钱 1050 文。每岁五月间，粮差踵门求赋，串票内所书赋额以钱计，然业户完纳时必以银，每洋一元仅抵 950 文。陈氏回忆，"当时粗解计算，心殊抑抑"，请诸祖父曰："官征钱，曷不以钱与之？"祖父大笑："儿何知？以视输纳于粮店，相去犹倍蓰也。"缘晚清年间，余姚城中有粮店四家，皆由胥吏经营。乡民入城完纳钱粮，必至该处。店中人不问串票内赋额，率然曰：便宜尔，纳钱 400 文可矣。如以串票赋额相较，浮收至十倍或数十倍不等。

陈登原远戚中有胥吏王某者，世以征粮起家。余姚钱粮额征 7 万两，实收可至八九万。同光年间，该邑钱粮征收、解省，全由书差包办，知县并不与闻。王某等因得其利，以润身家，蓄田四五百亩。其后征收日疲，所得往往仅敷额征。知县日笞粮差，粮差则募乞丐等代其受杖。加以田疆更易，水陆沉浮，民欠日益多，征额日益蹙。王某卒以此破家，自缢殉焉。[1] 陈氏所叙田赋征收中书差浮收包揽、侵蚀中饱之事，非为余姚之特例，亦未可简单以"黑暗"视之，而是当日东南、两湖等广大地区的常态。

田赋征收（"催科"）是清代州县官最重要的政务之一，例应亲自主持，

———

[1] 陈登原：《中国田赋史·叙》，1～2 页，北京，商务印书馆，1998。

在县设柜，由粮户封银投纳。然 19 世纪初年，各地征收钱粮，并非州县
亲理，多由粮书承揽包办：

> 州县为亲民之官，衙门一应事件，均应亲身经理，不得假手吏
> 胥，致滋朦隐侵欺之弊，况钱粮为帑藏所关，尤宜加意慎重，随时
> 察核。乃风闻外省习气，经征钱粮竟有粮书承揽，包征包解……地
> 方官坐得平余、耗羡、陋规，其余悉置不问，甚有历任州县视为常
> 例，概由书吏经手者。①

所谓"包征包解"，即田赋征解一由书差承揽，州县除分得固定数量的规
礼外，"其余悉置不问"。咸丰三年（1853），冯桂芬也注意到，征收漕粮
向为江南地方官"劳心劳力之事"，"今则大概由丁胥包办，即不包办，亦
止政由宁氏，祭则寡人"。② "丁胥"指管理漕务的长随、胥吏，"政由宁
氏，祭则寡人"则意味着在催科一事中，州县官的地位近似傀儡。③ 无独
有偶，咸丰八年，湖北巡抚胡林翼亦有极为相似的观察，据称近年鄂省
征解钱漕"各州县因循怠玩，任听奸书蠹役等把持舞弊，私收入己"，甚
有昏庸州县"形同木偶，征收大权一寄诸总书、册书、里书之手"。④

　　以上所描述的现象并非一时一地之弊，至少在 19 世纪初叶以降，州
县的田赋征收由各色吏役（"粮书""总书""册书""里书""蠹役"，本书统称
书差）"把持""承揽"，已在相当程度上成为"常例"。可以说，书差包征作
为一种长期存续的结构性"积弊"，正是田赋征收制度的重要组成。在清
代田赋征收制度的既有研究中，各研究先进主要关注"定章"的考释⑤，
对于类似"惯例"乃至"积弊"的重要现象则尚未有足够认识。⑥ 比如在现

---

　　① 王嘉栋奏，嘉庆二十年七月初三日，录副 03-1569-007。

　　② 冯桂芬：《显志堂稿》卷 5《与许抚部书》，《续修四库全书》第 1535 册，578 页。

　　③ 典出《左传·襄年二十六年》："（子鲜）以公命与宁喜言，曰：'苟反，政由
宁氏，祭则寡人。'"

　　④ 《札各州县革除钱漕弊政》，《胡林翼集二·批札》，975 页。

　　⑤ 瞿同祖：《清代地方政府》，215～233 页；何平：《清代赋税政策研究：
1644—1840 年》，230～279 页。

　　⑥ 为数不多的例外是王业键先生的研究，参见氏著：《清代田赋刍论（1750—
1911）》，52～62 页。在现有清代中后期田赋征收的宏观考察中，该书最值得参考。

有研究中，书差包征多被视作吏役舞弊的同义词。不过，近年关于里书的一组个案研究，已将之视为田赋征收中的重要角色，对其在征收中的作用及其制度成因，均有精当的分析。① 当然，书差包征究竟是由何种群体以何种方式实现的，又何以取代自封投柜，成为催科之"常例"，这些问题似仍有进一步思考必要。故本章的基本思路是：从州县政府田赋管理的角度，给予书差包征以合理定位，通过厘清参与其中的各书差之角色与职能，重构其主导的田赋征收链条，并尝试从田赋制度、财政管理的角度，解释该现象长期存续的"合理性"。本章以传统的"举例子"方法，对各地同类现象做出结构性分析。在此基础上，也尽可能将地域差异考虑在内。

## 一、自封投柜与包揽

有清一代，田赋征收制度历有因革损益，但自封投柜始终是载于典章的催科定制。所谓自封投柜，是指每届钱粮开征，州县于衙署设置银柜，粮户亲身赴县，将其应纳之银包封投柜。这种粮户直接输纳、官民相接的征收制度源自明代后期的一条鞭法改革，它替代的是里甲制下里长、粮长等解运税粮的间接征收制度。② 清初，该制得到延续，顺治十八年(1661)覆准：州县征收钱粮，"不许私室秤兑，各置木柜，排列公衙门首，令纳户眼同投柜"③。自封投柜在清代的正式推行，则始于康熙五年(1666)松江府娄县的均田均役改革。至 18 世纪初叶，该制度已普遍推广到各省。雍正十三年(1735)，该制度又经历重要的调整，是年覆准"数在一两以下，住址去县较远"之小户，其钱粮可"交与数多之户附带投

---

① 岩井茂樹：《武進県"実徴堂簿"と田賦徴収機構》，高嶋航：《呉県・太湖庁の経造》，夫馬進編：《中国明清地方档案の研究》，179～200、201～227 页；杨国安：《册书与明清以来两湖基层赋税征收》，《中国经济史研究》2005 年第 3 期。以上研究对于笔者多有启发。

② 梁方仲：《一条鞭法》，《中国近代经济史研究集刊》第 4 卷第 1 期，1936，54～57 页。

③ 嘉庆《钦定大清会典事例》卷 143，22 页。

纳"，不必亲身赴县。① 自是以迄清末，该制度作为催科定章，未再经历变动。

与自封投柜相匹配的催科制度另有"滚单"与"三联串票"。前者始于康熙三十九年，所谓滚单，即州县催征钱粮，各里粮户以五户或十户为一单，每户名下注明田亩、钱粮若干，以及每限应完数额（钱粮分十限完纳）。该单给与甲内首名，令其挨次滚催，听民自封投柜。一限若完，二限接催，如有一户沉单，不完不缴，即查出究处。② 滚单制下，各粮户须依次按限纳粮，一户不缴，即影响他户完纳。

三联串票的原型为二联截票，"票"为钱粮征纳之依据，其内开列地丁钱粮数目，用印钤盖，粮户完纳后，就印字中截票为二，一给纳户为凭，一留库柜存验。每逢比较查验完欠，有串票者免催，未截串者追比。康熙二十八年改行三联印票，"一存州县，一存差役应比，一付花户执照"。至雍正八年，漕粮征收亦行三联串票。③ 串票既为花户完粮凭证，亦属州县催征之依据。

自封投柜、滚单与三联串票构成了清代田赋征收定章的基本内容。该制度以粮户直接赴县完纳为核心，并借滚单设定粮户间的连带责任，促其依次按限完纳，又通过三联串票确保州县直接掌握各户完欠信息。这些制度设计背后的理念是，在田赋征纳双方——州县与粮户之间建立直接联系，减少征收的中间环节，避免胥吏催役介入，扰累间阎。

然而，当笔者阅读《会典》《则例》《通考》以外的史料时，却相当直观地感受到，自封投柜（包括滚单、三联串票）只是理想的制度设计，由于存在种种"技术缺陷"，它并不能在征收中完全实现。以晚清河南为例，光宣之际，该省清理财政局局员观察到，自封投柜、催征滚单等催科"定例"皆已不行，各属征收皆循相沿之"习惯"，如关于自封投柜：

---

① 山本英史：《清代中国の地域支配》，52、68～69页，慶應義塾大学出版会，2007。

② 嘉庆《钦定大清会典事例》卷143，23页；《钦定户部则例》卷9，同治十三年刻本，6页。

③ 嘉庆《钦定大清会典事例》卷143，22～25页。

照例自封投柜，以防书吏作奸，今串票循例仍书自封，其实除一二绅富外，余皆未到县城，非包之于大户，即包之于钱行。

对于豫省的多数粮户而言，自封投柜只是串票上的条规，他们实际并不亲身赴县，而是交由大户或钱行代完，"盖为便也"：

一则不论钱项有无，有人包封可免催科之扰，一则小户仅完升斗之粮，必令到县自封，距城稍远之乡，不但旷时废业，加以饮食川资，所费滋多，故愿出利息，惟以不到县门为幸。

况人人到柜自封，其势更多窒碍，麇集县署，有拥挤喧哗之患，有需待守候之烦，不便一；黠者贿嘱书差，后到先封，胥吏得上下其手以舞弊，不便二；且开征之际，即止填串票，尚须添觅多人，方始蒇事，再加以零星琐碎之银钱，均须经手，势必有所不给，不便三。①

既有研究已经指出，对粮户（特别是乡居小户）而言，自封投柜的首要缺陷在于完纳成本过高。② 乡居小户为零星钱粮进城投纳，不仅"旷时废业"，且"饮食川资"所费甚多，更不必说还需面对胥吏的刁难讹索。因此，他们情愿多出"利息"，交人代完，"惟以不到县门为幸"。需要补充的是，投柜成本之高不仅不便于小户完粮，也导致州县设柜征收的低效。如光绪二十五年(1899)，湖北监利知县罗迪楚便以"全用自封投柜"为催科不善之由，称若"徒务投柜美名而全用之"，病民实甚，"往往正供有限"，而完纳所费"多过廿倍"，甚有往返数次不能了结者，"钱粮不完，多由于是"。③

但各研究先进尚未注意到，如从州县方面来看，花户人人到县完纳（一县通常有数万花户），实属窒碍难行之事。柜收之时，经征官吏不但

---

① 《河南全省财政说明书》，《岁入部·田赋》，33～34、69 页。

② 王业键：《清代田赋刍论(1750—1911)》，53～54 页；山本英史：《清代中国の地域支配》，60～61 页。

③ 罗迪楚：《停琴余牍》，《官箴书集成》第 9 册，408 页。按设柜征收可获"美名"，可知实际多不如此征收。

需要核对实征簿中的花户信息，填写串票，且钱粮以纹银为单位，花户所纳则多以制钱、银元，此"零星琐碎之银钱"，均须计数、称量、验色、折算。这一过程耗费的人力、时间，官民双方均不堪负担。乾嘉之际，长年游幕江苏的谢鸣篁就指出，苏松州县"花户最少有数万，而钱粮旺收，每忙只在旬日半月之间"，其间赴柜完纳之花户，每日盈千累百，均须"按户登填给票"，需时甚多，拥挤守候，花户并不乐从。① 晚清的许多记载都显示，花户赴县投柜，即使柜书按时给发串票，也常需守候三四日，可见柜收手续之繁。②

由于自封投柜在技术、效率方面的缺陷，19世纪的州县政府还使用多种征收方式。如各直省中额赋最重的苏州布政使属，"各州县虽设柜大堂，而民间之自封投柜者十无一二"，"普通办法，大都责成总书收缴"，州县征纳钱粮，多由总书先掣印串，再交由书差持串下乡，按户收取。也有部分州县考虑到"乡民离城窎远，来往不便，在各镇分设乡柜收纳钱粮"。此外，常州府武进、阳湖等少数州县实行"义图制"，乡民按图立约，选举图内田多者为"庄首"，每岁由值年庄首集齐该图应完钱粮，赴城投纳。③ 山西各地的征收方法也是五花八门，"有在县署设柜征收，由乡民自行投纳者，有钱行代收、银炉代收者，有里总、甲总认交者，有归房书差役经收者，并有名为外征外解，由绅士代缴代解者"④。广西各属除官征之外，多行"包收"之法，即由粮书、粮差、团练、粮现等包揽钱粮征收。⑤

这都显示出，各地普遍存在田赋的包收、代收机构，自封投柜甚至并非主要的征收方式。如广东各属多不于县署设柜，普遍的征收方式有

① 谢鸣篁：《钱谷视成》，《续修四库全书》第834册，216～217页。
② 冯桂芬：《显志堂稿》卷5《与许抚部书》，《续修四库全书》第1535册，578页；王柏心：《百柱堂全集》卷37，《续修四库全书》第1527册，582页。
③ 《江苏苏属财政说明书》，《岁入部·田赋》，18～19页；《酌定上忙银价片》，同治七年三月十六日，《丁日昌集》上册，16页；万国鼎等：《江苏武进南通田赋调查报告》，77～87页。
④ 《田赋案牍汇编》，《分省八·山西》，9页，1914。
⑤ 《广西全省财政说明书》，《各论上·国税部·田赋类》，93～98页，经济学会，1915。

二，即多数州县"设站征收"，即"于四乡繁盛之区设立粮站，派员友、书
差驻站征收"；另一种方法是书差包征，瘠缺州县多如是办理。① 浙江州
县征收钱粮虽有自封投柜之制，但各地普遍实行书差包征。在光绪六年
(1880)钱塘县库书浮收一案中，巡抚谭钟麟严饬浙省各州县一律恢复自
封投柜，足证该制名存实亡的状态。②

以上均系以省而言，其实即一县之内，也并非仅有一种征收方式。
如晚清四川各邑征收田赋，例于上下两忙内设柜，至农历十二月上旬撤
柜后，尚未完纳之钱粮，则由粮差先行垫付，再下乡向欠户加倍索还。③
浙江桐乡仅春征时许民自封投柜，一交夏征，则城中不复设柜，而责成
图差、地保征收。④ 江苏东台、高邮、盐城、阜宁，福建永春等地也存
在类似现象。⑤ 江苏武进征收多行义图制，而该制奉行不善、素称疲玩
之乡图，则由粮差催征。至城内及附廓坊厢各花户，除少数自封投归外，
也多由粮差截串揽纳。⑥ 可见为提高征收效率，州县可在征收的不同期
限，针对完欠情况不同的花户，采用不同的催科方法，带有强制色彩的
粮差催征几乎是各地通行的做法。

另一方面，由于身份地位、钱粮额数、居住地点等差异，同属一县
的花户也适用不同的征收方式。咸丰初年，浙江鄞县征收地丁，绅衿、
富户以红纸封银投柜，"书差从而附和之，官亦碍于情面"，征价每两折
钱 2000 文左右，称"红封"；普通小民俱为"白封"，由书差催收，征价每
两折钱 3000 文左右。⑦ 可见自封投柜在该县属于绅富的特权，书差包收
才是更普遍的征收方式。同样的是，湖北江夏额征钱粮 50 000 余两，内

---

①　《广东全省财政说明书》，《岁入部·田赋上》，22～23 页，经济学会，1915。
②　段光清：《镜湖自撰年谱》，44、60 页；《光绪桐乡县志》卷 6《食货志上·新
政》，7～11 页；谭钟麟：《谭文勤公奏稿》卷 7，宣统三年刊本，14～16 页。
③　周询：《蜀海丛谈》，7～8 页。
④　《光绪桐乡县志》卷 6《食货志上·新政》，8 页。
⑤　《抚吴公牍》卷 35《饬查东台县粮书私押花户》，《丁日昌集》上册，688～689
页；光绪《再续高邮州志》卷 8《禁革志》，15、17 页；阮本焱：《求牧刍言》卷 2，光绪
十三年刻本，7～8 页；《福建全省财政说明书》，《岁入部·田赋类》，10 页。
⑥　万国鼎等：《江苏武进南通田赋调查报告》，55、57、74 页。
⑦　段光清：《镜湖自撰年谱》，60 页。

"大户"及"赴柜完纳"的"花户"钱粮仅为 4300、14 000 余两，其余 31 000 余两小户钱粮均由"粮差领券"，则粮差包收之粮占六成以上。① 同光年间，江苏常熟、昭文二县征收漕粮，"自业"户（自耕农）不给易知由单，其粮概由里书包揽折收，"租业"户（租佃地主）则能领单，按单输米上仓。② 光绪年间，湖北沔阳钱漕，城居及北乡（多乡居士绅）各户系投柜完纳，其余东、西、上南、下南各乡则例由里书、块差截券，下乡征收。③

以上描述恐怕仍不能完全展现田赋征收的多样性，但至少可以证明，实际的催科方法远比作为定章的自封投柜要复杂，各地普遍形成了适应各自情况的惯例，它通常包含多种形式。概言之，自封投柜的替代或补充方式主要有两种，一是"乡征"，二是由代理人包揽。

自封投柜是于县署大堂设柜征收（又称"署征""县征""柜征"），而所谓"乡征"，则是在各乡适中之地，分设"乡柜"或"粮局"，派驻书吏、幕友或长随经征。这一方法类似在县署外设置分征机构，缩短花户纳赋的距离，使其便于完纳。当然，因设柜而增加的费用也由花户负担，故乡柜的征价通常略高于城柜。④ 至迟在 18 世纪中期，此法已见于福建。⑤ 同光以降，设置乡柜成为各省田赋征收制度改革的重要一环。但其在征收中的实际作用，恐怕不能做太高的估计。

尽管乡征仍是设柜或局征收，但不同于县征的是，征收是由书吏、长随等负责的，带有显著的包收色彩。更为常见的征收方法是设置各类代理人，由其包揽征收之事，其中以书差包收最为普遍。行此法之州县，户房书吏事先垫缴全数或部分钱粮，将串票截出，由粮差、里书等持票下乡征收。可以说，任何州县都存在不同程度的书差包收。以贵州为例，各属丁粮，书差"或尽数包收，或半数包收，或逾下忙未完纳者计数包

---

① 《湖北全省征收钱粮漕米清册·江夏县》。
② 《徐兆玮日记》第 1 册，光绪二十五年七月二十六日，103 页。
③ 李辀：《牧沔纪略》卷下，39 页，光绪二十二年刻本。
④ 参见王业键：《清代田赋刍论（1750—1911）》，50、52 页。
⑤ 德福：《闽政领要》卷上《催科章程》，13～14 页，同治七年刻本。

收，或某乡专为书差包收"。① 也就是说，程度最轻的包收，是将撤柜后
未完钱粮包与书差征收，此为各地通行之惯例。而程度最重的，则是州
县将征收、解运之事悉数外包于书差，所谓"包征包解""书征书解"是也，
此法盛行于江浙、两湖等省。

除书差外，部分地区是在花户中选择代理人(常是田产、额赋较多
者)，轮流催征本里图钱粮。他们收齐里中各户钱粮后赴县完纳，或按期
交与下乡催征的书差。里中欠户钱粮，由其催征或垫完，下乡催征之书
差，亦由其负责支应。代理人在催征过程中的费用，由里中花户共同负
担。这是一种协作基础上的集体纳赋制，要求社区具有较高的内聚性才
能有效运转。因此，这一方式的成功案例仅见于少数地区，如江苏武进、
阳湖、丹徒以及江西各地的"义(议)图"、② 贵州广顺之"粮头"、③ 广西
上思等县之"粮现"④、直隶定县之"催头"⑤，等等。而多数地区由于奉
行不善，代理人不堪赔累，常致破家失业。⑥ 上述代理人催征钱粮，多
为官府所认可，或即由官府所设。这不同于绅衿、大户包揽小户钱粮，
后者为例所严禁之事。⑦ 此外，与州县倾熔、解运钱粮等事相关的"银

---

① 《贵州全省财政说明书》，《岁入部·丁粮》，162 页。

② 《潘吴公牍》卷 2《通饬核议版图、顺庄能否并行由》，《丁日昌集》上册，352
页；民国《丹徒县志摭余》卷 3《食货志·田赋》，28 页；王邦玺：《条陈丁漕利弊疏》，
盛康辑：《皇朝经世文续编》卷 36，50～51 页。

③ 《贵州全省财政说明书》，《岁入部·丁粮》，138～139、163 页。

④ 《广西全省财政说明书》，《各论上·国税部·田赋类》，98 页。

⑤ 冯华德、李陵：《河北省定县之田赋》，《政治经济学报》，第 4 卷第 3 期，
1936，499 页。

⑥ 《治浙成规》卷 2，《官箴书集成》第 6 册，387 页；光绪《无锡金匮县志》卷 11
《赋役》，4～5 页；光绪《再续高邮州志》卷 8《禁革志》，12～19 页；陈其璋奏，光绪
二十一年正月二十九日，录副 03-7416-010。

⑦ 比较特殊的例子是四川，该省于咸同以降开征的"津贴""捐输"等项田赋附
加，各州县多设局委绅征解，这是官方认可的"绅收绅解"。《四川全省财政说明书》，
2～6 页；周询：《蜀海丛谈》，6 页。

匠"（银号）、钱庄、米店、粮铺也常常变身为田赋包收机构。① 而在广西、湖南的个别州县，还存在团练、保甲包征之事。②

各色包收机构的普遍存在本身就说明，作为定章的自封投柜在征收中的作用是有限的。正如同治年间丁日昌所见："州县虽设柜大堂，而民间之自封投柜者十无一二。"③晚清贵州各州县多设柜征收，然"名为遵例设柜，实则久同具文"，一则柜书以各种手段缩短开柜之期，花户常不能按限投纳，二则即设柜征收，知县也将部分钱粮交由书差包收。④ 以上观察颇能反映当日的征收实态：尽管大堂按例设柜，但多数钱粮却并非通过这一渠道进入州县银库。这意味着，自封投柜并非主要的征收方式，州县普遍依赖各种代理人或中间机构。这种间接征收的方式，实际上是将催科之事权外包，而书差等代理人则程度不一地承揽了该项业务。

## 二、书差与田赋征收

在清代地方行政中，催科、听讼二事，本是州县官最重要的公务，例应亲身经理，以免吏役舞弊。广义的催科，包括田赋的征收与解运。清制，多数省份的钱粮在一年中分两忙征收，上忙二月开征，五月（或七月）底停征，钱粮应半完，八月续征下忙，至十二月底全完。所征钱粮应"随征随解"，即除"存留"或"驿站"外，"起运"部分须在十二月底前（实际

---

① 王又槐：《刑钱必览》卷5，《四库未收书辑刊》第4辑第19册，438～439页，北京，北京出版社，2000；金应麟奏，道光十九年六月十三日，录副03-3131-046；同治《衡阳县志》卷3《赋役》，13页；徐赓陛：《不慊斋漫存》卷3，2～3页，宣统元年印本；《广西全省财政说明书》，《各论上·国税部·田赋类》，101页；《陕西全省财政说明书》，《岁入部·协各款及田赋类》，68页，经济学会，1915；陈登原：《中国田赋史·叙》，1页。

② 《广西全省财政说明书》，《各论上·国税部·田赋类》，97～98、100页；《厘正衡清二县保甲片》，咸丰三年十二月二十一日，《曾国藩全集·奏稿一》，91～92页。

③ 《酌定上忙银价片》，同治七年三月十六日，《丁日昌集》上册，16页。

④ 《贵州全省财政说明书》，《岁入部·丁粮》，135～153、157～158、162～163页。

多延至次年四、五、六月奏销届限)分批解往省城的藩库("解司")。[1] 相较而言，征收要比解运困难得多。征收的过程应由州县主导，钱粮开征后，印官须当堂查收，逐日清点柜内银两，存入内库。征收届限后，知县须饬差催比欠户，必要时亲自下乡催征。县署内经承征收事务的主要是户房(或库、粮房)书吏，称"柜书""粮书"。在征收的各个环节中，州县须亲自监察，或派遣佐贰官、幕友、长随等监征，以免吏役舞弊。对于州县而言，田赋征收既是一种责任，也是一种权利。一方面，州县须按限将本邑钱粮扫数解司，此为考成所系，关系个人仕途。同时，他们又可依据当地惯例，征收额外的附加税费，由此获得大量盈余("平余")，这是州县及衙署内各群体的主要财源。

然而，多数州县是否如此办理，却相当值得怀疑。时人曾称，当日州县"上焉者"不过"照额征收，他不过问"，而"下焉者于开征之始，尽数包给书差，官书视线不注银米正耗，而在平余规费"。[2] 这正是御史王嘉栋所见，州县并不亲身经理催科，钱粮由书差"包征包解"，甚至已成州县"常例"。[3] 在知县主导的征收("官征""内征")中，书差仅负责经征，按额获取辛工饭食及各类规费。而在包征包解制("书征""外征")下，钱粮完欠，并平余之处理，责权皆归书差。州县除酌分额定之平余外，其余悉置不问。[4] 本节笔者试图厘清参与包揽的书差之角色与职能，重建其主导的田赋征收过程。

## (一)柜书、总书

清代州县的田赋征收大致分为两部分，一是县衙之内的田赋管理，包括文书作业、钱粮经管等，由柜书主导，另一部分则是县以下的田赋催征，多由里书、粮差等执行。既有的研究主要集中在后一部分，对于前一部分则缺乏关注。

---

① 《钦定户部则例》卷 9，5～6 页。
② 《贵州全省财政说明书》，《岁入部·丁粮》，155 页。
③ 王嘉栋奏，嘉庆二十年七月初三日，录副 03-1569-007。
④ 晏才杰：《田赋刍议》，16 页，1915；《湖南全省财政说明书·总说》，6 页，经济学会，1915。

开征之前，州县通常在户粮等房书吏中点充数人为柜书，分别立柜，责令经收钱粮。他们的基本工作是处理各种钱粮册串。清中后期州县征收依据之簿册，一般是"实征册"，由里书等填造呈县。这些簿册按所属里图分为数柜，由各柜书管理。经负责征比的幕友审核后，由柜书依据实征册之内容，填制易知由单（有时也包括串票），其数量通常为数万至十余万张。该单类似纳税通知书，内载应纳银数，例在开征前散发到各户。花户按数赴县缴纳，经柜书检核后截给串票，作为纳税凭证，同时将户名、银数登入"流水簿"内。当然，前文已指出，仅有少数花户是通过以上程序完纳钱粮的。

在书差包征制下，柜书的主要职能并非版籍册串之事，他们实际上充任钱粮征解的总承包商或一级承包商。所谓书差包收，通常是由柜书中的一人或数人总揽其事，他们被称为"粮总""库总"或"漕总"，统称"总书"。总书者，"户科书吏总理银漕事务者也，择公务谙练而身家殷实者充之，经收经缴，责在一人"。① 乾隆中后期，额赋最重的江苏、浙江二省州县即多有漕总、折总名目，钱漕征解由其一手操控。② 道光年间，州县点充粮总、库总，包办漕粮、钱粮事宜，已成外省积习。③

总书通常在新官到任时点充，欲充之吏，或于州县未到任前，即赴省城迎谒，向新官预行贿赂，"多则四五千两，少亦二三千两，求派粮总、库总"。或于地丁、漕粮开征前，书吏"以千数百金为媒蝶，钻谋点充"。到任或钱漕开征前，正是州县备感拮据之时，面对书吏的"到任礼""房费"，他们很难拒绝。④ 而一经点充，州县征收之权遂寄诸总书。如同治年间丁日昌所见：

---

　　① 《江苏苏属财政说明书》，《岁入部·田赋》，18 页。

　　② 杨锡绂：《四知堂文集》卷 25，20 页；福崧奏，乾隆五十六年正月二十四日，朱批 04-01-35-0178-025；福崧奏，乾隆五十六年十月十九日，朱批 04-01-35-0179-038。

　　③ 余文铨奏，道光二年十二月初十日，录副 03-4078-016；无具奏人，道光二年，录副 03-4078-019。

　　④ 余文铨奏，道光二年十二月初十日，录副 03-4078-016；《抚吴公牍》卷 31《札饬各属不许点充总书由》，《丁日昌集》上册，660～661 页。这是当日地方行政中的结构性现象，类似记载甚多。

> 一经准点，若辈有恃无恐，恣意妄为……内则交结门丁，朋比
> 为奸，外则勾串粮差，浮收肥己，地保既任其指挥，小民暗受其朘
> 削，甚且挟制本官，以致太阿倒持，稍不遂欲，公事每至迟误，为
> 害实非浅鲜。至于包揽代纳，撞骗招摇，犹其事之小焉者也。①

时人言及总书之弊多有类似描述，除去道德批判的色彩，其在田赋征收
中的核心地位当可概见。"太阿倒持"的真实含义，即州县将经收经缴之
责权，拱手交与总书。②

这也意味着，在奏销届限前将钱粮按额解往省城转由总书负责。当
日的一般情况是，至奏销届限，仍有部分欠户钱粮未完。州县为顾考成，
不得不先行垫解民欠。此外，田赋征解本身即多需费，如解司、道库规
费，征解员役之纸饭辛工，上司、同寅之规礼等，数皆不赀。在包征包
解模式下，总书的重要作用，是在征收未完甚至开征之前垫解全部或部
分钱粮，提供征解所需之经费。

如咸丰三年（1853），胡林翼指出，征收钱粮，"官之用费及正杂解
款，均因限期催迫，由书垫出"，但柜书亦非富户，所需之款通常"加五
加四，贷之于人"。③ 佘文铨也奏称：

> 未经开征之先，该吏（即总书）等遂将钱漕串票全行索出，向平
> 日包揽钱漕之户及商民有力之家预押银两，半应本官急需，半供该
> 吏挥霍。④

可见总书以串票作抵，向大户、富户贷款垫解。在湖北沔阳，开征后由
总书保充的"总头"（由衙役充任）8 人裁出串券，交予里书下乡征收，总
头须在裁券后一二月内呈缴"店票"，即从钱庄借款垫解。⑤ 江苏常熟、
昭文，知县将漕粮"捆征"于总书，总书又"掣串分给各图经造"，另其承

---

① 《抚吴公牍》卷 31《札饬各属不许点充总书由》，《丁日昌集》上册，661 页。
② 典出《汉书·梅福传》，意为将大权交与别人，自己反受其害。
③ 《与友人论黄平事》，咸丰三年，《胡林翼集二·书牍》，93 页。
④ 佘文铨奏，道光二年十二月初十日，录副 03-4078-016。
⑤ 李辀：《牧沔纪略》卷下，39～40 页。

缴，经造再持串向花户征收。① 由以上记载大致可勾勒出，总书在开征前后贷款垫缴州县钱粮及相关费用，并将串票截出（这意味着花户无法赴县投柜完纳），再交予里书、粮差下乡催征揽纳，后者成为田赋征收的次级承包商。

## （二）里书、粮差

里书又称册书、庄书、图书、社书、经造、粮书等，经理所辖区域推收过割、钱粮造册等事。所谓推收过割即民间交易、析产后田产及钱粮负担的转移。里书因此掌握各户的田产、钱粮信息，故所辖里图之实征册便由其填造。道光年间，林则徐曾描述湖北各县里书为"在各乡分催钱漕，经手推收过户"，且持有"里粮底册"，"假借书吏名色哄惑乡农"，其实"并非在内署科房办事"者。② 可见里书非为科房书吏，但二者却又存在相当的关联。同治二年（1863），方宗诚曾论里书之源起：

> 州县户粮书……初则勤苦自立，版册亲操，执以追索，尚能年清年款。一二传后，骄惰日形，沈溺烟酒，一切征收等事，委之各乡各里各图之黠者为之催纳，坐享其肥，而总吏绝不过问。久之而债累日深，生计日绌，并其传世之底册，展转售卖，而册书、户书、里书、里差之名所由起，权益浸大，房科之籍，仅拥虚名，乡图之册，转成实户。③

可知里书催纳钱粮系由总书、柜书转包，即其册籍亦购自后者。④ 但当里书的"乡图之册"取代"科房之籍"成为征收的唯一依据时，乡间"黠者"

---

① 《徐兆玮日记》第 1 册，光绪二十五年七月二十六日，103 页。

② 《稽察隄工总局申禁冒称书吏片》，道光十七年六月初十日，《林则徐集·奏稿》中册，428 页。

③ 方宗诚：《鄂吏约》，盛康辑：《皇朝经世文续编》卷 25，30 页。

④ 岩井茂树指出，江南地区的里书从官府或里甲中分离，成为私营者的"世业"，可以追溯到明清之际。氏著：《武进县"实徵堂簿"与田赋徵收机構》，191 页；《赋役负担团体的里甲与村》，森正夫等编：《明清时代史的基本问题》，周绍泉、栾成显等译，180～181 页，北京，商务印书馆，2013。高嵨航则认为，经造是在康熙以降里甲制名存实亡后形成的，作为其替代的田赋征收机构。氏著：《呉县·太湖厅の经造》，221 页。

也就变身为职业的田赋包揽人。同光年间，湖南桃源征收钱粮共分 8 柜，每柜设一"书总"，各乡则有"散书"数百人，分管粮册，又称"粮书"。[1] 可见里书类似于额外书吏，因其多与总书、柜书等相关，却是卯簿无名之人。[2] 由于经手田产、钱粮之事，充里书者不乏"精于书算、熟于道里者"。更重要的是，几乎所有记载都显示，里书多父子相传，以底册为世产，属世袭之业。

粮差又称坐图粮差、图差、里差、催差等，较诸里书，其含义更为模糊。按催征钱粮，本系皂、快两班之职，但经制差役多不亲自下乡，而是将催征之权卖与他人，故粮差之构成相对复杂。如江苏州县粮差，作为经制差役的"顺差""图差"并不下乡催征，"有无赖棍徒向其买图，以图之肥瘠，定买价之多寡"，谓之"伴差"。伴差"在官无名"，专事揽纳花户钱粮，索规渔利。[3] 福建建阳"开征时，皂班当堂拈阄，拈得某图即谓某里图差，不亲催征，而卖与本里坐图之人"，价洋银十余元，由其包征。[4] 湖北监利设有经制催差 12 名，"照例鸣锣，毫无所济"，不得不派"游差白役"约千人赴乡签拿，该役并无工食，"拼年累月，充当此任"。[5] 广西、江西各州县亦有被称为"总头""总总头"的衙役坐地分肥，由"都差""图差""里差""保差"赴各乡催征。[6] 由上可见，真正在乡催征的粮差，多是土著痞棍充当的私差白役。他们是以催征固定里图之钱粮为业者，其业务揽自经制差役。

里书、粮差多非卯簿有名的经制吏役，而是介于额外吏役与里胥徒棍之间的人物。他们几无法定的工食银，甚至征收所需的纸笔饭食亦须

① 冯锡仁奏，光绪二十五年，录副 03-6265-043。

② 李钶：《牧沔纪略》卷下，41 页；《贵州全省财政说明书》，《岁入部·丁粮》，138 页。

③ 陈宏谋：《培远堂偶存稿·文檄》卷 46，《清代诗文集汇编》第 281 册，376 页。

④ 陈盛韶：《问俗录》，62 页，北京，书目文献出版社，1983。

⑤ 罗迪楚：《停琴余牍》，《官箴书集成》第 9 册，409 页。

⑥ 《广西全省财政说明书》，《各论上·国税部·田赋类》，99 页；王邦玺：《条陈丁漕利弊疏》，盛康辑：《皇朝经世文续编》卷 36，49 页。

自筹。① 其收入主要来自于征收中的规费与中饱。当日县以下的田赋征收正是由这些"吃钱粮饭"的职业包揽人完成的。

晚清州县的田赋征收，以县署实征册为依据。由于田产转移、推收过割的频繁发生，该册每岁例须重造。各户钱粮额数，应据往年旧册，以及本年过割情况而定。因此，各里图实征册便由职司推收的里书造报。开征前一二月，各里书将本年实征册或串票送县，由柜书、幕友核明用印，以作征收之用。② 此外，里书多参与钱粮催征乃至经收。每忙开征前后，里书由县领取易知由单，下乡散发，催征花户钱粮。在此过程中，里书多以纸笔饭食为由，向花户索取"单费""册费""串钱"。③ 在两湖等地，里书则成为主要的田赋征收机构。在这些州县，开征后总书、柜书将串票全数交与各里书，由其包收各自辖区钱粮。如湖北沔阳"钱漕历归里书裁券，下乡征收"。④ 湖南桂阳钱粮亦系"册书赴乡催取汇缴"。⑤ 安徽桐城征收丁漕，"向无投柜完纳之事"，俱由里书赴花户家收取。⑥

更多的州县则由粮差完成钱粮的催征揽纳。按当日惯例，撤柜后欠户钱粮由知县饬差下乡催征，所签衙役须按限征齐欠粮，或将欠户带县，否则即加杖责（"比责"）。然衙役未必熟悉乡里情形，多将此事转手于坐图之粮差，即其亲自下乡催征，亦须粮差配合。粮差催征，采用"揭征"（又称"揭粮""抬垫""扫差""撕票"）之法，即粮差先措资缴县，代完钱粮，

---

① 里书尚可获取推收的手续费，遇年节所辖里图或有"小租""抽丰"之献。陶煦：《租核》，赵靖、易梦虹主编：《中国近代经济思想资料选辑》，400 页；谭钟麟：《谭文勤公奏稿》卷 7，14～15 页；万国鼎等：《江苏武进南通田赋调查报告》，28、126 页。

② 王又槐：《刑钱必览》，《四库未收书辑刊》第 4 辑第 19 册，438 页；民国《蓝山县图志》卷 18《财赋上》，12 页；万国鼎等：《江苏武进南通田赋调查报告》，55、65、126、157 页。

③ 程邦宪奏，道光二年十月二十七日，录副 03-3969-031；陶煦：《租核》，赵靖、易梦虹主编：《中国近代经济思想资料选辑》，400 页；《藩吴公牍》卷 2《通饬征收钱粮开列斗则大张晓谕由》，《丁日昌集》上册，355 页；《抚吴公牍》卷 29《札饬查议海门厅征收地漕银数由》，《丁日昌集》上册，642 页。

④ 李翱：《牧沔纪略》卷下，39、41 页。

⑤ 卞宝第：《抚湘公牍》卷 1，60 页。

⑥ 《查革积弊》，《申报》，光绪六年五月二十三日，1 版。

再持串票下乡，取偿于花户。利益的考量决定了粮差的揽纳对象并不限于欠户。当日的地方官便指出，粮差甘于垫款揭征，"正以一县钱粮任其操纵，因是而得厚利焉耳"，若"失其易收之户，而独任其难收之户"，粮差无利可图，必不出力催征。① 故粮差为求格外需索，多不待撤柜，常常是一经开征，便主动垫完花户钱粮，以便掣串领追。② 对于花户(尤其是贫懦之户)而言，这些持票下乡的催差是他们的噩梦。③ 由于粮差垫解多系借贷，花户于应完钱粮之外，尚须缴纳数成"息钱"。且粮差一旦登门，横索川资、酒饭钱乃至烟钱，亦为惯常之事。更不必说他们另可借锁押比责或罪以抗粮恐吓花户，以便恣意讹索。在此种情况下，花户既被强制代完钱粮，串票又在粮差之手，只能忍气吞声，所费常倍蓰于应纳粮额。④

以上的考察可以说明，县以下的田赋征收，是由里书、粮差相互配合完成的，概言之，前者主要负责编造征册，而后者则经办催征揽纳。当然，二者的职能也常据实际情况转移，如在某些州县，里书便一身二任。⑤ 关于一县之内里书、粮差的数量，笔者据所见史料制成表 10-1：

---

① 光绪《耒阳县志》卷 8《丛谈》，9～10 页；《光绪桐乡县志》卷 6《食货志上·新政》，9 页。

② 陈岱霖奏，道光二十四年九月二十日，录副 03-1569-007；光绪《吴江县续志》卷 10《赋役三》，27 页；王邦玺：《条陈丁漕利弊疏》，盛康辑：《皇朝经世文续编》卷 36，50 页。

③ 粮差勒索花户，通常"择肥而噬"，受害最深者为贫懦乡户。刁滑之户则与粮差达成某种"协议"，只需完纳欠粮的数成，便可央缓，不必到官听比，而所纳钱粮亦归粮差中饱。此即所谓"包欠"，为当日的普遍现象。

④ 相关记载甚多，兹不一一列举。王业键先生指出："对纳税人来说，使他们最难受的是逾期强制交税的措施"，"它为胆大妄为的书吏和衙役们提供了剥削和牺牲穷人利益的机会"，诚为的论。氏著：《清代田赋刍论(1750—1911)》，62 页。

⑤ 御史程邦宪奏称，江浙州县征漕，"每都图设有粮差，亦曰经造，专司造办册籍，催征钱粮"。可见在他看来，粮差、里书并无区别，足证二者职能的"兼容"。程邦宪奏，道光二年十月二十七日，录副 03-3969-031。

表 10-1　19 世纪各省州县里书、粮差情况

| 地名 | 年代 | 里书数量 | 粮差数量 |
|---|---|---|---|
| 湖北州县 | 1837 年 | 大县粮书以千计 | 不详 |
| 湖南安化 | 1840 年前后 | 甲书 200 余人 | 无 |
| 江苏青浦 | 1853 年 | 不详 | 粮差 200 余人 |
| 湖北咸宁 | 1859 年 | 粮书 500 余人 | 无 |
| 湖南零陵 | 1860 年前后 | 粮书 400 余人 | 无 |
| 江苏丹阳 | 1869 年 | 科书 180～190 人 | 不详 |
| 湖南衡阳、清泉 | 1882 年前后 | 不详 | 粮差 1000 人左右 |
| 安徽桐城 | 1880 年 | 里书 200 余名 | 无 |
| 湖北沔阳 | 1893 年 | 里书、块差共计 800～900 人 | |
| 安徽贵池 | 1896 年 | 保书数百人 | 无 |
| 湖南桃源 | 1899 年 | 粮书数百人 | 无 |
| 湖北监利 | 1899 年 | 知根 3000 余人 | 游差 1000 人左右 |

资料来源：《稽察隄工总局申禁冒称书吏片》，道光十七年六月初十日，《林则徐集·奏稿》中册，428 页；李汝昭：《镜山野史》，中国史学会主编：《太平天国》第 3 册，15 页；光绪《青浦县志》卷 14《职官下·名宦传》，13 页；《致罗遵殿》，咸丰九年四月初五日，《胡林翼集二·书牍》，299 页；卞宝第：《抚湘公牍》卷 1，46 页，卷 2，37 页；《抚吴公牍》卷 32《札催裁减丹阳科书章程由》，《丁日昌集》上册，665～666 页；《查革积弊》，《申报》，光绪六年五月二十三日，1 版；李翰：《牧沔纪略》卷下，45、52 页；王源瀚：《贵池清赋刍言》卷上，4 页，1914；冯锡仁奏，光绪二十五年，录副 03-6265-043；罗迪楚：《停琴余牍》，《官箴书集成》第 9 册，407、409 页。

　　由于各州县大小不同，里书、粮差的数量也有较大差异。但即便是数量最少的丹阳，也存在近 200 名里书，而在监利，里书、粮差合计竟至 4000 余人。以每县数万至十余万的花户数量计算，每名里书或粮差负责催征数百至数十户不等。这意味着，在县衙与数以万计的花户之间，田赋征收需要经由成百上千的包揽人之手。

　　道光末年，湖南耒阳知县徐台英曾描述当日楚南州县之催科：

　　　　奏销至矣，民欠奈何，官曰无忧也，有柜书在包解而已矣。包
　　　　解而银将何出，柜书曰无忧也，有里差在代垫而已矣。代垫而银不

能归款将奈何，里差日无忧也，禀官追给而已矣。①

这是一种典型的书差包征包解，在该模式下，催科的责权在知县——柜书——里书、粮差之间逐层外包，这正是本节勾勒的田赋征收过程。当然，这一链条在各地的表现形式存在差异，区别主要在于包征的第一环节，即田赋的管理权是握于州县(官征、内征)，抑或交予总书、柜书(书征、外征)。在这一点上，各地存在着程度上的差异。而县以下的催征环节，各地普遍依赖粮差、里书，并无太大差异。②

## 三、书差包征成立之结构

### (一)粮户与田产

绝大多数清代文献给人这样的印象：书差包征是催科第一大弊政，例应禁革。我们常常可以在各地方志中读到，革书差包征，复自封投柜，成为"名宦"们的重要仕绩。然而，值得思考的是，州县官能否亲自主导征收之事，反之，书差包征屡禁不止的结构性成因又何在，这些疑问需要联系当日的田赋制度来作答。

清代州县田赋税额根据境内升科地亩之面积与科则而定，其征收对象是拥有一定田产的粮户。因此，州县欲行催科，地籍、户籍为必备之信息。相应地，可资州县征收依据的册籍主要有两种：一是地籍册，以田地为纲，载有丘亩字号、四至、户名等信息，并附以图，又称鱼鳞图册；一是户籍钱粮册，以户为纲，开列各户田地、钱粮。州县征收田赋，须先行清丈，查明地籍，再将田地一一归入各户名下("归户")，依据不同的科则计算赋额，方可按户编造钱粮册籍，以作征收之据。也就是说，田赋据户籍钱粮册征收，而该册又以地籍为基础。

但有清一代，中央政府从未举行过全国范围内的土地清丈，部分省区曾在康熙、雍正、乾隆年间开展清丈，重新编造了鱼鳞图册，而另一

---

① 光绪《耒阳县志》卷8《丛谈》，8页。

② 如晏才杰便指出："官征非能自征也，必假手于差焉；书征亦非能自征也，必假手于差焉。"氏著：《田赋刍议》，16页。

些省区则沿用了明代万历年间的地籍册。① 清代中期以后，这些册籍多已残缺散佚（南方各省册籍普遍毁于太平天国战争），即使有保存者亦不随时更新，无法反映现状。② 因此，鱼鳞图册在清中后期已经失去了地籍册的意义，当日征收可据者仅有户籍钱粮册，多称实征册，又称归户册、柳条册、顺庄册、粮册等。

以下据光绪末年江苏金匮县实征册，分析其内容。③ 该册以图甲为单位编造，如光绪二十七年份第五十一图十一甲地丁、漕项实征册内首户"金顺大"名下载：

一户　　金顺大　　共折实平田　　　　内除
　　抛荒未垦田　　　　　　光绪二十五年年分新垦田
　　光绪二十六年分新垦田
实征旧熟并光绪二十四年分新垦限满田　一分六厘五毫
　　应征地漕正耗银　　一分九厘
上忙正耗银　　一分
下忙正耗银　　九厘

又五十六图一甲漕粮、白粮实征册内首户"杜俊明"名下所载：

一户　　杜俊明　　共折实平田　　　　内除

---

① 王业键：《清代田赋刍论（1750—1911）》，26～39页；赵冈：《鱼鳞图册研究》，15～16页，合肥，黄山书社，2010。

② 王又槐：《刑钱必览》卷5，《四库未收书辑刊》第4辑第19册，440页；张集馨：《道咸宦海见闻录》，266页；同治《监利县志》卷11《艺文志·书》，18页。晚清民国的诸多记载众口一词地提到，太平天国战后，鱼鳞册损毁殆尽，以致田赋征收无据。然据清中期的记载，由于无法更新，这些册籍即保存完好，亦难据以征收。如乾隆三十九年（1774）的浙江，"（鱼鳞册）即州县录存者，亦皆束置高搁，历来并不将现在执业花户逐一载入鳞册。缘执业花户贫富靡常，辗转售卖，亦无一定，数年之间，往往几易其姓，势不能载鳞册之内，故鳞册所载皆非现在执业之人"。《治浙成规》卷1，《官箴书集成》第6册，327～330页，引文在329页。

③ 《漕白实征册光绪二十七年、三十年》《地漕实征册光绪二十七年》，写本，日本京都大学人文科学研究所图书馆藏。笔者在文献复制过程中，得到岩井茂树教授的大力帮助，谨致谢忱。

抛荒未认等田　　　　　　光绪二十五年分新垦田

光绪二十六年分新垦田　　本年新垦田

实该旧熟并光绪二十四年分新垦限满田　四亩三毫

应征漕白正耗米　二斗四升

可见实征册按户登记田地亩数及每忙应纳粮额①，但这并不能提供征收所需的全部信息。第一，根据时人的观察，册中的户名"金顺大""杜俊明"很可能不是粮户的真实姓名，而是祖号或他人（如田产原主）户名。此外，以堂名为户名者也不在少数，如某堂、某记、某书屋等。② 在光绪二十七年份五十一图二甲漕白实征册中，笔者就发现了"柳锦春彬记""柳晓斋彬记""柳容安堂""喜雪竹堂""三官堂"，甚至"隆福庵""关帝庙""远尘庵"等多个户名。第二，实征册虽按图甲编造，但户名下并不注明花户住址及田地坐落。③ 考虑到某户名下之田很可能不在本图甚至本县之内，对于征收而言，这也是严重的缺陷。以上两点意味着，州县仅据实征册，根本无法将花户与现实中的粮户一一对应。咸丰至光绪初年历任两湖各府县的方大湜就指出：

> 州县征收钱粮，先造实征底册，册内所载名目是户名，不是的名，亦无住址可考，须令各里各甲户书将所管钱粮另造一册，上列户名，某某应完钱粮若干，下注的名，某某住某乡某处，遇有拖欠，便不难指名催追。④

---

① 金匮县所属常州府在太平天国战后多年仍有相当数量的荒地，又荒地垦复限满三年始行升科纳赋，故实征册内花户"抛荒未垦田"及近两年垦复之田免于纳赋，只完光绪二十四年垦复及"旧熟"之田钱漕。

② 陶澍奏，道光五年六月二十三日，录副 03-2562-050；张集馨：《道咸宦海见闻录》，62、266 页；《藩吴公牍》卷 12《通饬办赋章程由》，《丁日昌集》上册，425 页；《田赋案牍汇编》，《分省十二·浙江》，19 页；李之屏：《湖南田赋之研究》，5588 页，台北，成文出版社，1977。

③ 岩井茂树据清末民初阳湖、武进的两种实征册指出，册内并不记载作为课税依据的所有田土的细目及面积，州县无法查核各户的赋额，因此实征册无法实现其作用。氏著：《武進県"実徴堂簿"と田賦徴収機構》，184、186 页。此为的论，但若就催征而论，如时人所言，册内不载花户地址及田地坐落，是更为严重的缺陷。

④ 方大湜：《平平言》卷 4，《官箴书集成》第 7 册，713 页。

可见由于实征册内缺少花户的名的址，州县很难据以"指名催追"。通过簿册内容的分析，我们可以直观地感受到，作为州县唯一的征收依据，实征册的作用其实是有限的，"按册索粮，尚具大体，若按册而索纳粮之人，则昧无端绪也"。①实征册仅能提供境内各图甲的钱粮额数，但钱粮究竟完自何人，州县无从知悉。② 从另一方面来看，这也可以说明，在官方的户籍钱粮册中，更具实际意义的是田产与钱粮，而非花户本身。③

　　但即便是各花户名下的田产、钱粮信息，州县也难以一一掌握。田地的面积与科则是确定赋额的依据，由于缺乏可靠的地籍，政府只能采用更新实征册内田产信息的方法。这是因为，清代民间典卖分析田产，事属常有，完粮之户亦随之变动，必须随时登记，才可保证稳定的田赋税基。因此，田产登记对于田赋征收可谓至关重要。清制，民间买卖田产，交易后一月内买主应亲赴县署，对册推收，随时过割，即将田产所有权及纳粮责任的转移登注于实征册内。同时，田产交易契约亦应呈县盖印，粘贴契尾，以资凭证。州县则按照田产契价，向买主征收每两 3 分的契税，称"税契""投税"。然当日的普遍情况是，民间为躲避契税，买卖田产多不赴县推收。如湖北各地积习，"往往买田数年或数十年，竟不赴县房推收过割，只潜赴里书处开一户名，私相授受。更有田已更易数主，变产已经数世，而粮名未换，仍在旧户下完纳者，而官与粮书皆

---

① 李奋：《福建省田赋研究》，3070 页，台北，成文出版社，1977。

② 岩井茂树指出："在县署（根据实征册）所掌握的田赋情报中，即便全县的额征数与实征数是正确的，其余的也皆属虚构的情报。"他还认为，并无实际作用的实征册年复一年地被编造、呈县，这一行为仅有以下的意义："实际上行使征税权的（里书等）包揽机构和形式上保有征税权的国家·官府之间达成的政治协约"。也就是说，对于维持征税属于公权力行为的制度的形象，实征册是不可或缺的要素。氏著：《武進県"実徴堂簿"と田賦徴収機構》，186、194 页。

③ 刘志伟关于明清户籍赋役制度的研究指出：清代珠三角地区图甲制下的"户籍"的意义，已经由人口登记转变为赋税负担。无论官还是民，所关心的只是每"户"要承担多少纳税责任，而不是该户下的人口与家庭状况。氏著：《在国家与社会之间——明清广东地区里甲赋役制度与乡村社会》，191~204 页。这一结论对于清代中后期的户籍与田赋征收，颇具启发意义。

昏然不知"。① 江苏民间买卖产业，亦"不赴县对册过户"，仅"贿嘱经造、地保人等，私行窜改，或零星洒寄，百弊丛生"。② 可见民间办理田产转移，多只经由里书，其中不乏舞弊之举。

由于田产登记制度的有名无实，随着田产频繁的典卖分析，实征册中的各花户与其名下的田产、钱粮之间便出现了相当程度的分离，以清末四川为例：

> 有因避多田之名，每置业一区，即另用一名立契，而廒册上之粮名，亦随之不同者；有欲避免加捐，暗贿粮书，将一人之粮在廒册上化分为数名或十数名，使粮额皆降至极微者；有其人已死，子孙已析产，然仅分执田契管业，未将廒册上粮名改为各承继人之名，以致此一户之粮，须由数家朋纳者。

> 有将己业割卖一段与他人，买主要求粮从轻拨，始允成交，形成守余田者任其重，买新业者任其轻，以致一方业少粮多，一方业多粮少；又有割卖之际，竟不拨粮与买主，以致买主成为有业无粮者；又有缘上两种情形，田业均经割卖无余，而未拨完之粮，尚须承完，成为有粮无业者。

> 又有两邑毗连，田在甲邑，粮名亦在甲邑廒册上，而粮户则住居乙邑者。③

"廒册"即实征册，"拨粮"即田产交易时钱粮的转移。这一记载大致涵盖了当日"极形糅杂"的各种田粮关系。在第一种情况中，粮户为隐混钱粮，躲避捐输(及徭役)④，分立多个户名。或者同族之人析产后不分粮，各户仍在同一户名下完粮。也就是说，一个粮户在实征册中可能拥有多个

---

① 《札各州县革除钱漕弊政》，《胡林翼集二·批札》，976~977 页。
② 《藩吴公牍》卷12《通饬办赋章程由》，《丁日昌集》上册，425 页。
③ 周询：《蜀海丛谈》，6~7 页。
④ "避免加捐"，指咸同以降，四川摊征田赋附加，曰"津贴""捐输"，捐输自应纳钱粮八分以上者始行摊征，故多立户名，"使粮额皆降至极微"，便可免征。《四川全省财政说明书》，4~6 页。

花名，而一个花户在现实中也可能是同一宗族内的多个粮户。① 第二种情况更为复杂，即买卖双方并不将钱粮（"粮"）随田产（"业"）完整地转移。这意味着，交易之后，已经失去了田产所有权的卖主，仍须为该田产完纳钱粮。甚至根据粮、业分离的程度，可以分为"有粮无业""有业无粮""业多粮少""业少粮多"等多种状态，极其纷繁复杂。第三种情况称"寄庄"，即粮户居甲县，其田产则在乙县。以上这些现象不独四川为然，各省均有类似的记载。② 在不健全的田产登记制度下，粮户以各种方式欺隐钱粮，可谓当日之常态。因此，实征册所载与现实之间存在相当的距离。

这导致了一种奇特的现象：州县实际是在作为课税客体的粮户、田产均难稽查的情况下征收田赋的。《贵州全省财政说明书》即载，州县仅止"照额征收，他不过问"，"如某户有田若干，应完丁粮是否与田亩符合，问之本官既不得详，查之案册亦无足据，即使账簿填注田赋粮数，叩以确实与否，仍多影响之谈"。③ 王庆云也指出，有司催征，"惟按一州县之赋入，责之都图之吏胥"，"而某户有某田，某田属某户"，州县仅

---

① 在广东、徽州等宗族组织发达的地区，同族各粮户（"子户"）在同一个户名（"总户"）下完纳钱粮，成为一种惯例。在此种情况下，户名仅是官民之间征纳赋役的一个代号而已。片山刚：《清代广东省珠江三角洲的图甲制——税粮、户籍、同族》，539～561 页，《日本中青年学者论中国史·宋元明清卷》，上海，上海古籍出版社，1995；刘志伟：《在国家与社会之间——明清广东地区里甲赋役制度与乡村社会》，204～215 页；陈支平：《民间文书与明清赋役史研究》，117～145 页。

② 嘉庆《凤台县志》卷2《食货》，17 页；刘锦藻：《清朝续文献通考》卷1《田赋一》，考 7507；裕谦：《勉益斋续存稿》卷5，49 页，光绪二年刊本；《江苏各属垫完欠赋情形片》，道光十五年，《林则徐集·奏稿》上册，263 页；《札各州县革除钱漕弊政》，《胡林翼集二·批札》，977 页；缪嘉誉：《崇阳客问》、沈衍庆：《覆吉安文太守询泰和地方情形书》，盛康辑：《皇朝经世文续编》卷26，31、54 页；陈盛韶：《问俗录》，63、92 页；卞宝第：《卞制军政书》卷4，12 页；光绪《孝感县志》卷3《赋役议》，20 页；徐赓陛：《不慊斋漫存》卷3，20 页，卷5，7 页；戴杰：《敬简堂学治杂录》卷1，《官箴书集成》第9册，37～38 页；《福建全省财政说明书》，《岁入部·田赋类》，8 页；《广东全省财政说明书》，《岁入部·田赋上》，24 页；《贵州全省财政说明书》，《岁入部·丁粮》，155 页；《陕西全省财政说明书》，《岁入部·协various款及田赋类》，68 页；《田赋案牍汇编》，《分省十八·四川》，6 页；万国鼎等：《江苏武进南通田赋调查报告》，131 页。

③ 《贵州全省财政说明书》，《岁入部·丁粮》，155 页。

凭册籍无从知悉，"吏遂据都图为奇货"。①

所谓吏胥"据都图为奇货"即因"粮户散漫，非粮差不能周知，粮册纷糅，非粮书不能备悉"，州县催科，势不得不假手里书、粮差。② 里书介入钱粮征收与其办理推收过户的职能直接相关。同治五年，吴江知县沈锡华禀称：

> 县中即有存案征册，而民间置买田产，推收过户，册在经造，以致近年县册户亩久已不符，每届造串，非若辈不能承办。③

该县实征册并不按年重造，故"户亩久已不符"，征收所据为经造承造之串票。因经造包办推收过户，若无其私册，州县便无法征收。同样地，晚清湖北武昌"惟以册书私藏底册为征收蓝本"，实征册等皆出若辈之手。底册所载，除户名、粮额外，另有"过户签注"，即推收过割时户名下粘贴之签条。④ 而在武进，凡"田地过割，立户分收等事"，均由粮房办理，故其私册成为"征粮之唯一依据"。所谓私册有二：一曰归户册，载明新户及分收转科户名，与原册对照，可知田地所有权之变动；一曰科征底册，记录各户钱粮，为编造实征册之依据。⑤ 由上可知，第一，推收过割之事多由里书承办，此事虽不合例，却为州县政府默许。第二，里书私册为推收细册，载明所辖里图各户名下田产及钱粮变动的记录，这成为每岁编制实征册、串票的依据。当然，私册的存在，不过是里书垄断田产、钱粮信息这一事实的表现而已。⑥ 州县既将田产登记事务外包于里书，势必失去对于相关信息的直接掌控，这直接导致里书成为钱粮造册、催征的关键人物。

---

① 王庆云：《石渠余纪》，112 页。

② 《广西全省财政说明书》，《各论上·国税部·田赋类》，107 页。

③ 光绪《吴江县续志》卷 11《赋役四》，4 页。

④ 缪启愉：《武昌田赋之研究》，12032 页，台北，成文出版社，1977。

⑤ 万国鼎等：《江苏武进南通田赋调查报告》，27 页。

⑥ 民国时期的许多调查都显示出，里书视为"枕中秘宝"的私册，其内容亦未必较实征册更详，且内中多含"暗语""密码"，他人无法卒读。因此，里书的资源与其说是私册，不如说是其独占相关信息。由此也可以理解，清代地方官多以收缴私册来革除书差包征，当为治标不治本之举，难获成效。

与里书手握私册相似的是，粮差的优势在于熟谙所辖区域的粮户情况。"民气之强弱，风俗之良悍，山村草泽之程途，甲伍乡井之烟户，惟粮差知之最熟"，故"委之与事，而莫不举"。① 如广西以恃差催征为通例，缘"粮册每无的姓的名，诡寄欺隐，久成习惯"，州县对此无法究诘，"而粮差大半世袭，独能识其根柢"，故不能不恃以催征。② 而四川各县，"粮册上某名之粮，应向某人催收，非粮差不能悉其底蕴"，"粮书虽有知者，又不如粮差之备悉"，且粮差亦仅负责固定之乡甲，他区粮户情况则非其所知。自清中叶以迄末季，该省"地方官对于催科一事，皆只有拱手受成，惟日责成粮差催收"。③

当然，更实际的情况是，对于花户及其田产、钱粮间错综复杂的关系，"不特地方牧令仅凭征册难以跟寻，即图差、户书亦未能尽知底蕴"，难以一一对应，指户催追。④ 各地普遍存在的现象是，有粮无田之户逃亡后，其粮无可催征，州县钱粮因此缺额。这些"滥粮""虚粮"通常责成经手的书差赔垫。⑤ 此点最可表现州县催科责权的外包。

## (二)考成与平余

显而易见的是，州县官仅凭实征册根本无法征收，但同时他们又背负着考成的压力。清制，州县征收钱粮，按完欠数额分十分考成。奏销届限时，欠额不及一分者停其升转，罚俸一年，欠一至四分者分别降职一级至四级，皆令戴罪催征，欠五分以上者革职，是谓钱粮初参。初参之后，再限一年续征，若仍不能全完，则分别给予降级调用、革职等处分。另一方面，州县如能于奏销前全完，则可于照常优叙外量加优叙，

---

① 晏才杰：《田赋刍议》，17 页。

② 《广西全省财政说明书》，《各论上·国税部·田赋类》，99 页。

③ 周询：《蜀海丛谈》，7 页。

④ 谭钟麟：《谭文勤公奏稿》卷 17，16 页。

⑤ 《徐兆玮日记》第 1 册，光绪二十五年七月二十六日，103 页；周询：《蜀海丛谈》，7～8 页；鲁子健编：《清代四川财政史料》上册，595～596、599～604 页，成都，四川省社会科学院出版社，1984。

根据所属征额分别予以记录、加级。① 可以说，钱粮的完解情况直接关系地方官的仕途。对于不谙当地政情且调任频繁的州县官而言，按限从治下数以万计的粮户手中征得足额的钱粮，本非易事。更不必说他们并不掌握征收必备的粮户、田产信息。在此情况下，将催科交由熟谙其事的书差包办，自然成为许多官员的选择。因为总书、柜书及里书、粮差可以预缴钱粮，或垫解欠款，保证钱粮按限扫数，州县便免去了考成的压力。胡林翼即指出，在书差包征制下，"官之缓急、官之期限"，一切"责成于书吏"。② 徐台英也观察到，湖南州县即对催科"一切懵然不知"，"日坐深衙，斗牌饮酒"，亦无须为奏销担忧，因书差包征使其可"安坐以待钱粮之至"。③ 据称该省行包征包解之州县，钱粮"大都年清年款，毫无蒂欠"，而官征州县则"往往民欠甚多"。④ 晚清广东各瘠苦之缺，田赋均由书差包征包解。⑤ 这都显示出，较诸官征，书差包征的效率明显更高。

因此，为及时将钱粮扫数，地方官普遍主动选择书差包征，尽管这会损害粮户的利益。许多记载都显示，最为时人诟病的粮差揭征，州县明知扰民甚重，但为不误奏销，常常放任甚至鼓励粮差代垫。⑥ 徐台英便评论道："奏销重件也，奏销误而官于何有"，故其不敢不允粮差揭征。⑦ 周询也指出："地方官对于下忙撤柜之期，最宜斟酌。盖到期如不撤柜自难依限解司，不免应受处分。然若撤柜过早，则被抬垫者多，又徒供粮差之利用，而多贻民累矣。"⑧这正是州县在催科中的处境：他们必须在奏销与民生之间做一选择。在考成至上的官场，前者自然成为多

---

① 钱粮以外，经征漕白粮、米粮、漕项等亦有类似的则例。《钦定六部处分则例》卷25，2～3、5、9页，光绪十八年印本；《钦定吏部则例》卷25，3、6、8、13、23～24页，光绪十二年刻本。

② 《与友人论黄平事》，咸丰三年，《胡林翼集二·书牍》，93页。

③ 光绪《耒阳县志》卷8《丛谈》，7～8页。

④ 《湖南全省财政说明书·总说》，6页。

⑤ 《广东全省财政说明书》，《岁入部·田赋上》，23页。

⑥ 王邦玺：《条陈丁漕利弊疏》，盛康辑《皇朝经世文续编》卷36，50页；光绪《湘潭县志》卷6《赋役》，4页；邹钟：《志远堂文集》卷2，12页，光绪十二年刻本。

⑦ 光绪《耒阳县志》卷8《丛谈》，8页。

⑧ 周询：《蜀海丛谈》，8页。

数人的选择。可以说，书差包征是一种"便于官而不便于民"的征收方式。

正因其"便于官"，对于考成的顾虑便消解了地方官变革的动力。咸丰七年，湖北监利官绅拟改包征为自封投柜，然"版籍不在官而在册书"，知县对于征收毫无把握。柜书又倡言：必包征包解，钱粮方可扫清全完，若改设柜征收，将来误漕，咎在绅士。于是官绅"群受其恫喝，无敢身任此事者"。① 光绪初年，浙江桐乡知县曾寿麟欲革差保包收，恢复自封投柜。知府与言此事之难，以"听民自纳，不事追呼，设有观望，必误奏销"为最。②时人也有中肯的评论："欲其改为官征官解，（州县）又群因循而不敢更张，底册全操书手，完欠官无把握，调署频仍，谁肯肩此劳怨。"③19 世纪州县官的任期通常仅一年有余④，因此很少有人愿意为了任内的一两次催科，冒着钱粮亏额的危险，改革书差包征之制。同光年间曾任广东各地知县二十余年的诸瑛告诫初仕州县者曰：

> 州县地丁钱粮、税契、税羡等项银两，系书差包征包解，由来已久。向章如此者，自可循旧照办，不可以事权在外，不由官作主，擅行更改。何则，粮册底簿尽在书差手中，倘一更易，追缴断难齐全，一时又不能查明，势必征收亏额，追悔莫及。⑤

久浮宦海者的经验是，书差包征虽"事权在外，不由官作主"，但宜"循旧办理"，不可"擅行更改"，否则"追悔莫及"。因粮册底簿握于书差之手，若改官征，册簿难以全数追缴，征收无据，势必钱粮亏额，延误奏销。这与贤宦传中屡屡上演的革除包征之事形成鲜明对照，很可能前者才代表当日的常态。

州县将钱粮交由书差包征，一方面"冀免钱粮考成（之忧）"，另一方面，又可"先得平余、规费"，"坐享余利"。⑥ 在双方"订立"的包收合同

---

① 王柏心：《百柱堂全集》卷 37，《续修四库全书》第 1527 册，582 页。
② 《光绪桐乡县志》卷 6《食货志上·新政》，8~9 页。
③ 《湖南全省财政说明书·总说》，6 页。
④ 张仲礼：《中国绅士——关于其在 19 世纪中国社会中作用的研究》，50~51 页。
⑤ 诸瑛：《州县初仕小补》卷上，《官箴书集成》第 8 册，757 页。
⑥ 《贵州全省财政说明书》，《岁入部·丁粮》，155 页。

中，除了按限征解钱粮外，总书、柜书进呈平余则是另一重要条款。州县每岁所获平余，因"缺分之大小，钱粮之多寡"而异，自数百两至数万两不等。① 如广西州县每乐书差包征，因"大有利益"也，各县柜书每岁致送州县"茶果银"数百两不等。② 贵州各州县开征之始，钱粮"尽数包给书差"，官之视线全在平余规费，不论缺之繁简，"均视此为应得之项"。③ 光绪二十五年(1899)，常熟人徐兆玮尝见该县漕粮陋规清单，内开：总书例向县署"报效"钱2万余串，其中知县白米2000石，钱漕稿案4000元，并节随360元，钱谷、账房、征收各席幕友各244元，刑名幕友122元，其余各长随如用印、书禀、差门、执贴，下至管厨、打扫、剃头、茶炉等，多者以百计，少者4元、8元不等，合计亦有2000元。而上下忙征收地丁银，除知县无须报效外，其余与漕粮相同。④ 同样的是，江苏江北各州县书差征漕所获盈余，除缴署中家丁、幕友(尤其是"账房")规费外，还需与户书、册书、算书、清书等各色书吏分润。⑤ 这正是清季西人马士(H. B. Morse)观察到的，知县从田赋征收人员处获得固定的份额，再将其中一部分供给各僚属及上司，作为他们的生活费。⑥ 可见平余不仅进呈知县，即县署内幕友、长随等群体亦有分润。⑦ 在当日的财政结构中，以钱漕盈余为代表的陋规是州县最主要的公私经费来源。⑧ 州县及其僚属在书差包征制下可以稳定地获取盈余。

事实上，由于盈余分配在内的田赋管理权操诸总书、柜书之手，他

---

① 王嘉栋奏，嘉庆二十年七月初三日，录副03-1569-007；佘文铨奏，道光二年十二月初十日，录副03-4078-016。

② 《广西全省财政说明书》，《各论上·国税部·田赋类》，96～97页。

③ 《贵州全省财政说明书》，《岁入部·丁粮》，155页。

④ 《徐兆玮日记》第1册，光绪二十五年七月二十九日，104页。

⑤ 《抚吴公牍》卷22《咨商拟办江北钱漕章程》，《丁日昌集》上册，576页。

⑥ H. B. Morse, *The Trade and Administration of the Chinese Empire*, London and New York: Longmans, Green and Co. 1908, p. 112.

⑦ 这正可以解释，本应在征收中监督书差的幕友、长随，却常常与之交结，朋比为奸。

⑧ 参见周健：《嘉道年间江南的漕弊》，《中华文史论丛》2011年第1期，274～275页；周健：《陋规与清嘉道之际的地方财政——以嘉庆二十五年清查陋规事件为线索》，《"中央研究院"近代史研究所集刊》第75期。两文分别收入本书第三、一章。

们便具备了影响、操控州县财政的资源与能力。道光末年，御史陈岱霖论总书之弊，缘州县无论初到任时或任中，凡遇经费竭蹶，辄向总书称贷银钱，以应急需。相应的条件是，征收钱漕一任总书包揽，州县不复过问。"州县利于借贷之便私，书吏乐于取偿之加倍，官吏朋比，竟成锢习。"① 如在武进，知县"因需款孔急，无法筹措时，每须商之漕总，漕总若允，千金万金立办"。因此，漕总舞弊之举，州县虽知之而有所顾忌，盖不欲得罪若辈。② 不仅如此，州县恃总书为熟手，"或令一人永远承充，或令一家先后接顶"，其"著名凶恶者"，州县甚至"争先罗致"，"取其造孽辣手"也。③ 同治年间，吴县漕总郭友梅奉饬革退后，该知县仍令其改名接充。巡抚丁日昌在公牍中怒批："岂无郭友梅，该县即不能办事耶？万一郭友梅竟一病而亡，该县又将何所恃而不恐耶？"④该记载最可展现州县对于总书的依赖：无论田赋征收，抑或财政管理，总书代表的书差群体都充当着州县金融机构的角色。这既是州县将钱漕交由书差包征的前提，也是其结果。

## 四、太阿倒持：书差包征与财政管理

州县官亲征、粮户自封投柜作为清代田赋征收之定章，其前提是州县掌握各粮户的田产、钱粮信息，粮户也主动在忙期赴县完纳。前一点意味着州县必须随时追踪治下数万粮户的信息，就地问粮，执人课税，这才能保证州县政府在征收中与任何一名粮户直接建立联系。显然，这种集权式的财政管理，其成本在今日亦相当之高，绝非清代的地方政府所能承受。关于后一点，本书无法展开证明。但大量记载显示，粮户显然不像官府设想的那般"踊跃急公"，他们在纳赋过程中的观望、逃避乃至舞弊是普遍存在的。因此，为提高效率，催征也属必不可少之事。此

---

① 陈岱霖奏，道光二十四年九月二十日，录副 03-3142-029。

② 万国鼎等：《江苏武进南通田赋调查报告》，66 页。

③ 金应麟奏，道光十九年六月十二日，录副 03-3131-046；冯桂芬：《显志堂稿》卷 10《均赋议》，《续修四库全书》第 1536 册，2 页。

④ 《抚吴公牍》卷 35《吴县地总陈松亭等饬办》，《丁日昌集》上册，693 页。

外，对州县官而言，较诸设柜亲征，将催科交由书差包办确是一种低成本、高效率的征收方式：田赋额征由总书、柜书包缴，催征亦由无需工食银的里书、粮差完成，并可每岁酌分额定之盈余。因此，无论从"能力"抑或"动力"来看，书差包征都是州县官的"合理"选择。

将催科之事外包于书差，是一种典型的分权式的管理。若从政府田赋管理的角度来看，其法又多有流弊。光宣之际，湖南清理财政局局员即指出，书差包征"便于官而不便于民"："官倚书为包纳，书即视花户为产业"，官坐享成功，而书于花户则"厚利加收"，于官则"侵渔含混"，流弊不可胜言。一言以蔽之，致弊之源即在于"太阿倒持"。① 贵州清理财政局局员则称，书差包征使州县"一方面冀免钱粮考成，一方面先得平余规费，以言催科，未尝不便"，然"国家征收之权遂下移于书差之手"，此法实为"请负管理"。"请负"为日译名词，即包揽、包办之意。他们认为，以请负法管理官有财产，"各国尚以为滋弊而不用，况直接租赋乎"？可见其对分权式的"请负管理"颇不认可。②

光绪末年，粗识近代财政学的梁启超对此则有更深入的认识，他观察到，"现今之征收课税法，一言以蔽之，曰包征包解而已"：

> 江浙之漕银漕米，两湖四川等省之钱粮地丁，多有由地方绅士土豪包征以解州县……即等而上之，亦何莫不然。各州县官包征其州县之钱粮，勒为一定额，以解于藩司。各藩司包征其省之钱粮，勒为一定额，以解于部，此与土豪之包征包解者何异。

田赋多由绅士土豪包揽未必尽然，但任公对于财政管理特质的把握，则确有所见。他注意到，不仅漕粮、地丁，即厘金、盐课以及一切新税，均以包征包解之法征收。且此法不但行于州县、粮户间的征纳，亦贯穿各级政府间的财政管理，实为当日财政制度"一贯之原则"。而此包征包解之法，对各级官员"最为省便"，因其"可以安坐不事事而每岁得一定之额"。但在财政管理上，却为"最拙之伎俩"也，缘各级均"饱其欲壑焉，

---

① 《湖南全省财政说明书·总说》，6 页。
② 《贵州全省财政说明书》，《岁入部·丁粮》，155 页。

然后以前所余者贡诸上级"，而各上级"惟于所指定之额取盈而已，彼用何术以盈此额弗过问也"。由此导致的后果是，民所负担者数倍于正供，而国之财赋不见增多，皆耗于各级官吏之中饱。① 在包征包解制下，州县将征收之事权拱手交予书差，只求包缴额征、平余，其余概不过问。更要命的是，手握经征之权的书差几无法定工食，甚至纸笔饭食等征收经费亦须自筹，这无可避免地导致征收中的娄索加征、侵渔中饱。民之所纳与国之所入之间由此产生巨大的缺口，中饱的大量存在，意味着书差包征的征收成本相当之高。时人常用"太阿倒持"一语形容书差包征之弊，即明言其弊源于分权管理，而这正是清代财政管理的特质。

---

① 梁启超：《中国改革财政私案》，《饮冰室合集·文集之八》，49～50页。管见所及，岩井茂树最先引用该文，对晚清民国财政中的包揽制做了精当的分析。参见氏著：《中華帝国财政の近代化》，飯島涉等编：《シリーズ20世纪中国史1·中華帝国と近代》，121～142页，東京大学出版会，2009。

# 结　语

## 一、额外财政与"包征包解"

清中后期田赋制度最显著的特征，在于"官民所见行共知者"，"久与律令悬绝"。① 此点也为王业键等研究者指出，实际运行的制度与载于《会典》《则例》《田赋志》的定章之间存在较大差异。② 当然，定章与实践之间的差异，可说是中国制度史的常态，绝非为清中后期的田赋制度所特有。

然而，如从清代田赋制度的演进脉络来看，大约在耗羡归公之后的18世纪后期，制度的两重性再次显现，突出地表现为额外财政体系的出现与扩张。雍乾之际，清朝通过摊丁入地、耗羡归公等改革，确立了田赋制度的定章。在税制方面，丁银被摊入地粮，地丁钱粮一以地产（由面积与科则决定）为征收标准。而在财政方面，州县私征之火耗被限以定额，统一提解至各省司库，再以养廉银、公费的形式分配予地方各级官员，充作地方政府的法定财源。然自18世纪中期，一方面是人口的大幅增长与物价的显著提升增加了政府的行政开支，另一方面，田赋定章却未做出相应的调整，维持定额的养廉银与公费实际上遭遇了隐性缩减。同时，耗羡也因中央政府一再加强管控，不再能为地方官灵活动支。至18、19世纪之交，耗羡归公建立的以养廉银为核心的地方财政体制已经失去原有的意义。这正是清代中后期田赋制度运行的财政背景。

---

① 同治《衡阳县志》卷3《赋役》，7、9页。
② 王业键：《清代田赋刍论(1750—1911)》，63、168～170页。

　　嘉庆二十五年的清查陋规事件，正是该背景的生动注脚。1820年前后，地方各级行政经费的主要来源已非为养廉银，而是各种经制外的"陋规"。州县政府的行政经费主要取资于陋规，州县以上各级也在相当程度上依赖于属吏的规礼、摊捐。道光帝终究未能循名责实，将必要之陋规化私为公，固然是顾忌"加赋"有伤"国体"，然官僚群体的阻力也是颇为重要的因素。对于各级官员而言，保持"阴有其实，而不欲显居其名"的状态，可以相对自由地享受陋规之红利，不必受经制财政的诸种限制，显然更为理想。这可以解释何以陋规等经制外财政长期存在，成为清代之常态与基调。①

　　王业键、曾小萍、岩井茂树等先进已注意到陋规代表的经制外财政体系，并肯定了其作用。王业键更是指出，后者是由一系列的传统惯例和习惯做法累积而成的。② 但关于田赋中额外财政的具体形态及运作方式，各先进尚未给出明确的答案。

　　本书利用州县一级的田赋收支记录，通过江南漕粮、湖北地丁银制度的考察，相对清晰地勾勒出田赋的实际收支与管理方式。18世纪后期至19世纪前期，各地在田赋收支中普遍形成了不同于定章的各种惯例。州县官吏借助货币折算（漕粮勒折、地丁折钱）或直接加征，以高于法定的征价征收钱漕。所得田赋收入中，正项按额解交司道，在户部管控下拨解。然而事实上，州县欠解、亏空正项亦为常态，这一点在嘉道以降尤为明显。盈余部分则由州县按照惯例来分配。其中约占20％的经费作为钱漕的征收成本，其余除大部分用于本署公私经费外，另以"倾镕""解费""房费""漕规""帮费"等规礼、规费名目转化为地方各级衙门的行政经费（主要是道府、藩司，漕粮则包括粮道衙门、旗丁等）。政府的田赋收入分为正项与盈余两部分，二者分属额定、额外两个不同的财政体系，

―――――――――

　　①　道光初年，张杰曾从地方官的角度道出裁减陋规之不易行："始则虑其费之或有不足，致滋赔累；继则惜其利之久为已有，难于弃捐，因循不果。理欲交战，以是屡议屡毁，迄今终不能行。"张杰：《均徭文》，贺长龄、魏源等编：《清经世文编》上册，818页。

　　②　王业键：《清代田赋刍论（1750—1911）》，63、168～170页；曾小萍：《州县官的银两——18世纪中国的合理化财政改革》，特别是25～67页；岩井茂树：《中国近世财政史の研究》。

后者事实上发挥着"地方财政"的作用。

嘉道年间，田赋的额外收支本属结构性现象，然因吏治窳败、银贵钱贱等因素的影响，规模空前膨胀，定章与实践之间因此形成了一道鸿沟。19世纪前半期，田赋制度呈现空前的混乱与失序：一方面是钱漕征收中的浮收勒折不断升级，甚至出现漕粮一石折钱20余千文的极端之例；另一方面，漕粮、地丁正项的大幅欠解、亏缺，也是前所未有的。在道光年间经济萧条的背景下，钱漕积弊频频引发民变，时人多将其与太平天国的兴起联系在一起。

咸丰五年至同治七年(1855—1868)间，在太平天国战中与战后，长江流域与东南各省督抚出于筹措饷需、谋划善后的考虑，普遍在本省推行以整理田赋为中心的财政改革。调整不合时宜的田赋定章，重订漕粮、地丁的收支章程，是其核心内容。在时人看来，咸同钱漕改章与雍正耗羡归公的基本精神是一致的。经此"第二次耗羡归公"，清代的田赋收支章程被再次修订。收入方面，各省以改折征收、裁减浮勒为名，提高了漕粮、地丁的法定征价。对于新增田赋收入之分配，各省在保证州县行政经费的同时，也为道、府、藩司等级设置了定额公费，以替代原有的规礼、摊捐。这实际上是对嘉道以来钱漕收支惯例中"合理"部分的制度化、合法化。新章在规范田赋征价方面起到了较好的效果，改革前官吏漫无限制地抬价浮收之事基本绝迹，尽管绅民负担不均之问题未有根本的改变。然至甲午、庚子以降，在巨大的财政压力之下，钱漕新章逐渐失去设制之本意，其症结在于当日的财政管理模式。

清代的财政管理以高度的中央集权为基本原则，但囿于当日的治理成本与技术，地方政府享有较多的实际控制权，财政管理因此呈现明显的分散性。如马寅初所言，清朝中央拥"集权"之虚名，地方收"滥权"之实惠。[1] 此种看似悖论的现象，罗玉东、王业键等先进均已指出。[2] 岩井茂树则进一步认为，清代财政管理中的分散性具有重层性，即中央与

---

[1] 马寅初：《财政学与中国财政——理论与现实》上册，170页，北京，商务印书馆，2001。

[2] 罗玉东：《光绪朝补救财政之方策》，《中国近代经济史研究集刊》第1卷第2期，261～270页；王业键：《清代田赋刍论(1750—1911)》，170～171页。

各省，及省与以下各级之间，均存在同样的分散性。① 在此基础之上，笔者进一步论证，这一兼有"集中"与"分散"的管理模式是户部—省—州县等各级政府间的"包征包解"。光绪末年，梁启超观察到，"包征包解一语，实为现在财政制度一贯之原则也"：

> 现今之征收课税法，一言以蔽之，曰包征包解而已。江浙之漕银、漕米，两湖、四川等省之钱粮地丁，多有由地方绅士、土豪包征以解州县，此其显而易见者也。即等而上之，亦何莫不然。各州县官包征其州县之钱粮，泐为一定额，以解于藩司。各藩司包征其省之钱粮，泐为一定额，以解于部。此与土豪之包征包解者何异。其他厘金、盐课以及一切杂税，莫不皆然。②

在任公看来，在业户与州县、州县与藩司、藩司与户部之间，赋税征解之逻辑均为定额包办，确为见道之论。

清制，作为岁入大宗的田赋完全属于中央财政，除少量的耗羡、存留（二者也属中央财政，地方政府动支俱有严格限定）外，各地所征田赋须尽征尽解。在这一高度集权的制度设计下，地方政府大量的必需经费是不在考虑之列的，甚至田赋的征解费用亦须自筹。因此，手握田赋经征权的州县势必通过附加税来解决经费问题。他们将钱漕正项解交司道的同时，也按惯例向各上司呈解规礼、摊捐。各省藩司、粮道则按额向户部奏销地丁、漕粮，并呈缴相应的部费。在上述财政任务之外，只要未滋物议或引发京控、民变，地方政府的额外加征与经费授受是被默许的。州县官吏可以相对自由地筹款，并处分盈余，上级衙门并不了解其收支的"详细曲折"，通常也不加干预。这正是清季日人织田万的观察：

> 清国官吏之状态，其业务犹一种包办事业也。政府及上司，使州县全纳钱粮年额，则以为足，其余措而不问，任于州县自由使用。

---

① 岩井茂樹：《中国近世财政史の研究》，192～194 页。
② 梁启超：《中国改革财政私案》，《饮冰室合集·文集之八》，50 页。

故或廉洁自喜者，用其款以充地方事业。然贪婪无饱者，尽收诸私囊。①

"包办事业"意味着，财政管理的各重要层级户部—藩司、粮道—州县之间，构成一种摊派—承包基础上的"包征包解"关系。在高度集权的制度设计下，田赋管理呈现逐级分散的特征。财权的"集中"与"分散"并存于包征包解模式之内。

在此种管理模式下，各级政府间的财权与职能并不做清晰的划分。在支出层面，并不存在"国家之事""地方之事"或"州县之事"的区别，上级政府遇有经费缺口，辄以向下摊派来解决。直到1948年，马寅初仍指出，中国的财政制度是一种"摊派制度"。中央政府不承认地方财政具有独立性，故地方财政无制度性可言。"中央吃省地方，省地方吃县地方"，而县地方为求生存，不得不乞灵于摊派。自中央而地方，"无一日不在摊派之中，无一物不在摊派之列"。② 可见，清末地方自治至民国时期对于国家、地方财政的划分，并不具备实际意义。

在19世纪前半期，州县普遍背负着上级衙门的各种摊款、规礼，这成为钱漕浮收之源。故在咸同年间的钱漕改革中，各省普遍在田赋盈余内设置了道府、藩司等级之公费，以及地方行政的专项经费，这实际上带有税收分成的色彩。但问题在于，分配领域的调整并未改变政府间的财政关系。因此，即便原有的摊捐、规礼已转化为公费，然一旦出现新的经费缺口，势必衍生出新的摊派。更何况部分省区摊捐、规礼之裁减并未真正实现，州县甚至背负了新旧双重负担，财政状况反较前恶化。③

降至甲午战后，清朝的赔款、外债、新政等项支出激增，中央屡屡借助定额摊派筹措相关经费，各省州县因此承担了规模、强度远超此前的财政摊派。1897年起，提解州县钱漕盈余成为重要的筹款方式，并在

---

① ［日］临时台湾旧惯调查会编：《清国行政法汎论》，763～764 页，东京，金港堂书籍株式会社，1909。

② 马寅初：《财政学与中国财政——理论与现实》上册，232～234 页。

③ 周健：《清代的田赋与地方财政(1800－1911)》，182～184 页，博士学位论文，北京大学历史学系，2012。

此后被不断复制。但这些钱漕盈余非为稳定的财源，而是银贱钱荒背景下的产物。1905 年以降，连续的提款已令地方官叫苦不迭，银价又恰于此时暴涨，州县财政遂面临崩溃的境地：不仅田赋征不敷解，各项提款也是有名无实。然地方官又通过操纵货币杠杆，将负担转嫁于民众。官民在纳赋货币问题上的龃龉，成为清季民变的重要诱因。在摊派—承包模式下，甲午以降不断加剧的财政压力终于导致中央、地方在田赋分配中彻底失衡，财权的过度集中引发了上下财政支离破碎之局面。是故，在田赋收入中划分"国家税"与"地方税"，明定田赋附加税比例，留作地方政府办公之用，成为清末清理财政的重要议题。

## 二、漕务变革：贡赋逻辑与市场逻辑

就清代田赋制度而言，地丁银部分自雍正以降便少有变动，而漕粮则在 19 世纪经历了剧烈的变革。19 世纪中期太平天国战争前后，明初以来延续 400 余年的漕粮河运制度趋于解体，取代它的两种趋势，一是漕粮的采买海运，二是漕粮的折征折解。从本色河运到本色海运、折色征运，不仅有征解层面的变革，更体现出漕务运作中不同的主导逻辑，笔者称前者为贡赋逻辑，后者则是市场逻辑。①

漕运是指在大一统国家下，针对政治、经济中心的分离，借用水运的形式跨区域调度粮食，其根本目的在于解决京师的供应，即军队和官员的俸饷问题。自明永乐十三年(1415)取消海运，直至 1850 年前后，河运几乎是漕运的唯一形式。为挽运岁额 400 余万石之漕粮，官民需付出高昂的成本。除运输经费外，还包括修浚运道、设置专官、修造漕船、安置旗丁等一系列支出。且漕运一旦成为国家运作的一部分，便会形成

---

① 作为王朝国家最重要的资源之一，供应京师官兵俸饷、宫廷食用的漕粮，其地位是至高无上的，其运作是不计成本的，这是"贡赋逻辑"的主要内涵。它显然属于一种非市场的体制，类似于约翰·希克斯所谓"岁入经济"。"贡赋逻辑"的概念，受到刘志伟近年提出的"贡赋体系""贡赋经济"的启发。刘志伟：《王朝贡赋体系与经济史》，林文勋、黄纯艳主编：《中国经济史研究的理论与方法》，416～438 页，北京，中国社会科学出版社，2017。

庞大的利益集团与权力格局，导致成本不断攀高，经制极难变革。

嘉庆六年(1801)，户部郎中祁韵士在其议漕疏草汇编序言中写道：

> 漕为国家廪禄之需，岁挽数千百艘转运北上，厥费不赀。计自运丁装兑，以至沿途盘拨，抵通交仓，支放俸饷既竣，米每石费至十三四金，视民间籴粜之值，不啻数倍过之。然卒不敢有议停运者，则以京师为四方会归之区，兵民商贾群萃而居，胥赖是米流通，以裕食用。圣天子固不惜数百万帑金，为万世计久远耳。①

祁氏的言论很能代表时人对于漕运"不计成本"的运作逻辑的认可：18、19世纪之交，尽管漕运成本每石高达13、14两②，数倍于糙米市价。然为京师食用，支放俸饷，"固不惜数百万帑金"，盖漕运为国家经久之计。当日，不仅是户部官员，地方督抚、州县也都分享、认同这一逻辑。

然至道光中后期，在"不计成本"的运作逻辑下，漕粮河运制度已病入膏肓，随时有崩溃之虞。这表现为漕务浮费的膨胀，河运成本极速攀高，有漕省份(尤其是江苏、江北)州县不堪负担，历年捏报灾歉，遂致京仓亏缺，不敷支放。另一个重要原因，是乾隆后期以来，黄淮运交汇的枢纽工程——清口逐渐丧失功效，道光、咸丰年间，运道不断淤积，并数次被冲毁，运河通行能力明显下降。因此，两种替代方案在19世纪40年代出台，其一是漕粮海运，其二是折银起解，都指向降低高昂的河运成本。

道光二十六年(1846)，户部奏请将漕额最重、亏缺最甚的江苏之漕分成改行海运。司农的思路是"减费裕漕"，即以节省的河运浮费弥补亏缺漕额，或筹措急需之款。次年，江苏漕粮遵议改行海运，咸丰元年(1851)以降，江苏漕粮历年由沪海运。咸丰二年起，浙江也加入漕粮海运的行列。道咸之际，从额漕占各省55％的江浙两省开始，海运取代河运成为此后的主流与常态。同治后期起，江北、湖北、湖南、江西各省

---

① 祁韵士：《己庚编·序》，《祁韵士集》，429页。

② 13、14两或为极而言之，然在19世纪，每石漕运之成本达到十余两乃至数十两，也是时人相对一致的观察。参见本书第三章小结部分。

漕粮，亦间或改行海运。尽管海运未能实现清厘漕务、弥补缺额之初衷，但较诸河运，其便捷、省费成为明显的优势，尤其是光绪年间轮船逐渐取代木帆船成为主要运输工具之后。

在海运之议出台旋即中止的道光二十八年，户部又建议江浙漕粮酌折 100 万石，以漕折银于北省采买，或招商海运。道光末年，京中、京外屡有漕粮改折采买之议，试图变通陷入绝境的本色河运制度，然当日中外均未敢轻易尝试。咸丰军兴，太平天国切断长江与运河，这成为漕务变革的重要契机。光宣之际，河南清理财政局科员写道：国初迄今，豫省漕运之法凡三变，始则漕粮征运本色，继则民折官运（1719 年起，该省水次较远州县漕粮折征），终则改为折解（1857 年以降）。漕粮折征折解，自咸丰七年行之至今，"上下称便"，然"使当开国之初，而陈漕粮改折之策，鲜有不遭驳斥者"。其关键在于变革之"不得不然之势"：

> 利弊以历久而后明，苟时之未至，虽明知旧制之不能不变，而终不肯遽见之施行者，苟安旧习、惮于作始之心误之也。因缘机会，适有匪扰阻运一事，于是始有变通折漕之奏请。所谓不得不然之势者，此也。①

在他们看来，延续既久的旧制势必存在惯性，虽"不能不变"，但因"苟安旧习、惮于作始之心"，无人敢轻易尝试，而利益集团的存在，也使得变革不易发生。然因缘际会，恰有太平军梗阻运道这一"不得不然之势"，变通折漕之议遂得实现。

这一论述也适用于除江、浙、鲁之外的有漕各省，折征折解是这些省份的普遍趋势。咸丰三年，军兴梗阻运道，江西、湖南、湖北、安徽四省遵旨将所征漕粮按 1.3 两/石变价解京，咸丰七年起，河南也加入其中。自彼时起，以上各省起运之漕米变身为解部之漕折银，这是解支层面的巨大变革。而在征收层面，尽管嘉道以来私行勒折已是常态，但直至咸丰三年，即便在以上折漕省份，业户仍应照例完纳本色。折色征收的合法化发生在咸同之际，其中的标志性事件是咸丰七、八年间湖北的

---

① 《河南全省财政说明书》，《岁入部·田赋》，60 页。

漕务改革。当日，胡林翼奏准鄂省各州县漕粮一律改征折色，每石折钱4000～6500文不等。此后，各省纷纷援案，奏准漕粮一律改折征收，或准许本折兼收，重新确定了漕粮的实际税率。至同治后期，漕运的基本格局较战前发生了翻天覆地的变化：征收之际，各省漕粮普遍折征银钱，合法的折色征收成为主流；解运之时，江西、湖南、湖北、安徽、河南五省漕粮改以漕折银解部，江苏、浙江漕粮改行海运，仅山东、江北漕粮仍行河运（江北亦兼行海运）。

上述格局是作为战时权宜之计出现的。如与本色河运时期相较，各省的负担大为减轻，节省的漕运成本普遍成为各省之红利。战后同治年间，获利最多的江广各省一再抵制户部恢复本色征运之压力，全力维持此种格局。1874年，湖北、湖南、江西三省终与户部达成妥协：在维持折征基础上，每岁委托招商局于江苏、安徽等地采买米石3万～8万石，再运沪海运交仓。此种折征兼筹采运的模式，成为同光年间湖北、湖南漕务之常态。一方面这部分恢复了本色起运，有裨京仓。更重要的是，江广等省严格限定采买额数与价格，以控制采买海运的成本，体现出不同于以往的运作逻辑。1868年，湖广总督李瀚章分析本色征运之弊时指出，当日"四方多故，度支短绌"，"但期有米进京，原不计区区之利"的漕运定制不得不"因时制宜，通盘筹算"。一旦湖北、湖南二省漕粮恢复本色征运，起运正米不过22万余石，然改折节省之款30余万两，将"皆尽抛散于无异之官吏丁胥"，"所得者少，所失者多"。① 这显示出，经历了咸丰年间漕粮折征征解、冗费节省归公后，督抚们开始质疑不计成本的运作逻辑，更多地计较此间之得失。

在此种观念下，不仅是江广三省，即江浙两省之漕粮，亦多以折征、采买的方式展开。1901年，张之洞观察到，"江浙漕粮皆系临起运时购买"。19世纪80年代以来，江浙两省由上海起运之漕米大多在无锡、金匮二县采买。每岁农历十月间，江苏各州县办漕师爷纷赴锡、金，与当地大粮行议定价格，签订合同，次年漕粮起运前，由粮行雇船运沪交清。1907年起，无锡采办之漕米更改由新通车的沪宁铁路车运到沪。在同治

---

① 李瀚章奏，同治七年三月初三日，录副03-4866-025。

年间奏准漕粮改折征收的背景下，江苏州县借助新的粮食市场与交通方式，进行常态化的漕粮采办。漕务运作的基本面貌，与 19 世纪中期以前州县征收、水次交兑颇为不同。

　　总之，有漕各省的情况均显示出 19 世纪中期以降漕务运作的转变：折征折解与采买海运成为漕粮征运的绝对主流。各省督抚在选择本色还是折色、河运抑或海运之时，始终在计算成本，并且深度依赖市场，而不再接受"米每石费至十三四金"的运作方式。当然，这绝不意味着此前不存在符合市场逻辑的运作，但那毕竟是在本色河运制度之下。19 世纪中期以降，由于内战的影响，运河的废弛，近代轮船航运业的兴起，东北、直隶等地的农业开发，海内外市场的进一步拓展等一系列因素的相互作用，漕务运作突破了此前的制度框架，其主导逻辑也逐渐由贡赋转向市场。①

　　甲午、庚子以降，漕粮与漕运逐渐成为"有名无实"之事。一方面，京师的粮食供应转为主要通过市场来解决，旗兵、京官也早已不食漕米。② 1901 年，清政府一度谕令各省一律停漕，改解银两，旋即仍令江、浙两省每岁海运漕粮 100 万石。除此 100 万石之外，包括两省在内的各省漕粮收入均折解漕折银，用于外债、赔款、新政等急需支项。在清季国家政治重心转向寻求富强，而财政又万分支绌的背景下，漕粮的征解与支用逐渐远离以本色贡赋支应京仓的王朝定制。

　　甲午以降，以完全的折征折解、按照市场逻辑彻底改革漕务之议，数度进入中枢的议事日程。戊戌变法期间（1898 年），京中部院堂司各官签注冯桂芬《校邠庐抗议》之时，许多人认为咸丰末年冯氏之"折南漕议"（即将漕粮全行改解折色，复于京通等处招商采买）实为利国利民之善策，

————————

　　① 19 世纪后半期，各省漕粮得以大规模改折起解，与该时期北方的经济发展密切相关，尤其是东北、直隶等地的农业开拓。事实上，直隶等地的水利与稻作从来就是清代士人论述漕务改革时的重要选项。当然，北方的农业开拓与漕粮改折之间的联系，仍然需要进一步的深入讨论。关于此点，何汉威、刘志伟、于薇、赵思渊等诸位教授曾在不同场合予以提示，谨致谢忱！

　　② 《遵旨筹议变法谨拟整顿中法十二条折》，光绪二十七年六月初四日，《张之洞全集》第 4 册，22 页。

甚至管理漕政之户部云南司官员也谨慎地赞同此议。① 1908 年前后，浙江清理财政局论漕务利弊，亦以彻底改折为"治本之法"：

> 浙江漕粮自河运改海运后，多有议及改折者，良因地势交通，运输已便，拘守成法，窒碍甚多，略为变通，推行尽利。今则京汉一带铁路渐次告成，陆路营运，较水路尤形便捷。京师为首善之区，商人趋利，此后运米至京者将日形发达，政府备价采买，亦自易易，较之掷巨款、费全力而征漕运漕者，其相形已不待言。②

据其计算，浙省海运成本较低，但仍需以每石 4 两以上之费，运石价 1 两有零之米。在他们看来，在交通便利、市场发达的背景下，"掷巨款、费全力而征漕运漕"之成法亟应变通，借助商运、采买之市场运作解决京师粮食问题，为必然之趋势。如能全漕改折，"其上下交益，当更不可以道里计"。显然，依靠市场而非贡赋的方式供应京师，便从根本上消解了漕运的意义。

然正如 1900 年前后严复写道："大抵中国赋税之事，尽于取下至多，而纳之府库者寡二语。顾其弊尤莫大于漕运，而论者一言折漕，众难蜂起。"其原因无非是"监督官司，皆愿其制之沿而不革"。③ 尽管利弊分明，但直至 1911 年，江浙两省之漕米仍在起运交仓。

这显示出，不计成本的贡赋逻辑仍在一定程度上延续，其间"人"（尤其是相关利益群体）的因素不可忽视。进入民国，各省漕粮才完全折银征解，漕粮仅作为税目长期存续，昔日的"天庾正供"与地丁钱粮已无区别。

## 三、清季改正田赋之困局

在清季筹款维艰之际，中央政府却无法加增田赋正项，只能取资于

---

① 中国第一历史档案馆编：《清廷签议〈校邠庐抗议〉档案汇编》第 9 册，3780～3782 页，北京，线装书局，2008。

② 《浙江全省财政说明书》，《岁入部·收款·漕粮》，35 页。

③ 严复：《〈原富〉按语》，王栻主编：《严复集》第 4 册，914～915 页，北京，中华书局，1986。

州县盈余，或带征粮捐，固有对于"加赋"的顾虑，然其症结仍在税制。如果说咸同以降田赋收支结构尚有调整、变通，那么有清一代田赋税制可谓一成不易。清代田赋，以户为课税主体，从地产为课税客体，按照地亩之大小，斟量科则之重轻，以定税额。易言之，田赋的征收标准是"地产"，由面积与科则构成。土地收益的多少虽与科则高下有关，却并非征收的标准。正如伍丹戈所言，清代的田赋并非"收益税"，而近似于"财产税"，是最简陋的土地税形式。① 此种税制几乎无法对农业产量的提高、物价的增长做出相应调整。

在这一税制下，田赋增长的唯一动力便是纳税地亩的扩大。然清朝并未进行全国性的土地清丈，大体是以明万历年间清丈之土地数据为基准。自 18 世纪中叶纳税地亩面积恢复万历原额之后，出于观念、财力及利益等各方面的考量，维持地亩与田赋之原额成为各级官员的行事原则。尽管此后 150 余年间，清朝的耕地面积增长了 4 亿亩以上，但除东北及新疆等新开发省份外，此期登记在册的纳税地亩几乎停止了增加，这从根本上限制了田赋收入的提升。② 时人对此也有反思，1908 年前后，湖南清理财政局科员便观察到以下"尤可疑"之事实：湖南一省田亩旧额 3134 万亩，大约是湖北的一半，"然湖北粮食，即丰年尚仰给于湖南"。故其认为，对照两省之米谷出产，"湖南田与赋之不相值，大较可知矣"。③

20 世纪初年，时人在筹饷练兵的重压之下，参酌当日东西各国之情形，对田赋征额之低迷多有反思，并提出种种改正清厘之方案。光绪三十年初（1904），日俄已在旅顺开战，总税务司赫德通过外务部呈递筹饷节略，以整顿田赋为筹款之核心。赫德认为，地丁钱粮一项，有此地即有此款，较他项收入更有把握，更可经久。据他估算，清朝内地十八省面积应有 80 亿亩，以一半 40 亿亩作为"可完钱粮之地"，每亩每岁完赋 200 文，则钱粮岁入可达 4 亿两，为当日实征额数的十倍以上。在赫德

---

① 伍丹戈：《中国农业税问题》，18～19 页，上海，立信会计图书用品社，1952。

② 王业键：《清代田赋刍论（1750—1911）》，26～39、61～62 页。

③ 《湖南全省财政说明书》，《总说・湖南丁漕总说》，5 页。

的设想中，此种增长需借助地籍清理，其基本方法是业户自行开报，各省分三年完成清理工作。① 1906 年，因考察宪政五大臣咨询，梁启超也写下了自己的田赋改正方案。任公同样乐观地估计，经土地调查后，内地十八省可税之地亩至少增至 25 亿亩，按每亩税银 1 钱计算，田赋岁入可增至 2.5 亿两。如再加新疆及东三省，其额数至少在 3 亿两以上。他特别强调，这并未提升当日之税率，只是将巨额之匿税田亩清出。田赋 3 亿两之额"实系举最少之数，调查以后，其所得必不止此"。②

这些充满想象力的改革设想，违反了社会经济的一般规律，自无实现之可能。但其与当日现状之间的巨大差距，仍能反映田赋税制的诸种问题。1904 年，赫德条陈经中枢发下交各省筹议后，遭到疆吏的一致反对。督抚们普遍指出，赫德设想的增收来自纳税地亩面积的大幅扩张，揆诸当日现实，毫无实现之可能。光绪十三年(1887)《清会典》所载田亩额数为 9.12 亿亩，约为赫德设想的 80 亿亩的十分之一。③ 当日各省每岁实征田赋 3100 余万两，不及赫德(4 亿两)、梁启超(3 亿两)估计的十分之一；平均每亩科银不足 5 分，若行赫德(每亩 200 文)、梁启超(每亩 1 钱)之方案，则应加赋一倍以上。故山东巡抚袁世凯的覆奏，代表了当日各督抚的共同意见：

> 今天下钱粮姑作为三千万两计算，较其差异，殆十数倍。即谓田禾未尽垦辟，官吏不无中饱，劣衿豪户尚多漏粮，而究之天下地力、民力、财力，相去能有几何，亦安能骤增至十数倍之多？是所谓四百兆两者，又不可必得之数也。

核诸当日之现状，田赋收入确无骤增之可能，4 亿两实属必不可得之数。

① 奕劻等代呈，光绪三十年正月二十日，录副 03-6278-009。
② 梁启超：《中国改革财政私案》，《饮冰室合集·文集之八》，2～6、26～27 页。
③ 梁方仲编著：《中国历代户口、田地、田赋统计》，380 页，上海，上海人民出版社，1980。

尽管如此，疆吏们也不否认民间普遍存在隐匿田亩、欺隐钱粮之事。[①]
据王业键估计，1893 年清朝的实际耕地面积为 12.4 亿亩，1913 年增至
13.6 亿亩。[②] 相较之下，1887 年《清会典》记载的 9.12 亿亩，与实际耕
地面积存在较大差距，仍属何炳棣定义的"纳税亩"。[③] 土地登记的大量
缺漏成为清代田赋管理中最大的缺陷，从根本上限制了田赋收入的增长。

事实上，清季之人已经认识到税制缺陷对于田赋收入的桎梏，19 世
纪后半期出现的新式地价税，成为他们眼中理想的改正方案。其中，最
为时人推崇的模板是明治日本的地价税。日本在明治七年至十二年间
（1874—1879）推行"地租改正"，以取代幕府时代的"年贡"。其法，先以
彻底的土地清查制成可靠的"土地台账"（地籍册），明确各户的土地所有
权。再根据数年内田亩的平均收益计算土地价格，以地价的 2.5％作为
地租，其中 0.5％充当"民费"（地方税）。此后，地价税率一再提升，增
至 5％。这一税制的建立，使得稳定的地租收入成为明治政府推动近代
化改革的重要财源。

清季时值办理新政，需费浩繁，各省清理财政局也试图照搬这一税
制，从根本上变革既有制度，实现田赋增收。而且他们多认为，当日各
国多按地价的 5％征税，而我国按 1％～2％征收，便足敷用度。[④] 如梁
启超的设想是：

> 推算土地之总收益，而税其百分之二，决不为厉民，而所入已
> 可数倍于今日。……若人民生计渐进以后，国家有不时之需，则依
> 台账而稍改其率，如前此税百分之二者，改为税百分之三，人民所
> 出甚微，而国家岁入之增，动以千万计，伸缩自如。[⑤]

---

① 《遵旨会同议复总税务司赫德条陈折》，光绪三十年五月十八日，《袁世凯奏
议》中册，948 页；《核议赫德条陈筹饷节略窒碍难行折》，光绪三十年八月十六日，
《张之洞全集》第 4 册，200～201 页。

② 王业键：《清代田赋刍论（1750—1911）》，9 页。

③ 何炳棣：《中国历代土地数字考实》，126～128 页。

④ 《安徽全省财政说明书》，《岁入部·地丁》，8 页；《江苏苏属财政说明书》，
《岁入部·田赋》，21 页。

⑤ 梁启超：《中国改革财政私案》，《饮冰室合集·文集之八》，4 页。

在时人看来，一行地价税法，田赋收入可迅速提升，且绝不厉民。此外，更可根据国家的财政需求调节税率，以收伸缩自如之效。不过，要实现这一理想状态，关键仍在于地籍册的制成。

清季民初筹划田赋改革者均清楚地认识到，无论是改行地价税，抑或沿用现行税制，改正田赋的治本之法均在于清丈地亩、明确地籍，舍此难言清厘。但考虑到此举所需之财力、时间，以及可能引发的滋扰、民间之阻力，即便乐观如赫德、梁启超者，也对彻底的土地清丈并无信心。赫德设想的地籍清查，以业户自行陈报为主，州县据此制造簿册，给发谕帖，再辅以抽查丈量。① 可见，这依然是以业主自实、验契发帖为基本方式的清查，也是直至清末为止地籍清查的主流。显然，此法绝无可能实现赫德4亿两钱粮的宏伟蓝图。梁启超对于清丈之事繁费巨有着清楚的认识。他参照日本在台湾的土地调查，认为内地十八省之丈量，最少应费银1亿两，"以今日之财政竭蹶，而忽议提支此巨款，闻者必当失色"。但他只是从收益的角度做了乐观的论证，认为此事办成后，仅契税一项即可获银2亿两，此后每岁国库之增加，更无论矣，故不应惜小费而失大利。至于丈量应如何展开，任公全无论及。② 张之洞的覆奏，则彻底否定了当日遍行清丈的可能性。他强调，"国家当多故之秋，尤以固结民心为要义"，若全国通行清丈，则"益少费多，得不偿失，而使举国骚动，人人有不安其生之意，眉睫之患，将不忍言"。③ 这很能代表当日地方官员的态度：国家正处多事之秋，无人敢冒着社会失序的风险，推行全国性的土地丈量。官员们的忧虑并非无因，日本推行地价税后，民众负担加重，各地民变频仍。故从今日来看，他们对待地籍清查或不免因循敷衍，在当日却实有政治、社会层面的合理性。此外，清丈的高成本，也使时人更倾向于业户自陈为主的地籍整理。但这不过是治标之

---

① 奕劻等代呈，光绪三十年正月二十日，录副 03-6278-009。

② 梁启超：《中国改革财政私案》，《饮冰室合集·文集之八》，5～6 页。

③ 《核议赫德条陈筹饷节略窒碍难行折》，光绪三十年八月十六日，《张之洞全集》第 4 册，201 页。

法，成效有限。①

　　1934 年，日本中国农业史专家天野元之助对清代以来的田赋税制有一准确的观察：田赋之征收，仅仅是为了使国家获得必要的收入，故中央分配一定额于各省，各省又分配一定额于各县。在该税制下，田赋额数与实际的地价、收益以及民众的生活脱节。他不无夸张地说，直到 20 世纪 30 年代，纳税地亩面积与田赋科则的依据仍是明代全国清丈后所编鱼鳞图册，及顺治年间所撰《赋役全书》。当日中央政府企图增加田赋收入，却不做积极的土地整理，而是借助调整"两""石"等田赋原额的换算率，或加增附加税等姑息的手段。由此，各省任意为政，附加税率不断攀高。② 这充分说明，在以地产为标准的税制下，地籍不清始终是清代田赋改革难以打开的死结。它使得田赋管理从最基础的征收环节就带有极强的分散性，州县官难以亲自主导征收，不得不依赖掌握地籍信息的书差等中介群体；也造成了 20 世纪以降正税难增、附加税不断膨胀的局面，这成为清代田赋制度的重要遗产。

---

①　20 世纪 40 年代，马寅初仍认为，土地清丈是"最费时间、最耗国帑之一件大事"，若内地十八行省概行清丈，至少需时 40 年，需银 8 亿两，故应以土地陈报为迅速有效之方法。马寅初：《财政学与中国财政——理论与现实》上册，324~325 页。
②　天野元之助：《中国田赋之考查》，《地政月刊》第 2 卷第 12 期，2410 页，1934。

# 参考文献

一、档案

《宫中朱批奏折》

《军机处录副奏折》

《户科题本》

军机处《随手登记档》

（以上中国第一历史档案馆藏）

《宫中档朱批奏折》

《军机处档折件》

（以上台北"故宫博物院"图书文献馆藏）

清代钞档：《清代各省钱粮征收表·江苏》

清代钞档：《清代各省钱粮征收表·浙江》

清代钞档：《黄册·户部漕运类·起运船粮·各省（嘉庆二年至道光二十九年）》

清代钞档：《黄册·户部漕运类·漕白完兑·浙江（乾隆四十一年至咸丰元年）》

（以上中国社会科学院经济研究所图书馆藏）

钞本《湖北全省征收钱粮漕米清册》

写本《漕白实征册光绪二十七年、三十年》

写本《地漕实征册光绪二十七年》

（以上日本京都大学人文科学研究所图书馆藏）

钞本《户部档案漕务》

（以上日本东洋文库藏）

王业键编：《清代粮价资料库》

（"中央研究院"近代史数位资料库，http://mhdb. mh. sinica. edu. tw/food-price/）

中国第一历史档案馆编：《嘉庆道光两朝上谕档》第 4、7、8、14、25、51、52、53、55 册,桂林,广西师范大学出版社,2000

中国第一历史档案馆编：《咸丰同治两朝上谕档》第 1、3、5、7、8、10、11、12、13、14、15、16、17、20、23、24 册,桂林,广西师范大学出版社,1998

中国第一历史档案馆编：《光绪朝上谕档》第 4、5、22、24、29、30 册,桂林,广西师范大学出版社,1996

中国第一历史档案馆编：《清政府镇

压太平天国档案史料》第 11、13 册,北京,社会科学文献出版社,1994

中国第一历史档案馆编:《清廷签议〈校邠庐抗议〉档案汇编》第 9 册,北京,线装书局,2008

## 二、政书、调查报告

赵尔巽等:《清史稿》,北京,中华书局,1976

王钟翰点校:《清史列传》,北京,中华书局,1987

朱寿朋编:《光绪朝东华录》,北京,中华书局,1958

光绪《清会典》,北京,中华书局,1991

《钦定大清会典则例》,乾隆二十九年刻本

托津纂:《钦定大清会典事例》,嘉庆二十三年刻本

昆冈纂:光绪《钦定大清会典事例》,《续修四库全书》第 802 册,上海,上海古籍出版社,1995

《清朝文献通考》,杭州,浙江古籍出版社,2000

刘锦藻:《清朝续文献通考》,杭州,浙江古籍出版社,2000

董恂纂:《钦定户部则例》,同治十三年刻本

《钦定吏部则例》,光绪十二年刻本

清平纂:《钦定六部处分则例》,光绪十八年印本

曾国藩等编:《江苏减赋全案》,同治五年刻本

福祉纂:光绪《钦定户部漕运全书》,《续修四库全书》第 836 册

王毓藻辑:《重订江苏海运全案·原编》,光绪十一年刻本

董醇辑:《议漕折钞》,稿本,中国社会科学院经济研究所图书馆藏

中国水利水电科学研究院水利史研究室编校:《再续行水金鉴·运河卷》第 3 册,武汉,湖北人民出版社,2004

贺长龄、魏源等编:《清经世文编》,北京,中华书局,1992

盛康辑:《皇朝经世文续编》,光绪二十三年刻本

《治浙成规》,《官箴书集成》第 6 册,合肥,黄山书社,1997

《粤东省例》,钞本,北京大学图书馆藏

黄恩彤纂:《粤东省例新纂》,道光二十六年刻本

高崇基:《东粤藩储考》,写本,北京大学图书馆藏

海宁辑:乾隆《晋政辑要》,《官箴书集成》第 5 册

安颐纂:光绪《晋政辑要》,《续修四库全书》第 883 册

刘郇膏纂:《江苏省减赋全案》,同治五年刻本

戴槃:《浙西减漕记略》,同治七年刻本

德福:《闽政领要》,同治七年刻本

《福建省例》,台湾大通书局,1997

《鄂省丁漕指掌》,光绪元年刻本

《鲁政辑要》,钞本,北京大学图书馆藏

《捐摊款目》,钞本,南开大学图书馆藏

《浙江漕白银款米款及地丁原委》,钞本,北京大学图书馆藏

《江苏谘议局研究会报告》,桑兵主编:《辛亥革命稀见文献汇编》第 37 册,北京,国家图书馆出版社等,2011

《河南全省财政说明书》,经济学会,1915

《江苏苏属财政说明书》,经济学会,1915

《浙江全省财政说明书》,经济学会,1915

《广西全省财政说明书》,经济学会,1915

《广东全省财政说明书》,经济学会,1915

《福建全省财政说明书》,经济学会,1915

《贵州全省财政说明书》,经济学会,1915

《四川全省财政说明书》,经济学会,1915

《陕西全省财政说明书》,经济学会,1915

《湖南全省财政说明书》,经济学会,1915

《湖北全省财政说明书》,经济学会,1915

《安徽全省财政说明书》,经济学会,1915

《山东全省财政说明书》,经济学会,1915

《山西全省财政说明书》,经济学会,1915

《新疆全省财政说明书》,经济学会,1915

《田赋案牍汇编》,1914

《湖北省赋税源流》,民国初年刊本

万国鼎等:《江苏武进南通田赋调查报告》,出版地不详,参谋本部国防设计委员会,1934

中央大学经济资料室编:《田赋附加税调查》,上海,商务印书馆,1935

羊冀成等编:《无锡米市调查》,社会经济调查所,1934

无锡市粮食局编:《无锡粮食志》,长春,吉林科学技术出版社,1990

冯华德、李陵:《河北省定县之田赋》,《政治经济学报》,第 4 卷第 3 期,1936

李之屏:《湖南田赋之研究》,台北,成文出版社,1977

缪启愉:《武昌田赋之研究》,台北,成文出版社,1977

故宫博物院文献馆编辑:《史料旬刊》第 38 期,1931

徐义生编:《中国近代外债史统计资料(1853—1927)》,北京,中华书局,1962

中国人民银行总行参事室金融史料组编:《中国近代货币史资料·清政府统治时期(1840—1911)》,北京,中华书局,1964

鲁子健编:《清代四川财政史料》上册,成都,四川省社会科学院出版社,1984

蔡申之等:《清代州县四种》,台北,文史哲出版社,1975

［日］临时台湾旧惯调查会编:《清国行政法汎论》,东京,金港堂书籍株式会社,1909

### 三、文集、日记、年谱

陈光亨:《养和堂遗集》,《清代诗文集汇编》第595册,上海,上海古籍出版社,2010

陈宏谋:《培远堂偶存稿》,《清代诗文集汇编》第281册

陈夔龙:《庸盦尚书奏议》,1913

陈其元:《庸闲斋笔记》,北京,中华书局,1989

陈盛韶:《问俗录》,北京,书目文献出版社,1983

陈寿祺:《左海文集》,《续修四库全书》第1496册

陈文述:《颐道堂文钞》,《续修四库全书》第1505册

卞宝第:《抚湘公牍》,光绪刻本

戴杰:《敬简堂学治杂录》《官箴书集成》第9册

丁凤麟、王欣之编:《薛福成选集》,上海,上海人民出版社,1987

赵春晨编:《丁日昌集》,上海,上海古籍出版社,2010

端方:《端忠敏公奏稿》,台北,文海出版社,1967

段光清:《镜湖自撰年谱》,北京,中华书局,1960

方大湜:《平平言》,《官箴书集成》第7册

冯桂芬:《校邠庐抗议》,上海,上海书店出版社,2002

冯桂芬:《显志堂稿》,《续修四库全书》第1535～1536册

冯桂芬:《显志堂稿外集》,钞本,复旦大学图书馆藏

高廷瑶:《宦游纪略》,《官箴书集成》第6册

龚炜:《巢林笔谈》,北京,中华书局,1981

顾廷龙、戴逸主编:《李鸿章全集》,奏议一、二、五,信函一、二,合肥,安徽教育出版社,2008

顾炎武著,黄汝成集释,栾保群、吕宗力校点:《日知录集释》,上海,上海古籍出版社,2006

郭廷以编定:《郭嵩焘先生年谱》,台北,"中央研究院"近代史研究所,1973

《郭嵩焘日记》,长沙,湖南人民出版社,1981

桂超万:《裕堂文集》,《续修四库全书》第1510册

桂超万:《宦游纪略》,台北,文海出版社,1972

龚又村:《自怡日记》,钞本,国家图书馆藏

韩文绮:《韩大中丞奏议》,《续修四库全书》第498册

苏州博物馆、江苏师院历史系、南京大学历史系编:《何桂清等书札》,南京,江苏人民出版社,1981

《胡林翼集一·奏疏》,长沙,岳麓书社,1999

《胡林翼集二·书牍、批札、家书、诗文联语》,长沙,岳麓书社,1999

黄六鸿:《福惠全书》,《官箴书集成》第3册

黄印:《锡金识小录》,光绪二十二年刊本

洪亮吉:《卷施阁文甲集》,《续修四库全书》第1467册

江苏省博物馆编:《江苏省明清以来碑刻资料选集》,北京,生活·读书·新知三联书店,1959

柯悟迟:《漏网喁鱼集》,北京,中华书局,1959

李宝嘉:《官场现形记》,北京,人民文学出版社,1978

李桓:《宝韦斋类稿》,光绪六年刻本

李星沅:《李文恭公奏议》,《续修四库全书》第1524册

袁英光、童浩整理:《李星沅日记》,北京,中华书局,1987

李星、刘长桂点校:《包世臣全集·说储》,合肥,黄山书社,1991

李星点校:《包世臣全集·中衢一勺》,合肥,黄山书社,1993

李星点校:《包世臣全集·齐民四术》,合肥,黄山书社,1997

李䄂:《牧沔纪略》,光绪二十二年刻本

李汝昭:《镜山野史》,中国史学会主编:《中国近代史资料丛刊·太平天国》第3册,上海,上海人民出版社,1957

梁启超:《饮冰室合集·文集》第1册,北京,中华书局,1989

《林则徐集·奏稿》,北京,中华书局,1965

《林则徐书简》(增订本),福州,福建人民出版社,1985

刘衡:《蜀僚问答》,《官箴书集成》第6册

柳堂:《宰惠纪略》,《官箴书集成》第9册

陆建瀛:《陆文节公奏议》,1926年刻本

骆秉章:《骆文忠公奏议》,光绪四年刻本

骆秉章:《清骆秉章先生自叙年谱》,台北,台湾"商务印书馆",1978

罗迪楚:《停琴余牍》,《官箴书集成》第9册

缪梓:《缪武烈公遗集》,光绪七年刻本

欧阳兆熊、金安清:《水窗春呓》,北京,中华书局,1984

阮本焱:《求牧刍言》,光绪十三年刻本

彭绍升:《二林居集》,《续修四库全书》第1461册

戚其章辑校:《李秉衡集》,济南,齐鲁书社,1993

齐思和整理：《黄爵滋奏议·许乃济奏议合刊》，北京，中华书局，1959

《祁韵士集》，太原，三晋出版社，2014

钱思元：《吴门补乘》，上海，上海古籍出版社，2015

《清代名人书札》第5册，北京，北京师范大学出版社，2009

斯当东：《英使谒见乾隆纪实》，叶笃义译，香港，三联书店，1994

孙鼎臣：《畚塘刍论》，咸丰九年刻本

太平天国历史博物馆编：《吴煦档案选编》第1、6、7辑，南京，江苏人民出版社，1983

谭钟麟：《谭文勤公奏稿》，宣统三年刊本

汤成烈：《古藤书屋文甲集》，《天津图书馆孤本秘籍丛书》第15册，北京，中华全国图书馆文献缩微复制中心，1999

陶澍：《陶云汀先生奏疏》，《续修四库全书》第498～499册

陶煦：《租核》，赵靖、易梦虹主编《中国近代经济思想资料选辑》，北京，中华书局，1982

范志亭、范哲辑校：《汤斌集》，郑州，中州古籍出版社，2003

天津图书馆、天津社会科学院历史研究所编：《袁世凯奏议》，天津，天津古籍出版社，1987

屠仁守：《屠光禄疏稿》，1922

汪辉祖：《学治续说》，《官箴书集成》第5册

汪辉祖：《学治说赘》，《官箴书集成》第5册

汪辉祖：《病榻梦痕录》，《续修四库全书》第555册

汪士铎：《胡文忠公抚鄂记》，长沙，岳麓书社，1988

汪叔子、张求会编：《陈宝箴集》，北京，中华书局，2003

王柏心：《百柱堂全集》，《续修四库全书》第1527册

王凤生：《越中从政录》，道光四年刻本

王庆云：《王文勤公奏稿》，1942

王庆云：《石渠余纪》，北京，北京古籍出版社，1985

王汝润：《馥芬居日记》，《清代日记汇抄》，上海，上海人民出版社，1982

王源瀚：《贵池清赋刍言》，1914

王又槐：《刑钱必览》，《四库未收书辑刊》第4辑第19册，北京，北京出版社，2000

魏源：《古微堂外集》，《续修四库全书》第1522册

张剑整理：《翁心存日记》，北京，中华书局，2011

张剑辑校：《翁心存诗文集》，南京，凤凰出版社，2013

吴云：《两罍轩尺牍》，光绪十二年刻本

吴文镕：《吴文节公遗集》，咸丰七年刻本

夏东元编：《郑观应集》，上海，上海人民出版社，1982

谢鸣篁：《钱谷视成》，《续修四库全书》第 834 册

徐栋辑：《牧令书》，《官箴书集成》第 7 册

徐赓陛：《不慊斋漫存》，宣统元年印本

李向东等整理：《徐兆玮日记》第 1 册，合肥，黄山书社，2013

徐兆玮：《虹隐楼诗文集》，上海，华东师范大学出版社，2016

王栻主编：《严复集》第 4 册，北京，中华书局，1986

杨锡绂：《四知堂文集》，嘉庆十年刻本

叶裕仁：《归盦文稿》，《清代诗文集汇编》第 634 册

英和：《恩福堂笔记·诗钞·年谱》，北京，北京古籍出版社，1991

裕谦：《勉益斋续存稿》，光绪二年刻本

于荫霖：《悚斋奏议》，《清代诗文集汇编》第 737 册

恽祖翼：《疆恕斋三种·浙游续识》，光绪刻本

《曾国藩全集》，奏稿一、三、五、七，长沙，岳麓书社，1987

《曾国藩全集》，书信三、四、五、六、七、九，长沙，岳麓书社，1990—1994

《曾国藩全集·批牍》，长沙，岳麓书社，1994

《曾国荃全集》第 1、3 册，长沙，岳麓书社，2006

邹钟：《志远堂文集》，光绪十二年刻本

张集馨：《道咸宦海见闻录》，北京，中华书局，1981

张应昌编：《清诗铎》，北京，中华书局，1960

赵德馨主编：《张之洞全集》第 3、4 册，武汉，武汉出版社，2008

张之万：《张文达公遗集》，光绪二十六年刻本

章学诚：《章学诚遗书》，北京，文物出版社，1985

赵烈文撰、廖承良整理：《能静居日记》，长沙，岳麓书社，2013

中国科学院历史研究所第三所工具书组点校：《刘坤一遗集》第 1、2、3 册，北京，中华书局，1959

中国科学院历史研究所第三所工具书组整理：《锡良遗稿·奏稿》，北京，中华书局，1959

周镐：《犊山类稿》，嘉庆二十二年刻本

周询：《蜀海丛谈》，成都，巴蜀书社，1986

诸联：《明斋小识》，同治四年刻本

诸瑛：《州县初仕小补》，《官箴书集成》第 8 册

朱采：《清芬阁集》，光绪三十四年刻本

朱云锦：《豫乘识小录》，同治十二年刊本

左辅：《念宛斋官书》，道光刻本

《左宗棠全集》奏稿一,长沙,岳麓书社,1987

### 四、方志、报刊

乾隆《苏州府志》

同治《苏州府志》

乾隆《长洲县志》

民国《相城小志》

乾隆《吴江县志》

光绪《吴江续县志》

乾隆《震泽县志》

民国《震泽镇志续稿》

雍正《昭文县志》

光绪《常昭合志稿》

光绪《昆新两县续修合志》

民国《昆新两县续补合志》

嘉庆《松江府志》

光绪《华亭县志》

民国《上海县续志》

光绪《青浦县志》

民国《太仓州志》

民国《镇洋县志》

光绪《嘉定县志》

光绪《武阳志余》

光绪《无锡金匮县志》

光绪《江阴县志》

民国《江阴续县志》

民国《丹徒县志摭余》

民国《金坛县志》

光绪《溧阳续县志》

嘉庆《扬州府志》

光绪《再续高邮州志》

《光绪桐乡县志》

光绪《乌程县志》

同治《衡阳县志》

光绪《耒阳县志》

光绪《湘潭县志》

民国《蓝山县图志》

民国《湖北通志》

同治《监利县志》

同治《崇阳县志》

光绪《咸宁县志》

光绪《沔阳州志》

光绪《武昌县志》

光绪《孝感县志》

光绪《续云梦县志略》

民国《南昌县志》

嘉庆《凤台县志》

《申报》,光绪二年、三年、六年、八年、十年、十一年、十三年、二十五年、三十二年、三十三年、三十四年,宣统元年,爱如生申报数据库

《万国公报》,光绪二十三年,晚清期刊全文数据库

### 五、近人著述(中文、日文、西文)

包伟民:《宋代地方财政史研究》,上海,上海古籍出版社,2001

柏桦:《明清州县衙门陋规的存留与裁革》,《史学集刊》2010年第3期

陈登原:《中国田赋史》,北京,商务印书馆,1998

陈锋:《清代军费研究》,武汉,武汉大

学出版社,1992

陈锋:《清代中央财政与地方财政的调整》,《历史研究》1997年第5期

陈锋:《清代财政政策与货币政策研究》,武汉,武汉大学出版社,2008

陈锋:《论耗羡归公》,《清华大学学报(哲学社会科学版)》2009年第3期

陈锋、张建民主编:《中国财政经济史论稿——彭雨新教授百年诞辰纪念文集》,武汉,湖北人民出版社,2012

陈支平:《清代赋役制度演变新探》,厦门,厦门大学出版社,1988年

陈支平:《民间文书与明清赋役史研究》,黄山书社,2004年

陈昭南:《雍正乾隆年间的银钱比价变动(一七二三—九五)》,台北,中国学术著作奖助委员会,1966

戴鞍钢:《清代后期漕运初探》,《清史研究集》(5),北京,光明日报出版社,1986

戴鞍钢:《晚清湖北漕政述略》,《江汉论坛》1988年第10期

董建中:《耗羡归公的制度化进程》,《清史研究》2000年第4期

范金民、夏维中:《苏州地区社会经济史(明清卷)》,南京,南京大学出版社,1993

范金民:《明清江南重赋问题述论》,《赋税甲天下:明清江南社会经济探析》,北京,生活·读书·新知三联书店,2013

范金民:《政繁赋重,划界分疆:清代雍正年间江苏升州析县之考察》,《社会科学》2010年第5期

范金民:《清代中期上海成为航运业中心之原因探讨》,《安徽史学》2013年第1期

范金民:《清末刚毅江苏清赋之考察》,《明清论丛》第15辑,北京,紫禁城出版社,2015

冯尔康:《论道光朝社会问题》,氏著:《顾真斋文丛》,北京,中华书局,2003

傅衣凌:《太平天国时代的全国抗粮潮》,《明清社会经济史论文集》,北京,人民出版社,1982

高翔:《尹继善述论》,《清史研究》1995年第1期

郭成康:《18世纪的中国与世界:政治卷》,沈阳,辽海出版社,1999

郭润涛:《官府、幕友与书生——"绍兴师爷"研究》,北京,中国社会科学出版社,1996

郭润涛:《清代的"家人"》,《明清论丛》第1辑,北京,紫禁城出版社,1999

何炳棣:《中国历代土地数字考实》,台北,联经出版事业公司,1995

何汉威:《晚清四川财政状况的转变》,《新亚学报》第14卷,1984

何汉威:《清末赋税基准的扩大及其局限——以杂税中的烟酒税和契税为例》,《"中央研究院"近代史研究所集刊》第17期下册,1988

何汉威:《从银贱钱荒到铜元泛滥——清末新货币的发行及其影响》,《"中央研究院"历史语言研究所集刊》第62本第3分,1993

何汉威：《清末最后十五年间政府的筹款方策：盐斤加价》，《中国史学》第6卷，1996

何汉威：《从清末刚毅、铁良南巡看中央和地方的关系》，《"中央研究院"历史语言研究所集刊》第68本第1分，1997

何汉威：《读〈李星沅日记〉——兼论李星沅其人》，严耕望先生纪念集编辑委员会编著：《严耕望先生纪念论文集》，台北，稻乡出版社，1998

何汉威：《〈李星沅日记〉中所见道光朝后期的政治社会》，郝延平、魏秀梅主编：《中国近世之传统与蜕变：刘广京院士七十五岁祝寿论文集》，台北，"中央研究院"近代史研究所，1998

何汉威：《清季中央与各省财政关系的反思》，《"中央研究院"历史语言研究所集刊》第72本第3分，2001

何汉威：《清季国产鸦片的统捐与统税》，《薪火集：传统与近代变迁中的中国经济：全汉昇教授九秩荣庆祝寿论文集》，台北，稻乡出版社，2001

何烈：《清咸、同时期的财政》，台北，"国立编译馆"中华丛书编审委员会，1981

何平：《清代赋税政策研究：1644—1840年》，北京，中国社会科学出版社，1998

洪均：《危局下的利益调整——论胡林翼整顿湖北漕政》，《江海学刊》2012年第6期

洪均：《漕政视阈下的晚清财政变革——以湖北为例》，《中州学刊》2012年第6期

胡钧：《中国财政史》，商务印书馆，1920

李文治、江太新：《清代漕运》，北京，中华书局，1995

李伯重：《"道光萧条"与"癸未大水"——经济衰退、气候剧变及19世纪的危机在松江》，《社会科学》2007年第6期

梁方仲：《一条鞭法》，《中国近代经济史研究集刊》第4卷第1期，1936

梁方仲编著：《中国历代户口、田地、田赋统计》，上海，上海人民出版社，1980

刘克祥：《十九世纪五十至九十年代清政府的减赋和清赋运动》，《中国社会科学院经济研究所集刊》第7集，北京，中国社会科学出版社，1984

刘志伟：《在国家与社会之间——明清广东地区里甲赋役制度与乡村社会》，北京，中国人民大学出版社，2010

刘志伟：《略论清初税收管理中央集权体制的形成》，陈锋、张建民主编：《中国财政经济史论稿——彭雨新教授百年诞辰纪念文集》，武汉，湖北人民出版社，2012

刘志伟：《从"纳粮当差"到"完纳钱粮"——明清王朝国家转型之一大关键》，《史学月刊》2014年第7期

刘志伟、孙歌：《在历史中寻找中国——关于区域社会史研究认识论的对话》，上海，东方出版中心，2016

刘志伟：《王朝贡赋体系与经济史》，林文勋、黄纯艳主编：《中国经济史研究的

理论与方法》，北京，中国社会科学出版社，2017

刘增合：《光绪前期户部整顿财政中的规复旧制及其限度》，《"中央研究院"历史语言研究所集刊》第 79 本第 2 分，2008

刘增合：《地方游离于中央：晚清"地方财政"形态与意识疏证——兼评陈锋教授〈清代财政政策与货币政策研究〉》，《中国社会经济史研究》2009 年第 1 期

林满红：《明清的朝代危机与世界经济萧条——十九世纪的经验》，（台北）《新史学》第 1 卷 4 期，1990

林满红：《银线：19 世纪的世界与中国》，詹庆华、林满红等译，南京，江苏人民出版社，2011

龙盛运：《湘军史稿》，成都，四川人民出版社，1990

龙盛运：《向荣时期江南大营研究》，北京，社会科学文献出版社，2011

罗玉东：《光绪朝补救财政之方策》，《中国近代经济史研究集刊》第 1 卷第 2 期，1933

罗玉东：《中国厘金史》，北京，商务印书馆，2010

马寅初：《财政学与中国财政——理论与现实》，北京，商务印书馆，2001

茅海建：《鸦片战争清朝军费考》，《近代的尺度：两次鸦片战争军事与外交》，北京，生活·读书·新知三联书店，2011

倪玉平：《清代漕粮海运与社会变迁》，上海，上海书店出版社，2005

潘振平：《道光帝旻宁》，左步青主编：

《清代皇帝传略》，北京，紫禁城出版社，1991

彭信威：《中国货币史》，上海，上海人民出版社，1965

彭雨新：《清道咸年间田赋征收的严重弊端》，《太平天国学刊》第 2 辑，北京，中华书局，1985

彭雨新：《清代田赋起运存留制度的演进——读梁方仲先生〈田赋史上起运存留的划分与道路远近的关系〉一文书后》，《中国经济史研究》1992 年第 4 期

彭泽益：《鸦片战后十年间银贵钱贱波动下的中国经济与阶级关系》，《十九世纪后半期的中国财政与经济》，北京，人民出版社，1983

彭泽益：《十九世纪后半期的中国财政与经济》，北京，人民出版社，1983

全汉昇：《美洲白银与十八世纪中国物价革命的关系》，《中国经济史论丛》，香港，新亚研究所，1972

史志宏：《清代户部银库收支和库存研究》，北京，社会科学文献出版社，2014

水利水电科学研究院：《中国水利史稿》编写组：《中国水利史稿》下册，北京，水利电力出版社，1989

汤象龙：《民国以前的赔款是如何偿付的》，《中国近代经济史研究集刊》第 3 卷第 2 期，1935

汤象龙：《鸦片战争前夕中国的财政制度》，《中国近代财政经济史论文选》，成都，西南财经大学出版社，1987

汤象龙：《中国近代海关税收和分配

统计》,北京,中华书局,1992

王宏斌:《清代价值尺度:货币比价研究》,北京,生活·读书·新知三联书店,2015

王树槐:《庚子赔款》,台北,"中央研究院"近代史研究所,1974

[美]王业键:《清雍正时期(1723—1735)的财政改革》,《清代经济史论文集(一)》,台北,稻乡出版社,2003

[美]王业键:《十九世纪前期物价下落与太平天国革命》,《清代经济史论文集(二)》,台北,稻乡出版社,2003

王毓铨:《清末田赋与农民——近代农民问题研究之一》,《食货半月刊》第3卷第5期,1935年

王毓铨:《〈中国历史上农民的身分〉写作提纲》,《王毓铨集》,北京,中国社会科学出版社,2006

王毓铨:《纳粮也是当差》,《王毓铨集》,北京,中国社会科学出版社,2006

魏光奇:《清代后期中央集权财政体制的瓦解》,《清代民国县制和财政论集》,北京,社会科学文献出版社,2013

韦庆远:《论清代官场的陋规》,《明清史新析》,北京,中国社会科学出版社,1995

吴承明:《中国的现代化:市场与社会》,北京,生活·读书·新知三联书店,2001

吴琦:《清后期漕运衰亡的综合分析——兼评胡林翼漕运改革》,《中国农史》1990年第2期

吴滔、佐藤仁史:《嘉定县事——14至20世纪初江南地域社会史研究》,广州,广东人民出版社,2014

吴廷燮:《清财政考略》,1914年

伍丹戈:《中国农业税问题》,上海,立信会计图书用品社,1952

夏鼐:《太平天国前后长江各省之田赋问题》,《清华学报》第10卷第2期,1935

徐茂明:《国家与地方关系中的士绅家族——以晚清江南减赋为中心》,《苏州大学学报(哲学社会科学版)》2007年第4期

许檀:《乾隆——道光年间的北洋贸易与上海的崛起》,《学术月刊》2011年第11期

晏爱红:《清代漕粮加赋初探》,《中国经济史研究》2009年第4期

晏爱红:《清咸丰五年"湘潭章程"考析》,《厦门大学学报(哲学社会科学版)》2010年第4期

晏爱红:《清代中期关于漕粮加赋的三次政策辩论》,《史林》2010年第5期

晏爱红:《清同治四年江浙裁革海运津贴述论》,《清史研究》2011年第2期

杨国安:《册书与明清以来两湖基层赋税征收》,《中国经济史研究》2005年第3期

杨国安:《清代康熙年间两湖地区土地清丈与地籍编纂》,《中国史研究》2011年第4期

晏才杰:《田赋刍议》,1915

张建民、鲁西奇主编:《历史时期长江中游地区人类活动与环境变迁专题研究》,武汉,武汉大学出版社,2011

赵冈:《鱼鳞图册研究》,合肥,黄山书社,2010

赵思渊:《清末苏南赋税征收与地方社会——以光绪二十五年刚毅南巡清理田赋为中心》,《中国社会经济史研究》2011年第4期

赵思渊、申斌:《明清经济史中的"地方财政"》,《中山大学学报(社会科学版)》2018年第1期

郑起东:《转型期的华北农村社会》,上海,上海书店出版社,2004年

郑永昌:《从"地方之公"到"国家之公"——论乾隆初期对地方耗羡收支管控体制的确立》,台北《故宫学术季刊》第20卷第3期,2003

郑振满:《明清福建家族组织与社会变迁》,北京,中国人民大学出版社,2009

郑振满:《明清福建的里甲户籍与家族组织》,《乡族与国家:多元视野中的闽台传统社会》,北京,生活·读书·新知三联书店,2009

郑振满:《清代福建地方财政与政府职能的演变——〈福建省例〉研究》,《乡族与国家:多元视野中的闽台传统社会》,北京,生活·读书·新知三联书店,2009

朱庆永:《同治二年苏松二府减赋之原因及其经过》,《政治经济学报》第3卷第3期,1935

庄吉发:《清世宗与赋役制度的改革》,台北,台湾学生书局,1985

周育民:《晚清财政与社会变迁》,上海,上海人民出版社,2000年

周健:《道光初年直隶差徭改革论争考析》,《明清论丛》第8辑,北京,紫禁城出版社,2008

周健:《嘉道年间江南的漕弊》,《中华文史论丛》2011年第1期

周健:《陋规与清嘉道之际的地方财政——以嘉庆二十五年清查陋规事件为线索》,《"中央研究院"近代史研究所集刊》第75期,2012

周健:《清代的田赋与地方财政(1800—1911)》,北京大学历史学系博士论文,2012年6月

周健:《清代中后期田赋征收中的书差包征》,《中国社会历史评论》第13卷,天津,天津古籍出版社,2012

周健:《清代财政中的摊捐——以嘉道之际为中心》,《中国经济史研究》2012年第3期

周健:《道咸之际的地丁银制度——以湖北各州县收支结构为中心的考察》,《近代史研究》2013年第4期

周健:《仓储与漕务:道咸之际江苏的漕粮海运》,《中华文史论丛》2015年第4期

周健:《尹继善的"漕耗归公"与18世纪江苏漕务》,《史林》2016年第5期

周健:《同治初年江苏减赋新探》,《近代史研究》2017年第4期

周健:《改折与海运:胡林翼改革与19

世纪后半期的湖北漕务》,《清史研究》2018年第1期

周健:《第二次耗羡归公:同治年间江苏的钱漕改章》,《近代史研究》2019年第1期

[日]天野元之助:《中国田赋之考查》,《地政月刊》第2卷第12期,1934

[日]岩井茂树:《赋役负担团体的里甲与村》,森正夫等编:《明清时代史的基本问题》,周绍泉、栾成显等译,北京,商务印书馆,2013

[日]臼井佐知子:《同治年间江苏省的赋税改革与李鸿章》,《中华文史论丛》第52辑,1993

[日]片山刚:《清代广东省珠江三角洲的图甲制——税粮、户籍、同族》,《日本中青年学者论中国史·宋元明清卷》,上海,上海古籍出版社,1995

[日]佐伯富:《清雍正朝的养廉银研究》,郑樑生译,台北,台湾"商务印书馆",1976

[日]森正夫:《明代江南土地制度研究》,伍跃、张学锋等译,南京,江苏人民出版社,2014

安部健夫:《耗羡提解の研究―〈雍正史〉の一章としてみた》,《清代史の研究》,東京,創文社,1971

岩井茂樹:《武進県"実徴堂簿"と田賦徴収機構》,夫馬進編:《中国明清地方档案の研究》,京都大学文学研究科東洋史研究室,2000

岩井茂樹:《中国近世財政史の研究》,京都,京都大学学術出版会,2004

岩井茂樹:《中華帝国財政の近代化》,飯島渉等編:《シリーズ20世紀中国史1·中華帝国と近代》,東京,東京大学出版会,2009

臼井佐知子:《太平天国前、蘇州府、松江府における賦税問題》,《社会経済史学》47巻2期,1981

臼井佐知子:《清代賦税関係数値の一検討―乾隆末年より同治六年に至る、江南における、銀銭比価、銭糧折価、米価、綿花価、漕米折価の変動と納税戸の賦税負担の推移―》,《中国近代史研究》第1期,1981

臼井佐知子:《同治四年(一八六五)年、江蘇省における賦税改革》,《東洋史研究》45巻2号,1986

佐伯富:《清代雍正朝における養廉銀の研究―地方財政の成立をめぐって―》,《中国史研究(第三)》,京都,同朋社,1977

佐々木正哉:《咸豊二年鄞県の抗糧暴動》,《近代中国研究》第5輯,東京,東京大学出版会,1963

鈴木中正:《清末の財政と官僚の性格》,《近代中国研究》第2輯,東京,東京大学出版会,1958

高嶋航:《呉県·太湖庁の経造》,夫馬進編:《中国明清地方档案の研究》,京都,京都大学文学研究科東洋史研究室,2000

宫崎市定:《清朝の胥吏と幕友—特に雍正朝を中心として》,東洋史研究会編:《雍正時代の研究》,京都,同朋社,1986

森正夫:《清初の"蘇松浮糧"に関する諸動向》,氏著:《森正夫明清史論集》第1巻,東京,汲古書院,2006

山本進:《清代後期湖広における財政改革》,《清代財政史研究》,東京,汲古書院,2002

山本進:《清代後期直隷・山東における差徭と陋規》,《清代財政史研究》,東京,汲古書院,2002

山本進:《清代財政史研究》,東京,汲古書院,2002

山本進:《明清時代の商人と国家》,東京,研文出版,2002

山本英史:《清代中国の地域支配》,東京,慶應義塾大学出版会,2007

[美]白凯:《长江下游地区的地租、赋税与农民的反抗斗争:1840—1950》,林枫译,上海,上海书店出版社,2005

[美]杜赞奇:《文化、权力与国家——1900—1942年的华北乡村》,王福明译,南京,江苏人民出版社,1994

[美]费正清编:《剑桥中国晚清史:1800—1911年》上卷,中国社会科学院历史研究所编译室译,北京,中国社会科学出版社,1985

[美]黄宗智:《华北的小农经济与社会变迁》,北京,中华书局,1986

[美]黄宗智:《集权的简约治理——中国以准官员和纠纷解决为主的半正式基层行政》,《经验与理论:中国社会、经济与法律的实践历史研究》,北京,中国人民大学出版社,2007

[美]李怀印:《华北村治——晚清民国时期的国家与乡村》,岁有生、王士皓译,北京,中华书局,2008

瞿同祖:《清代地方政府》,范忠信、晏锋译,北京,法律出版社,2003

[美]王业键:《清代田赋刍论(1750—1911)》,高风等译,北京,人民出版社,2008

张仲礼:《中国绅士——关于其在19世纪中国社会中作用的研究》,李荣昌译,上海,上海社会科学院出版社,1991

[美]曾小萍:《州县官的银两——18世纪中国的合理化财政改革》,董建中译,北京,中国人民大学出版社,2005

Chang, Chung-li. *The Income of the Chinese Gentry*, Seattle: University of Washington Press, 1962.

Leonard, Jane Kate. *Controlling From Afar: the Daoguang Emperor's Management of the Grand Crisis*, 1824-1826, Ann Arbor: Center for Chinese Studies The University of Michigan, 1996.

Lojewski, Frank. "Confucian Reformers and Local Vested Interests: the Su—Sung—Tai Tax Reduction of 1863 and Its Aftermath", PhD. Dissertation,

University of California, Davis, 1973.

Morse, H. B. *The Trade and Ad-ministration of the Chinese Empire*, London and New York: Longmans, Green and Co, 1908.

Rowe, William. "Hu Lin-I's reform of the grain tribute system in Hupeh, 1855-1858", *Ch'ing shih wen-ti*, Vol.4, No. 10 (1983): pp 33-86.

Wang, Yeh-chien. *An Estimate of the Land Tax Collection in China*, 1753 and 1908, East Asian Research Center Harvard University, 1973.

Wang, Yeh-chien. *Land Taxation in Imperial China*, 1750-1911, Cambridge, Massachusetts: Harvard University Press, 1973.

Wang, Yen-Chien. "The Secular Trend of Prices during the Ching Period (1644-1911)",《香港中文大学中国文化研究所学报》,第 5 卷第 2 期,1972

# 后  记

　　本书的各篇章,完成于 2009 至 2018 年的十年间,是博士与后博士阶段研究工作的结集。

　　大约从 2004 年以来,自己最主要的研究关注点一直是赋税、财政与社会。在南开读书时,受张思师影响,对清代以来华北地区的基层治理较有兴趣,就跑去"一档"阅读《顺天府档案》,撰写毕业论文。那些西华门内读档的日子,让自己开始明白原创性研究究竟是怎样一回事。其间,在张思师指导下,论文题目从本科阶段的社会组织——近代华北最重要的村庄公议组织青苗会,自然而然地进入硕士阶段的政府财政——清代直隶的差徭,因承应差徭正是青苗会最为关键的机能。

　　2007 年,我从南开大学考入北京大学攻读博士。第一次见导师茅海建教授,他便建议我延续此前的社会经济史研究,并以清代田赋作为博士论文的选题。茅师对于治学最推崇大道至中、朴实无华,用最不讨巧的方法,小心稳当地推进大问题的解决。在他的启发下,我一方面回到 20 世纪 30 年代社会调查所、中央研究院社会科学研究所汤象龙、梁方仲、罗玉东等前辈学者开启的近代财政经济史研究,尤其注意他们利用清代档案进行经济史研究的传统;另一方面,也更加关注 20 世纪中期以来日本学者的中国社会经济史研究。在茅师和狭间直树等教授的帮助下,我于 2008 至 2009 年在京都大学文学研究科东洋史研究室访问学习一年。

　　本书最早起笔的第三章,便草成于整整十年前早春的京都。当时正准备以"嘉道年间江南的漕弊"为题,在森时彦教授主持的"长江流域的历史景观"共同研究班报告。为了北白川人文研旧馆那三小时的报告,我把此前积累的史料变成了四万余字的札记稿。当时的写作格外铺张,似乎有意详尽地呈现细节,不想浪费任何一条史料。后来这一章修改成书,花费的功夫也最多。

　　京都的一年是至今难忘的。两位导师夫马进、岩井茂树教授在学业上的提点、生活上的关怀，让人感到春阳般的温暖。我依然记得夫马老师在洪大容《湛轩燕记》演习课上读通了材料后怡然自得的笑容，那是沉醉于学问之中的纯粹。在那门课上，我也像日本同人那样，对 18 世纪朝鲜士人的汉文记述进行训读、译注。尽可能把自己置于"一无所知"的状态，就不会错过任何一个字的准确解读。而一旦自以为"明白"而轻巧地放过，望文生义、似是而非的错误便随之而来。这种不一样的经历，使我对史料阅读有了更深刻的理解。岩井老师在点评前述共同研究报告时，提醒我回到"问题"来接续积累丰富的先行研究，也使我深切地意识到，清代的财政问题并不遥远，这与他的大著《中国近世财政史研究》给我的启发是一致的。

　　2009 年秋天，我通过博士论文开题，开始进入写作阶段。当时茅师提醒两条，至今受用：一是保持写作状态与稳定的发表量；二是表达时要考虑读者，努力让更多的人读懂，而不能仅以相关专家为预设读者。博士论文的写作是"计划学术"，必须克期完工。尽管面对各种压力，我却庆幸自己是以相对从容的心态完成写作的，读书、札记、整理、成文、定稿，并没有"想太多"。在此，特别感谢我的博士论文答辩、预答辩委员夫马进、罗志田、牛大勇、郭卫东、王奇生、章清、黄兴涛、金以林诸位教授，他们中肯的批评与建议，使我获益良多。当然，清代的田赋并不是一篇博士论文就能"解决"的问题，这一研究自然延续到博士毕业后。

　　2012 年夏，我从北京到上海，进入华东师范大学工作。在不短的时间里，我不太适应环境与角色的转变，对于自己的研究该向何处去，更是感到迷惘。我的研究时段主要是 18、19 世纪的清代中后期，而我处理的赋税财政则属于传统社会的关键问题，更接近明清史研究的范畴，而非"近代史"的课题。因此，自己的研究究竟是前溯到 18 世纪之前的"古代"，还是步入 20 世纪以降的"现代"；是继续注重结构性的制度史研究，还是尝试在更小尺度的地方社会中讨论问题；自己这略显"专门"的课题，其意义究竟应如何理解，又如何清楚地向读者、听众表达。当我逐渐走出研究的停滞，这些问题也就慢慢有了答案。

　　2013 年 8 月，我作为学员参加了史语所与北大历史系合办、赵世瑜教授主持的第三届两岸历史文化研习营。晋城营十余天考察与讨论,让我真正明白在书斋之外的田野中阅读文献的意义。其间,我结识了吴滔教授和于薇、谢湜两位畏友,得到很多直接的指点与启发。幸运的是,此后我常常有机会参加中山大学历史人类学研究中心组织的系列学术活动:运河田野工作坊、明清社会经济史基本问题论坛……在这些场合,我得以充分地报告通常鲜有共鸣的政经制度研究,表达自己尚不成熟的见解,并得到刘志伟、郑振满、赵世瑜、吴滔、张侃、胡铁球、刘永华等老师,于薇、赵思渊、申斌、谢湜、郭永钦、侯鹏、丁亮、黄忠鑫、李晓龙等好友最直率的指正与反馈。这本应是学术的常态,当下却日益珍贵。更令我获益的是,面对明清史为主的同人,我必须走出近代史的舒适区,从贯通更长时段的基本问题来思考、定位自己的课题。每次面对类似"你说的这一现象,明代就有了"的质疑,都是棘手的挑战,却也刺激自己思考,我所讨论的问题究竟如何与明代不同。因此,尽管研究时段未有大的跨越,但视野上的开拓,势必使自己的研究有所不同。拙著中完成于近年的各章,大多曾在上述场合报告,得到过许多有益的刺激与启发。

从燕园二院到思勉3215,京沪两地的诸位同门因为日常的读书课、论文"批判会"上的切磋问难,成为真正的"同学"。本书最早完成的几章,同门们曾在二院的小屋子里见过它们最初的拙陋样貌。昔日静园草坪读书、元旦出行国子监,近年在各地会议、考察中重聚畅谈,同门情谊,弥足珍贵。

入职华师大历史系已是第七个年头,"闵大荒"的一草一木成了最熟悉的风景。感谢工作以来几任领导与同事们的包容与关照,使自己能够相对从容地读书教学。杨国强、邬国义、牟发松、刘昶等前辈教授对后学如我十分关心,常常语及学问与人生。2012年以来,几乎每年秋天都有幸参加杨国强老师的"神仙会",报告读书治学之新思与困惑。王家范、杨国强、程念祺、周武等老师的提点,黄晓峰、孙青、沈洁、瞿骏、刘文楠、张晓川、裘陈江、王郡、王婧娅等好友在不同场合的教益、鼓励与各种"敞开说",则是沪上最难忘的记忆。

本书是国家社科基金青年项目的成果(13CZS031),其中绝大部分篇章曾于2011至2019年间刊发,收入本书时均做了程度不一的修订,部分章节改动幅度较大。各章初次刊发情况如下:

第一章原题《陋规与清嘉道之际的地方财政——以嘉庆二十五年清查陋规事件为线索》,发表于《"中央研究院"近代史研究所集刊》第 75 期(2012 年 3 月),收入本书时有所修订。

第二章原题《尹继善的"漕耗归公"与 18 世纪江苏漕务》,发表于《史林》2016 年第 5 期,收入本书时略有修订。

第三章原题《嘉道年间江南的漕弊》,发表于《中华文史论丛》2011 年第 1 期,收入本书时做了较大的增补修订。

第四章原题《仓储与漕务:道咸之际江苏的漕粮海运》,发表于《中华文史论丛》2015 年第 4 期,收入本书时做了不少增补修订。

第五章原题《道咸之际的地丁银制度——以湖北各州县收支结构为中心的考察》,发表于《近代史研究》2013 年第 4 期,收入本书时略有修订。

第六章原题《改折与海运:胡林翼改革与 19 世纪后半期的湖北漕务》,发表于《清史研究》2018 年第 1 期,收入本书时有所修订。

第七章原题《第二次耗羡归公:同治年间江苏的钱漕改章》,发表于《近代史研究》2019 年第 1 期,收入本书时有所修订。

第八章原题《同治初年江苏减赋新探》,发表于《近代史研究》2017 年第 4 期,收入本书时略有修订。

第十章原题《清代中后期田赋征收中的书差包征》,发表于《中国社会历史评论》第 13 卷(2012 年),收入本书时有不小的增补修订。

感谢以上刊物不弃,使自己的思考化为文字,可供同人批评。《中华文史论丛》《近代史研究》等期刊的精心编校,避免了拙稿的不少错误。

周育民、范金民、刘增合等教授审读了上述部分文稿,他们的批评与鼓励,使我明白了自己研究的所短与所得。记得是 2011 年夏天,我收到一份审稿意见,学术的锐利与态度的宽厚并存,读来十分感动。2014 年冬天,我第一次见到周育民老师,把那篇已发表的拙文呈他指正,终于证实了自己的猜想。再后来,我也成了审稿人,每当下笔时,总会想起当年周老师那份审稿意见。2015 年秋天,我在苏州的某次江南史会议上见到范金民老师,会议间歇两次简短的请益,以及他关于江南重赋的先驱性研究,直接启发了本书第八章的写作。

2012 年以来,黎志刚教授对于轮船招商局与盛宣怀档案多有指点,使我获益良多。何汉威教授发表于二十年前的数篇近代财政与货币史的厚重长文，对我有着长久的启发意义。2015 年底台北的明清研究大会上，经黎志刚老师引介，我得以向何汉威老师请教。此后，我发出的每一封求教邮件，都得到了他最认真、诚挚的回复，常常令我感动万分。拙稿经何老师一阅，心里便坦然许多。当然，本书中的一切错误概由本人负责，倔强与偏执大约也是学者难以避免的职业病吧。

拙著有幸在"新史学 & 多元对话系列"出版，特别感谢谭徐锋先生。在本书的出版过程中，他给予了全力的帮助与最大的宽容。对于谭兄的厚意，在此深表感谢！

十八岁时离开家乡，北上津门求学。到了今年，客居异乡的日子已和离家之前一样多。从那时到现在，父母对于自己在学业、事业上的选择，始终给予毫无保留的支持与尊重。今年年初奶奶去世后，我在她的抽屉里发现一个文件袋，里面装着我从大二时第一份课程论文到硕士毕业前的每一篇习作，那是读博前夕父亲为她复印的。当时心中有万千感慨：自己成长的点点滴滴都在长辈关心之下，而我为他们做的实在太少了。内子冬琴在繁重的高校行政工作之余，一人承担了家务琐事和带娃陪读的重负。小女贻彤很少得到爸爸的陪伴，好在她正以惊人的速度成长。我想把这本小书献给我的家人——父母、岳父母、妻子和女儿，没有他们多年来的理解与付出，本书根本无法完成。

2019 年春写于杭州博学路、上海东川路

**图书在版编目(CIP)数据**

维正之供：清代田赋与国家财政：1730—1911/周健著.—
北京：北京师范大学出版社，2020.1(2023.5重印)
(新史学&多元对话系列)
ISBN 978-7-303-23201-7

Ⅰ.①维…　Ⅱ.①周…　Ⅲ.①土地税－赋税制度－研究－
中国－1730－1911②国家财政－研究－中国－1730－1911
Ⅳ.①F812.949

中国版本图书馆CIP数据核字(2017)第291709号

营　销　中　心　电　话　010-58808006
北京师范大学出版社新史学策划部

WEIZHENG ZHI GONG

出版发行：北京师范大学出版社　www.bnup.com
　　　　　北京市西城区新街口外大街12-3号
　　　　　邮政编码：100088
印　　刷：北京盛通印刷股份有限公司
经　　销：全国新华书店
开　　本：730 mm×980 mm　1/16
印　　张：28
字　　数：488千字
版　　次：2020年1月第1版
印　　次：2023年5月第3次印刷
定　　价：88.00元

策划编辑：谭徐锋　　　　　　　　责任编辑：王艳平
美术编辑：王齐云　　　　　　　　装帧设计：蔡立国
责任校对：陈　民　　　　　　　　责任印制：马　洁